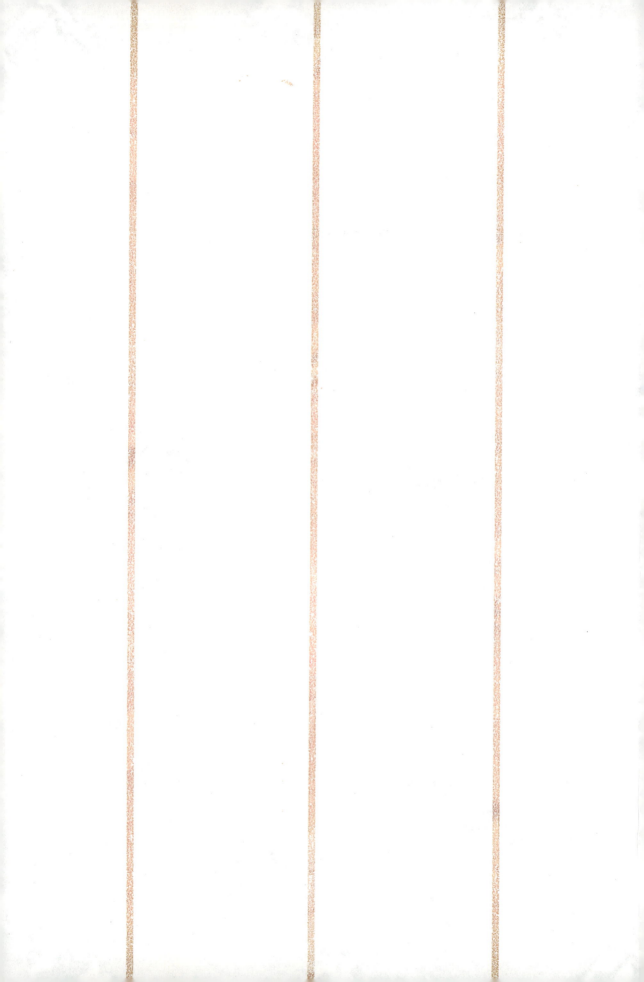

"十二五"职业教育国家规划教材

经全国职业教育教材审定委员会审定

全国高职高专教育土建类专业教学指导委员会规划推荐教材

桥涵工程（第二版）

（第一版为市政桥梁工程）

（市政工程技术专业适用）

本教材编审委员会组织编写

杨玉衡　主编

中国建筑工业出版社

图书在版编目(CIP)数据

桥涵工程/杨玉衡主编. —2版. —北京：中国建筑工业出版社，2012.12

"十二五"职业教育国家规划教材. 经全国职业教育教材审定委员会审定. 全国高职高专教育土建类专业教学指导委员会规划推荐教材(市政工程技术专业适用)

ISBN 978-7-112-14955-1

I. ①桥… II. ①杨… III. ①桥涵工程 IV. ①U44

中国版本图书馆 CIP 数据核字(2012)第 288857 号

"十二五"职业教育国家规划教材
经全国职业教育教材审定委员会审定
全国高职高专教育土建类专业教学指导委员会规划推荐教材

桥涵工程(第二版)

(第一版为市政桥梁工程)
(市政工程技术专业适用)
本教材编审委员会组织编写
杨玉衡 主编

*

中国建筑工业出版社出版、发行(北京西郊百万庄)
各地新华书店、建筑书店经销
北京天成排版公司制版
北京圣夫亚美印刷有限公司印刷

*

开本：787×1092毫米 1/16 印张：27½ 字数：620千字
2014年8月第二版 2018年9月第十次印刷
定价：53.00元(赠送课件)
ISBN 978-7-112-14955-1
(23971)

版权所有 翻印必究
如有印装质量问题，可寄本社退换
(邮政编码 100037)

本书全面介绍了各类梁桥、拱桥、刚构桥、吊桥、斜拉桥、组合体系桥上下部结构的构造和施工程序及施工方法。简要介绍了简支梁桥的设计计算。本书采用最新规范编写，注重理论和实际的结合，共12个教学单元，主要包括概论、梁桥上部构造、桥梁设计、桥梁施工准备、钢筋混凝土施工技术、桥梁基础施工、桥梁墩台施工、钢筋混凝土梁桥施工、预应力混凝土梁桥施工、桥面系及附属结构施工、其他体系桥梁、涵洞工程。

　　本书作为高职高专市政专业用书，也可供从事桥梁工程施工、管理的技术人员学习参考。

　　为便于教学，作者特制作了电子课件，如有需求，请发邮件至cabp-beijing@126.com 索取。

＊　＊　＊

责任编辑：朱首明　王美玲
责任设计：张　虹
责任校对：刘　钰

本套教材修订版编审委员会名单

主 任 委 员：贺俊杰

副主任委员：张朝晖　范柳先

委　　　员：（按姓氏笔画为序）

马精凭	王　芳	王云江	王陵茜	邓爱华
白建国	边喜龙	匡希龙	刘映翀	米彦蓉
李　峰	李　辉	李伙穆	李爱华	杨玉衡
杨时秀	邱琴忠	张　力	张宝军	张银会
林文剑	罗向荣	罗明远	周美新	相会强
姜远文	姚昱晨	袁建新	郭良娟	韩培江
谭翠萍				

本套教材编审委员会名单

主 任 委 员：李 辉

副主任委员：陈思平 戴安全

委　　　员：（按姓氏笔画为序）

王　芳　王云江　王陵茜　白建国　边喜龙

刘映翀　米彦蓉　李爱华　杨玉衡　杨时秀

谷　峡　张　力　张宝军　陈思仿　陈静芳

范柳先　林文剑　罗向荣　周美新　姜远文

姚昱晨　袁　萍　袁建新　郭卫琳

修订版序言

2010年4月住房和城乡建设部受教育部（教高厅函〔2004〕5号）委托，住房和城乡建设部（建人函〔2010〕70号）组建了新一届全国高职高专教育土建类专业教学指导委员会市政工程类专业分指导委员会，它是住房和城乡建设部聘任和管理的专家机构。其主要职责是在住房和城乡建设部、教育部、全国高职高专教育土建类专业教学指导委员会的领导下，研究高职高专市政工程类专业的教学和人才培养方案，按照以能力为本位的教学指导思想，围绕市政工程类专业的就业领域、就业岗位群组织制定并及时修订各专业培养目标、专业教育标准、专业培养方案、专业教学基本要求、实训基地建设标准等重要教学文件，以指导全国高职高专院校规范市政工程类专业办学，达到专业基本标准要求；研究市政工程类专业建设、教材建设，组织教材编审工作；组织开展教育教学改革研究，构建理论与实践紧密结合的教学体系，构筑校企合作、工学结合的人才培养模式，进一步促进高职高专院校市政工程类专业办出特色，全面提高高等职业教育质量，提升服务建设行业的能力。

市政工程类专业分指导委员会成立以来，在住房和城乡建设部人事司和全国高职高专教育土建类专业教学指导委员会的领导下，在专业建设上取得了多项成果；市政工程类专业分指导委员会在对"市政工程技术专业"、"给排水工程技术专业"职业岗位（群）调研的基础上，制定了"市政工程技术专业"教学基本要求和"给排水工程技术专业"教学基本要求；其次制定了"市政工程技术专业"和"给排水工程技术专业"两个专业校内实训及校内实训基地建设导则；并根据"市政工程技术专业"、"给排水工程技术专业"两个专业的教学基本要求，校内实训及校内实训基地建设导则，组织了"市政工程技术专业"、"给排水工程技术专业"理论教材和实训教材编审工作。

在教材编审过程中，坚持了以就业为导向，走产学研结合发展道路的办学方针，以提高质量为核心，以增强专业特色为重点，创新教材体系，深化教育教学改革，围绕国家行业建设规划，系统培养高端技能型人才，为我国建设行业发展提供人才支撑和智力支持。

本套教材的编写坚持贯彻以素质为基础，以能力为本位，以实用为主导的指导思路，毕业的学生具备本专业必需的文化基础、专业理论知识和专业技能，能胜任市政工程类专业设计、施工、监理、运行及物业设施管理的高端技能型人才，全国高职高专教育土建类教学指导委员会市政工程类专业分指导委员会在总结近几年教育教学改革与实践的基础上，通过开发新课程，更新课程内容，增加实训教材，构建了新的课程体系。充分体现了其先进性、创新性、适用性，反映了国内外最新技术和研究成果，突出高等职业教育的特点。

"市政工程技术"、"给排水工程技术"两个专业教材的编写工作得到了教育部、住房和城乡建设部人事司的支持,在全国高职高专教育土建类专业教学指导委员会的领导下,市政工程类专业分指导委员会聘请全国各高职院校本专业多年从事"市政工程技术"、"给排水工程技术"专业教学、研究、设计、施工的副教授以上的专家担任主编和主审,同时吸收工程一线具有丰富实践经验的工程技术人员及优秀中青年教师参加编写。该系列教材的出版凝聚了全国各高职高专院校"市政工程技术"、"给排水工程技术"两个专业同行的心血,也是他们多年来教学工作的结晶。值此教材出版之际,全国高职高专教育土建类教学指导委员会市政工程类专业分指导委员会谨向全体主编、主审及参编人员致以崇高的敬意。对大力支持这套教材出版的中国建筑工业出版社表示衷心的感谢,向在编写、审稿、出版过程中给予关心和帮助的单位和同仁致以诚挚的谢意。深信本套教材的使用将会受到高职高专院校和从事本专业工程技术人员的欢迎,必将推动市政工程类专业的建设和发展。

全国高职高专教育土建类专业教学指导委员会
市政工程类专业分指导委员会

序　言

近年来，随着国家经济建设的迅速发展，市政工程建设已进入专业化的时代，而且市政工程建设发展规模不断扩大，建设速度不断加快，复杂性增加，因此，需要大批市政工程建设管理和技术人才。针对这一现状，近年来，不少高职高专院校开办市政工程技术专业，但适用的专业教材的匮乏，制约了市政工程技术专业的发展。

高职高专市政工程技术专业是以培养适应社会主义现代化建设需要，德、智、体、美全面发展，掌握本专业必备的基础理论知识，具备市政工程施工、管理、服务等岗位能力要求的高等技术应用性人才为目标，构建学生的知识、能力、素质结构和专业核心课程体系。全国高职高专教育土建类专业教学指导委员会是建设部受教育部委托聘任和管理的专家机构，该机构下设建筑类、土建施工类、建筑设备类、工程管理类、市政工程类五个专业指导分委员会，旨在为高等职业教育的各门学科的建设发展、专业人才的培养模式提供智力支持，因此，市政工程技术专业人才培养目标的定位、培养方案的确定、课程体系的设置、教学大纲的制订均是在市政工程类专业指导分委员会的各成员单位及相关院校的专家经广州会议、贵阳会议、成都会议反复研究制定的，具有科学性、权威性、针对性。为了满足该专业教学需要，市政工程类专业指导分委员会在全国范围内组织有关专业院校骨干教师编写了该专业与教学大纲配套的10门核心课程教材，包括：《市政工程识图与构造》、《市政工程材料》、《土力学与地基基础》、《市政工程力学与结构》、《市政工程测量》、《市政桥梁工程》、《市政道路工程》、《市政管道工程施工》、《市政工程计量与计价》、《市政工程施工项目管理》。这套教材体系相互衔接，整体性强；教材内容突出理论知识的应用和实践能力的培养，具有先进性、针对性、实用性。

本次推出的市政工程技术专业10门核心课程教材，必将对市政工程技术专业的教学建设、改革与发展产生深远的影响。但是加强内涵建设、提高教学质量是一个永恒主题，教学改革是一个与时俱进的过程，教材建设也是一个吐故纳新的过程，所以希望各用书学校及时反馈教材使用信息，并对教材建设提出宝贵意见；也希望全体编写人员及时总结各院校教学建设和改革的新经验，不断积累和吸收市政工程建设的新技术、新材料、新工艺、新方法，为本套教材的长远建设、修订完善做好充分准备。

全国高职高专教育土建类专业教学指导委员会
市政工程类专业分指导委员会

修 订 版 前 言

　　2012年高职高专土建类专业教学指导委员会市政分委员会，召开了多次教改研讨会议，制定了新的《市政工程技术专业教学基本要求》，构建了以知识领域划分的新的课程体系，确定了六门核心课程。其中市政桥涵工程施工是专业核心课程之一，明确了该课程的教学目标、教学内容和实训项目。为配合市政桥涵工程施工课程的教学要求，结合各院校教师对第一版教材的修改建议，对原《市政桥梁工程》教材进行了修编。一是紧扣新的核心课程教学标准，调整教材章节结构，由原来的全书九章调整为12个教学单元，教材更名为《桥涵工程》（第二版），充实了知识点和技能点；二是重新调整参编人员，增加具有工程实践经验的专业教师参加本教材编写，突出工程实践和技能培养的导向作用；三是按照"理实一体化"的教学理念，重新理顺编写思路，完善和突出重点章节的教学内容。

　　《桥涵工程》教材由广州大学市政技术学院杨玉衡担任主编，并编写了教学单元1、教学单元2、教学单元4、教学单元6；山西建筑职业技术学院李永琴编写了教学单元3、教学单元8、教学单元12；广州大学市政技术学院耿小川编写了教学单元5、教学单元11；内蒙古建筑职业技术学院李小慧编写了教学单元7、教学单元10；四川建筑职业技术学院曹洪梅编写了教学单元9。

前　言

　　本书是根据全国高职高专土建类教学指导委员会市政分委员会制定的市政工程专业专科培养目标、培养方案和教学大纲要求编写的，全书共九章。按照教与学的认知规律，编排各章的结构顺序，全面介绍了各类桥梁、拱桥、刚构桥、吊桥、斜拉桥、组合体系桥的结构构造和施工程序及施工方法。介绍了钢筋混凝土梁（板）桥的设计计算过程及方法，目的是通过细部结构的分析计算，深刻理解结构构造的规范要求，提高桥梁工程图纸识图能力，为桥梁工程的施工管理打下扎实基础。

　　本书重点介绍了钢筋混凝土梁桥、预应力钢筋混凝土梁桥上、下部结构的施工方案及施工程序和施工技术，也对大跨径桥梁通过典型桥例作了介绍。本书按照最新规范编写，并反映近年来国内外桥梁科学技术的新成果、新结构、新技术。

　　全书共分九章，第一章概论、第二章桥梁设计概述及第五章钢筋混凝土简支梁桥由广州大学市政技术学院杨玉衡编写；第三章桥梁施工准备、第四章桥面结构及支座、第七章预应力混凝土梁桥及第九章涵洞由四川建筑职业技术学院邵传忠编写；第六章桥梁墩台及基础和第八章其他体系桥梁由广州大学市政技术学院耿小川编写。

目 录

教学单元 1 概论 ... 1
  1.1 桥梁结构的组成及名词术语 ... 1
  1.2 桥梁的分类 ... 4
  1.3 桥梁的建设与发展概况 ... 14
  1.4 桥梁美学简介 ... 22
  思考题与习题 ... 28

教学单元 2 梁桥上部构造 ... 29
  2.1 概述 ... 29
  2.2 简支板桥 ... 30
  2.3 简支梁桥 ... 36
  思考题与习题 ... 51

教学单元 3 桥梁设计 ... 52
  3.1 概述 ... 52
  3.2 桥梁的规划与设计 ... 53
  3.3 桥梁上的作用 ... 61
  3.4 钢筋混凝土 T 梁的设计 ... 71
  3.5 桥梁墩台设计 ... 94
  3.6 拱桥设计 ... 115
  思考题与习题 ... 123

教学单元 4 桥梁施工准备 ... 125
  4.1 概述 ... 125
  4.2 施工准备 ... 125
  4.3 施工测量放样 ... 129
  思考题与习题 ... 138

教学单元 5 钢筋混凝土施工技术 ... 139
  5.1 概述 ... 139
  5.2 模板与支架工程 ... 139
  5.3 混凝土工程 ... 143
  5.4 钢筋工程 ... 151
  思考题与习题 ... 159

教学单元 6 桥梁基础施工 ... 160
  6.1 概述 ... 160
  6.2 浅基础 ... 160
  6.3 沉入桩基础 ... 166
  6.4 钻孔灌注桩基础 ... 176

  6.5 沉井基础 ·········· 187
  思考题与习题 ·········· 196

教学单元 7 桥梁墩台施工 ·········· 197
  7.1 概述 ·········· 197
  7.2 桥墩施工 ·········· 197
  7.3 桥台施工 ·········· 208
  思考题与习题 ·········· 210

教学单元 8 钢筋混凝土梁桥施工 ·········· 211
  8.1 概述 ·········· 211
  8.2 梁桥装配式施工法 ·········· 212
  8.3 梁桥就地浇筑施工法 ·········· 223
  思考题与习题 ·········· 247

教学单元 9 预应力混凝土梁桥施工 ·········· 248
  9.1 概述 ·········· 248
  9.2 先张法预应力施工 ·········· 248
  9.3 后张法预应力施工 ·········· 255
  9.4 预应力连续梁悬臂施工 ·········· 263
  9.5 预应力连续梁顶推施工 ·········· 296
  思考题与习题 ·········· 307

教学单元 10 桥面系及附属结构施工 ·········· 308
  10.1 概述 ·········· 308
  10.2 桥面构造 ·········· 308
  10.3 伸缩缝 ·········· 313
  10.4 人行道及其他 ·········· 319
  10.5 桥梁支座 ·········· 321
  思考题与习题 ·········· 325

教学单元 11 其他体系桥梁 ·········· 326
  11.1 拱桥 ·········· 326
  11.2 悬索桥 ·········· 343
  11.3 斜拉桥 ·········· 354
  11.4 刚构桥 ·········· 367
  11.5 城市立交桥 ·········· 376
  思考题与习题 ·········· 386

教学单元 12 涵洞工程 ·········· 387
  12.1 概述 ·········· 387
  12.2 涵洞分类与构造 ·········· 387
  12.3 涵洞设计 ·········· 398
  12.4 涵洞施工 ·········· 408
  思考题与习题 ·········· 423

主要参考文献 ·········· 425

教学单元 1 概 论

【教学目标】 通过学习桥梁结构的组成,学生熟悉桥梁的分类、名词术语,从而激发学生主动学习的积极性。

为了满足各种车辆、行人的顺利通行或各种管线工程的布设,建造的跨越河流、山谷或其他交通线路等障碍的工程建筑物,一般统称为桥梁。桥梁工程通常包含两层含义:一是指桥梁建筑的实体工程;二是指为了建造桥梁所需的专业知识和技术,包括桥梁的设计计算理论和研究,即桥梁的规划、勘测设计、建造和养护维修技术等。

1.1 桥梁结构的组成及名词术语

1.1.1 桥梁结构的组成

(1) 桥梁一般由上部结构(也称桥跨结构)和下部结构组成(图1-1,图1-2)。

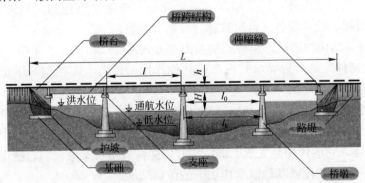

图1-1 梁式桥基本组成

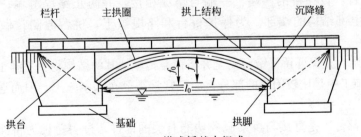

图1-2 拱式桥基本组成

1) 桥梁上部结构 承担线路荷载,跨越障碍。由桥面系、主要承重结构和支座组成。

① 桥面系。一般由桥面铺装、栏杆(防撞墙)、人行道、伸缩缝、照明系统等

组成。公路桥和城市桥的桥面包括桥面铺装及桥面板两部分：桥面铺装用以防止车轮直接磨耗桥面板、排水和分布轮重；桥面板用以承受局部荷载，常采用钢筋混凝土板做成。

② 主要承重结构。它的作用是承担上部结构所受的全部荷载并传给支座。例如桁架梁桥中的主桁，梁式桥中的主梁，拱桥中的拱肋(拱圈)等。它是桥梁承载和跨越的重要部分。

③ 支座。设于桥(墩)台顶部，支承上部结构并将荷载传给下部结构的装置。

2) 桥梁下部结构　是桥台、桥墩及桥梁基础的总称，用以支持桥梁上部结构并将荷载传给地基。桥台和桥墩一般合称墩台。

① 桥台。位于桥梁的两端，支承桥梁上部结构，并使之与路堤衔接的建筑物，其功能是传递上部结构荷载于基础，并抵抗来自路堤的土压力。为了维持路堤的边坡稳定并将水流导入桥孔，除带八字形翼墙的桥台外，在桥台左右两侧筑有保持路肩稳定的锥形护坡，其锥体填土，坡面以片石砌筑。

② 桥墩。位于多孔桥跨的中间部位，支承相邻两跨上部结构的建筑物，其功能是将上部结构荷载传至基础。

③ 桥梁基础。是桥梁最下部的结构，上承墩台，并将全部桥梁荷载传至地基。基底应设置在有足够承载力的持力层处，并要求有一定的埋置深度。

除上述基本结构外，桥梁还常常需要建造一些附属结构物，如路堤挡土墙、护坡、导流堤、检查设备、台阶扶梯、导航装置等。

(2) 桥梁结构的组成，也可归纳为由"五大部件"和"五小部件"组成。

"五大部件"是指桥梁承受汽车或其他作用的桥跨上部结构与下部结构，它们是桥梁结构安全性的保证。

1) 桥跨结构。它是路线遇到障碍(如江河、峡谷或其他路线等)中断时，跨越这类障碍的结构物。它的作用是承受车辆荷载，并通过支座传递给桥梁墩台。

2) 支座。它的作用是支承上部结构并传递荷载给桥梁墩台，它能保证上部结构在荷载、温度变化或其他因素作用下的位移功能。

3) 桥墩。是在河中或岸上支承两侧桥跨上部结构的建筑物。

4) 桥台。设在桥的两端：一端与路堤相接，并防止路堤滑塌；另一端则支承桥跨上部结构的端部。为保护桥台和路堤填土，桥台两侧常做一些防护工程。

5) 基础。是保证桥梁墩台安全并将荷载传至地基的结构物。基础工程在整个桥梁工程施工中是比较困难的部分，而且常常需要在水中施工，因而遇到的问题也很复杂。

"五小部件"是直接与桥梁服务功能有关的部件，过去总称为桥面构造。在桥梁设计、施工中往往不够重视，因而使得桥梁总体服务水平下降，外观质量粗糙。

1) 桥面铺装(或称行车道铺装)。桥面铺装的平整、耐磨、不翘曲、不渗水是保证行车舒适的关键，特别在钢箱梁上铺设沥青路面，技术要求高，检查评定严格。

2）排水防水系统。应能迅速排除桥面积水，并使渗水的可能性降至最小限度。此外，城市桥梁排水系统应保证桥下无滴水和结构上无漏水现象。

3）栏杆（或防撞护栏）。它既是保证安全的构造措施，又是改善景观的最佳装饰构件。

4）伸缩缝。简支梁桥位于桥梁墩顶上部结构之间或其他桥型上部结构与桥台端墙之间，以保证结构在各种因素作用下的自由变位。为使桥面上行车顺适、不颠簸，桥面上要设置伸缩缝构造。尤其是大桥或城市桥的伸缩缝，不仅要结构牢固、外观光洁，而且要经常扫除掉入伸缩缝中的垃圾泥土，以保证其功能正常。

5）灯光照明。在现代城市中，大跨径桥梁通常是一个城市的标志性建筑，大都装置了灯光照明系统，构成了城市夜景的重要组成部分。

1.1.2 桥梁结构的名词术语

桥梁主要标高，用国家水准高程表示，主要的控制部位有基底、地面、襟边、墩（台）顶、桥面等处。在设计中的主要水位有低水位、设计水位、洪水位及通航水位等。如图1-1所示。

(1) 桥梁全长　沿桥梁中心线，两岸桥台侧墙尾端之间的水平距离（无桥台的桥为桥面系的行车道长度）称为桥梁全长或总长度（L）。

(2) 跨径　也叫跨度，表示桥梁的跨越能力。对多跨桥梁，最大跨径称为主跨。一般而言，跨径是表征桥梁技术水平的重要指标。

(3) 净跨径　对梁式桥，设计洪水位上相邻两桥墩（或桥台）间的水平净距（l_0），称为桥梁的净跨径；对于拱式桥，是指每孔拱跨两拱脚截面最低点之间的水平距离。它反映桥梁排泄洪水的能力。

(4) 计算跨径　同一孔桥跨结构相邻两支座中心之间的水平距离（l），称为计算跨径。桥梁结构的分析计算以计算跨径为准。

(5) 标准跨径　对梁式桥，是指两相邻桥墩中线间水平距离或桥墩中线与台背前缘之间的水平距离，称为标准跨径（l_k），也称为单孔跨径；对于拱式桥和涵洞，以净跨径为准。标准跨径是桥梁划分大、中、小桥及涵洞的指标之一。

(6) 标准化跨径　为了便于编制标准设计，增强构件的互换性，当跨径在50m及以下时，通常采用标准化跨径。《公路工程技术标准》JTG B01—2003规定了标准化跨径从0.75m至50m，共21级，常用者为10m、16m、20m、40m等标准设计。采用标准化跨径设计，有利于桥梁制造和施工的机械化，也有利于桥梁养护维修和战备需要。

(7) 桥下净空高度　设计洪水位或计算通航水位与桥跨结构最下缘之间的高差，称为桥下净空高度。桥下净空高度应满足排洪、通航或通车的规定要求。

(8) 桥梁建筑高度　桥面路拱中心顶点到桥跨结构最下缘（拱式桥为拱脚线）的高差 h，称为桥梁建筑高度。城市多层立交桥对桥梁建筑高度有较严格的限制。

显然，桥梁建筑高度不得大于容许建筑高度。

（9）桥梁高度 桥面路拱中心顶点到低水位或桥下线路路面之间的垂直距离，称为桥梁高度。

1.2 桥梁的分类

桥梁有各种不同的分类方式，每一种分类方式均反映出桥梁在某一方面的特征。

1.2.1 按工程规模划分

根据桥梁多孔跨径总长 L_Z 和单孔跨径 l_K 将桥梁划分为：特大桥、大桥、中桥、小桥、涵洞，见表1-1。这是我国公路和城市桥梁级别划分的依据。

桥涵按跨径分类   表1-1

桥涵分类	多孔跨径总长 L_Z(m)	单孔跨径 l_K(m)
特大桥	$L_Z>1000$	$l_K>150$
大 桥	$100 \leqslant L_Z \leqslant 1000$	$40 \leqslant l_K \leqslant 150$
中 桥	$30<L_Z<100$	$20 \leqslant l_K<40$
小 桥	$8 \leqslant L_Z \leqslant 30$	$5 \leqslant l_K<20$
涵 洞		$l_K<5$

注：1. 单孔跨径是指标准跨径；
　　2. 梁、板式桥的多孔跨径总长为多孔标准跨径的总长，拱式桥为两岸桥台内起拱线之间的距离，其他形式桥梁为桥面系车道长度；
　　3. 管涵及箱涵不论管径或跨径大小、孔数多少，均称为涵洞。

1.2.2 按桥梁的结构体系划分

根据结构体系及其受力特点，桥梁可划分为梁式桥、拱式桥、刚架桥、悬索桥、斜拉桥、组合体系桥六种形式的结构体系。不同的结构体系对应于不同的力学形式，表现出不同的受力特点。

1. 梁式桥

梁式桥是古老的结构体系之一。梁作为承重结构，主要是以其抗弯能力来承受荷载。在竖向荷载作用下，其支承反力也是竖直的；一般，梁体结构只受弯、受剪，不承受轴向力。如图1-3所示。

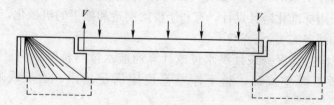

图1-3 简支梁桥示意图

常见的简支梁(图1-4a)的跨越能力有限(一般在50m以下),因此,悬臂梁和连续梁(图1-4b和图1-4c)得到发展。它们通过改变或增强中间支承来减少跨中弯矩,更合理地分配内力,加大跨越能力。悬臂梁采用铰接或简支跨(称为挂孔)来连接其两端,其为静定结构,受力明确,计算简便;但因结构变形在连接处不连续而对行车和桥面养护产生不利影响,近年来已很少采用。连续梁因桥跨结构连续,克服了悬臂梁的不足,是目前采用较多的梁式桥型。

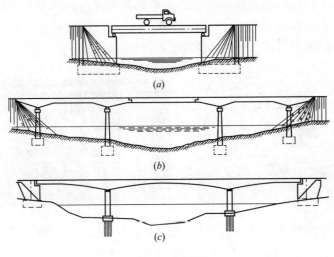

图1-4 梁式桥

梁式体系分实腹式和空腹式。前者梁的截面形式多为T形、工字形和箱形等,后者指主要由拉杆、压杆、拉压杆以及连接件组成的桁架式桥跨结构。梁的高度和截面尺寸可在桥长方向保持一致或随之变化。对中小跨径的实腹式梁,常采用等高度T形梁;跨径较大时,可采用变高度箱形截面预应力混凝土连续梁桥。

于1956年建造的哑巴河桥(图1-5,北京至周口店公路上),是中国公路上第一座预应力混凝土T形梁桥。该桥为标准跨径20m的装配式简支T梁桥,桥宽净7m,由6片T梁组成。建桥的主要目的是为了取得公路预应力混凝土桥的设计与施工经验。

2. 拱式桥

拱式桥(图1-6)的主要承重结构是具有曲线外形的拱(其拱圈的截面形式可以

图1-5 预应力简支T梁桥
(哑巴河桥,1956年)

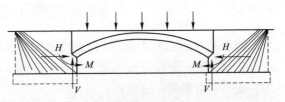

图1-6 拱桥示意图

是实体矩形、肋形、箱形、桁架等)。在竖向荷载作用下，拱主要承受轴向压力，同时也承受弯矩、剪力。支承反力不仅有竖向反力，也承受较大的水平推力。

根据拱的受力特点，多采用抗压能力较强且经济合算的圬工材料(图1-7)和钢筋混凝土(图1-8)来修建拱桥；拱对墩台有较大的水平推力，对地基的要求较高，故一般宜建于地基良好之处。按照力学分析，拱又分成单铰拱、双铰拱、三铰拱和无铰拱。因铰的构造较为复杂，一般常采用无铰拱体系。值得一提的是，由我国发明创造的桥型结构——双曲拱(图1-9)，其特点是使上部结构轻型化、装配化。著名的南京长江大桥的引桥即是双曲拱桥。

图 1-7　实腹式石拱桥(卢沟桥)

图 1-8　空腹式肋拱桥

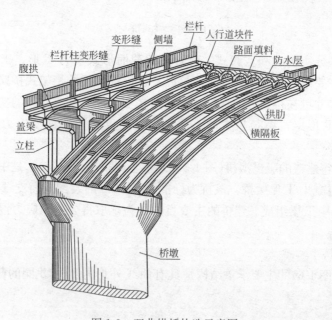
图 1-9　双曲拱桥构造示意图

随着施工方法的进步，除过去常采用的有支架施工方法外，现可采用悬臂施工、转体施工、劲性骨架等无支架施工新技术，这对拱桥在更大跨径范围内的应用，起到了重要的促进作用。

3. 刚架桥

刚架桥(也称为刚构桥)是指梁与立柱(墩柱)或竖墙整体刚性连接的桥梁

(图1-10)。其主要特点是:立柱具有相当大的抗弯刚度,故可分担梁部跨中正弯矩,达到降低梁高、增大桥下净空的目的。在竖向荷载作用下,主梁与立柱(或竖墙)的连接处会产生负弯矩;主梁、立柱承受弯矩,也承受轴力和剪力;柱底约束处既有竖直反力,也有水平反力。刚架桥的形式大多是立柱直立的(也可斜向布置,如图1-11a所示)单跨或多跨的连续刚构桥(图1-11b),柱底约束可以是铰接或固接。钢筋混凝土和预应力混凝土刚架桥适用于中小跨径、建筑高度要求较严的城市或公路跨线桥。

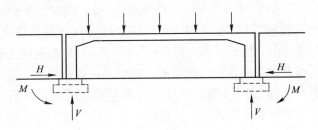

图 1-10 刚架桥示意图

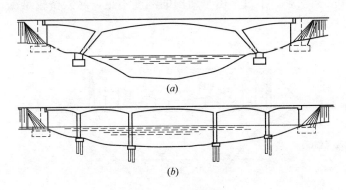

图 1-11 刚架桥
(a)斜腿刚架;(b)连续门式刚架

随着预应力技术和对称悬臂施工方法的发展,具有刚架形式和特点的桥梁可用于跨径更大的情况,如 T 形刚构桥。预应力混凝土 T 形刚构桥是由悬臂施工方法的发展而衍生出来的一种桥型。它的桥墩的刚度较大,与梁部固结,仍采用跨中设铰或简支挂孔来连接两 T 构。它融合了悬臂梁桥和刚架桥的部分特点:因是静定结构,能减少次内力、简化主梁配筋;T 构有利于对称悬臂施工,但粗大的桥墩因承受弯矩较大而费料;桥面线形不连续而影响行车。目前,已很少采用这种桥式。

斜腿刚构桥(图1-11a)的墩柱斜置并与梁部刚性连接,其受力特点介于梁和拱之间。在竖向荷载作用下,斜腿以承压为主,两斜腿之间的梁部也受到较大的轴向力。斜腿底部可采用铰接或固结形式,并受到较大的水平推力。对跨越深沟峡谷、两侧地形不宜建造直立式桥墩的情况,斜腿刚构桥表现出其独特之处。另外,墩柱在立面上呈 V 形并与梁部固结的桥梁,称为 V 形刚构桥,其在受力上具有连续梁和斜腿刚构的特点。V 形支撑既可加大跨径,也可适当减小梁高,外形也较美观。

连续刚构桥就是把刚度较小的桥墩（柱）与梁体固结起来，如图1-11(b)所示。其特点是桥墩（称为薄壁墩）较为轻巧。这种桥式除保持了连续梁的受力优点外，还节省了大型支座的费用，减少了墩及基础的工程量，改善了结构在水平荷载下的受力性能，有利于简化施工程序，适用于需要布置大跨、高墩的桥位。近年来，连续刚构体系在桥梁工程中的应用越来越普遍，跨径已接近300m。

4. 悬索桥

悬索桥（也称为吊桥）主要由索（又称缆索）、塔、锚碇、加劲梁等组成，如图1-12所示。对跨径较小（如小于300m）、活载较大且加劲梁较刚劲的悬索桥，可以视其为缆与梁的组合体系。但大跨径（1000m左右）悬索桥的主要承重结构为缆索（图1-13），组合体系的效应可以忽略。在竖向荷载作用下，其缆索受拉，锚碇处会产生较大的竖向（向上）和水平反力。缆索通常用高强度钢丝制成圆形大缆，加劲梁多采用钢桁架或扁平箱梁，桥塔可采用钢筋混凝土或钢结构。因缆索的抗拉性能得以充分发挥且大缆尺寸基本上不受限制，故悬索桥的跨越能力一直在各种桥型中名列前茅。不过，由于结构的刚度不足，悬索桥较难满足当代铁路桥梁的要求。

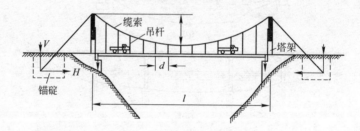

图1-12 悬索桥示意图

图1-13 悬索桥（汕头跨海大桥，桥全长2500m，主孔跨径760m）

5. 斜拉桥

斜拉桥（图1-14）是由梁、塔和斜索（拉索）组成，结构形式多样，造型优美壮观。在竖向荷载作用下，梁以受弯为主，塔以受压为主，斜索则承受拉力。梁体被斜索多点扣拉，表现出弹性支承连续梁的特点。因此，梁体荷载弯矩减小，梁体高度可以降低，从而减轻了结构自重并节省了材料。另外，塔和斜索的材料性能也能得到较充分地发挥。因此，斜拉桥的跨越能力仅次于悬索桥，是近几十年来发展很快的一种桥型。由于刚度问题，斜拉桥在铁路桥梁上的应用极为有限。斜拉桥按照索面的布置，有单索面和双索面（图1-15）之分。

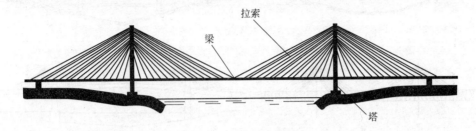

图 1-14　斜拉桥示意图

图 1-15　双塔双索面斜拉桥（美国，西德尼拉尼尔桥）

6. 组合体系桥

将上述几种结构形式进行合理的组合应用，即形成组合体系桥梁，如图 1-16 所示。常见的组合方式是梁、拱结构的组合（图 1-16a、b）。梁、拱、吊组合体系同时具备梁的受弯和拱的承压特点，可以是刚性拱及柔性拉杆，也可以是柔性拱及刚性梁。这类结构的主要优点是：利用梁部受拉，来承受和抵消拱在竖直荷载下产生的水平推力。这样，桥跨结构既具有拱的外形和承压特点，又不存在很大的水平推力，可在一般地基条件下修建。相对而言，这种组合体系的施工较为复杂。此外，为获得更大跨越能力，可以由悬索和斜拉组合形成组合体系桥梁（图 1-16d）。

1.2.3　桥梁的其他分类

1. 按桥梁上部结构的建筑材料分

桥梁可分为木桥、石桥、混凝土桥、钢筋混凝土桥、预应力混凝土桥（有时三者统称混凝土桥）、钢桥和结合梁桥等。木桥易腐烂，多用于临时性桥梁。石料和混凝土抗压强度高而抗拉强度低，主要用于拱桥。钢筋混凝土桥为耐压的混凝土和抗拉、抗压性能均好的钢筋结合而成的桥，主要用于跨径不大

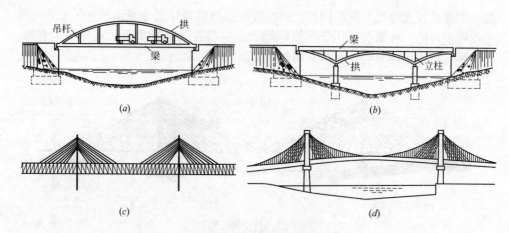

图 1-16 组合体系桥
(a)梁、拱、吊组合；(b)梁、拱组合；(c)桁梁、斜拉组合；(d)悬索、斜拉组合

的梁式桥和拱桥。预应力混凝土桥是采用高强度钢筋(丝)和高强度等级混凝土建成，可达到比钢筋混凝土大得多的跨径，可采用的结构体系也比钢筋混凝土桥广泛得多。钢桥用结构钢制造，现常用于实腹梁桥及大跨径的桁架梁桥、拱桥、斜拉桥和悬索桥，其主要优点是施工速度较快、跨越能力大，缺点是用钢量较多、维修费大。

此外，还有用轻质混凝土、铝合金、玻璃钢等建筑材料建造的桥梁。

2. 按用途分

桥梁可分为公路桥、铁路桥、公铁两用桥、城市桥。公路桥的活载一般小于铁路桥，但活载的作用点(车轮)在桥的横向是变化的，桥面较宽，桥梁的容许挠度也大。铁路桥活载沿轨道运行，在桥上横向位置不变，桥面系易于布置，但桥面通常较窄，在大跨径铁路桥的设计中，由于横向稳定、刚度和风振等原因而需加宽桥梁；其活载大，容许挠度小，因此在选择结构体系上不如公路桥有较多的自由。在同一桥位上供公路和铁路使用的桥梁称公铁两用桥。公路、铁路一般分别布置在上、下两个层面上；也可布置在同一平面上，将公路设置在铁路两侧，但运营性能较差。城市桥的构造接近公路桥，但车行道和人行道较宽，桥梁高度低，以减少桥头引道长度和填土数量；在通行混合交通时，桥梁纵坡不宜大于2%，设计中应考虑公用管线(电信、照明、自来水、暖气和雨水管等)的过桥设置，不得妨碍桥梁的维修和养护，但高压输电线路、煤气管、输油管与污水管等不允许在桥上敷设。城市桥应视为重要的艺术建筑之一，应注意桥梁本身的造型要和周围的景观协调，对桥头堡、栏杆、灯柱的艺术要求也高。城市桥游人乐于驻足，以选用不影响眺览风景的上承式桥梁为最好。

此外，尚有人行桥、飞机场桥、运河桥、给水桥(渡桥)和供油、供气、供煤粉的管道桥等。

3. 按跨越障碍分

桥梁可分为跨河桥、跨谷桥、跨线桥和高架线路桥等。跨河桥的长度和高度，应满足泄洪和通航的要求，在主河槽部分的桥梁称为正桥，跨径较大；其余部分称为引桥，其跨径一般由经济条件确定，宜优先选用标准设计。跨谷桥的长度和高度由地形决定。跨线桥为线路（公路、铁路等）立体交叉时，一条线路跨越另一条线路的桥梁，也称立交桥；在地下穿过既有线路的称为地道桥。高架线路桥是修建于地面或道路上空，供车辆行驶的旱桥，是一种用桥梁结构代替路堤的高架线路，可以避免线路平面交叉，提高交通运输能力。如图1-17所示。

图1-17　高架桥（广州，内环路）

4．按桥面位置分

有上承式桥、中承式桥、下承式桥和双层桥。将桥面布置在主要承重结构之上的称为上承式桥（图1-1，图1-2，图1-16b），在主要承重结构之下的称为下承式桥（图1-16a，图1-16d），介于上、下之间的称为中承式桥（图1-16c），上、下均设桥面的称为双层桥。上承式桥具有构造简单、容易养护、制造架设方便、节省墩台圬工数量以及视野开阔等优点，在桥梁设计中常优先选用。中、下承式桥都具有桥梁建筑高度小的优点，根据设计要求而定。双层桥多用于公路铁路两用桥。

5．按桥梁平面的形状分

有正交桥、斜桥和弯桥。正交桥的桥梁中心线和主河槽的流向（或被跨越线路的中心线）正交。斜桥的中心线和主河槽流向斜交，其受力和构造都较复杂，所用材料也多。弯桥是主要承重结构轴线顺着线路曲线布置的桥(图1-17),其受力和构造也较复杂;为便于行车,桥面应按线路要求设置超高及加宽。

6. 按制造方法分

混凝土桥分现场浇筑和装配两类。后者的构件在工厂(场)中预制,运往工地拼装架设,其优点是:可使桥梁制造工业化、机械化,降低成本,提高速度,而且质量也有保证。也有两者结合的装配、现浇式混凝土桥。钢桥一般都是装配式的。

7. 按使用期限分

有临时性桥、永久性桥和半永久性桥。临时性桥的构造简易,仅在有限的短期内使用或在永久性桥未建成以前供维持交通之用。永久性桥为长期使用的桥梁,需按规定的设计洪水频率、桥面宽度和检查维修设备等进行设计。半永久性桥一般是下部结构按永久性桥设计,而上部结构是临时性的。

8. 其他特殊桥梁

有活动桥、军用桥、漫水桥、悬带桥和观景廊桥等。活动桥是桥跨结构可以移动或转动,以扩大或开放桥下自由通道的桥梁,多用于河流下游靠近入海的港口处。军用桥是为军事目的而设的临时性桥梁,用以跨越河流、峡谷沟壑、弹坑等障碍,通常要求材料重量轻而强度高,构件可以互换,拆装简便,能迅速组装成各种跨径和不同承载力的桥梁。漫水桥是三、四级公路在交通容许有限度中断时修建的一种半永久性桥梁,桥面建在设计洪水位标高之下,汛期洪水漫顶而过,常采用圬工材料建造。

(1) 悬带桥:由主梁、立柱、悬带等部分组成(图1-18)。1972年建成的哥斯达黎加圣约瑟公路桥,是跨径124m的悬带桥。悬带是由预应力高强钢

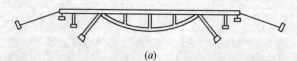

(a)

(b)

图1-18 自锚上承式悬带桥

(a)悬带桥结构示意;(b)洞口淘金桥(悬带桥)

束做成，外包薄层混凝土。悬带桥与有加劲梁的上承式悬索桥类似，是预应力混凝土大跨径桥梁的一种新形式。但目前修建数量尚少，它的适用性有待实践的检验。

（2）悬空透明玻璃观景廊桥：美国科罗拉多大峡谷的悬空透明玻璃观景廊桥已正式对外开放，这座悬空廊桥号称"21世纪世界奇观"，建造在大峡谷南缘老鹰崖距谷底1158m的高空。由出生于上海的美国华裔企业家金鹉构思出来，耗资3000万美元。悬空廊桥呈马蹄形，宽约3m，最远距谷壁21m。桥面人行道由3in（1in＝0.0254m）厚强化玻璃制造，并由5ft（1ft＝0.3048m）高的玻璃幕墙封闭起来。游客可以行走在上面，站在高空中俯瞰大峡谷的宏伟风光，看着科罗拉多河在脚下奔流，绝对过足"天行者"的瘾。据介绍，兴建悬空廊桥是工程技术的一大挑战。它必须能够承受时速高达160km的强风，而且强风会由8个不同方向吹袭。为解决这个问题，工程人员将94根钢柱打进石灰岩壁作为桥墩，并深入岩壁达14m。此外，还特别加装了3个钢板避震器，每个避震器重为1500kg。因此，悬空廊桥可支承70t重量，也耐得住规模达里氏8级的地震。如图1-19～图1-21所示。

图1-19　悬空透明玻璃观景廊桥（整体布置）

图1-20　悬空透明玻璃观景廊桥（初步方案）

图1-21　悬空透明玻璃观景廊桥（实际桥面）

1.3 桥梁的建设与发展概况

1.3.1 辉煌的历史

我国历史悠久、文化源远流长，是世界文明古国之一。就桥梁来讲，我们的祖先在世界桥梁建筑史上曾写下辉煌灿烂的篇章。

桥梁与人类是共同发展的，桥梁的历史就是人类生存发展的历史。中国桥梁的历史可以上溯到 6000 年前的氏族社会时代。据史料记载，远在约 3000 年前的周朝，宽阔的渭河上就出现过浮桥。鉴于浮桥的架设具有简便快速的特点，常被用于军事。汉唐以后，浮桥的运用日趋普遍。在公元前 550 年左右，汾水上建有木柱木梁桥；秦代在长安(今西安)所修建的渭河桥、灞河桥等，在史书中均有确凿记载。这些桥屡毁屡建，多采用木柱木梁或木梁石柱桥。

在秦汉时期，我国已广泛修建石桥。在 1957 年出土的东汉画像砖上，刻有石拱桥图形，桥上有车马，桥下有两叶扁舟，证明当时已能修建跨河石拱桥。在隋大业元年(公元 605 年左右)，李春在河北赵县修建了赵州石拱桥(又称安济桥，桥长 64.4m，净跨 37.02m，宽 9m，由 28 道石拱券纵向并列砌筑而成)，是典型的空腹式坦拱，如图 1-22 所示。该桥构思巧妙，造型美观，工艺精致，历经 1400 多年而无恙，举世闻名，被誉为"国际土木工程里程碑建筑"，不愧为桥梁文物宝库中的精品，1991 年被列为世界文化遗产。

图 1-22 隋朝赵州桥(公元 605 年左右)

1192 年建成的位于北京西南的卢沟桥(图 1-7)，共 11 孔，跨径 11.4～13.5m，桥栏上配有栩栩如生的大小石狮 485 个，世所罕见。北京颐和园内的十七孔桥建于清乾隆年间(1736～1795 年)，玉带桥建于乾隆十五年(1750 年)。前者的拱洞随桥面缓和的上下坡从桥中间向两端逐渐收小，后者则以两端有反弯曲线的玉石穹背高出绿丛。这两座桥都以同环境协调、使湖光山色增辉见称。

我国古代的石梁桥也同样杰出。目前世界上保存的最长、工程最艰巨的石梁桥，就是我国建于宋朝的福建泉州万安桥，又称洛阳桥(1053～1059 年)。此桥现长 834m，共 47 孔。在建桥时先顺着桥的轴线向水中抛投大量块石，在水面上形成一条长堤，然后在块石上放养牡蛎，靠蛎壳与块石相胶结形成的整体基础来抵抗风浪。在这水下长堤上，用大条石纵横叠置（不用灰浆）形成桥墩，尔后再架设石梁。

我国是世界公认最早有索桥的国家。据记载，最迟在唐朝中期，我国就从藤索、竹索发展到用铁链建造索桥，而西方到 16 世纪才开始建造铁索桥。至今保存下来的古代索桥有四川灌县的竹索桥（世界上最古老的索桥）和泸定县的大渡河铁索桥。灌县竹索桥始建于宋朝（公元 990 年），1803 年仿旧制重建，名安澜桥，桥长 340m，分为 8 孔，最大跨径 61m，竹索现已被换为钢丝索。大渡河铁索桥建于 1706 年，长 103m，宽约 2.8m，由 13 条锚固于两岸的铁链组成，现作为革命文物保存。

古代桥梁大致指 19 世纪中叶及其以前所修建的桥梁。这些桥梁的设计和施工完全依靠人们的经验，没有力学知识的指导。建桥材料以天然的或加工过的木材、石材为主，及竹索、藤索、铁索、铸铁乃至锻铁。在桥式方面，有梁、拱和索桥三大类。当时技术落后，工具简陋，不会修建深水基础，施工周期也长。

现代桥梁指 19 世纪后期以来，由工程师运用工程力学、桥涵规范及桥梁工程知识所兴建的桥梁。19 世纪 20 年代，世界上出现铁路。现代桥梁主要是为适应铁路建设的需要，在 19 世纪后期逐步发展起来的。在铁路发展的初期，建桥材料仍是木材、石材、铸铁和锻铁等；后来钢材逐步占据主导地位。20 世纪初，钢筋混凝土也逐渐受到桥梁界重视，开始用于中、小跨径桥梁。建桥工具得到很大发展，出现了蒸汽机、打桩机、电动工具、风动工具、起重机具、铆钉机等。在深水基础方面，可以施工沉井、压气沉箱和大直径的桩。从 20 世纪 30 年代起，公路桥梁也开始大力发展。

可以把在 20 世纪 50 年代左右发展起来的、主要为公路和城市道路服务的桥梁称之为当代桥梁。在材料方面，除常规钢材和钢筋混凝土外，还有预应力混凝土、高强螺栓、高强钢丝、低合金钢以及其他新型材料。用于桥梁建造的机具和设备有焊接机、张拉千斤顶、振动打桩机、水上平台、大吨位起重机和浮吊、钻孔机等。在桥梁基础方面，可修建高位承台、大直径打入斜桩和就地浇筑桩、浮运沉井等。在梁、拱和悬索桥等基本桥型的基础上，发展了许多新桥型，如连续刚构桥、斜拉桥、梁拱组合体系、箱形梁、正交异性钢桥面板等。结构设计理论得到改进，逐步从容许应力法向极限状态法发展；结构分析也更加注重大跨、纤细结构的振动（地震、风振）问题。施工技术和工艺得到重视，出现了不少新的施工方法，如悬臂施工、转体施工、浮运法以及整件吊装等。

1.3.2 展望未来

随着我国交通运输和市政建设的高潮，我国建造桥梁的科学和技术水平也得到了飞速发展。了解世界桥梁发展的动向和趋势，对于指导我国未来桥梁的发展意义重大。

(1) 跨径不断增大。目前，钢梁、钢拱的最大跨径已超过 500m，钢斜拉桥为 890m，而钢悬索桥达 1990m。随着跨江、跨海的需要，钢斜拉桥的跨径将突破

1000m，钢悬索桥将超过3000m。至于混凝土桥，梁桥的最大跨径为270m，拱桥已达420m，斜拉桥为530m。

（2）桥型不断丰富。20世纪50~60年代，桥梁技术经历了一次飞跃：混凝土梁桥悬臂平衡施工法、顶推法和拱桥无支架方法的出现，极大地提高了混凝土桥梁的竞争能力；斜拉桥的涌现和崛起，展示了丰富多彩的内容和强大的生命力；悬索桥采用钢箱加劲梁，技术上出现新的突破。所有这一切，使桥梁技术得到空前的发展。

（3）结构不断轻型化。悬索桥采用钢箱加劲梁，斜拉桥在密索体系的基础上采用开口截面甚至是板，使梁的高跨比大大减少，非常轻盈，拱桥采用少箱甚至拱肋或桁架体系，梁桥采用长悬臂、板件减薄等，这些都使桥梁上部结构越来越轻型化。

1. 梁式桥

梁桥仍然是最常用的一种桥型。目前，国外跨径在15m以下，用钢筋混凝土梁桥；以上则用预应力混凝土梁桥；跨径25~40m，往往用结合梁桥或预弯预应力梁桥。从20世纪50年代德国首次采用平衡悬臂施工法修建跨径114.2m的Worms桥以后，混凝土梁桥也用于大跨径桥梁。最大的混凝土梁桥，是国外跨径270m的巴拉圭Asuncion桥。

钢梁桥一般用于大跨径，尤其是桁架梁，常用于特大跨径。最大的钢桁梁桥，是跨径549m的加拿大魁北克桥，为悬臂梁桥，公铁两用。

（1）混凝土连续梁和连续刚构桥有了快速发展。交通运输的迅速发展，要求行车平顺舒适，多伸缩缝的T形刚构已经不能满足要求，因而连续梁和连续刚构得到了迅速发展。

连续梁的不足之处是需用大吨位的盆式橡胶支座，养护工作量大，如图1-23所示。连续刚构的结构特点是梁保持连续，梁墩固结，既保持了连续梁行车平顺舒适的优点，又保持了T形刚构不设支座减少养护工作量的优点。如图1-24所示的虎门大桥辅航道桥即是最大跨径的该桥型。

图1-23 125m预应力混凝土连续梁桥（上海，奉浦大桥）

图 1-24　270m 连续刚构(虎门大桥辅航道桥)

(2) 预应力应用更加丰富和灵活。部分预应力在公路桥梁中得到较广泛的采用。不仅允许出现拉应力，而且允许在极端荷载时出现开裂。其优点是，可以避免全预应力时易出现的沿钢束纵向开裂及拱度过大；刚度较全预应力为小，有利于抗震；并可充分利用钢筋骨架，减少钢束，节省用钢量。

(3) 体外预应力得到了应用与发展。体外预应力早在 20 世纪 20 年代末就开始应用，70 年代后应用多了起来。体外配索，可以减小截面尺寸，减轻结构恒载，提高构件的施工质量；力筋的线形更适合设计要求，其更换维修也较方便。加固桥梁时用体外索更是方便。著名的美国 Longkey 桥，跨径 36m，即是采用了体外索。

(4) 大吨位预应力应用增加。现在不少桥梁中已采用每束 500t 的预应力索。预应力索一般平弯，锚固于箱梁腹板上，可以减小板件的厚度，减轻自重，局部应力也易于解决。

(5) 无粘结预应力得到了应用与发展。无粘结预应力在国外 20 世纪 50 年代中期广泛用于建筑业，美国目前楼板中，99% 采用现浇无粘结预应力。无粘结预应力结构施工方便，无须孔道压浆，修复容易，可以减小截面高度；荷载作用下应力幅度比有粘结的预应力小，使抗疲劳和耐久性能增强。

双预应力，即除用预张拉预应力外，还采用了预压力筋，使梁的截面在预拉及预压力筋作用下工作。简支梁双预应力梁端部的局部应力较大，后来日本将预压力筋设在离端部一定距离的上缘预留槽中，而不是锚在梁端部，使局部应力问题趋于缓和。

(6) 国外还较多应用预弯预应力梁。预弯预应力梁是在钢工字梁上，对称预加两个集中力，浇筑混凝土底板，卸除集中力，这样底板混凝土受到预压，然后再浇筑腹板和顶板混凝土。

2. 斜拉桥

自 1955 年瑞典建成第一座现代斜拉桥——跨径 186.2m 的 Stromsund 桥以来，至今已有 40 多年了，斜拉桥的发展，方兴未艾，具有强劲的势头，并开始出现多跨斜拉桥。其结构不断趋于轻型化；从初期的钢斜拉桥，发展为混凝土梁、结合梁和混合式斜拉桥，跨径不断增大。已建成的最大跨径斜拉桥为法国 Normandy 桥(跨径 856m)，跨径 890m 的日本多多罗桥正在建设中。

未来世界第一桥是墨西拿跨海大桥（图 1-25），全长 3660m，跨径 3300m，桥面高出海平面 70m，桥面宽度 60m，设有 12 条汽车道和 2 条火车线路。这一跨径被认为是这类桥梁的极限。

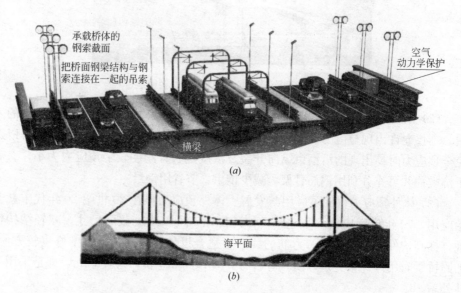

图 1-25　墨西拿跨海大桥(纵、横断面图)

3. 设计及施工计算

箱梁内力计算更切合实际，必要时需考虑约束扭转、翘曲、畸度、剪滞的内力。由于剪滞的影响，箱梁顶底板在受弯情况下，其纵向应力是不均匀的，靠箱肋处大，横向跨中处小。配筋时要用有效宽度。目前已按试验结果，将纵向应力按多次抛物线分布，得出实用结果。

箱梁温差应力的计算。箱梁由于架设方向及环境的不同，会承受不同的温差。温差应力必须考虑，在特定的情况下，温差应力很大，甚至超过荷载应力。因此，必须按照现场可能出现的温差，计算内力，加以组合，进行配筋。

按施工步骤计算恒载内力。按结构的最终体系计算恒载内力，往往并不是实际的内力。必须按照施工顺序，逐阶段地进行计算，在计算中考虑混凝土龄期不同的徐变收缩影响。这样，既得到了各施工阶段的控制内力，又得到了结构形成时的内力和将来的内力。同样，也必须考虑施工顺序步骤来计算挠度，并反算得到预拱度。

4. 施工方法

近年来悬臂施工法中悬拼的应用有所增加。各节段间带有齿槛，涂环氧树脂，使连接良好，并增大抗剪能力。可以缩短工期，特别是利用吊装能力大的浮吊时，可加大节段长度，则更能加快施工进度。国外悬拼最大的桥为跨径 182.9m 的澳大利亚 CaptainCook 桥。顶推施工法也处在不断发展阶段：一开始是集中顶推，两侧各用一个千斤顶推动，而且用竖向千斤顶以使水平千斤顶回程；以后发展成为多点顶推，使顶推力与摩阻力平衡，使顶推法可用于柔性墩，同时也不再使用竖向千斤顶。

望城沩江桥(图1-26)为一国内首创柔性墩多点顶推法施工的预应力混凝土连续梁桥。该施工方法的特点是多点、分级、同步及采用"分级调压、集中控制"施工,用以适应柔性墩的受力要求。优点是设备轻、操作方便,适用于轻型墩台。

图1-26 多点顶推法施工的预应力连续梁桥(望城沩江桥)

目前,顶推施工法不仅用于直线梁,而且用于竖曲线上的梁,以及平曲线上的梁。香港曾把顶推法成功地用在处在切线、缓和曲线和 $R=430\text{m}$ 圆曲线的梁上,把线形用最接近的圆曲线来模拟,其差值用调整箱顶板的悬臂长度来补偿。同时因为超高的不同,箱梁腹板的高度也是变化的;在处于3%纵坡和竖曲线的梁,则使板底保持同一个纵坡而改变箱高。因此,箱梁几何尺寸、浇筑平台的模板系统大为复杂,但胜利建成,为顶推法施工提供了新的经验。

5. 桥梁基础

基础,尤其是大跨径桥梁的深水基础,往往需要解决施工技术上的许多难点,也往往是控制整个桥梁工程进度的关键工程,其费用也占桥梁造价相当大的比重。

近年来,国外都修建了不少跨越大江、大河甚至跨越海湾的深水基础,取得了很大的成绩与不少新经验:大直径钢管桩、大直径混凝土浇筑桩和空心桩、复合基础均得到较广泛的采用,地下连续墙已开始在桥梁基础中采用,超大的沉井也已经出现并顺利设置或下沉。这一切都标志着,桥梁基础工程技术已取得了很大的发展。

(1) 大直径钢管桩(柱)具有施工工艺简便、速度快、可沉入很深土层等优点,近年来发展很快,日本已大量采用。

大直径钢管桩用做摩擦桩,经历了两个阶段。

初期一般在管内浇筑混凝土,以防止钢管的锈蚀。这样做也会带来一些不利影响:需在管内取土,而对提高桩的承载能力作用不大;增大了桩的刚度,在地震时使桩顶受力增大;增加了施工难度与造价。

以后逐渐倾向于管内不填混凝土,由于管内土存在闭塞效应,因此钢管桩的承载能力比钢管外壁土壤摩阻力要增大不少。而闭塞效应的机理目前还不很清楚,因此往往通过静载试验来确定其承载力。具体实例如日本跨径240m的滨名大桥，每个主墩采用49根直径1.6m钢管桩，组成水上承台。

在冲刷深、覆盖层较薄时，往往将钢管桩沉至岩面钻孔嵌岩，成为管柱基础。这时往往用混凝土填实。如日本主跨为220m及185m的内海大桥，水中4个深水墩均采用直径2m的钢管柱基础。

(2) 大直径钻孔浇筑桩具有承载力大、刚度大、施工快、造价省的优点。国外很多采用直径2～4m的大直径钻孔桩；而且往往采用扩孔方法，直径可达3～4m，而在日本横滨港横断大桥，跨径460m的钢斜拉桥的基础中，将多柱基础嵌岩扩孔至直径10m，是目前世界最大的嵌岩直径。

(3) 沉井基础承载能力大、刚度大，可以适用于深水，但体积庞大，随着桩基的广泛采用，沉井的应用范围有所减少。不过在特大跨径的桥梁中，沉井仍为主要基础形式之一。

在大跨径桥梁的深水基础中，底节多采用浮式钢壳沉井，用双壁空心结构，浮运至墩位，灌水落床，再浇筑混凝土，接高下沉，直至设计标高。日本明石海峡大桥，最大施工水深60m，两主塔分别采用直径80m和78m、高70m和67m的浮式钢壳沉井，壁厚12m，分为16个舱，是目前规模最大的桥梁沉井基础。其特点是：用大型抓斗挖泥船开挖至海底支承地基，整平岩基，再用切削机磨平，然后设置沉井，在其周围抛石进行冲刷防护，最后沉井内进行水下混凝土施工。日本濑户大桥也用同样方法施工。

(4) 复合基础是将桩或管柱与沉井组合的一种深水基础。沉井下到一定深度，封底，然后钻孔，将沉井内的桩嵌岩，沉井封底与桩或柱共同受力。

日本跨径420m的公铁两用斜拉桥——柜石岛桥3号墩岩面倾斜，水深近20m，采用46m×29m×30.5m钢壳设置沉井与16根4m直径的浇筑桩组合的复合基础。

1.3.3 跻身世界强国之列

我国有悠久的造桥历史，历史上曾经写下了灿烂辉煌的篇章。在改革开放不断深入的今天，我国凭借拥有一大批桥型多、跨径大、难度高的具有世界级水平的桥梁，正在跻身于世界桥梁强国之列。

进入20世纪90年代以后，伴随着世界最大规模公路建设的展开，我国积极吸纳当今世界结构力学、材料学、建筑学的最新成果，公路桥梁建设得到极大发展，在长江、黄河等大江大河和沿海海域，建成了一大批有代表性的世界级桥梁。特别是最近15年，在神州大地上共修建了15万多座大中型桥梁(包括公路、铁路、城市桥梁)，桥梁累计总长度达到8300多km，平均每年修建1万多座，这个数字震惊世界。实现了由桥梁大国向桥梁强国的历史性跨越，成为向世界展示我国综合国力的窗口之一。

全部由中国人自己设计、施工、监理、管理，所用建筑材料和设备也绝大部分由我国自行制造或生产的润扬大桥(图1-27)正式建成通车。它是我国第一座由悬索桥和斜拉桥构成的特大型组合桥梁，其中南汊主桥为单孔双铰钢箱梁悬索桥，主跨径1490m，目前位居世界第三，可通行5万吨级巴拿马型货轮。润扬大桥建设条件复杂，技术含量非常高，施工难度特别大，被国际桥梁专家称为"中国奇迹"。美国高级公路代表团专家看了润扬大桥后说，美国要向中国学习桥梁建设技术。国际桥梁协会主席伊藤学先生在参观大桥后认为，这是他看到的最漂亮的混凝土桥梁。

图 1-27　润扬大桥

跨径达 1088m 的苏通长江公路大桥创造了斜拉桥型的四项世界之最，见图 1-28。在世界同类型桥梁中，苏通大桥的主塔最高、群桩基础规模最大、斜拉索最长、跨径最大。此外，还有东海大桥、崇明岛过江通道、深港西部通道、珠港澳大桥等一批世界级桥梁正在建设或进行前期工作。它们的建成将会再次吸引世界的目光，并极大地丰富世界桥梁宝库。杭州湾跨海大桥是我国第一座跨越海洋的大桥，如图 1-29 所示，也是目前建成的世界上最长、工程量最大的跨海大桥。它横跨整个杭州湾的南北两岸，南起宁波慈溪，北到嘉兴海盐，全长 36km。

图 1-28　江苏苏通长江大桥

世界最大跨峡谷悬索桥——湘西矮寨特大悬索桥，于 2012 年 3 月 31 日正式建成通车，如图 1-30 所示。这座湖南吉首至茶洞高速公路上的特大型桥梁，在吉首市矮寨镇上空 335m 处跨越德夯大峡谷，吊索采用 71 对钢丝绳，索塔采用双柱式门式框架结构，两索塔间跨度达到 1176m，居世界同类桥第一。创造了"轨索滑移法"架设钢桁梁、塔梁完全分离结构和岩锚吊索结构并用碳纤维作为预应力筋材，这四项世界第一的技术。

图 1-29　杭州湾跨海大桥

图 1-30　矮寨特大悬索桥

1.4　桥梁美学简介

建筑是凝固的音乐，音乐是流动的建筑。建筑并不是砖石混凝土结构的简单拼凑，而是以自身的点、线、面、体及所处环境等丰富的艺术元素，组合成华美的乐章，传达出优美的艺术韵律，展现出寓意深刻的诗情画意。桥梁建筑艺术是通过桥梁建筑实体与空间的形态美及其相关因素的美学处理，形成一种实用与审美相结合的造型艺术，或者说是一种创造桥梁美的技术。如瑞士萨尔基那山谷桥，如图 1-31 所示，由瑞士工程师罗伯特·马亚尔于 1930 年设计，一座跨谷的镰刀形上承式拱桥。该桥镶嵌在阿尔卑斯山的山谷间，虽然只有 90m，但以其独特的山势背景征服了无数人。20 世纪末，国际桥梁和工程协会组织了"20 世纪世界最美的桥梁"评选，从全世界 100 多个国家的上千座桥梁中遴选出 15 座，萨尔基那山谷桥勇夺桂冠。建筑师们说："在桥上漫步是一种真正的精神上的享受。你和高山、白云、蓝天那么靠近，它构成了阿尔卑斯山的一幅美妙的风景画。""该桥所有部分都恰到好处，无可挑剔，""这是真正的艺术和桥梁结合的精品。"

图 1-31 萨尔基那山谷桥
(a)远眺；(b)侧览

现代桥梁技术的高度发展及造型艺术设计的出现，必然从建筑美学中脱颖而出形成一门专业实用美学——桥梁美学。可以说桥梁美学是研究以美学的普遍原理、结合桥梁的特殊性质、得出桥梁建筑在设计时应遵循的和在评价中应依据的理论和法则的科学。这一科学的研究与发展，可以使桥梁建筑艺术更加灿烂辉煌。

1.4.1 桥梁建筑的艺术特性

1. 功能价值与审美价值相统一

为了满足人类社会生活发展的需要而创造的桥梁建筑和某些纪念性、观赏性建筑不同，它首先是一种具有运输通道能力的实用结构物，所以功能价值是第一位的。如果一座桥梁能稳健地跨越障碍、安全可靠、交通流畅、满足功能要求，就可以说已为桥梁美提供了先决条件，如果过桥时令人提心吊胆、不堪负荷或事故不断、交通堵塞，也就影响了美。

桥梁建筑不仅应表现出结构上的稳定连续及强劲力感与跨越能力，而且要有美的形态与内涵，只有内容与形式的高度统一，功能价值与美学价值的完美体现，桥梁建筑才能显示出不朽的生命力。

2. 桥梁建筑艺术与技术紧密相关

桥梁建筑与其他建筑一样是工程技术与艺术结合的产物，它作为物化了的人工环境必然依赖于相应的技术，并耗费大量的材料，因而技术对艺术的制约表现在经济、材料、设计理论、施工技术等方面。建筑技术是表现建筑艺术的物质手段。技术本身也是美的因素之一，计算力学发展、钢筋混凝土的出现等都给建筑业带来一次又一次的革命，轻巧、优美、大跨度的各式形态桥梁才得以发展，因而技术进步对于桥梁美具有锦上添花的效用，是强大的推动力。

技术与艺术紧密相关，但不能互相代替、等同。只有立足于现实条件、经济能力，最大限度地发挥技术、材料的作用以及人的聪明才智，才能创造出体现技术美与艺术美结合的桥梁建筑。

3. 桥梁建筑是结构外露的空间实体

虽然桥梁建筑属建筑范畴，但桥梁与房屋建筑还有着许多不同，房屋建筑是空间的分隔组合，桥梁建筑是空间的延续与扩展，前者是人们生活、工作的空间，后者是沟通东西、连接南北及人行车驶的通道，房屋建筑常常是封闭的，从外观很难看出内部复杂多变的结构，而桥梁结构是开敞的、外露的，组成部分一目了然，功能关系明确，如桥梁的塔、梁、墩、索等直接映入眼帘。而从美学观点出发，这些外露构件既成为景观重点，也是美学处理上的难点，如何将这些构件组合成令人满意的整体和流芳百世的艺术品，与其他门类艺术相比就更为困难。

4. 桥梁是单维突出的空间结构物

由于桥梁功能的需要决定了其基本形态是水平方向单维突出结构物，即桥梁沿路线方向长度与桥的宽度、高度相比差距较大，这种形态在视觉平衡上、比例和谐上很不利。协调这种比例，改善视觉印象，是桥梁美学设计中必须重视的问题。

5. 桥梁建筑艺术表现的局限性

桥梁建筑首先是一个工程结构，在艺术表现上受到了诸多条件的限制，表达自由度远不及其他艺术。桥梁基本上是由几何形态的线、面构成的空间形体，靠它的可视形象，给人以庄严、雄伟、稳定挺拔或轻巧明快、柔美秀丽等感受，但很难以自身的形式表现更具体的内容，此时常常借助雕塑、绘画、匾额、书法、诗词等其他艺术形式去构成深厚的艺术意境，使人产生联想、激发情感、抒发胸怀。有时还要借助音乐、声音、光影、照明等来渲染气氛。

桥梁建筑有其独特的结构特征，也相应带来了独特的艺术魅力，只有正确地把握它的艺术特性，才能创造出不同凡响的桥梁美。

1.4.2 桥梁建筑中的几何形态美

1. 视点

作为最基本的建筑形态要素——点，并非几何意义上投影点，而是进入视野内有存在感、与周围形状或背景相对比能产生点的感觉的形状。称为视点或点形状，如桥梁建筑中塔、柱、杆在俯视时均可视为点形状，从侧面看，铰、支座、桥墩盖梁端头、栏杆柱头、灯具等均可视为点形状。

点的感觉与点的形状、大小、色质、排列及光影等均有关系。建筑造型根据不同的要求对点形状作出处理，加大对比可使点强化。图1-32(a)为加拿大的斯凯(Skg)桥，其高耸的A字形主塔顶端涂装成红色，鲜明醒目，成为审美重点，突出了标志、信号的作用。不少拱桥还在中心有明显的拱顶石或雕饰，如图1-32(b)所示强调了桥梁整体的均衡中心，加强了稳定、信赖感。在图1-32(c)中单调排列的桥栏杆由于有了"点"而显得生动而有韵味。特别是在桥梁夜间照明中点

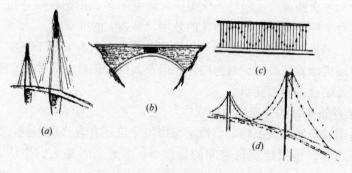

图1-32 点的形状与视觉

点灯光随着桥面竖曲线、平曲线走向而蜿蜒曲折，形成如诗如画的景观，如图 1-32(d) 所示。如果减少点与背景的对比、加大点的尺寸或密度，会使点淡化、线化或面化。桥墩、桥台壁面雪花点可使混凝土壁面变得柔和轻盈而富有质感。

2. 线形

(1) 直线

直线具有坚强刚直的特性与冷峻感。直线又分水平线、竖直线与斜线三类。

水平线具有与地球表面平行而产生附着于地面的稳定感，可以产生开阔、舒展、亲切、平静的气氛，同时也有扩大宽度、降低高度的心理倾向。如前所述，道路桥梁是一种水平方向延伸的线形结构，水平线功能尤为突出。如图 1-33(a) 所示主梁就是以水平线为形态特征，通过桥面的延续、缘梁的强调来增加桥梁连续流畅的美感。

竖直线与地面垂直，显示了与地球引力方向相反的动力，有一种战胜自然的象征，体现了力量和强度，表达了崇高向上、坚挺而严肃的情感。对于桥梁这种突出水平方向的一维结构物，利用竖直结构如吊杆、桁杆、栏杆、灯柱、高塔等可以改善视觉印象，对整体比例的不协调起到局部调整作用，增加均衡稳定、比例和谐的美感，如图 1-33(b) 所示。

斜线与水平线、竖直线相比，更具有力感、动感与方向感，其构图也更显活泼与生动，桥梁结构中的各种 X 形、Y 形、A 形桥墩或主塔的轮廓线以及桁架中的腹杆、斜腿刚构中的斜腿均使简洁明快、生机勃勃的斜拉桥更是充分体现了斜线的魅力（图 1-33c）。

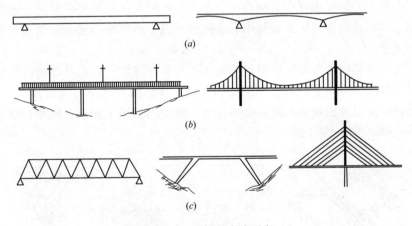

图 1-33　桥梁的直线形态

(2) 曲线

曲线具有柔顺、弹性、流畅、活泼的特性，给人以运动的感觉。其心理诱惑力强于直线。其中几何曲线如圆、椭圆、抛物线、螺旋线等规则而明了，表达了理智、圆浑统一的美感，自由曲线如波浪线、弧线等呈现出自然、抒情与奔放。图 1-34(a) 中由于桁架拱曲率的变化，使该桥显得雄健与刚劲，图 1-34(b) 则内含着柔美与纤巧。享誉中外的北京颐和园玉带桥的拱两端由于添加了反向曲线，形态优美，如同玉带飘扬，给人以典雅秀丽、恬静、浪漫的情感。同样，加腋梁下的弧形曲线、长大桥的预拱度设计都增加了连续流畅、纤细轻快的跨越感（图 1-34c）。

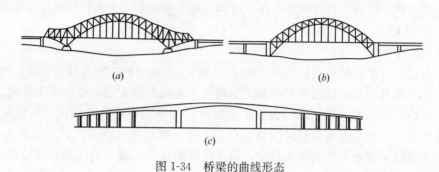

图 1-34 桥梁的曲线形态

3. 面形

（1）圆形

圆形给人以纯、圆润、光滑、满足的感受，在桥梁形态不乏直接采用，如圆拱、圆台、圆墩、圆柱、环道、路线平曲线等。

（2）矩形

具有直角及对边平行的关系，使任何构件，无论是梁、板、柱、台都更利于加工制造和使用方便，是所有形中最适用于人类使用的形。与圆形相比，方形更显静态，是中性、稳定的形。矩形由于长宽之比变化无穷、规则而又灵活。

（3）三角形

三角形主要特征表现在其斜边与角度上，比圆形、长形更具活力，容易增加空间感。古埃及的金字塔正是利用了这种形的稳定和严峻，使人感受到三角形的威力与美感。

三角形及其组合可以构成多种平面网架与空间网架。特别是等边三角形、正六边形因其边、角相等，其有利的受力条件，在结构设计中可为简化构件种类、减轻构件重量以及加快施工速度提供方便，因此广泛用于桁架、网架、拉索、斜撑、塔柱等结构中（图 1-35）。

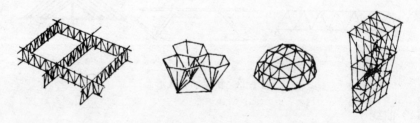

图 1-35 网架结构

（4）其他

平面在空间形态上还有直面、斜面之分。直面显得端正、简洁，但较机械；斜面则方向性、空间感强。桥梁各种表面有多种面形，图 1-36(a)为栏板造型一例。图 1-36(b)为干砌片石(虎皮石)，其不规则形态与自然环境协调，独具风姿。

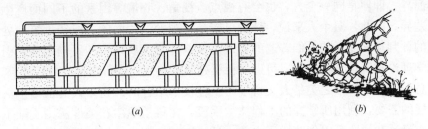

图 1-36 面形应用

曲面在桥梁建筑中应用也很广泛，如图 1-37 所示，具有不同曲面外形的梁；拱桥的板拱为柱面，双曲拱桥的拱波为环面；桥台两侧护坡为锥面；为减小水流阻力，桥墩常采用圆柱面、圆锥台面；立交桥边坡采用柱状面；涵洞口护坡采用扭面（双曲抛物面）；螺旋楼梯的螺旋面等。

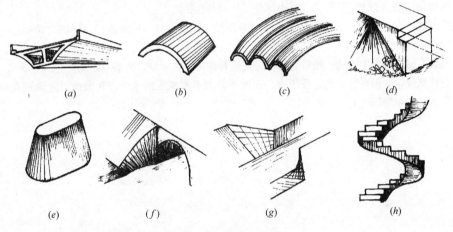

图 1-37 曲面应用

4．体形

体形是由面围合而成的实体形状，特点是具有尺度、比例、体量、凹凸、虚实、刚柔、强弱的量感与质感，桥梁各种构件如塔、梁、墩、台等实体，以不同的视角，可展现不同的美感。

桥梁建筑整体又是将不同功能、不同形态的各部分"体"进行精心的空间组合，形成合乎功能要求又有美的形态的有机整体，以其总体规模的形象与周围环境一起给人以美的感受，激发人们的特殊情感。桥梁建筑中这些点、线、面、体的构成单元所激发的情感也是相对的，单元与单元的组合会产生不同效果。不论是其磅礴的气势、雄健的风姿，或是典雅秀丽的气质、流畅轻快的活力，都无不显示出桥梁的形态感情——生命感、充实感与存在感。

1.4.3 桥梁建筑的美学评判

评判桥梁形态是否美观，受许多主观意识因素的影响。桥梁作为公用建筑物，人们总是希望能够定量衡量，评判其景观造型的优劣。为此，通常采用"实证法"进行广泛的评价调查。然而人们对景观的评价带有许多不确定性，这种评价的不确定性一方面是美观本身定义上的暧昧，另一方面还在于美观评价标准的因人而异，即使是同一个人，也会有视点、视角、心情等因素的不同而产生评价上的差异。以此，对个人来说，评价可能是主观的、片面的，但经过统计处理许多人的评判却又能反映人们普遍的客观态度。针对美观评价的不确定性，引入模糊数学理论和统计分析方法，可以对桥梁建筑的美观，进行定量的分析评判。

总而言之，桥梁之美是人文科学与工程技术结合的产物，人类根据生活和生产发展的需要，利用所掌握的工程技术手段，在科学规律和美学法则支配下，通过精心设计和建造可以创造桥梁之美。桥梁以其实用性、巨大性、固定性、永久性和艺术性极大地影响并改变了人类的生活环境。

思 考 题 与 习 题

1. "桥梁工程"通常包含的两层含义是什么？
2. 桥梁结构由哪几部分组成？
3. 桥梁结构的"五大部件"和"五小部件"指的是什么？
4. 桥梁的主要名词术语有哪些？注意区别净跨径、计算跨径、标准跨径、标准化跨径、单孔跨径的概念。
5. 桥梁有哪几种分类方法？按桥梁的建设规模和结构体系划分，分别有哪几种？
6. 为什么说，我国有悠久的造桥历史，在改革开放不断深入的今天，我国桥梁建设正在跻身于世界桥梁强国之列。

教学单元 2 梁桥上部构造

【教学目标】 通过本单元梁桥上部构造的学习，学生能够掌握常见装配式简支板的结构构造要求，能够识读整体式简支板、装配式简支板的配筋图。

2.1 概　　述

梁桥上部的跨越结构按照支撑条件的不同，分为简支梁、悬臂梁、连续梁。简支梁和悬臂梁属静定结构，受力明确，在竖直荷载作用下支撑处只有竖向反力，梁体以受弯为主，同时承受剪力。简支梁桥结构适用于修建中小跨径桥梁，其构造相对较简单。连续梁属超静定结构，梁体在跨中承受正弯矩，在支撑处承受负弯矩，因此连续梁的梁高在跨径方向多采用变截面形式。梁桥的跨越结构还可以按照截面形式、施工方法、预加应力的方式不同进一步分类。

按截面形式可分为板和梁，板和梁就受力特点而言同属一类，只是截面形式和配筋构造有区别。常见的简支梁桥有简支板、简支T梁、简支箱梁、组合简支梁等。按施工方法分，有整体现浇板、预制安装板（梁）。按是否施加预应力分，有预应力混凝土（板）梁桥、钢筋混凝土（板）梁桥。梁桥上部的跨越结构分类详见表2-1。

梁桥跨越结构分类表　　　　　表 2-1

分类方式	结构名称	典型图式	常见施工方法
按支撑条件分	简支梁		预制安装
	悬臂梁		现浇结合预制安装
	连续梁		现浇施工
按截面形式分	整体板、矮肋板		现浇施工
	矩形板		预制安装
	空心板		预制安装
	T形梁		预制安装
	箱形梁		预制安装

续表

分类方式	结构名称	典型图式	常见施工方法
按有无预应力分	普通钢筋混凝土梁		预制安装
	先张法钢筋混凝土(板)梁	台座　预应力筋	预制安装
	后张法钢筋混凝土梁		预制安装或挂篮施工

在已建成的桥梁中，中小跨径的桥梁占了大多数，特别是城市桥梁中，以中小跨径的桥梁为主。简支体系梁式桥是最常用的桥型。因此，本章只介绍目前城市桥梁中常用的简支板桥、简支梁桥、简支箱梁桥的结构与构造。通过学习梁桥上部的跨越结构的构造，为后续桥梁的设计计算和施工打下基础。

2.2 简支板桥

板桥是小跨径桥梁最常用的桥型之一。由于它在建成之后外形像一块薄板，故称为板桥。板桥的建筑高度小，适用于桥下净空受限制的桥梁，还可用于降低桥头引道高度，缩短引道的长度。其外形简单，制作方便，既便于现场整体浇筑，又便于预制厂成批生产，因此可以采用整体式结构，也可以采用装配式结构。

简支板桥常见的结构形式：整体式简支板桥(截面形式有实体矩形板和矮肋板)、装配式简支板桥(截面形式有矩形板和空心板)、预应力空心板桥(截面形式有单空板和多空板)，分别如图 2-1、图 2-2 和图 2-3 所示。

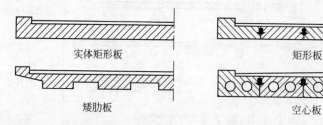

图 2-1　整体式简支板桥截面　　　图 2-2　装配式简支板桥截面

简支板桥虽然应用广泛，但跨径不宜过大。当跨径超过一定限值时，自重显著增大，从而造成材料上的浪费。因此《公路钢筋混凝土及预应力混凝土桥涵设计规范》JTG D62—2004(以下简称为《设计规范》)中规定：钢筋混凝土简支板桥的标准跨径不宜超过 13m，预应力混凝土简支板桥的标准跨径不宜超过 25m。

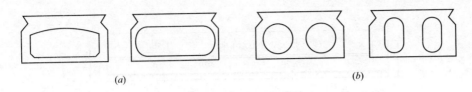

图 2-3　预应力空心板桥截面
(a)单空板；(b)多空板

2.2.1　整体式简支板桥

(1) 板的截面尺寸和配筋

整体式简支板桥是工地现场经过搭设支架——安装模板——铺设钢筋——整体浇筑混凝土——养护的施工程序，成型的钢筋混凝土板桥。其整体性能好，横向刚度较大，施工也较简便。但需要消耗一定量的模板和支架材料，通常用于跨径为 4～8m 的小桥。

整体式简支板桥的板厚与跨径之比一般为 1/23～1/16，随跨径增大，比值取用较小值。横截面一般设计成等厚度的矩形实体截面，如图 2-1 所示整体式简支板桥截面之中的实体矩形板。为了减小自重，也可以将下缘受拉区混凝土部分挖空，形成矮肋式板截面，如图 2-1 所示整体式简支板桥截面之中的矮肋板。

整体式板桥的跨径与板宽尺寸通常相差不大(比值不大于 2)，在荷载作用下实际处于双向受力状态。所以，除了要通过设计计算配置纵向受力钢筋以外，还要在板内设置垂直于主钢筋的横向分布钢筋。纵向主筋除中间 2/3 板宽范围内按计算配置以外，在两侧各 1/6 的板宽范围内应比中间增加 15% 主筋用量。这是因为当车辆荷载在偏近板边行驶时，参与受力的板宽(荷载有效分布宽度)要比中间小，使得板边处的受力更为不利。主筋的直径不宜小于 10mm，跨中主筋间距不得大于 200mm。横向分布钢筋设在主钢筋的内侧，其直径不小于 8mm，间距不大于 200mm，配筋率不小于 0.1%。在主钢筋的弯折处，还应布置分布钢筋。

整体式板桥的主拉应力较小，根据计算可以不设置弯起的斜钢筋，但习惯上还是将一部分主钢筋在沿板高中心纵轴线的 1/6～1/4 计算跨径处按 30°～45°的角度弯起。通过支点的不弯起的主钢筋，每米板宽内不少于 3 根，且不少于主钢筋截面面积的 1/4。

(2) 整体式简支板构造实例

某标准跨径 6.0m 的整体式钢筋混凝土简支板桥，如图 2-4 所示。桥面净宽 8.5m，两侧各有 0.25m 的安全带。设计荷载为公路-Ⅱ级，计算跨径为 5.69m，板厚 32cm，约为跨径的 1/18。纵向主筋采用 HRB335 钢筋，直径为 20mm，在中间 2/3 的板宽内间距 12.5cm，其余两侧的间距为 11cm。主筋在跨径两端 1/6～1/4 的范围内呈 30°弯起，分布钢筋按单位板宽上主筋面积的 15% 配置，采用 R235 钢筋，直径为 10mm，间距为 20cm。

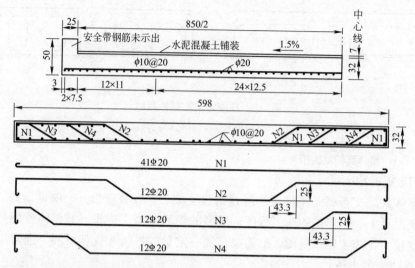

图 2-4 钢筋混凝土整体式简支板桥构造(尺寸单位：cm；钢筋直径：mm)

2.2.2 装配式简支板桥

当具备运输和起重设备时，简支板桥宜采用装配式结构，以缩短工期，提高工程施工质量。装配式简支板桥按截面形式可分为矩形板和空心板。截面构造如图 2-2 所示。

实心矩形板桥通常用于跨径 8m 以下的桥梁，一般应尽量采用标准化设计。我国《公路桥涵设计通用规范》JTG D60—2004 中，规定了 1.5m，2.0m，2.5m，3.0m，4.0m，5.0m，6.0m 和 8.0m 八种标准化跨径。预制板的设计宽度一般为 1.0m，板厚一般为 16～36cm；主钢筋一般采用 HRB335 钢筋。

图 2-5 是装配式简支钢筋混凝土实心矩形板 6.0m 标准化跨径设计实例。设计荷载为公路-Ⅱ级。标准跨径为 6m，桥面宽度为净-7，全桥由 6 块宽度为 99cm (预制宽度)的中部块件和 2 块宽度为 74cm 边部块件组成。

装配式简支板桥，当跨径增大时，为了减小板的自重，充分合理地利用材料，在预制时应采用芯模使板体混凝土用量减少，形成空心矩形截面。空心板较同跨径的实心板重量小，运输安装方便，建筑高度比同跨径的 T 形梁小，因此目前使用较多。

装配式钢筋混凝土空心板桥的标准化跨径为 6～13m，即 6.0m，8.0m，10.0m 和 13.0m 四种，相应的板厚为 0.4～0.8m。

2.2.3 预应力空心板桥

装配式简支板桥，当跨径继续增大时，为了减小板的自重，充分合理地利用材料，应该选择预应力混凝土空心板结构。截面构造如图 2-3 所示。

预应力混凝土空心板桥的跨径一般在 8～20m，标准化跨径有 8.0m，10.0m，13.0m，16.0m 和 20.0m 五种跨径的标准图，相应板厚为 0.4～0.9m。空心板的顶板和底板厚度均不宜小于 80mm，截面的最薄处不得小于 70mm，以保证施工质量和构造的需要。为保证抗剪强度，应在截面内按设计计算需要配置弯起钢筋和箍筋。

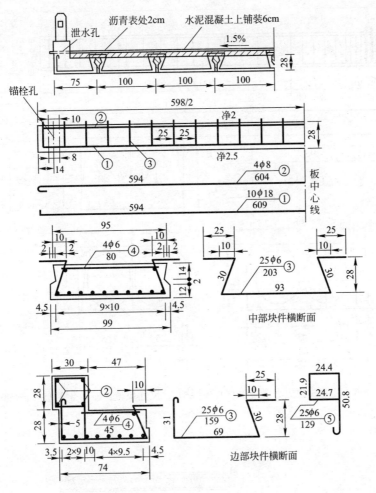

图 2-5 装配式钢筋混凝土实心矩形板桥构造(尺寸单位：cm；钢筋直径：mm)

预应力混凝土空心板，通常在预制厂采用先张法工艺预制，然后运输到工地现场安装。

图 2-6 所示为标准跨径 13m 的装配式预应力混凝土空心板桥实例。设计荷载为公路-Ⅰ级，计算跨径 12.6m，板厚 0.60m。空心板横截面为双孔形式，采用 C40 混凝土预制和填缝。每块板底层配置 7 根 $\phi 20$ 的精轧螺纹钢筋做预应力筋。板顶面除配置 3 根 $\phi 12$ 的架立钢筋外，在支点附近还配置 6 根 $\phi 8$ 的非预应力钢筋来承担由预加应力产生的拉应力。靠近支点截面，箍筋应加密加粗。

2.2.4 斜交板桥

桥梁纵轴线的布置与水流方向的交角不是 90°时，称为斜交桥。桥梁纵轴线与支承线垂线的夹角(或行车方向的垂线与水流方向的夹角)称为斜交角，用 ϕ 表示。斜交角位于桥梁纵轴线(以路线前进方向)左侧时，称为左斜交；位于右侧时，称为右斜交。如图 2-7 所示为左斜交桥。为了保证路线线形的要求，在高等级的道路上，需要设计小跨径斜交板桥。有时，也可斜桥正做。

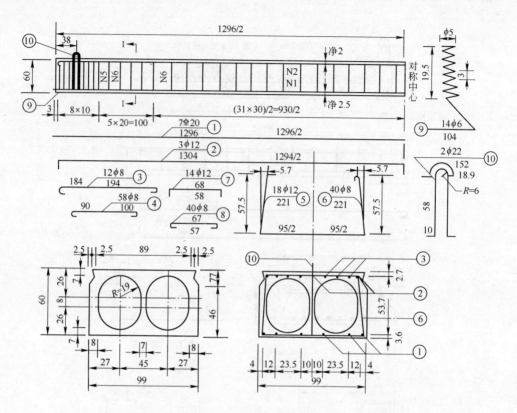

图 2-6 装配式预应力混凝土空心板桥构造(尺寸单位:cm;钢筋直径:mm)

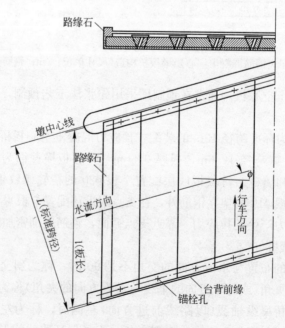

图 2-7 简支斜交板桥

斜交板桥的钢筋设置，参见图2-8所示的斜板桥钢筋布置。当整体式斜板的斜交角不大于15°时，钢筋可平行于桥纵轴线方向布置。当整体式斜板斜交角大于15°时，主钢筋宜垂直于板的支承轴线方向布置，此时，在板的自由边上、下应各设一条不少于3根主钢筋的平行于自由边的钢筋带，并用箍筋箍牢。在钝角部位靠近板顶的上层，应布置垂直于钝角平分线的加强钢筋，在钝角部位靠近板底的下层，应布置

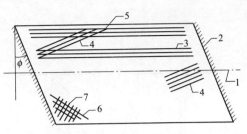

图2-8 斜板桥钢筋布置
1—板桥纵轴线；2—支承轴线；3—顺桥纵轴线钢筋；
4—与支承轴线正交钢筋；5—自由边钢筋带；
6—垂直于钝角平分线的钝角钢筋；
7—平行于钝角平分线的钝角钢筋

平行于钝角平分线的加强钢筋，加强钢筋直径不宜小于12mm，间距100～150mm，布置于钝角两侧1.0m～1.5m边长的扇形面积内。

斜板的分布钢筋宜垂直于主钢筋方向设置，其直径、间距和数量可按整体式正交板规定办理。在斜板的支座附近宜增设平行于支座轴线的分布钢筋；或将分布钢筋向支座方向呈扇形分布，过渡到平行于支承轴线。

预制斜板的主钢筋可与桥纵轴线平行，其钝角部位加强钢筋及分布钢筋按整体式斜交板规定办理。

2.2.5 板的横向联结

为了使装配式板块能够共同承受车辆荷载，必须在块件之间设置强度足够的横向联结构造。装配式板的横向连接方法有企口混凝土铰和钢板焊接两种，其中，企口混凝土铰连接应用较为广泛。

(1) 企口混凝土铰联结

企口式混凝土铰联结形式有圆形、菱形、漏斗形3种，如图2-9(a)、图2-9(b)、图2-9(c)所示。铰的上口宽度应保证插入式振捣器能够顺利插入，铰槽的深度宜为预制板厚度的2/3。预制板内应预埋钢筋伸入铰内，块件安装就位后，伸出钢筋相互绑扎，铰缝内用C30～C40以上的细集料混凝土填实。实践证明，一般的混凝土铰连接就能保证传递横向剪力使各块板共同受力。

铰接板顶面一般应铺设厚度不小于80mm的现浇混凝土层。为保证现浇层或铺装层共同参与受力，可以将预制板中的钢筋伸出，与相邻板的同样钢筋绑扎，再浇筑到现浇层或铺装层内。如图2-9(d)所示。

(2) 钢板联结

由于企口混凝土铰需要现场浇筑混凝土，并需要经过一定的养护时间，待混凝土达到设计强度后才能通车。为了加快工程进度，也可以采用钢板联结，如图2-10所示。

钢板联结的施工方法是：首先在板顶部预埋钢板N2，板块安装就位后，再在相邻两构件的预埋钢板上焊接一块钢板N1。连接钢板的纵向中距通常为80～

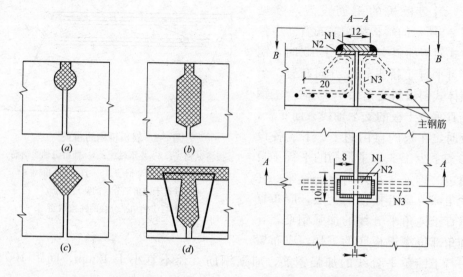

图 2-9 企口混凝土铰联结　　图 2-10 钢板联结(尺寸单位：cm)

150cm，根据受力特点，在跨中分布较密，靠两端支点处逐渐减疏。钢板联结的效果远不如企口混凝土铰联结，实际过程中较少采用。

2.3 简支梁桥

简支T梁桥通常采用预制安装的装配式结构。装配式简支T梁桥受力明确，构造简单，施工方便，便于工业化生产。可节省大量的模板和支架，降低劳动强度，缩短工期。因此在中小跨径桥梁中，它成为应用最多的桥型。简支T梁桥分为钢筋混凝土简支T梁和预应力简支T梁两类。

2.3.1 普通钢筋混凝土T梁

1. 简支T梁桥布置与构造

梁桥的横截面设计主要是确定横截面的布置形式，包括主梁截面形式、主梁间距、截面各部尺寸等，它与立面布置、建筑高度、施工方法、美观要求及经济适用等因素有关。

装配式钢筋混凝土简支梁桥截面最基本的类型是T形，如图 2-11 所示。我国目前采用最多的装配式简支梁桥是图 2-11(a)所示的T梁桥。T形梁的翼板构成桥梁的行车道板，直接承受车辆和人群荷载的作用，又是主梁的受压翼缘。它的优点是：外形简单，制造方便，肋内配筋可做成刚劲的钢筋骨架，主梁之间借助横隔梁连接，整体性较好，接头也较方便。但构件的截面形状不稳定，运输和安装较麻烦。下面着重叙述装配式钢筋混凝土简支T梁桥的结构和构造，如图 2-12 所示。

2. 主梁布置

对于具有一定的跨径和桥面宽度(包括行车道和人行道)的桥梁，确定出适当的主梁间距(或主梁片数)，是构造布置中首先需要解决的问题，应从材料用量经

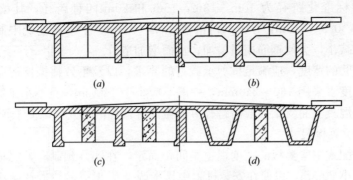

图 2-11 装配式简支梁桥横截面

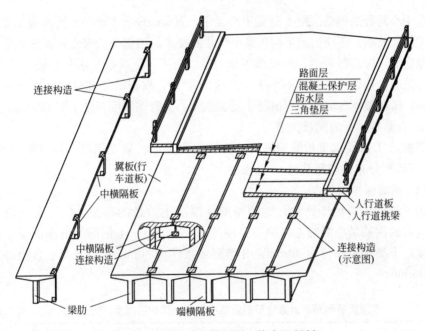

图 2-12 装配式钢筋混凝土简支 T 梁桥

济、尽可能减少预制工作量、构件的吊装重量及保证翼板的刚度等方面综合考虑确定。显然，主梁间距越大，主梁的片数就越少，预制工作量就少，但构件的吊装重量增大，使运输和架设工作趋于复杂，同时桥面板的跨径增大，悬臂翼缘板端部较大的挠度对引起桥面接缝处纵向裂缝的可能性也增大。

根据已建成使用的桥梁经验来看，装配式钢筋混凝土 T 形简支梁桥的主梁间距一般在 1.5~2.3m。《公路桥涵设计图》JT/GQS 025—84 中所采用的主梁间距为 2.2m，预制宽度为 1.6m，吊装后接缝宽是 0.6m，这是目前采用较多的构造尺寸。

3. 主梁细部尺寸

(1) 主梁梁肋尺寸

主梁的合理高度与主梁的跨径、活载的大小等有关。经济分析表明，梁高与跨径之比(即高跨比)的经济范围在 1/18~1/11，跨径大的取用其中偏小的比值。我国标准化跨径为 10m，13m，16m 和 20m 四种跨径，其梁高分别为 0.8～0.9m，0.9～1.0m，1.0～1.1m 和 1.1～1.3m。主梁高度受限制时，高跨比就要适当减小，会使钢筋用量增加，从而增加造价。

主梁梁肋的宽度，应满足抗剪承载力的要求，以及不致使振捣混凝土发生困难。梁肋宽度多采用 160～240mm，一般不应小于 140mm，且不小于梁肋高度的 1/15。钢筋混凝土简支梁一般沿跨径方向做成等截面的形式，以便于预制施工。

（2）主梁翼板尺寸

一般装配式主梁翼板的宽度视主梁间距而定，在实际预制时，翼板的宽度应比主梁间距小 20mm，以便在安装过程中易于调整 T 形梁的位置和减小制作上的误差。

在中小跨径的钢筋混凝土简支 T 形梁中，翼板的厚度主要满足桥面板承受车辆局部荷载的要求，还应当满足构造最小尺寸的要求。根据受力特点，翼板通常都做成变厚度的，即端部较薄，向根部逐渐加厚。为了保证翼板与梁肋连接的整体性，翼板与梁肋衔接处的厚度应不小于梁高度的 1/10。翼板的端部尺寸一般不应小于 100mm；横向整体现浇连接的预制 T 形截面梁，悬臂端厚度不应小于 140mm。

4. 主梁与翼板的配筋构造

装配式 T 形简支梁桥的钢筋可分为纵向主钢筋、架立钢筋、斜钢筋（弯起钢筋）、箍筋和分布钢筋等几种。

（1）钢筋保护层厚度

为了防护钢筋免于锈蚀，钢筋至梁体混凝土边缘的净距，应符合《设计规范》规定的钢筋最小混凝土保护层厚度要求（表 2-2）。主钢筋的最小混凝土保护层厚度，Ⅰ类环境条件为 30mm，Ⅱ类环境条件为 40mm 类，Ⅲ类、Ⅳ类环境条件为 45mm。

普通钢筋和预应力直线形钢筋最小混凝土保护层厚度（单位：mm）　　表 2-2

序号	构 件 类 别	环 境 条 件		
		Ⅰ	Ⅱ	Ⅲ，Ⅳ
1	基础、桩基承台 基坑底面有垫层或侧面有模板（受力主筋）	40	50	60
	基坑底面无垫层或侧面无模板（受力主筋）	60	75	85
2	墩台身、挡土结构、涵洞、梁、板、拱圈、拱上建筑（受力主筋）	30	40	45
3	人行道构件、栏杆（受力主筋）	20	25	30
4	箍筋	20	25	30
5	缘石、中央分隔带、护栏等行车道构件	30	40	45
6	收缩、温度、分布、防裂等表层钢筋	15	20	25

注：1. Ⅰ类环境是指温暖或寒冷地区的大气环境、与无侵蚀性的水或土接触的环境；
　　2. Ⅱ类环境是指严寒地区的大气环境，使用除冰盐环境，海滨环境；
　　3. Ⅲ类环境是指海水环境；
　　4. Ⅳ类环境是指受侵蚀性物质影响的环境。

（2）主梁钢筋布置

简支梁承受弯矩作用，故抵抗拉力的主钢筋应设在梁肋的下缘。随着弯矩向支点截面减小，主钢筋可在适当位置弯起。主钢筋不宜截断，如必须截断时，为充分保证截断钢筋的锚固长度和斜截面受弯承载力，应从正截面抗弯承载力计算充分利用点算起，再至少延长到(最小锚固长度＋梁截面有效高度)长度处截断。同时，不短于从按正截面抗弯承载力计算不需要点至少延伸 $20d$（环氧树脂涂层钢筋 $25d$），d 为钢筋直径。

为保证主筋和梁端有足够的锚固长度和加强支承部分的强度，《设计规范》中规定，钢筋混凝土梁的支点处，应至少有 2 根且不少于总数 20% 的下层受拉主钢筋通过。两外侧钢筋应伸出支点截面以外，并弯成直角顺梁高延伸至顶部，与顶层纵向架立钢筋相连。两侧之间不向上弯起的受拉主钢筋伸出支承截面的长度不应小于 $10d$（环氧树脂涂层钢筋伸出 $12.5d$），如图 2-13（a）所示；HPB235 钢筋应带半圆钩，如图 2-13（b）所示。

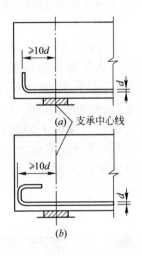

图 2-13 梁端主钢筋的锚固

简支梁靠近支点截面的剪力较大，需要设置斜钢筋以增强梁体的抗剪强度。斜钢筋可以由主钢筋弯起而成(称弯起钢筋)，当可供弯起的主钢筋数量不足时，需要加配专门的焊接于主筋和架立筋上的斜钢筋。斜钢筋与梁轴线的夹角一般取 $45°$。

箍筋的主要作用也是增强主梁的抗剪承载力，其直径不小于 8mm 且不小于 1/4 主钢筋直径。HPB235 钢筋的配筋率不小于 0.18%，HRB335 钢筋的配筋率不小于 0.12%。其间距应不大于梁高的 1/2 或 400mm，从支座中心向跨径方向的长度在不小于 1 倍梁高的范围内，箍筋间距不大于 100mm。近梁端第一根箍筋应设置在距端面的一个混凝土保护层距离处。

T形梁腹板(梁肋)两侧还应设置纵向分布钢筋，直径宜不小于 $6\sim 8$mm，以防止因混凝土收缩等原因产生裂缝。每个梁肋内分布钢筋的总面积取(0.001～0.002)bh，其中 b 为梁肋宽度，h 为梁的高度。当梁跨较大、梁肋较薄时取用较大值。靠近下缘的受拉区应布置得密集些，其间距不应大于腹板(梁肋)宽度，且不应大于 200mm；在上部受压区则可稀疏些，但间距不应大于 300mm。在支点附近剪力较大的区段，纵向分布钢筋间距应为 100～150mm。如图2-14所示。

架立钢筋布置在梁肋的上缘，主要起固定箍筋和斜筋并使梁内全部钢

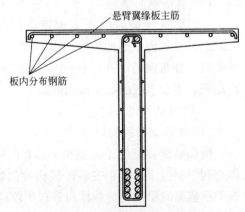

图 2-14 T形梁的截面钢筋布置

筋形成骨架的作用。

受弯构件的钢筋之间的净距应考虑浇筑混凝土时，振捣器可以顺利插入。各主筋之间的横向净距和层与层之间的竖向净距，当钢筋为三层及以下时，不小于30mm，并且不小于$1d$；在三层以上时，不小于40mm，并且不小于$1.25d$。

在装配式钢筋混凝土T形梁中，钢筋数量众多，为了尽可能地减小梁肋尺寸，通常将主筋叠置，并与斜筋、架立筋一起通过侧面焊缝焊接成钢筋骨架（图2-15）。试验表明，焊接钢筋骨架整体性好，刚度大，能有效减小梁肋尺寸，钢筋的重心位置较低，还可以避免大量的绑扎工作。但是，彼此焊接后的主筋与混凝土的粘结面积减小，削弱了其抗裂性，所以，应限制焊接骨架的钢筋层数（不超过6层），并选用较小直径的钢筋（不大于32mm），有条件时还可以将箍筋与主筋接触处点焊固结，以增大其粘结强度，从而改善其抗裂性能。

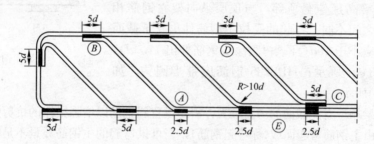

图2-15 焊接钢筋骨架

为了缩短接头长度，减少焊接变形，钢筋骨架的焊接最好采用双面焊缝；但当骨架较长而不便翻身时，也可采用单面焊缝。焊缝设在弯起钢筋的弯折点处，并在钢筋骨架中间直线部分适当设置短焊缝。为了保证焊接质量，使焊缝处强度不低于钢筋本身强度，焊缝的长度必须满足以下规定：采用双面焊缝时，斜钢筋与纵向钢筋之间的焊缝长度为$5d$，纵向钢筋之间的短焊缝长度为$2.5d$，d为纵向钢筋直径。采用单面焊时，焊缝长度加倍。

（3）翼板钢筋布置

T形梁翼缘板内的受力钢筋沿横向布置在板的上缘，以承受悬臂负弯矩（图2-14）。板内主筋的直径不小于10mm，间距不应大于200mm。垂直于主钢筋还应设置分布钢筋，直径不小于6mm，间距不应大于200mm。设置分布钢筋的截面面积，不少于板的截面面积的0.1%。

5. 横隔梁布置与构造

（1）横隔梁布置与尺寸

横隔梁在装配式T形梁桥中起着保证主梁之间相互连接成整体的作用，它不但有利于制造、运输和安装阶段构件的稳定性；而且能显著加强全桥的整体性；有中横隔梁的梁桥，荷载横向分布比较均匀，且可以减少翼板接缝处的纵向开裂现象。一般来说，当梁横向刚性连接时，横隔梁的间距（沿主梁肋纵向）不应大于

10m；当为铰接时，其间距可取 5m 左右。对于钢筋混凝土简支梁桥，一般在梁端、跨中和四分点处各设置一道横隔梁即可满足要求。

跨中横隔梁的高度应保证具有足够的抗弯刚度，通常可取为主梁高度的 3/4 左右。从运输和安装阶段的稳定性考虑，端横隔梁应做成与主梁同高，但如果端横隔梁底部与主梁底缘之间留有一定的空隙，或者做成与中横隔梁同高，对安装和检查支座有利。具体尺寸可视工地施工的情况而定。

横隔梁的宽度可取 12～20cm，最常用的为 15～18cm，且应当做成上宽下窄和内宽外窄的楔形，以便于脱模。

（2）横隔梁配筋

图 2-16 所示为常用的中主梁中横隔梁的构造形式。对装配式钢筋混凝土 T 形梁桥而言，其横隔梁近似于弹性支撑于各根主梁上的连续梁，承受正、负两种弯矩。因此，靠近下缘布置有 4 根承受正弯矩的钢筋（N1），上缘配有 2 根承受负弯矩的钢筋（N1）。当采用焊接钢板连接时，受力钢筋焊接钢板及锚固钢筋（N2，N3）焊在一起做成钢筋骨架。横隔梁中一般不需要配置斜钢筋，剪力由箍筋承受。

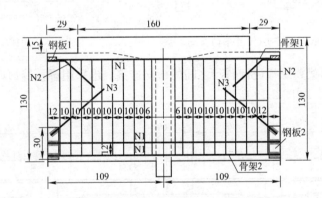

图 2-16 中主梁的横隔梁配筋图（尺寸单位：cm）

6. 主梁的横向连接

装配式 T 形梁桥通常均借助横隔梁和桥面板的接头使所有主梁连接成整体。接头要有足够的强度，以保证结构的整体性，并使其在运营过程中不致因荷载反复作用和冲击作用而发生松动。常用的接头形式有以下几种。

（1）焊接钢板接头

图 2-17 为常用的钢板连接的接头构造。钢板接头分别设在横隔梁靠近下缘的两侧和 T 梁翼板处，焊接钢板先与横隔梁的受力钢筋焊在一起做成安装骨架。当 T 梁安装就位后，即在预埋焊接钢板上再加焊连接钢板使之连成整体。端横隔梁的焊接钢板接头构造与中横隔梁相同，但由于其外侧（台背一侧）不好实施焊接，故焊接接头只设于内侧（图 2-12）。相邻横隔梁之间的缝隙最好用水泥砂浆填满，所有外露钢板也应当用水泥灰浆封盖。这种接头强度可靠，焊接后立即就能承受荷载，但现场要有焊接设备，而且有时需要在桥下进行仰焊，施工较

困难。

(2) 扣环接头

横隔梁扣环接头的构造如图 2-18 所示。预制时,横隔梁在接缝处伸出钢筋扣环 A,安装时在相邻的扣环两侧安上接头扣环 B,再在形成的圆环内插入短分布钢筋,接着支模就地浇筑混凝土连成整体。扣环接头往往也用于主梁间距较大而需要缩减预制构件尺寸或减轻预制梁体自重的情况。接缝宽度为 0.2～0.60m。这种接头现浇混凝土数量较多,接头施工后也不能立即承受荷载,施工较复杂,但强度可靠,整体性及耐久性好。

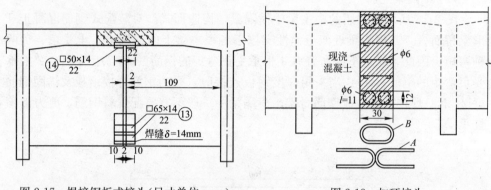

图 2-17 焊接钢板式接头(尺寸单位:cm)　　图 2-18 扣环接头

预制 T 形梁翼缘板(桥面板)之间的横向连接,也采用湿接缝(现浇混凝土)的扣环接头形式。如图 2-19 所示。

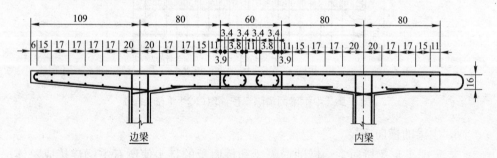

图 2-19 桥面板湿接缝扣环接头(尺寸单位:cm)

(3) 桥面板的企口铰连接

对没有采用扣环接头连接的桥面板,过去是作为自由悬臂板处理的。为了改善挑出翼板的受力状态,可以将悬臂板也连接起来,做成企口铰接的形式。图 2-20(a)为主梁翼板内底层钢筋伸出,交叉弯转后在接缝处再放入局部的钢筋网,并浇筑在铺装层内;或者将顶层钢筋伸出,弯转后套在一根长的钢筋上,形成纵向铰,如图 2-20(b)所示。

7. 装配式钢筋混凝土简支梁桥实例

图 2-21 所示为标准跨径 20m 的装配式 T 梁的钢筋构造,荷载等级为公路-Ⅰ级。主梁全长为 19.96m(多跨布置时,相邻梁端之间留有 40mm 的伸缩缝),梁

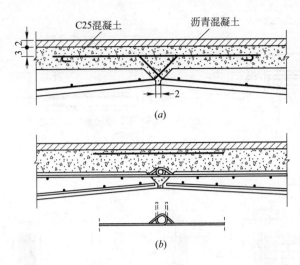

图 2-20 主梁翼板连接构造(尺寸单位：cm)

高 1.5m，设有 5 道横隔梁，支座中心至梁端的距离为 0.23m。

每根梁内总共配置 14 根 ϕ32 HRB335 级纵向受力钢筋(编号为 N1～N6)，其中位于梁底的 4 根 N1(占主筋截面积的 2d％以上)通过梁端支承中心，其余 10 根则按梁的弯矩包络图和承载能力图的对比分析，在不同位置分别弯起。

设于梁顶部的架立钢筋 N7(ϕ22 HRB335)在梁端向下弯折并与伸出支承中心的主筋 N1 相焊接。箍筋 N11 和 N12 采用 HPB235 钢筋(ϕ8@14cm)，跨中为双肢箍筋(如图 2-21 所示，Ⅱ-Ⅱ截面)。在支座附近，为满足剪切强度需要和减少支座钢板锚筋的影响，采用四肢箍筋(如图 2-21 所示，Ⅲ-Ⅲ截面)。

腹板两侧设置 ϕ8 的防裂分布钢筋 N13，间距 14cm。靠近下缘部分布置得较密，向上则布置得较稀。

附加斜筋 N8，N9 和 N10，采用 ϕ16 钢筋，它们是根据梁内抗剪要求布置的。

每片平面钢筋骨架的重量为 9.1kN，每根中间主梁的安装重量为 322.0kN。

2.3.2 预应力混凝土 T 梁

装配式钢筋混凝土简支梁桥，常用的较经济合理的跨径在 20m 以下。跨径增大时，不但钢材耗量大，而且混凝土开裂现象也比较严重，影响结构的耐久性。为了提高简支梁的跨越能力，可以采用预应力混凝土结构。目前，世界上预应力混凝土简支梁的最大跨径已达 76m。但是，根据建桥实践，当跨径超过 50m 后，不但结构笨重，施工困难，经济性也较差。因此，我国桥规明确指出：预应力混凝土简支梁桥的标准跨径不宜大于 50m。

1. 梁体构造

装配式预应力混凝土简支梁桥的横截面类型基本上与钢筋混凝土简支梁桥类似，通常也做成 T 形，但为了方便布置预应力束筋和满足锚头布置的需要，下部一般都设有马蹄或加宽的下缘如图 2-11(b)、图 2-11(c)所示。有时为了提高单梁的抗扭刚度并减小截面尺寸，也采用箱形，如图 2-11(d)所示。

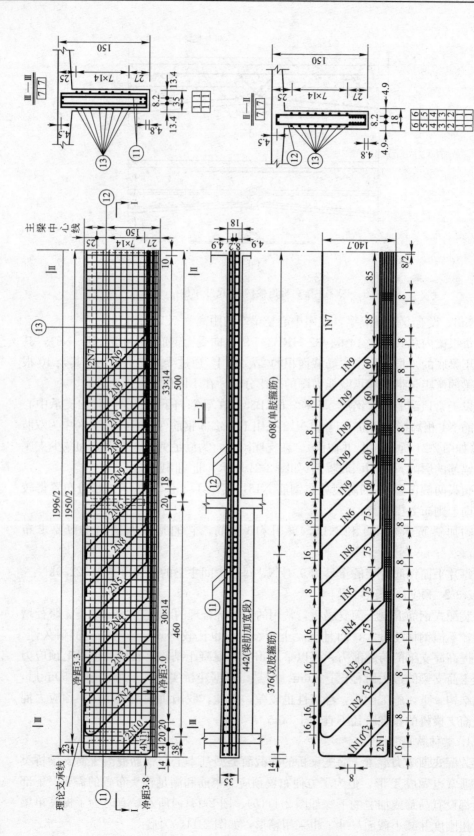

图 2-21 装配式钢筋混凝土简支 T 梁配筋（尺寸单位：cm；钢筋直径：mm）

经济分析表明，较大跨径的预应力混凝土简支 T 梁，当吊装质量不受限制时，主梁之间的横向距离采用较大间距比较合理，一般为 1.8～2.5m。

(1) 主梁高度

预应力混凝土简支梁桥的主梁高度取决于采用的汽车荷载等级、主梁间距及建筑高度等因素，可以在较大范围内变化。对于常用的等截面简支梁，其高跨比的取值范围为 1/15～1/25，一般随跨径增大而取较小比值，随梁数减少而取较大比值。对预应力混凝土 T 梁一般可取 1/16～1/18。当建筑高度不受限制时，采用较大梁高比较经济。

(2) 细部尺寸

在预应力混凝土梁中，由于混凝土所受预应力和预应力束筋弯起，能抵消荷载剪力的作用，肋中的主拉应力较小，肋宽一般都由构造和施工要求决定，但不得小于 140mm。标准设计图中肋宽为 140～160mm。

T 形梁上翼缘的厚度按钢筋混凝土梁桥同样的原则来确定。为了减小翼板和梁肋连接处的局部应力集中和便于脱模，在该处一般还设置折线形承托或圆角。

T 形梁下缘的马蹄尺寸应满足预加力阶段的强度要求，同时，从截面效率指标 ρ 分析，马蹄应当是越宽且矮就越经济。截面效率指标 $\rho=K/h$，截面效率指标 ρ 大，说明截面经济性好。通常希望 ρ 在 0.45～0.5 之上。K（截面核心距）$=k_0$（截面上核心距）$+k_u$（截面下核心距），有关符合的含义如图 2-22 所示。

图 2-22 截面特征

马蹄的具体形状要根据预应力束筋的数量和排列方式确定，同时还应考虑施工方便和预应力筋弯起的要求。具体尺寸建议如下：

1) 马蹄宽度为肋宽的 2～4 倍，并注意马蹄部分（特别是斜坡区）的管道保护层不应小于 60mm。

2) 马蹄全宽部分的高度加 1/2 斜坡区高度约为梁高的 0.15～0.20 倍，斜坡宜陡于 45°。

为了配合预应力筋的弯起，在梁端能布置锚具和安放张拉千斤顶，在靠近支点附近马蹄部分应逐渐加高，腹板也应加厚至与马蹄同宽，加宽的范围最好达到一倍梁高（离锚固端）左右，从而形成了沿纵向腹板厚度和马蹄高度都变化的变截面 T 形梁。标准设计中，一般采用自第一道内横隔梁向梁端逐渐变化的形式。

(3) 横隔梁布置

沿主梁纵向的横隔梁布置基本上与钢筋混凝土 T 梁桥相同，但中横隔梁应延伸至马蹄的加宽处。在主梁跨度较大、梁较高的情况下，为了减小质量而往往将横隔梁的中部挖空。

2. 配筋构造

预应力混凝土梁内的配筋，除主要的纵向预应力筋外，还有非预应力纵向受力钢筋、架立钢筋、箍筋、水平分布钢筋、承受局部应力的钢筋(如锚固端加强钢筋网)和其他构造钢筋等。

(1) 纵向预应力筋的布置

预应力混凝土简支 T 形梁桥，通常采用后张法施工，根据简支梁的受力特点通常采用曲线配筋的形式，其常用的布置方式有图 2-23 中所示的两种。全部主筋直线布置的形式，仅适用于先张法施工的小跨径梁。预应力筋一般采用图 2-23(a)所示全部弯至梁端锚固的布置形式，这样布置可使张拉操作简便，预应力筋的弯起角度不大(一般都小于 20°的限值)，对减小摩阻损失有利。

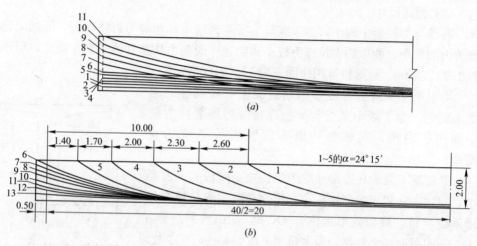

图 2-23　预应力混凝土简支梁纵向预应力筋的布置(尺寸单位：cm)

对于钢束根数较多或当梁高受到限制，以致梁端不能锚固全部钢束时，可以将一部分预应力筋弯出梁顶(图 2-23b)。这样的布置方式使张拉操作稍趋繁琐，使预应力筋的弯起角度增大(达到 25°～30°)，摩阻损失也增大。

预应力钢筋在梁内具体位置可以利用索界的概念来确定。以部分预应力截面为例，根据使其上、下缘允许出现不大于规定拉应力的原则，分别考虑预加应力阶段和运营阶段作用短期效应组合下，在各个截面上受拉边缘出现允许的最大拉应力时，对应的各面上、下偏心距极限值绘出的两条曲线，称为上、下索界。只要使预应索的重心位置位于这两条曲线所围成的区域内(即索界内)，就能保证梁的任何截面在各个受力阶段上、下缘应力均不超过规定值。由于简支梁弯矩向梁端逐渐减小，故上、下索界逐渐上移，这就是必须将大部分预应力筋向梁端逐渐弯起的重要原因之一。显然，在实际布置时还要满足混凝土保护层厚度的要求。

预应力筋弯起的曲线形状可以采用圆弧线、抛物线或悬链线三种形式。在矢跨比较小的情况下，这三种曲线的坐标值很接近。工程中通常采用在梁中部保持一段水平直线后向两端圆弧弯起的做法。

预应力筋在跨中横截面内的布置，应在保证满足梁底保护层要求和位于索界内的前提下，尽量使其重心靠下，以增大预应力的偏心距，节省高强钢材。预应力筋在满足构造要求的同时，尽量相互靠拢，以减小下马蹄的尺寸，从而减小梁体自重。直线管道的净距不应小于 40mm，并且不小于管道直径的 0.6 倍；此外，还应将适当数量的预应力筋布置在腹板中线处，以便于弯起。直线形管道保护层厚度应满足表 2-2 的要求；对曲线形管道，其曲线平面内侧受曲线预应力钢筋的挤压，混凝土保护层在曲线平面内和平面外均受剪力，梁底面保护层和侧面保护层均需要加厚，其值应依据《设计规范》计算确定。横截面内预应力筋的布置如图 2-24 所示，d 为管道的内直径，应比预应力筋直径至少大 10mm。

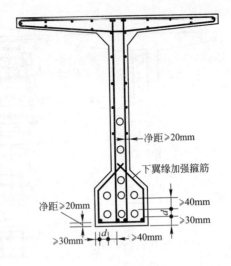

图 2-24　预应力 T 梁截面钢筋构造

(2) 纵向预应力筋的锚固

预应力筋的锚固分两种情形：在先张法梁中，钢丝或钢筋主要靠混凝土的握裹力锚固在梁体内；在后张法梁中，则通过各类锚具锚固在梁端或梁顶。此处仅介绍后张法的锚固。

在后张法锚固构造中，锚具底部对混凝土作用有很大的压力，而直接承压的面积又不大，因此应力非常集中。在锚具附近不仅有很大的压应力，还有很大的拉应力。因此，锚具在梁端的布置必须遵循一定的原则：

1) 锚具的布置应尽量减小局部应力。一般而言，集中、过大的锚具不如分散、小型的锚具有利。

2) 锚具应在梁端对称于竖轴线布置，以免产生过大的横向不平衡弯矩。

3) 锚具之间应留有足够的净距，以便能安装张拉设备，方便施工作业。

为了防止锚具附近混凝土出现裂缝，还必须配置足够的间接钢筋（包括加强钢筋网和螺旋筋）予以加强。间接钢筋应根据局部抗压承载力的计算来确定，配置加强钢筋网的范围一般是在一倍于梁高的区域。另外，锚具下还应设置厚度不小于 16mm 的钢垫板，以扩大承载面积，减小混凝土应力。图 2-25 为梁端锚固区的配筋构造示意图。

也可以采用带有预埋锚具的预制钢筋混凝土端板来锚固预应力筋，如图 2-26 所示。此时除了加强钢筋骨架外，锚具下设置两层叉形钢筋网，施工起来也比较方便。

目前，用于预应力钢绞线的锚具（如 OVM 锚）已包括了钢垫板和螺旋筋在内的整套抵抗锚固区局部承压所需要的加强措施，故不需要再配置上述的加强钢筋。

施加预应力之后，应在锚具周围设置构造钢筋与梁体连接，并浇筑混凝土封锚（封端），以保护锚具不致锈蚀。封锚（封端）混凝土的强度等级不应低于构件本身混凝土强度等级的 80%，并且不低于 C30。

(3) 其他钢筋的布置

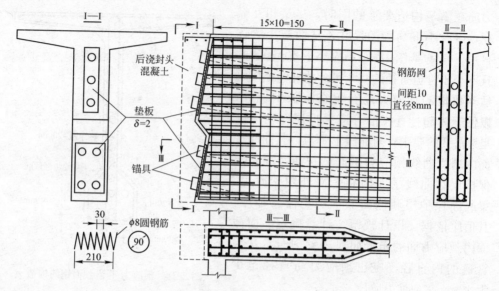

图 2-25 梁端锚固区配筋构造示意图(尺寸单位：cm)

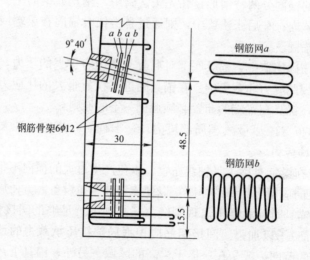

图 2-26 端板和叉形钢筋网(尺寸单位：cm)

预应力混凝土梁与钢筋混凝土梁一样，需按规定的构造要求布置箍筋、架立钢筋和纵向水平分布钢筋等。由于弯起的预应力筋对梁肋混凝土提供了预剪力，主拉应力较小，一般可不设斜筋。

1) 箍筋的配置。

预应力混凝土 T 形梁的腹板内应设置直径不小于 $\phi 10mm$ 的箍筋，且采用带肋钢筋，间距不大于 250mm；自支座中心起长度不小于一倍梁高的范围内，应采用闭合式箍筋，间距不大于 100mm，用来加强梁端承受的局部应力。纵向预应力筋集中布置在下缘的马蹄部分，该部分的混凝土承受很大的压应力，因此，必须另外设置直径不小于 $\phi 8mm$ 的闭合式加强箍筋，其间距不大于 200mm(图 2-24)。此外，马蹄内还必须设置直径不小于 $\phi 12mm$ 的定位钢筋。

2) 非预应力纵向受力钢筋。

在预应力混凝土简支梁中,将非预应力的钢筋与预应力钢筋协同配置,有时可以达到补充局部梁段内承载力不足,满足承载力要求,也可起到更好地分布裂缝和提高梁体韧性等效果,使简支梁的设计更加经济合理。

先张法施工的小跨度梁,如果采用直线布筋形式,张拉阶段支点附近无法平衡的负弯矩会在梁顶引起过高的拉应力,为了防止因此可能产生的开裂,可适当布置如图2-27(a)所示的局部受拉钢筋。

对于预制部分的自重比恒载与活载小得多的梁,在预加力阶段跨中部分的上缘可能会开裂而破坏,因而也可以在跨中部分的顶

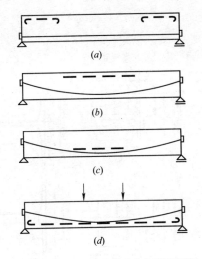

图2-27 非预应力纵向受力钢筋(虚线)

部加设无预应力的纵向受力钢筋(图2-27b),这种钢筋在运营阶段还能起到加强混凝土的抗压能力的作用,在破坏阶段则可以提高梁的安全。图2-27(c)所示在跨中部分下翼缘内设置的钢筋,对全预应力梁可加强混凝土承受预加压力的能力。在下翼缘内通长设置的钢筋,对部分预应力梁可补足承载力的需要(图2-27d),对于配置不粘结预应力筋的梁能起分布裂缝的作用。此外,非预应力钢筋还能增加梁在反复荷载作用下的疲劳极限强度。

装配式预应力混凝土梁桥的横向连接构造一般与钢筋混凝土梁桥一样。

3. 装配式预应力混凝土简支T梁桥实例

图2-28为一装配式预应力混凝土简支梁桥的标准设计。其标准跨径为30m,主梁全长29.96m,计算跨径为29m。荷载等级为公路-Ⅰ级。主梁中心距为2.26m,预制部分宽度1.80m,吊装后现浇0.46m的湿接缝。预制主梁采用C40混凝土,截面为带马蹄的T形截面,梁高为1.96m,厚20cm的梁肋自第一道内横隔梁向梁端逐渐加宽至马蹄全宽40cm,但马蹄部分高度不变。全梁范围内共设置7道横隔梁,中心间距为4.5m和5.0m,横隔梁高度1.65m,宽度也采用上宽下窄、内宽外窄的形式,以利于脱模。为减小施工难度,横隔梁没有采用挖孔形式,吊装后彼此之间采用现浇接缝连成整体。

每片T形梁设三束预应力钢束,采用A416-87a标准270级钢绞线,直径15.24mm,其标准强度为1860MPa,张拉控制应力为1395MPa,其中N1,N2均采用9股钢绞线,N3则为7股,全部钢绞线均以圆弧起弯并锚固在梁端厚20mm的钢垫板上。钢束孔道采用预埋波纹管,9股钢束波纹管内径80mm,外径87mm;7股钢束波纹管内径70mm,外径77mm。每片T形梁预制部分的质量为63.78t,现浇部分的质量为20.75t,大大减少了吊装部分的质量。

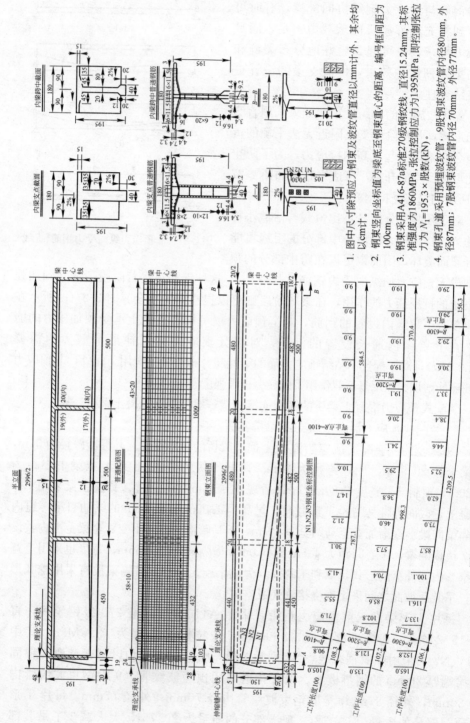

图 2-28 装配式预应力混凝土简支 T 梁配筋（尺寸单位：cm；钢筋直径：mm）

思考题与习题

1. 简支梁桥按截面形式、施工方法分为哪几类?
2. 整体式简支板桥截面尺寸和配筋构造有何规定?
3. 请说出"图 2-5 装配式简支钢筋混凝土实心矩形板"设计实例中①号钢筋、②钢筋的总根数和总长度。
4. 请说出"图 2-6 标准跨径 13m 的装配式预应力混凝土空心板桥"设计实例中③号、④号、⑤号、⑥号、⑦号、⑧号钢筋的相互位置关系。
5. 装配式板的横向连接方法有哪几种? 各有何特点?
6. 装配式非预应力简支 T 形梁的钢筋可分为哪几种? 各有何规定?
7. 预应力混凝土 T 梁内一般配置有哪些钢筋? 截面效率指标的含义是什么?

教学单元3 桥 梁 设 计

【教学目标】 通过学习桥梁上永久作用、可变作用、偶然作用的分类和特点,学生能够理解桥梁作用效应组合的涵义和应用,掌握钢筋混凝土T梁的设计步骤,会进行主梁内力、挠度和预拱度计算。

3.1 概 述

建设一座桥梁是一个综合性强、涉及因素多的庞大系统工程。近些年来,我国的桥梁发展技术无论从建设规模大小,还是建设复杂程度都处于世界领先地位。显然,除了施工中新材料、新工艺、新技术的应用外,还离不开合理的规划与设计。

规划与设计是桥梁建设过程中的重要一环。桥梁的合理性、适用性、先进性在很大程度上取决于设计文件的质量。在这一环节中,必须遵循桥梁设计的基本原则,了解桥梁设计规范的有关规定以及桥梁工程相关的其他科学知识,严格按照一套行之有效的工作程序办事,即桥梁设计与建设程序。本章结合桥梁设计基本原则,简要介绍桥梁工程的设计程序及相关知识。

桥梁设计包含两大内容:桥梁总体规划设计与桥梁结构细部设计。

第一,桥梁总体规划设计。主要指建筑美学、总体布置、合理分孔等方面的宏观内容,同时对一座规模较大的桥梁,其桥梁布置既与经济、技术、结构体系和桥型有关,也与通航要求、地形地质以及水文情况有关,往往需要反复细致的比较,对桥梁做出综合评估。通过多个方案比选,最终确定相对最优方案。具体内容有:选择桥位、桥梁平面布置、桥梁纵、横断面设计(确定桥长、桥宽、桥高)、桥梁设计方案的比选等。

第二,桥梁结构细部设计。按照建设程序,依据总体规划设计确定的内容、审批报告等,对桥跨、墩台、基础等进行结构细部设计。具体内容有:确定桥梁各部分的细节尺寸,确定施工方案,满足桥梁强度、刚度、稳定性和耐久性等方面的要求。

结构设计阶段,强调的是桥梁结构的能否承受"力"的作用。力的作用包括:永久作用(包括结构重力、预加力等)、可变作用(汽车作用等)和偶然作用(地震作用)。

本章主要结合钢筋混凝土T形梁(包括主梁梁肋、行车道板等)设计,详细分析上述各种作用的具体计算内容,以及作用效应组合,保证桥梁强度、刚度、稳定性满足设计要求。

最后,对桥梁下部结构墩台构造及计算简要阐述。

3.2 桥梁的规划与设计

3.2.1 桥梁设计与建设程序

桥梁的规划设计需考虑的因素很多，特别是对于工程比较复杂的大、中桥梁，是一个综合性的系统工程。设计合理与否，将直接影响区域的政治、经济、文化及人民的生活，因此必须建立一套严格的管理体制和有序的工作程序。在我国，基本建设程序分为前期工作和正式设计两个大步骤，他们的关系如图3-1所示。

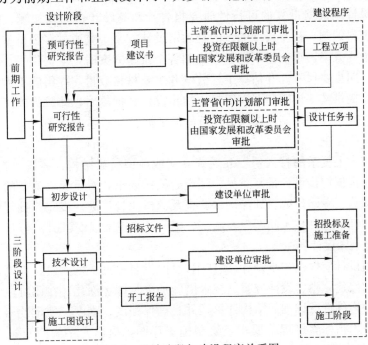

图 3-1 设计阶段与建设程序关系图

前者又分为：工程预可行性研究（简称"预可"）阶段和过程可行性研究（简称"工可"）阶段。后者则分为初步设计、技术设计和施工图设计三个阶段。

1. 前期工作

(1)"预可"阶段

"预可"阶段着重研究建桥的必要性以及宏观经济上的合理性。在"预可"阶段研究形成的"预可工程可行性研究报告书"中（简称"预可报告"），应从经济、政治、国防等方面，详细阐明建桥理由和工程建设的必要性和重要性，同时初步探讨技术上的可行性。对于区域性线路上的桥梁，应以建桥地点（渡口等）的车流量调查（以及国民经济逐年增长）为立论依据。

"预可"阶段的主要工作目标是解决建设项目的上报立项问题，因而，在"预可报告"中，应编制几个可能的桥型方案，并对工程造价、资金来源、投资回报等问题有初步估算和设想。设计方将"预可报告"交业主后，由业主据此编制"项目建议书"报主管上级审批。

(2)"工可"阶段

在"项目建议书"被审批确认后，着手工程可行性研究（简称"工可"）阶段的工作。在这一阶段，着重研究选用和补充制订桥梁的技术标准，包括：设计荷载标准、桥面宽度、通航标准、设计车速、桥面纵坡、桥面平纵曲线半径等，应与河道、航运、规划等部门共同研究，以共同协商确定相关的技术标准。

在"工可"阶段，应提出多个桥型方案，并按交通部《公路基本建设工程投资估算编制办法》，估算造价，对资金来源和投资回报等问题应基本落实。

2. 正式设计

（1）初步设计

初步设计应根据批复的可行性研究报告、勘测设计合同和初测、初勘或定测、详勘资料编制。初步设计的目的是确定设计方案，应通过多个桥型方案的比选，推荐最优方案，报上级审批。在编制各个桥型方案时，应提供平、纵、横面布置图，标明主要尺寸，并估算工程数量和主要材料数量，提出施工方案，编制设计概算，提供文字说明和图表资料。初步设计经批复后，即成为施工准备、编制施工图设计文件和控制建设项目投资等的依据。

（2）技术设计

对于技术上复杂的特大桥、互通式立交或新型桥梁结构，需进行技术设计。技术设计应根据初步设计批复意见、测设合同的要求，对重大、复杂的技术问题通过科学试验、专题研究、加深勘探调查及分析比较，进一步完善批复的桥型方案的总体和细部各种技术问题以及施工方案，并修正工程概算。

（3）施工图设计

施工图设计应根据初步设计（或技术设计）批复意见、勘测设计合同，进一步对所审定的修建原则、设计方案、技术措施加以具体和深化。在此阶段中，必须对桥梁各种构件进行详细的结构计算，并且确保强度、刚度、稳定性、裂缝、变形等各种技术指标满足规范要求，绘制施工详图，提出文字说明及施工组织计划，并编制施工图预算。

国内一般（常规）的桥梁采用两阶段设计，即初步设计和施工图设计，对于技术简单、方案明确的小桥，也可采用一阶段设计，即施工图设计。对于技术复杂的大型桥梁，在初步设计之后，还需增加一个技术设计阶段，在这一阶段要针对全部技术难点，进行如抗风、抗震、受力复杂部位等的试验、计算及结构设计，然后再做施工图设计。

3.2.2 桥梁设计的基本原则

桥梁是道路交通的重要组成部分，桥梁设计、建造的规模代表了一个国家（地区）和经济发展的水平，特别是大、中桥梁的建设，对当地政治、经济、国防等都具有重要意义。城市桥梁设计的基准期为100年，科学合理、因地制宜的进行总体规划和设计，是桥梁建设的百年大计。因此，桥梁规划与设计应遵循"安全可靠、适用耐久、技术先进、经济合理、与环境协调"的要求，同时还应根据城市总体规划确定的道路等级、城市交通发展需要，按照有利于节约资源、保护环境、防洪抢险、抗震救灾的原则进行设计。

1. 使用上的要求

桥梁设计要求能保证行车的畅通、舒适和安全；既满足当前的需要，又照顾今后的发展；既满足交通运输本身的需要，也要考虑到支援农业，满足农田排灌的需要；通航河流上的桥梁，应满足航运的要求；靠近城市、村镇、铁路及水利设施的桥梁还应结合各有关方面的要求，考虑综合利用。

2. 经济上的要求

桥梁设计方案必须进行技术经济比较，应使桥梁的造价最低，材料消耗最少。然而，也不能只按建筑造价作为全面衡量桥梁经济性的指标，还要考虑到桥梁的使用年限、养护和维修费用等因素。

3. 设计上的要求

整个结构及各部分构件在制造、运输、安装和使用过程中应具有足够强度、刚度、稳定性和耐久性，应积极采用新结构、新技术、新材料、新工艺。

4. 施工上的要求

桥梁结构应便于制造和架设。应尽量采用先进的工艺技术和施工机械，以利于加快施工速度，保证工程质量和施工安全。

5. 美观上的要求

一座桥梁应具有优美的外形，应与周围的景观相协调。城市桥梁和游览地区的桥梁，可较多地考虑建筑艺术上的要求。合理的结构布局和轮廓是美观的主要因素，但结构细部的美学处理也十分重要，另外，施工质量对桥梁美观也有重大的影响。决不应把美观片面地理解为豪华的细部装饰。

6. 环境保护的要求

桥梁设计必须考虑环境保护和可持续发展的要求，包括生态、水、空气、噪声等几个方面，应从桥位选择、桥跨布置、基础方案、墩身外形、上部结构、施工方法、施工组织设计等多方面全面考虑环境要求，采取必要的工程控制措施，并建立环境监测保护体系，将不利影响减至最小，桥梁施工完成后，将两头植被恢复或进一步美化桥梁周边景观，也属于环境保护的内容。

3.2.3 桥梁布置及净空要求

1. **桥梁平面布置**

桥梁设计首先要确定桥位，按《城市桥梁设计通用规范》（征求意见稿）的规定，应根据城市总体规划，近、远期交通流向和流量的需要，结合水文、航运、地形、地质、环境及对邻近建筑物和公用设施的影响大小进行全面分析、综合比较后确定。中、小桥桥位宜服从城市道路的走向进行布置。对于特大桥、大桥桥位，桥位应选择在河道顺直、河床稳定、河滩较窄、河槽能通过大部分设计流量且地质良好的河段地质条件良好的河段上。城市桥梁在平面上宜做成直桥，特殊情况时可做成弯桥，其线形布置应符合现行《城镇道路工程技术标准》（征求意见稿）的规定。高架道路的线形布置应符合现行《城市快速路设计规程》的规定。

2. **桥梁纵断面设计**

桥梁纵断面设计包括确定桥梁的总跨径、桥梁的分孔、桥面的标高、桥上和桥头引道的纵坡以及基础的埋置深度等。

(1) 桥梁总跨径

桥梁总跨径一般根据水文计算来确定。其基本原则是：应使桥梁在整个使用年限内，保证设计洪水能顺利宣泄；河流中可能出现的流冰和船只、排筏等能顺利通过；避免因过分压缩河床引起河道和河岸的不利变迁；避免因桥前壅水而淹没农田、房屋、村镇和其他公共设施等。对于桥梁结构本身来说，不能因总跨径缩短而引起河水对河床过度冲刷，从而给浅埋基础带来不利的影响。

在某些情况下，为了降低工程造价，可以在不超过允许的桥前壅水和规范规定的允许最大冲刷系数的条件下，适当放宽冲刷限制，以缩短总跨长。例如，对于深埋基础，一般允许稍大一点的冲刷，使总跨径适当减小；对于平原区稳定的宽滩河段，河水的流速较慢，漂流物也少，主河槽较大，这时，可以对河滩的浅水流区段作较大的压缩，即缩短桥梁总跨径，但必须慎重校核，压缩后桥梁的壅水不得危及河滩路堤以及附近农田和建筑物。

（2）桥梁的分孔

城市桥梁孔径，应按批准的城市规划中的河道及（或）航道整治规划，结合现状布设。若无规划，则根据现状按设计洪水流量满足泄洪要求和通航要求布置。不宜过大改变水流的天然状态。

对于一座较长的桥梁，应当分成若干孔。孔径划分的大小，不仅影响使用效果和施工等，而且在很大程度上影响桥梁的总造价。例如，所采用的跨径愈大，孔数就愈少，固然可以降低墩台的造价，但却使上部结构的造价大大增高；反之，上部结构的造价虽然降低了，但墩台的造价却又有所增高。因此，在满足使用和技术要求的前提下，通常采用最经济的分孔方式，即使上、下部结构的总造价趋于最低，此时的跨径为经济跨径。这些要求是：

1）对于通航河流，在分孔时首先应满足桥下的通航要求。桥梁的通航孔应布置在航行最方便的河域。对于变迁性河流，根据具体条件，应多设几个通航孔。

2）对于平原区宽阔河流上的桥梁，通常在主河槽部分按需要布置较大的通航孔，而在两侧浅滩部分按经济跨径进行分孔。

3）当在山区的深谷、水深流急的江河以及水库上修桥时，为了减少中间桥墩，应加大跨径。条件允许时，甚至可以采用特大跨径的单孔跨越。

4）对于采用连续体系的多孔桥梁，应从结构的受力特性考虑，使边孔与中孔的跨中弯矩接近相等，合理地确定相邻跨之间的比例。

5）对于河流中存在不利的地质段，例如岩石破碎带、裂隙、溶洞等，在布孔时，为了使桥基避开这些区段，可以适当加大跨径。

总之，对于大、中桥梁的分孔是一个相当复杂的问题，必须根据使用要求、桥位处的地形和环境、河床地质、水文等具体情况，通过技术、经济等方面的分析比较，才能做出比较合理的设计方案。

（3）桥下净空

桥面的标高根据路线的纵断面设计，或根据设计洪水位、桥下通航需要的净空来确定。

合理的桥梁标高必须根据设计水位、桥下通航（通车）净空的需要，并结合桥型、跨径等一起考虑。

1）流水净空要求

对于非通航河流,为了保证支座正常工作,支座底面高出计算水位(即设计水位 H_S 加壅水、浪高等 $\Sigma\Delta h$)不小于 0.25m,高出最高流冰水位 H_{SB} 不小于 0.5m(如图 3-2 所示)。但也须保证梁底应高出计算水位不小于 0.5m,高出最高流冰水位 0.75m。

图 3-2 梁式桥桥下流水净空图示

对于无铰拱桥,拱脚允许被洪水淹没(图 3-3),但淹没深度不宜超过拱圈矢高(f_0)的 2/3,并且在任何情况下,拱顶底面应高出计算水位 1.0m。为了防止冰害拱脚的起拱线应高出最高流冰面不小于 0.25m。

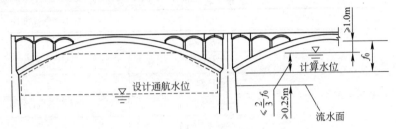

图 3-3 拱式桥桥下流水净空图示

2) 通航净空要求

为了保证桥下安全通航,通航孔桥跨结构下缘的标高应高出从设计通航水位算起的净空高度。通航净空示意见图 3-4。有关通航净空的尺寸规定,参见《通航海轮桥梁通航标准》JTJ 311—1997 及《内河通航标准》GB 50139。

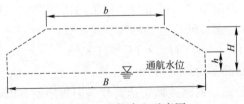

图 3-4 通航净空示意图

3) 城市跨线桥梁的桥下净空

跨越城市道路或公路的城市桥梁,桥下净空应分别符合现行《城镇道路工程技术标准》、《公路工程技术标准》JTG B01—2003 的建筑限界规定,跨越铁路的城市桥梁,桥下净空应符合现行铁路净空限界规定。墩位布置同时应满足桥下道路或铁路的行车视距和前方交通信息识别的要求,并按相关规范的规定要求,避开既有的地下构筑物和不能迁移的地下管线。例如,据《城镇道路工程技术标准》知,图 3-5 为城镇道路建筑限界,跨线桥梁的任何结构部分无论横向与竖向,不得侵入该建筑限界,因此桥跨结构底缘高程应高出规定的竖向最小净空高度 H。根据城镇道路的使用功能和通行车辆特征,各服务对象的最小净空高度要求见表 3-1。

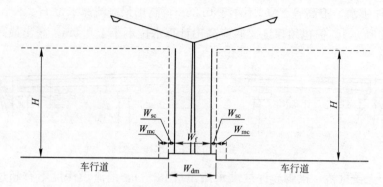

图 3-5 城镇道路竖向净空示意图

最小净空高度 H 表 3-1

服务对象	类别	最小净空高度(m)
机动车	双层客车	4.7
	无轨电车	4.5
	铰接客车	4.5
	大型客(货)车	4.5
	小型客(货)车	3.5
	小轿车	2.5
非机动车	自行车	2.5
其他非机动车	—	3.5
行人	—	2.5

4) 桥面标高

根据流水净空、通航净空、城市跨线桥梁的桥下净空，来确定桥面标高。例如：按被交道路计算桥面最低高程，可按下式计算：

$$H_{min} = H_L + H + \Delta h_0 \tag{3-1}$$

式中 H_L——被交路路基设计高程(m)；

H——被交公路、铁路或城市道路建筑限界净空高度(m)；

Δh_0——桥梁上部构造建筑高度，包括桥面铺装高度(m)。

综上所述，全桥位于河中各跨的桥道标高均应首先满足流水净空的要求；对于通航或桥下通车的桥孔，还应满足通航净空或建筑净空限界的要求；另外，还应考虑桥的两端能够与公路或城市道路顺利衔接等。因此，全桥各跨的桥面标高是不相同的，必须综合考虑和规划，一般将桥梁的纵断面设计成具有单向或双向的坡度，既利于交通，美观效果好，又便于桥面排水(对于不太长的小桥，可以做成平坡桥)，但桥面纵坡不宜大于 4%，桥头引道纵坡均不得大于 5%，对于位于市镇混合交通繁忙处的桥梁，桥上纵坡和桥头引道纵坡均不得大于 3%，并应在纵坡变更的地方按规定设置竖曲线，使坡度改变处不致出现转角。

（4）基础的埋置深度

基础埋置深度在"地基与基础"课程中已介绍，这里将不再重复。

3. 桥梁的横断面设计

城市桥梁的横断面设计，主要取决于桥面的宽度和不同桥跨结构横断面的形式。桥面宽度取决于行车和行人的交通需要。小桥桥面布置形式及净空限界应与道路相同，特大桥、大、中桥的桥面布置及净空限界中的车行道及路缘带宽度应与道路相同，分隔带宽度可适当缩窄，但应大于或等于1.0m。设计行车速度小于或等于40km/h的道路两侧分隔带或中央分隔带可用交通标线代替。

另外，桥梁横断面设计还应注意以下规定：

（1）桥梁人行道或安全道外侧，必须设置人行道栏杆，栏杆高度不应低于1.1m；

（2）主干路、次干路桥，不论有、无非机动车道，若两侧无人行道，则两侧应设安全道，其宽度为0.5～0.75m；

（3）桥面上机动车道与非机动车道具有永久性分隔带的桥或专用非机动车桥，其两旁的人行道或安全道缘石宜高出车行道路面0.15～0.2m；

（4）主干路、次干路、支路桥，桥面为混合行车道或专用机动车桥、人行道或安全道缘石宜高出车行道路面0.25～0.40m。若跨越急流、大河、深谷、重要道路、铁路、主要航道，或桥面常有积雪、结冰，其缘石高度宜取较大值。外侧采用加强栏杆；

（5）快速路桥、机动车专用桥桥面两侧应设置防撞护栏，护栏高度不应低于1.10m。若两侧设置人行道或安全道，其缘石高度宜用0.4m。

为了桥面排水需要，桥面车行道应设置横坡。在快速路和主干路桥上，横坡为2%；在次干路和支路桥上横坡为1.5%～2.0%，人行道上应设置1%～2%向车行道的单向横坡。在路缘石或防撞护栏旁需设置足够数量的泄水孔。在泄水孔之间的纵坡应不小于0.3%～0.5%。

3.2.4 桥梁设计方案的比选

为了获得经济、适用和美观的桥梁设计方案，设计者必须根据各种自然、技术上的条件，因地制宜，在综合应用专业知识、了解掌握国内外新技术、新材料、新工艺的基础上，进行深入细致的研究分析对比工作，才能科学地得出完美的设计方案。

桥梁设计方案的比选和确定可按下列步骤进行：

（1）明确各种标高的要求

在桥位纵断面图上，先行按比例绘出设计水位、通航水位、桥面标高、通航净空位置图。

（2）桥梁分孔和初拟桥型方案草图

在上述确定了各种标高的纵断面图上，根据泄洪总跨径的要求，做桥梁分孔和桥型方案草图。作草图时思路要宽广，只要基本可行，尽可能多绘一些草图，以免遗漏可能的桥型方案。

（3）方案初步筛选

对草图方案作技术和经济上的初步分析和判断，筛去弱势方案，从中选出2～4个构思好、各具特点的方案，做进一步详细研究和比较。

(4) 详绘桥型方案

根据不同桥型、不同跨度、宽度和施工方法，拟定主要尺寸，并尽可能细致地绘制各个桥型方案的尺寸详图。对于新结构，应做初步的力学分析，以准确拟定各方案的主要尺寸。

(5) 编制估算或概算

依据编制方案的详图，可以计算出上、下部结构的主要工程数量，然后依据各省、市或行业的"估算定额"或"概预算定额"，编制出各方案的主要材料（钢、木、混凝土等）用量、劳动力数量、全桥总造价。

(6) 方案选定和文件汇总

全面考虑建设造价、养护费用、建设工期、营运适用性、美观等因素，综合分析，阐述每一个方案的优缺点，最后选定一个最佳的推荐方案。在深入比较过程中，应当及时发现并调整方案中的不尽合理之处，确保最后选定的方案是强中选强的方案。

上述工作全部完成之后，着手编写方案说明。说明书中应阐明方案编制的依据和标准、各方案的主要特色、施工方法、设计概算以及方案比较的综合性评述。对于推荐方案应作较详细的说明。各种测量资料、地质勘察和地震烈度复核资料、水文调查与计算资料等应按附件载入。

图 3-6 为某大桥的桥型方案比较简图。经过建设造价、养护费用、建设工期、工艺技术、主要用量、营运适用性、美观等多方面的论证，最好选择第一方案为推荐方案。

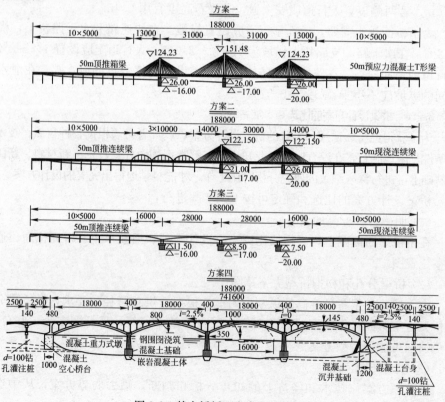

图 3-6 某大桥桥型方案比较简图

3.3 桥梁上的作用

桥梁结构设计的主要内容之一就是荷载的选定和计算，根据《工程结构可靠度设计统一标准》GB 50153—92，将结构承受的各种荷载和外力统称为作用，作用使桥梁结构产生内力和变形或裂缝，这些内力、变形、裂缝就成为作用效应。

根据它们作用的性质和影响程度的不同，城市桥梁设计采用的作用分为永久作用、可变作用、偶然作用三类。除可变作用中的人群荷载外，作用与作用效应组合均按现行《公路桥涵设计通用规范》JTG D60—2004(以下简称《规范》)的有关规定执行。现重点介绍《规范》中的作用及作用效应组合。各类作用见表 3-2 所示。

作用分类表　　　　　　　　　　表 3-2

编号	作用分类	作用名称
1	永久作用	结构重力(包括结构附加重力)
2		预加力
3		土的重力
4		土侧压力
5		混凝土收缩及徐变作用
6		水的浮力
7		基础变位作用
8	可变作用	汽车荷载
9		汽车冲击力
10		汽车离心力
11		汽车引起的土侧压力
12		人群荷载
13		汽车制动力
14		风荷载
15		流水压力
16		冰压力
17		温度(均匀温度和梯度温度)作用
18		支座摩阻力
19	偶然作用	地震作用
20		船舶或漂流物的撞击作用
21		汽车撞击作用

3.3.1 永久作用

永久作用是指在结构使用期间，其量值不随时间而变化，或其变化值与平均值相比可以忽略不计的作用，包括结构自重、桥面铺装和附属设施的重量、作用于结构上土的重力及土侧压力、长期作用于结构上的预应力以及混凝土收缩及徐变作用等。

永久作用的标准值,对结构自重(包括结构附加重力),可按结构构件的实际尺寸与材料的重力密度计算确定

结构物自身重力及桥面铺装、附属设施等外加重力均属于结构重力。它们可按照结构物的实际体积或设计拟定的体积乘以材料的重力密度(见表3-3)计算。

常用材料重力密度　　　　表 3-3

材料种类	重力密度(kN/m³)	材料种类	重力密度(kN/m³)
钢、铸钢	78.5	浆砌片石	23.0
铸铁	72.5	干砌块石或石片	21.0
锌	70.5	沥青混凝土	23.0~24.0
铅	114.0	沥青碎石	22.0
黄铜	81.1	碎(砾)石	21.0
青铜	87.4	填土	17.0~18.0
钢筋混凝土或预应力混凝土	25.0~26.0	填石	19.0~20.0
混凝土或片石混凝土	24.0	石灰三合土、石灰土	17.5
浆砌块石或料石	24.0~25.0		

桥梁结构的自重往往占全部设计作用的大部分,尤其大跨径桥梁,因此采用轻质、高强材料对减轻桥梁自重、增大桥梁跨越能力具有重要意义。

其他永久作用均按现行《规范》规定计算。

3.3.2 可变作用

可变作用是指在结构使用期间,其量值随时间变化,且其变化值与平均值相比不可忽略的作用。如各种车辆作用等。

桥梁设计中考虑的可变作用有汽车荷载和人群荷载。同时,对于汽车荷载应计冲击力、制动力和离心力。对于所有车辆荷载,还需计算其所引起的土侧压力。

此外,可变作用包括支座摩阻力、温度(均匀温度和梯度温度)作用、风荷载、流水压力和流冰压力等。

每一种车辆都有不同的型号和载重等级,而且随着交通运输业的发展,车辆的载重量也将不断增大,因此就需要确定一种即能代表目前车辆情况和将来发展需要,又能便于在设计中应用的简明统一的荷载标准,作为我们桥梁设计计算的依据。

以下简要介绍桥梁设计中常用的汽车荷载及其影响力和人群荷载。其他可变作用的详细计算方法。

1. 汽车荷载

(1) 汽车荷载是公路桥涵上最主要的一种可变荷载。汽车荷载可为公路—Ⅰ级和公路—Ⅱ级两个等级。

(2) 汽车荷载由车道荷载和车辆荷载组成。

1) 车道荷载的计算如图 3-7 所示。

公路—Ⅰ级车道荷载的均布荷载标准值为 $q_K=10.5\text{kN/m}$；集中载荷标准值 P_K 按图 3-8 直线内插求得：

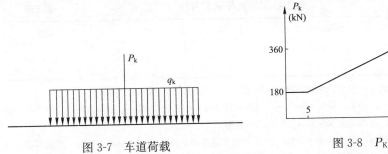

图 3-7　车道荷载　　　　　　　　图 3-8　P_K 取值图

计算剪力效应以及计算下部结构时，P_K 应乘以 1.2 的提高系数。

公路—Ⅱ级车道荷载的均布荷载标准值 q_K 和集中荷载标准值 P_K 为按公路—Ⅰ级车道荷载的 0.75 倍采用。

2）车辆荷载。

车辆荷载的立面、平面尺寸如图 3-9 所示，公路—Ⅰ级和公路—Ⅱ级汽车荷载采用相同的车辆荷载标准值。主要技术指标规定见表 3-4 所示。

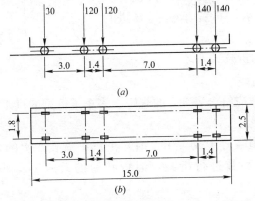

图 3-9　车辆荷载布置图(轴重单位：kN；尺寸单位：m)
(a)立面；(b)平面

车辆荷载的主要技术指标　　　　　　　　　　表 3-4

项目	单位	技术指标
车辆重力标准值	kN	550
前轴重力标准值	kN	30
中轴重力标准值	kN	2×120
后轴重力标准值	kN	2×140
轴距	m	3+1.4+7+1.4
轮距	m	1.8
前轮着地宽度及长度	m	0.3×0.2
中、后轮着地宽度及长度	m	0.6×0.2
车辆外形尺寸(长×宽)	m	15×2.5

(3) 汽车荷载选用

各级城市道路桥涵设计的汽车荷载等级按表 3-5 取用。

城市桥梁的汽车荷载等级　　　　　　　　　表 3-5

城市道路等级	快速路	主干路	次干路	支路
汽车荷载等级	公路-Ⅰ级 或公路-Ⅱ级	公路-Ⅰ级	公路-Ⅱ级	公路-Ⅱ级

注：1. 快速路、次干路如重型车辆多时，其桥涵设计可选用公路-Ⅰ级汽车荷载；
　　2. 小城市中的支路上如重型车辆少时，其桥涵设计可采用公路-Ⅱ级，车道荷载的效应乘以 0.8 的折减系数，车辆荷载效应乘以 0.7 的折减系数；
　　3. 小型车专用道，其桥涵设计可采用公路-Ⅱ级车道荷载效应乘以 0.6 的折减系数，车辆荷载效应乘以 0.5 的折减系数。

(4) 加载方式

1) 车道荷载的均布荷载标准值应满布于使结构产生最不利效应的同号影响线上；集中荷载标准值只作用于相应影响线中一个最大影响线峰值处。

2) 车道荷载横向分布系数应按设计车道数如图 3-10 所示，布置车辆荷载进行计算。

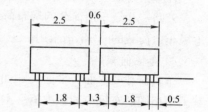

图 3-10　车辆荷载横向布置
（尺寸单位：m）

(5) 汽车荷载的折减

1) 横向折减

桥涵设计车道数应符合表 3-6 的规定。多车道桥梁的汽车荷载应考虑多车道折减。

当桥涵设计车道数等于或大于 2 时，由汽车荷载产生的效应按表 3-7 规定的多车道横向折减系数进行折减，但折减后的效应不得小于两车道的荷载效应。

桥涵设计车道数　　　　　　　　　表 3-6

桥面宽度 W(m)		桥涵设计车道数
单向行驶桥梁	双向行驶桥梁	（条）
W<7.0		1
7.0≤W<10.5	6.0≤W<14.0	2
10.5≤W<14.0		3
14.0≤W<17.5	14.0≤W<21.0	4
17.0≤W<21.5		5
21.0≤W<24.5	21.0≤W<28.0	6
24.5≤W<28.5		7
28.0≤W<31.5	28.0≤W<35.0	8

横向折减系数 表 3-7

横向布置设计车道数(条)	2	3	4	5	6	7	8
横向折减系数	1.00	0.78	0.67	0.60	0.55	0.52	0.50

2) 纵向折减

大跨径桥梁上的汽车荷载应考虑纵向折减。

当桥梁计算跨径大于 150m 时，应按表 3-8 规定的纵向折减系数进行折减。桥梁为多跨连续结构时，整个结构应按其最大计算跨径的考虑汽车载荷效应的纵向折减系数进行折减。

纵向折减系数 表 3-8

计算跨径 L(m)	纵向折减系数	计算跨径 L(m)	纵向折减系数
150<L<400	0.97	800≤L<1000	0.94
400≤L<600	0.96	L≥1000	0.93
600≤L<800	0.95		

2. 汽车荷载冲击力

汽车以较高速度驶过桥梁时，由于桥面不平整、发动机震动等原因，会引起桥梁结构的振动，从而造成内力增大，这种动力效应称为冲击作用，即汽车荷载冲击力。汽车荷载的冲击力为汽车荷载标准值乘以冲击系数 μ。

冲击系数的值与桥梁的结构基频 f 有关，钢桥、钢筋混凝土及预应力混凝土桥、圬工拱桥冲击系数的取值见表 3-9 所示。

冲击系数 表 3-9

结构基频 f(Hz)	f<1.5	1.5≤f≤14	f>14
冲击系数 μ	0.05	μ=0.1767ln$f$−0.0157	0.45

注：1. 填料厚度(包括路面厚度)等于或大于 0.5m 的拱桥、涵洞以及重力式墩台不计冲击力；
2. 支座的冲击力，按相应的桥梁取用；
3. 汽车荷载的局部加载及在 T 梁、箱梁悬臂板上的冲击系数采用 0.3；
4. 桥梁的自振频率 f 可由《规范》有关公式计算。

结构基频 f 对于简支梁桥，可按下式估算：

$$f=\frac{\pi}{2l^2}\sqrt{\frac{EI_c}{m_c}} \tag{3-2}$$

$$m_c=\frac{G}{g} \tag{3-3}$$

式中　l——结构的计算跨径；
　　　E——结构材料的弹性模量(N/m^2)；
　　　I_c——结构跨中截面的截面惯性矩(m^4)；
　　　m_c——结构跨中处的单位长度质量(kg/m)；
　　　G——结构跨中处的延米结构重力(N/m)；
　　　g——重力加速度，g=9.81(m/s^2)。

3. 汽车荷载离心力

车辆在弯道行驶时会产生离心力,曲线半径越小,离心力越大,当弯桥的曲线半径等于或小于 250m 时,应计算汽车荷载引起的离心力。汽车荷载离心力标准值为车辆荷载(不计冲击力)标准值乘以离心力系数 C 计算。离心力系数按下式计算:

$$C=\frac{V^2}{127R} \tag{3-4}$$

式中 V——设计速度(km/h),应按桥梁所在路线设计速度采用;

R——曲线半径(m)。

另外,离心力以水平力的形式作用于结构上,着力点在桥面以上 1.2m 处(为计算简便也可移至桥面上,不计由此引起的作用效应)。多车道时,车辆荷载标准值应考虑横向折减系数影响。

4. 汽车荷载制动力

汽车制动力指车辆在减速或制动时,为克服车辆的惯性力而在路面与车辆之间产生的滑动摩擦力。制动力的大小与车辆和路面间的摩阻系数及汽车荷载大小有关,但考虑到制动常常出现在一部分车辆上,且制动力只有同向行驶的汽车才能叠加。因此《规范》规定:一个设计车道上由汽车荷载产生的制动力标准值按车道荷载标准值在加载长度上计算的总重力的 10% 计算,但公路—Ⅰ级汽车荷载的制动力标准值不得小于 165kN;公路—Ⅱ级汽车荷载的制动力标准值不得小于 90kN。同向行驶双车道的汽车荷载制动力标准值为一个设计车道制动力标准值的两倍;同向行驶三车道为一个设计车道的 2.34 倍;同向行驶四车道为一个车道的 2.68 倍。

制动力的着力点在桥面以上 1.2m 处,计算墩台时,可移至支座铰中心或支座底座面上。计算刚构桥、拱桥时,制动力的着力点可移至桥面上,但不计因此而产生的竖向力和力矩。

鉴于结构计算,关键问题是制动力的分配,与桥梁形式、支座、墩台刚度等因素有关,限于篇幅,不在叙述,详见《规范》。

5. 人群荷载

一般城市桥梁(非专用人行桥)的设计人群荷载应符合以下规定:

(1) 人行道板(局部构件)的人群荷载按 5kPa 或 1.5kN 的竖向集中力作用在一块构件上,分别计算,取其不利者。

(2) 梁、桁架、拱及其他大跨结构的人群荷载 W 计算,采用下列公式:

当加载长度 $L<20m$ 时:

$$w=4.5\frac{20-w_p}{20}\text{kPa} \tag{3-5}$$

当加载长度 $20m \leqslant L \leqslant 100m$(100m 以上同 100m)时:

$$w=\left(4.5-2\frac{L-20}{80}\right)\left(\frac{20-w_p}{20}\right)\text{kPa} \tag{3-6}$$

w 值在任何情况下不得小于 2.4kPa。

式中 w——单位面积的人群荷载(kPa);

L —— 加载长度(m);

w_p —— 单边人行道宽度(m);在专用非机动车桥(无人行道时)上为 1/2 桥宽,大于 4m 时仍按 4m 计。

(3)安全道上设计活载按 2kPa 或 1.2kN 的竖向集中荷载,作用在短跨小构件上,分别计算,取其不利者。计算与安全道相连构件(计入车辆荷载或人群荷载时),不计安全道上的活载。专用人行桥和人行地道的人群荷载应按现行《城市人行天桥与人行地道技术规范》CJJ 69—95 中的有关规定执行。

3.3.3 偶然作用

偶然作用是指结构使用期间出现的概率很小,一旦出现,其值很大且持续时间很短的作用叫偶然作用,它包括地震作用、船舶或漂流物撞击力和汽车撞击作用。

偶然作用会对结构安全产生非常巨大的影响,甚至桥梁毁坏和交通中断,因此,建造在地震区或有可能受到船只或漂流物撞击的桥梁应进行谨慎的抗震和防撞设计。

1. 地震作用

地震作用主要是指地震时强烈的地面运动所引起的结构惯性力,它是随机变化的动力荷载。地震作用分竖直方向与水平方向,但经验表明,地震的水平运动是导致结构破坏的主要因素,结构抗震验算时,一般主要考虑水平地震作用。因此,在工程设计中,凡计算作用在结构上的地震作用都是指水平地震作用(简称地震作用)。

据《公路工程抗震设计细则》JTJ/T B02-01—2008 的规定:抗震设防烈度为 6 度及 6 度以上地区的公路桥梁,必须进行抗震设计。现在一般用地震动峰值加速度系数的大小来表示地震作用的强弱(见表 3-10)。

抗震设防烈度和地震动峰值加速度系数 A 关系　　　　表 3-10

抗震设防烈度	6	7	8	9
A	0.05g	0.10(0.15)g	0.20(0.30)g	0.40g

2. 船只或漂流物撞击力

船只或漂流物撞击力在有可能的条件下,应采用实测资料或模拟撞击试验进行计算,并借此进行防撞设施的设计。《规范》中根据航道等级、船舶吨位定出的撞击作用标准值,当缺乏实际调查资料时可参考采用。

3. 汽车撞击作用

对于桥梁结构,必要时可以考虑汽车的撞击作用。汽车撞击力标准值在行驶方向取 1000kN,与之垂直方向取为 500kN,两个方向不同时考虑;其作用于行车道上 1.2m 处,直接分布在撞击涉及的构件上。对于设有防撞设施的结构构件,可视设施的防撞能力予以折减,但折减后不应低于上述取值的 1/6。

汽车撞击问题在我国逐渐突出,已影响到公路桥梁结构和道路行车的安全。除上述撞击作用为,有必要采取一些构造措施。如为防止或减少因撞击产生的破坏,对易受到汽车撞击的构件的部位增设钢筋或钢筋网;对于跨线桥,不宜在被交路中间带设立桥墩等。

3.3.4 作用效应组合

根据桥涵在施工和使用过程中面临的客观条件，桥涵结构设计分为持久状况、短暂状况和偶然状况三种设计状况。如通车后桥梁长期使用的一般状况就为持久状况，即桥涵建成后承受自重、汽车荷载等持续时间很长的状况。短暂状况为桥涵施工过程中承受临时性作用的状况。偶然状况是在桥涵使用过程中可能偶然出现的状况。如桥梁在使用期间受地震、轮船汽车撞击的小概率事件属偶然状况。

结构设计须在实际各种客观条件下具有安全保证，并正常使用一定年限。所谓安全保证就是桥梁具备一定承载能力，保证其受荷作用下不致发生倒塌、失稳、构件强度丧失等破坏情况；长期使用过程中桥梁的挠度、裂缝等变形发展，不易"肉眼察觉"，保证行车、行人心里感觉安全，并能无病害情况下使用较长的年限。基于上述原因，结构设计提出承载能力极限状态与正常使用极限状态两种状态进行设计。下面来看，两种极限状态下的作用效应组合。

公路桥涵结构按承载能力极限状态设计时，应采用以下两种作用效应组合：

1. 基本组合

永久作用的设计值效应与可变作用设计值效应相组合，其效应组合表达式为：

$$\gamma_0 S_{ud} = \gamma_0 \Big(\sum_{i=1}^{m} \gamma_{Gi} S_{Gik} + \gamma_{Q1} S_{Q1k} + \psi_C \sum_{j=2}^{m} \gamma_{Qj} S_{Qjk} \Big) \tag{3-7a}$$

$$\gamma_0 S_{ud} = \gamma_0 \Big(\sum_{i=1}^{m} S_{Gid} + S_{Q1d} + \psi_C \sum_{j=2}^{m} \gamma_{Qj} S_{Qjd} \Big) \tag{3-7b}$$

式中　S_{ud}——承载能力极限状态下作用基本组合的效应组合设计值；

γ_0——结构重要性系数（对应于设计安全等级一级、二级和三级分别取为 1.1、1.0 和 0.9）；结构安全等级见表 3-11；

γ_{Gi}——第 i 个永久作用效应的分项系数，其值按表 3-12 取用；

S_{Gik}，S_{Gid}——第 j 个永久作用效应的标准值和设计值；

γ_{Q1}——汽车荷载效应（含汽车冲击力、离心力）的分项系数，取 1.4。当某个可变作用在效应组合中其值超过汽车荷载效应时，则该作用取代汽车荷载，其分项系数应采用汽车荷载的分项系数；对专为承受某种作用而设置的结构或装置，设计时该作用的分项系数取与汽车荷载同值；计算人行道板和人行道栏杆的局部荷载，其分项系数也与汽车荷载取同值；

S_{Q1k}，S_{Q1d}——汽车荷载效应（含汽车冲击力、离心力）的标准值和设计值；

γ_{Qj}——在作用效应组合中除汽车荷载效应（含汽车冲击力、离心力）、风荷载外的其他第 j 个可变作用效应的分项系数，取 1.4，风荷载的分项系数取 1.1；

S_{Qjk}，S_{Qjd}——在作用效应组合中除汽车荷载效应（含汽车冲击力、离心力）外的其

他第 j 个可变作用效应的标准值和设计值;

ψ_c——在作用效应组合中除汽车荷载效应(含汽车冲击力、离心力)外的其他可变作用效应的组合系数。当永久作用与汽车荷载和人群荷载(或其他一种可变作用)组合时,人群荷载(或其他一种可变作用)的组合系数取 0.80;当除汽车荷载(含汽车冲击力、离心力)外尚有三种可变作用参与组合时,其组合系数取 0.70;尚有四种及多于四种的可变作用参与组合时,取 0.60。

设计弯桥时,当离心力与制动力同时参与组合时,考虑到车辆行驶速度较直线桥上小一些,因而制动力标准值或设计值按 70% 取用。

桥涵结构的设计安全等级 表 3-11

桥涵结构	特大桥、重要大桥	大桥、中桥、重要小桥	小桥、涵洞
设计安全等级	一级	二级	三级

注:重要桥梁系指高速公路、一级公路、国防公路及城市附近交通繁忙公路上的桥梁。

永久作用效应分项系数 表 3-12

编号	作用类别		永久作用效应分项系数	
			对结构承载能力不利时	对结构承载能力不利时
1	混凝土和圬工结构重力(包括结构附加重力)		1.2	1.0
	钢结构重力(包括结构附加重力)		1.1 或 1.2	1.0
2	预加力		1.2	1.0
3	土的重力		1.2	1.0
4	土侧压力		1.4	1.0
5	混凝土收缩及徐变作用		1.0	1.0
6	水的浮力		1.0	1.0
7	基础变位作用	混凝土和圬工结构	0.5	0.5
		钢结构	1.0	1.0

注:对于钢结构重力,当采用钢桥面板时永久作用效应分项系数取 1.1,当采用混凝土桥面板时,取 1.2。

2. 偶然组合

偶然组合为永久作用的标准值效应与可变作用某种代表值效应、一种偶然作用标准值效应相组合。依据实际情况,也可以不考虑可变作用参与组合。

偶然作用的效应分项系数取 1.0;与偶然作用同时出现的可变作用,可根据观测资料和工程经验取用适当的代表值。地震作用标准值及其表达式按现行《公路工程抗震设计规范》JTJ 044—89 规定采用。

多个偶然作用不同时参与组合。

公路桥涵结构按正常使用极限状态设计时,应根据不同的设计要求,采用以下两种效应组合:

(1) 作用短期效应组合

永久作用标准值效应与可变作用频遇值效应(即频遇值系数与可变作用标准

值的乘积)相组合,即对应于短暂状况设计要求,其效应组合表达式为:

$$S_{sd} = \sum_{i=1}^{m} S_{Gik} + \sum_{i=1}^{m} \psi_{1j} S_{Qjk} \tag{3-8}$$

式中 S_{sd}——作用短期效应组合设计值;

ψ_{1j}——第 j 个可变作用效应的频遇值系数,汽车荷载(不计冲击力)$\psi_1=0.7$,人群荷载 $\psi_1=1.0$,风荷载 $\psi_1=0.75$,温度梯度作用 $\psi_1=0.8$;

$\psi_{1j}S_{Qjk}$——第 j 个可变作用效应的频遇值。

(2) 作用长期效应组合

永久作用标准值效应与可变作用准永久值效应(即准永久值系数与可变作用标准值的乘积)相组合,即对应于持久状况设计要求,其效应组合表达式为:

$$S_{ld} = \sum_{i=1}^{m} S_{Gik} + \sum_{i=1}^{m} \psi_{2j} S_{Qjk} \tag{3-9}$$

式中 S_{ld}——作用长期效应组合设计值;

ψ_{2j}——第 j 个可变作用效应的频遇值系数,汽车荷载(不计冲击力)$\psi_2=0.4$,人群荷载 $\psi_2=0.4$,风荷载 $\psi_2=0.75$,温度梯度作用 $\psi_2=0.8$;其他作用 $\psi_2=1.0$;

$\psi_{2j}S_{Qjk}$——第 j 个可变作用效应的准永久值。

作用效应组合注意事项:

a. 应根据使用过程中在结构上可能同时出现的作用,按承载能力极限状态和正常使用极限状态分别进行作用效应组合。

一般情况下,持久状况必须进行承载能力和正常使用两种极限状态设计。偶然状况要求作承载能力极限状态设计,不考虑正常使用极限状态设计。短暂状况一般只作承载能力极限状态设计,必要时才作正常使用极限状态设计。

b. 结构设计都应取各自的最不利效应组合进行设计。

当可变作用的出现对结构或结构构件产生有利影响时,该作用不应参与组合。实际不可能同时出现的作用或同时参与组合概率很小的作用,按表 3-13 规定不考虑其作用效应的组合。

可变作用不同时作用的组合　　　　表 3-13

编号	作用名称	不与该作用同时参与组合的作用编号
13	汽车制动力	15,16,18
15	流水压力	13,16
16	冰压力	13,15
18	支座摩阻力	13

c. 关于分项系数的取值,应视具体情况,参照《公路桥涵设计通用规范》JTG D60—2004 取值;

d. 涉及动荷载的,有必要考虑其动力计算。一般情况下,可将重物或设备的自重乘以动力系数后,按静力计算。如构件在吊装、运输时,构件重力应乘以动力系数 1.2 或 0.85。

3.4 钢筋混凝土 T 梁的设计

在进行工程结构物设计时，通常总是先根据使用要求、跨径大小、桥面净宽、作用等级、施工条件等基本资料，运用对结构物的构造知识并参考已有桥梁的设计经验来拟定结构物各构件的截面形式和细部尺寸，估算结构的自重，然后根据作用在结构上的荷载，用熟知的数学、力学方法计算出结构各部分可能产生最不利的内力，再由已求得的内力进行强度、刚度和稳定性验算，以此来判断原先所拟定的细部尺寸及结构配筋设计是否符合要求。

如果验算结果不能满足要求，则需调整原来所拟定的尺寸再进行验算，直至满足为止。

鉴于钢筋混凝土构件的截面设计和验算问题属于《结构设计原理》课程的内容，本章以常用的钢筋混凝土简支 T 梁桥为例，着重阐述桥面板、主梁和横隔梁的受力特点、最不利内力及其内力组合的计算方法。

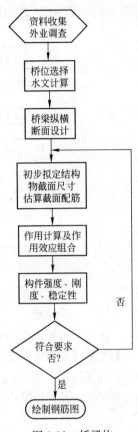

图 3-11 桥梁构件设计流程图

3.4.1 主梁内力计算

简支梁桥是梁式桥中应用最早、使用最广泛的一种桥型，它构造简单，最易设计为各种标准跨径的装配式结构，如图 3-12(a)所示。对其进行截面与配筋设计时，常取单片梁作为研究对象，如图 3-12(b)所示，按照力学知识将实物简化为力学计算模型，如图 3-13 所示，分析其受力情况，确定各种作用对主梁产生的作用效应，即主梁内力计算。

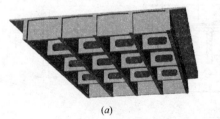
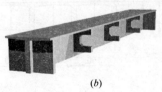

图 3-12 简支梁桥研究对象

1. 结构自重内力计算

作用在桥梁上的作用包括恒载与活载。钢筋混凝土或预应力混凝土桥梁的结构自重占全部设计荷载很大的比重(通常占 60%～90%)，梁的跨径越大，结构自重所占的比重也越大。恒载的计算比较简单，除了考虑

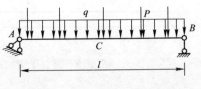

图 3-13 简支梁力学计算模型

实际的结构自重外,通常可以近似地将桥面铺装、人行道、栏杆等重力分摊给各片主梁来承担,按平面问题来计算各片主梁的内力。

如图 3-14 所示,计算出结构自重值 g 之后,就可以按材料力学公式计算梁内各截面的弯矩 M_x、剪力 Q_x。

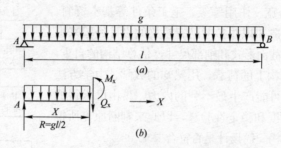

图 3-14　结构自重内力计算图示

$$M_x = \frac{gl}{2} \cdot x - gx \cdot \frac{x}{2} = \frac{1}{2}gx(L-x) \tag{3-10}$$

$$Q_x = \frac{ql}{2} - gx = g\left(\frac{L_0}{2} - x\right) \tag{3-11}$$

式中　L——简支梁的计算跨径;
　　　L_0——净跨径;
　　　x——弯矩和剪力计算截面到支点的距离(以支座为坐标原点)。

【例 3-1】　一座五梁式装配式钢筋混凝土简支梁桥的主梁和横隔梁截面如图 3-15 所示,计算跨径 $l=19.50\text{m}$,结构重要系数 1.0。求边主梁的结构自重产生内力。(已知每侧的栏杆及人行道构件重量的作用力为 5kN/m)。

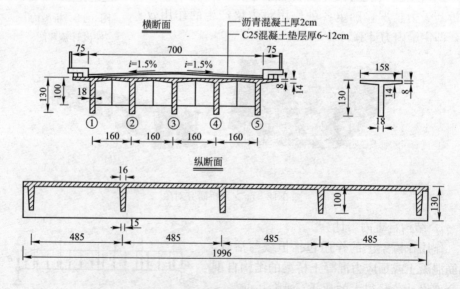

图 3-15　简支 T 梁的主梁和横隔梁简图(尺寸单位:cm)

【解】　(1)计算结构自重集度(表 3-14)

结构自重集度计算表　　　　　　　　　　　　　　表 3-14

主梁		$g_1 = \left[0.18 \times 1.30 + \left(\dfrac{0.08+0.14}{2}\right)(1.60-0.18)\right] \times 25 = 9.76 \text{kN/m}$
横隔梁	对于边主梁	$g_2 = \left\{\left[1.00 - \left(\dfrac{0.08+0.14}{2}\right)\right] \times \left(\dfrac{1.60-0.18}{2}\right)\right\} \times \dfrac{0.15+0.16}{2} \times 5 \times 25/19.50 = 0.63 \text{kN/m}$
	对于中主梁	$g_2^i = 2 \times 0.63 = 1.26 \text{kN/m}$
桥面铺装层		$g_3 = \left[0.02 \times 7.00 \times 23 + \dfrac{1}{2}(0.06+0.12) \times 7.00 \times 24\right]/5 = 3.67 \text{kN/m}$
栏杆和人行道		$g_4 = 5 \times 2/5 = 2.00 \text{kN/m}$
合计	对于边主梁	$g = \Sigma g_i = 9.76 + 0.63 + 3.67 + 2.00 = 16.06 \text{kN/m}$
	对于中主梁	$g^i = 9.76 + 1.26 + 3.67 + 2.00 = 16.69 \text{kN/m}$

(2) 结构自重内力计算(表 3-15)

利用公式(3-10)、(3-11)。

边主梁自重产生的内力　　　　　　　　　　　　表 3-15

截面位置	剪力 Q(kN)	弯矩 M(kN·m)
$x=0$	$Q = \dfrac{16.06}{2} \times 19.5 = 156.6(162.7)$	$M = 0$ (0)
$x=\dfrac{1}{4}$	$Q = \dfrac{16.06}{2} \times \left(19.5 - 2 \times \dfrac{19.5}{4}\right) = 78.3(81.4)$	$M = \dfrac{16.06}{2} \times \dfrac{19.5}{4}\left(19.5 - \dfrac{19.5}{4}\right) = 572.5(595.0)$
$x=\dfrac{1}{2}$	$Q = 0$ (0)	$M = \dfrac{1}{8} \times 16.06 \times 19.5^2 = 763.4(793.3)$

注：括号内值为中主梁内力。

2. 汽车、人群作用内力计算

由汽车荷载和人群荷载等活载引起的内力计算相对复杂些，故不能像恒载那样简单按平面问题来计算。梁桥由承重结构(主梁)及传力结构(横隔梁、桥面板等)两大部分组成，多片主梁依靠横隔梁和桥面板连成空间整体结构，当桥上作用荷载时，各片主梁将共同参与工作，考虑到活载的作用具有空间性，它们的受力特征属于空间结构的范畴，求解结构的内力是属于空间计算理论问题，具体参考相关书籍。

正是由于多片梁的共同参与，空间结构分析计算量相对平面结构大得多，为了简化计算，通常采用下述实用计算方法，将复杂的空间问题转化为简单的平面问题，来求解主梁的内力或挠度。

前面已讲述简支梁的研究对象为单片梁，实用计算方法的关键之处：如何将作用在桥梁的汽车、人群等活载分配给单片梁。

(1) 横向分配

如图 3-16 所示，6 片主梁通过横隔梁、桥面板等横向联系组成一座桥梁，当桥上有汽车通过，每片主梁分别能承担多少？即汽车作用是如何分配给每片主梁。因此，汽车作用的横向分配就是指单片主梁分担桥面上汽车作用的份数或者比例。

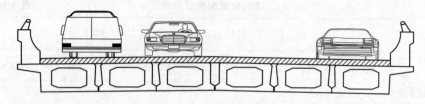

图 3-16 桥梁横断面

桥梁荷载的横向分配与结构的横向连接刚度有着密切的关系,横向连接刚度越大,荷载横向分配作用越明显,各主梁的负担也越趋均匀。汽车作用位置同样也会影响横向分配,汽车作用越靠近那片梁,该梁承担作用越多。

总之,荷载横向分配与主梁之间横向连系的强弱、汽车作用的性质、作用的位置、主梁刚度等因素密切相关。

(2) 荷载横向分布系数求解步骤

为准确确定汽车、人群等可变作用横向分配,引入横向分布系数的概念。举一现象,两人用扁担抬一桶水,水桶在扁担上位置发生改变时,甲乙两人承担负荷的大小随之发生变化。研究甲或乙承担负荷大小是如何伴随水桶位置改变而变化时,采用影响线概念最易求得。所以,汽车、人群等可变作用的分配给主梁承担大小,故求解横向分布系数首先一般先绘制横向分布影响线。假定某主梁横向分布影响线,如图 3-17 所示,接着在影响线上,按横向最不利位置排列汽车荷载,其中车辆荷载轴重为 P,则轮重为 $P/2$,根据影响线的应用,图中汽车荷载分配到该梁上的最大荷载 P_{max} 为:将汽车车轮荷载集度对应的影响线竖标值取和。

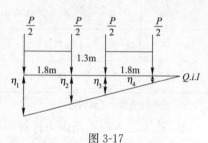

图 3-17

$$P_{max}=\frac{1}{2}(\eta_1+\eta_2+\eta_3+\eta_4)P=\frac{1}{2}\Sigma\eta_i P=mP$$

式中:
$$m=\frac{1}{2}\Sigma\eta_i \tag{3-12}$$

即为汽车荷载横向分布系数。

同理可得人群荷载横向分布系数为:

$$m=\eta_r \tag{3-13}$$

横向分布系数求解步骤:

1) 根据主梁横向连接强弱,选择横向分布系数计算方法;
2) 计算绘制横向分布影响线;
3) 在影响线上,按横向最不利位置排列荷载;
4) 汽车车轮或人群荷载集度对应的影响线竖标值取和即为横向分布系数。

3. 荷载横向分布系数计算方法

各种梁式桥不同的宽度、横向连接结构和截面位置建立计算模型,同一座桥梁内各根梁的荷载横向分布系数 m 是不相同的,不同类型的荷载其 m 值也有所不同,并且荷载在梁上沿纵向的位置对 m 也有影响。根据不同的横向连接拟定出相应的荷载横向分布计算方法。

目前有以下几种荷载横向分布计算方法。

1) 杠杆原理法——把横向结构(桥面板和横隔梁)视作在主梁上断开而简支在其上的简支梁;

2) 偏心压力法——把横隔梁视作刚性极大的梁,当计及主梁抗扭刚度影响时,此法又称为修正偏心压力法;

3) 横向铰接板(梁)法——把相邻板(梁)之间视为铰接,只传递剪力;

4) 横向刚接梁法——把相邻主梁之间视为刚性连接,即传递剪力和弯矩;

5) 比拟正交异性板法——将主梁和横隔梁的刚度换算成两向刚度不同的比拟弹性平板来求解,并由实用的曲线图表进行荷载横向分布计算。

本节重点介绍常用的杠杆原理法和偏心压力法,其他方法请参阅相关书籍。

1) 杠杆原理法

按杠杆原理法进行荷载横向分布的计算,其基本假定是忽略主梁之间横向结构的联系作用,即假设桥面板在主梁胁肋处断开,而当作沿横向支承在主梁上的简支梁或悬臂梁来考虑图 3-18(b)所示。利用上述假定,按照力学方法作出简支梁反力影响线,即当移动的单位荷载 $P=1$ 作用于计算梁上时,该梁承担的荷载为 1; $P=1$ 作用于相邻或其他梁上时,该梁承担的荷载为零,该梁与相邻梁之间影响线按线性变化,如图 3-18(b)、(c)所示。上述影响线即为主梁的荷载横向分布影响线。

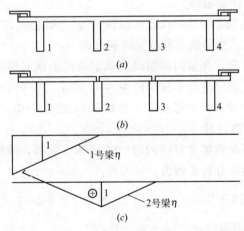

图 3-18 杠杆原理法计算横向分布系数(尺寸单位:cm)
(a)桥梁横断面;(b)1 号梁荷载横向分布影响线;
(c)2 号梁荷载横向分布影响线

杠杆原理法适用于:双梁式桥或横向联系很弱的无中间横隔梁的桥梁计算;当荷载作用在支点处的多梁式桥。

【例 3-2】 如图 3-19 所示桥面净空为净—7+2×0.75m 人行道的钢筋混凝土 T 梁桥,共设五根主梁。试求荷载位于支点处时 1 号梁和 2 号梁相应于公路—Ⅱ级和人群荷载的横向分布系数。

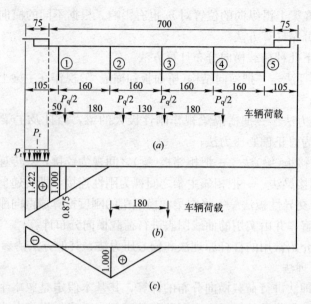

图 3-19 按杠杆原理法计算荷载横向分布系数(尺寸单位：cm)
(a)桥梁横断面；(b)1 号梁横向影响线；(c)2 号梁横向影响线

【解】
(1) 选择横向分布系数计算方法
当荷载位于支点处时，应按杠杆原理法计算荷载横向分布系数。
(2) 绘制荷载横向影响线
首先绘制 1 号梁和 2 号梁的荷载横向影响线，如图 3-19(b)、(c)所示。
(3) 在影响线上，横向最不利位置排列荷载
根据《桥规》规定，在横向影响线上确定荷载沿横向最不利的布置位置。例如：对于汽车荷载，规定的汽车横向轮距为 1.80m，两列汽车车轮的横向最小间距为 1.30m，车轮距离人行道缘石最小为 0.50m 如图 3-19(a)所示。
(4) 横向分布系数计算
汽车车轮或人群荷载集度对应的影响线竖标值取和，或按式(3-12)、(3-13)可得 1 号梁的荷载横向分布系数为：

公路—Ⅱ级　　$m_{0q} = \frac{1}{2}\Sigma\eta_q = \frac{1}{2} \times 0.875 = 0.438$

人群荷载：　　$m_{0r} = \eta_r = 1.422$

同理按图 3-19(c)的计算，可得 2 号车的荷载横向分布系数为：

2 号梁　　　公路—Ⅱ级　　$m_{0q} = \frac{1}{2}\Sigma\eta_q = \frac{1}{2} \times 1 = 0.5$

　　　　　　人群荷载　　$m_{0r} = \eta_r = 0$

2 号梁人群荷载取 $m_{0r} = 0$，是考虑人行道不布载是最不利情况；否则人行道荷载引起负反力，在考虑作用效应组合时反而会减小 2 号梁的受力。
2) 偏心压力法
偏心压力法是把梁桥看作由主梁和横隔梁组成的梁格系，荷载通过横梁由一

片主梁传到其他主梁上去，主梁对横梁起弹性支撑作用，并假定横梁刚度无穷大，忽略主梁抗扭刚度。由此得到桥梁挠曲变形，如图3-20所示，它完全类似于一般材料力学中杆件偏心受压的情况，故此法称为"偏心压力法"，也称"刚性横梁法"。

图 3-21 所示为一座 5 片主梁组成的桥梁跨中截面，各片主梁的抗弯刚度 I_i、主梁的间距 a_i 都各不相等，单位竖向集中力 $P=1$ 作用在离截面抗扭中心 O 点的距离为 e 处。下面分析荷载在各片主梁上的横向分布情况。

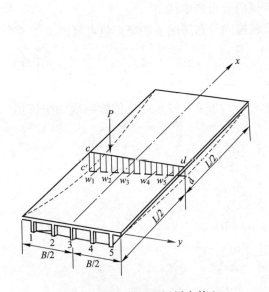

图 3-20　刚性横梁的梁桥在偏心
荷载作用下的挠曲变形

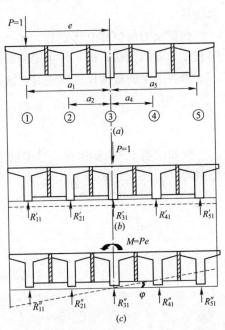

图 3-21　在偏心荷载 $P=1$ 作用下各
主梁的荷载分布图

① 中心荷载 $P=1$ 的作用

在中心荷载 $P=1$ 作用下，图 3-21(b)，由于假定中间横隔梁是刚性的，且横截面对称于桥轴线，所以在中心荷载作用下，刚性中横梁整体向下平移，则各根主梁的跨中产生相同的挠度变形，根据材料力学荷载与挠度的关系，以及力学平衡条件，可计算求得各梁承担的荷载(反力)：

$$R'_{i1} = \frac{I_i}{\sum\limits_{i=1}^{n} I_i} \tag{3-14}$$

R'_{i1} 中角标 i 代表梁号、1 表示力 P 的作用位置，R'_{i1} 表示为当力 P 作用在 1 号梁时，第 i 号梁的反力。

② 偏心力矩 $M=Pe$ 的作用

在偏心力矩 $M=Pe$ 作用下，图 3-21(c)，桥的横截面将产生绕中心点 O 的转角 φ，各主梁产生的跨中挠度与到中心点的距离呈线性关系，同样，可求得各梁承担的荷载(反力)：

$$R''_{i1} = \frac{ea_i I_i}{\sum_{i=1}^{n} a_i^2 I_i} \tag{3-15}$$

③ 偏心距离为 e 的单位荷载 $P=1$ 对 1 号主梁的总作用

$$R_{i1} = R'_{i1} + R''_{i1} = \frac{I_i}{\sum_{i=1}^{n} I_i} \pm \frac{ea_i I_i}{\sum_{i=1}^{n} a_i^2 I_i} \tag{3-16}$$

注意，当上式中的荷载位置 e 和梁位 a_i 位于形心轴同侧时，取正号，反之应取负号。

根据反力与位移互等定律，$R_{i1} = \eta_{1i}$，即单位力 $P=1$ 作用在不同主梁上时，引起 1 号梁的位移，即 1 号主梁的荷载横向分布影响线。

当各主梁的截面尺寸相同时，该荷载横向分布影响线的竖标值可写成：

$$\eta_{1i} = \frac{1}{n} \pm \frac{ea_i}{\sum_{i=1}^{n} a_i^2} \tag{3-17}$$

例如：当 $P=1$ 作用在 1 号梁轴上 ($e=a_1$) 时，1 号梁产生的影响线的坐标值分别为：η_{11}、η_{12}、η_{13}、η_{14}、η_{15}。

$$\eta_{11} = \frac{1}{5} + \frac{a_1 a_1}{\sum a_i^2}$$

$$\eta_{12} = \frac{1}{5} + \frac{a_1 a_2}{\sum a_i^2}$$

$$\eta_{13} = 0 \, (a_3 = 0)$$

$$\eta_{14} = \frac{1}{5} - \frac{a_1 a_4}{\sum a_i^2}$$

$$\eta_{15} = \frac{1}{5} - \frac{a_1 a_5}{\sum a_i^2}$$

当 $P=1$ 作用在 5 号梁轴上 ($e=a_5$) 时，5 号梁产生的影响线的坐标值分别为：η_{51}、η_{52}、η_{53}、η_{54}、η_{55}。

$$\eta_{51} = \frac{1}{5} - \frac{a_5 a_1}{\sum a_i^2}$$

$$\eta_{52} = \frac{1}{5} - \frac{a_5 a_2}{\sum a_i^2}$$

$$\eta_{53} = 0 \, (a_3 = 0)$$

$$\eta_{54} = \frac{1}{5} + \frac{a_5 a_4}{\sum a_i^2}$$

$$\eta_{55} = \frac{1}{5} + \frac{a_5 a_5}{\sum a_i^2}$$

从上述求解公式中也可看出，各主梁的荷载分布影响线呈直线分布，实际应用中只需分别计算 η_{11}、η_{15} 与 η_{51}、η_{55} 两点影响线坐标，两点之间连以直线，即可完成 1 号、5 号梁的影响线，其余梁根据 $\eta_{ik} = \eta_{ki}$ 就可绘制出横向分布影响线。

偏心压力法适用于在钢筋混凝土或预应力混凝土梁桥上，当设置了具有可靠横向联结的中间横隔梁,且在桥的宽跨比 B/L 小于或接近于 0.5 的情况时(一般称为窄桥),计算基本可变作用的跨中截面横向分布系数 m_c。

偏心压力法在计算中,由于假定了横梁是刚性的和忽略了主梁抗扭刚度的影响,致使边梁计算结果偏大。若为减少计算误差,可考虑对上述因素进行修正,即所谓"修正偏心压力法"。本书不再介绍,需要时可参阅有关书籍。

【例 3-3】 一座计算跨径 $l=19.50\text{m}$ 的简支梁,其横截面如图 3-22(a)所示,纵断面布置图 3-22(b)。试求荷载位于跨中时 1 号边梁的汽车荷载和人群荷载的荷载横向分布系数。

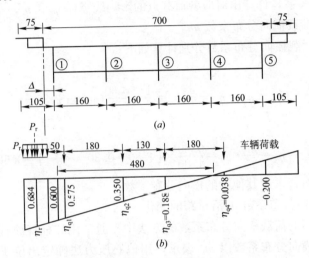

图 3-22 偏心受压法计算横向分布系数图式(尺寸单位:cm)
(a)梁桥横截面;(b)1 号梁荷载横向分布影响线

【解】

(1) 选择横向分布系数计算方法。

该桥有 4 道横隔梁,横向连接可靠,承重结构的宽跨比为:
$$B/L=(5\times 1.60)/19.50=0.41<0.5$$

故可按偏心压力法来计算横向分布系数。

(2) 绘制荷载横向分布系数影响线

该简支梁桥各根主梁的横截面均相等,梁数 $n=5$,梁间距为 1.60m,则:

$$\sum_{i=1}^{5}a_i^2=a_1^2+a_2^2+a_3^2+a_4^2+a_5^2$$
$$=(2\times1.60)^2+1.60^2+0+(-1.60)^2+(-2\times1.60)^2$$
$$=25.60\text{m}^2$$

则:

$$\eta_{15}=\frac{1}{5}-\frac{a_1 a_5}{\sum a_i^2}=\frac{1}{5}-\frac{(1.6\times1.6)^2}{\sum a_i^2}=0.2-0.4=-0.2$$

$$\eta_{11}=\frac{1}{5}+\frac{a_1 a_1}{\sum a_i^2}=\frac{1}{5}+\frac{(1.6\times1.6)^2}{\sum a_i^2}=0.2+0.4=0.6$$

由 η_{11} 和 η_{15} 坐标值绘制 1 号梁的荷载横向分布影响线如图 3-22(b)所示。

(3) 按横向最不利位置排列荷载，如图 3-21(b)所示。

根据规定，汽车横向最不利排列荷载时，车辆离开侧石(或缘石)最小距离为 0.5m。设人行道缘石至 1 号梁轴线的距离 Δ 为：

$$\Delta = 1.05 - 0.75 = 0.30\text{m}$$

荷载横向分布影响线的零点至 1 号梁位的距离为 x，可按比例关系求得：

$$\frac{x}{0.60} = \frac{4 \times 1.60 - x}{0.2}; \text{ 解得 } x = 4.80\text{m}$$

根据几何关系，计算出对应各荷载点的影响线竖标 η_{qi} 和 η_r。

(4) 计算荷载横向分布系数 m_c

1 号梁的活载横向分布系数分别计算如下：

汽车荷载

$$m_{cq} = \frac{1}{2}\Sigma\eta_q = \frac{1}{2} \cdot (\eta_{q1} + \eta_{q2} + \eta_{q3} + \eta_{q4}) = \frac{1}{2} \cdot \frac{0.60}{4.80}(4.60 + 2.80 + 1.50 - 0.30) = 0.538$$

人群荷载

$$m_{cr} = \eta_r = \frac{\eta_{11}}{x} \cdot x_r = \frac{0.60}{4.80} \times \left(4.80 + 0.30 + \frac{0.75}{2}\right) = 0.684$$

同学们可自行求解其他梁的横向分布系数。

3) 荷载横向分布系数 m 沿桥跨的变化

上面所介绍的荷载横向分布系数的方法中，通常用"杠杆原理法"计算荷载位于支点处的横向分布系数以 m_0 表示，用偏心压力法确定出位于跨中横向分布系数以 m_c 表示，其他位置的荷载横向分布系数 m_x 便可用图 3-23 所示的近似处理方法来确定。

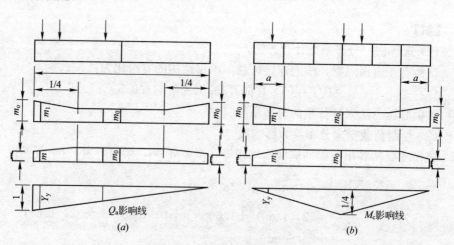

图 3-23 m 沿桥跨的变化图

对于无中间横隔梁或仅有一根中横隔梁的情况，跨中部分采用不变的 m_c，从离支点 $\frac{l}{4}$ 处起至支点的区段 m_x 呈直线形过渡到 m_0，如图 3-23(a)；对于有多根内横隔梁的情况，m_0 从第一根内横隔梁起向支点的 m_0 直线形过渡，如图 3-23(b)。

这样，主梁上的汽车荷载因其纵向位置不同，就应有不同的横向分布系数。

在实际应用中，当求简支梁弯矩时，鉴于横向分布系数沿跨内部分的变化不大，为了简化起见，通常均可按不变化的 m_c 来计算。只有在计算主梁支点截面最大剪力时，才考虑荷载横向分布系数变化的影响见图 3-23(a)。

4）主梁内力计算

主梁活载内力采用车道荷载计算。

弯矩：
$$M = (1+\mu)\xi m_c (P_k y_k + q_k \omega_W) \quad (3-18)$$

剪力：
$$Q = (1+\mu)\xi(1.2 m_k P_k y_k + m_c q_k \omega_Q + \Delta Q) \quad (3-19)$$

式中 μ——汽车荷载的冲击系数，按《桥规》规定取值；

ξ——多车道桥涵的汽车荷载折减系数，按《桥规》规定取值；

m_c——主梁跨中的荷载横向分布系数；

P_k——车道荷载的集中荷载标准值，按《桥规》规定取值；

q_k——车道荷载的均布荷载标准值，按《桥规》规定取值；

y_k——沿桥跨纵向与 P_k 位置对应的内力影响线竖标值；

m_k——沿桥跨纵向与 P_k 位置对应的荷载横向分布系数；

ω_W——沿桥跨纵向计算截面弯矩影响线的面积；

ω_Q——沿桥跨纵向计算截面剪力影响线的面积；

ΔQ——考虑荷载横向分布系数沿桥跨变化（从 m_0 变到 m_c），均布荷载所引起的剪力增值（或减值）。以支点截面为例，此时的计算公式为（图 3-24）：

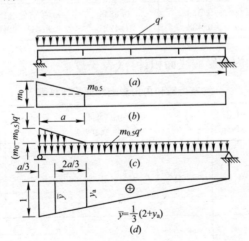

图 3-24 均布荷载作用下 ΔQ 的计算图式

$$\Delta Q = \frac{a}{2}(m_0 - m_{0.5})q'(2+y_a) \times \frac{1}{3} = \frac{aq'}{6}(m_0 - m_{0.5})(2+y_a) \quad (3-20)$$

式中 q'——均布荷载顺桥向的强度；

y_a——对应于横向分布系数转折点处的剪力影响线竖标值。

人群荷载的主梁内力计算可参照车道荷载的均布荷载计算方法进行，即

弯矩：
$$M_r = m_{cr} q_r \omega_W \quad (3-21)$$

剪力：
$$Q_r = m_{cr} q_r \omega_Q + \Delta Q_r \quad (3-22)$$

对于较小跨径的简支梁，通常只需计算跨中截面的最大弯矩和支点截面和跨中截面的剪力；跨中与支点之间各截面的剪力可以近似假定按直线规律变化，弯矩可假设按二次抛物线规律变化。如果梁肋宽或梁高变化，则还应计算变化处截面的内力。有了截面内力，就可按钢筋混凝土和预应力混凝土结构的计算原理进行主梁各截面的配筋设计和验算。本书重点介绍如何计算主梁的最不利内力。

【例3-4】 如图3-15所示，五梁式装配钢筋混凝土简支梁桥，计算跨径 $l=19.5\text{m}$，计算边主梁在公路—Ⅱ级和人群荷载作用下的跨中最大弯矩、最大剪力以及支点截面的最大剪力。

【解】

(1) 公路—Ⅱ级中集中荷载 P_k，均布荷载 q_k 计算，人群荷载计算

均布荷载：$q_k = 0.75 \times 10.5 = 7.875 \text{kN/m}$

计算弯矩效应时：$P_k = 0.75 \times \left[180 + \dfrac{360-180}{50-5}(19.5-5) \right] = 178.5 \text{kN}$

计算剪力效应时：$P_k = 1.2 \times 178.5 = 214.2 \text{kN}$

人群荷载计算：按式(3-7)计算，$w = 4.5 \dfrac{20-w_p}{20} = 4.5 \times \dfrac{20-0.75}{20} = 4.33 \text{kN/m}$

(2) 荷载横向分布系数汇总

荷载横向分布系数　　　　　　　　　　　　　　　表 3-16

梁号	荷载	公路—Ⅱ级	人群荷载	备注
边主梁	跨中 m_c	0.538	0.684	m_c 按"偏心压力法"计算，见例3-3
	支点 m_0	0.438	1.422	m_0 按"杠杆法"计算，见例3-2

(3) 均布荷载和内力影响线面积计算(表3-17)

均布荷载和内力影响线面积计算表　　　　　　　表 3-17

类型截面	公路—Ⅱ级均布荷载(kN/m)	人群(kN/m)	影响线面积(m^2 或 m)	影响线图式
$m_{1/2}$	7.875	4.33	$\Omega = \dfrac{1}{8}l^2 = \dfrac{1}{8} \times 19.5^2 = 47.53 \text{m}^2$	
$Q_{1/2}$	7.875	4.33	$\Omega = \dfrac{1}{2} \times \dfrac{1}{2} \times 19.5 \times 0.5 = 2.438 \text{m}$	
Q_0	7.875	4.33	$\Omega = \dfrac{1}{2} \times 19.5 \times 1 = 9.75 \text{m}$	

(4) 计算冲击系数 μ（假设 T 梁几何性质：截面面积 $A = 0.3902 \text{m}^2$，惯性矩 $I_c = 0.066146 \text{m}^4$，C50 混凝土 E 取 $3.45 \times 10^4 \text{MPa}$）

简支梁桥基频计算见式(3-2)，$f=\frac{\pi}{2l^2}\sqrt{\frac{EI_c}{m_c}}$，则单根主梁：

G: $\qquad 0.3902\times 25=9.76\text{N/m}$

$$m_c=\frac{G}{g}=\frac{9.76}{9.81}=0.995\times 10^3\text{Ns}^2/\text{m}^2$$

$$f=\frac{3.14}{2\times 19.5^2}\times\sqrt{\frac{3.45\times 10^4\times 10^6\times 0.066146}{0.995\times 10^3}}=6.253\text{Hz}$$

$$\mu=0.1767\ln f-0.0157=0.308$$

则：$1+\mu=1.308$

(5) 跨中弯矩 $m_{1/2}$、跨中剪力 $q_{1/2}$ 计算：(见表3-18所示)。因双车道不折减，故 $\xi=1$。

跨中弯矩和剪力计算表　　　　表3-18

截面	荷载类型	q_k 或 q_r (kN/m)	P_K(kN)	$(1+\mu)$	m_c	Ω 或 v	S(kN·m 或 kN)	
							S_1	S
$M_{1/2}$	公路—Ⅱ级	7.875	178.5	1.308	0.538	47.53 $\frac{l}{4}=4.875$	263.40 612.35	875.75
	人群	4.33			0.684	47.53		140.77
$Q_{1/2}$	公路—Ⅱ级	7.875	214.2	1.308	0.538	2.438 0.5	13.51 75.37	88.88
	人群	4.33			0.684	2.438		7.22

(6) 计算支点截面最大剪力

绘制荷载横向分布系数沿桥纵向的变化图形和支点剪力影响线如图3-25(a)、(b)、(c)所示。

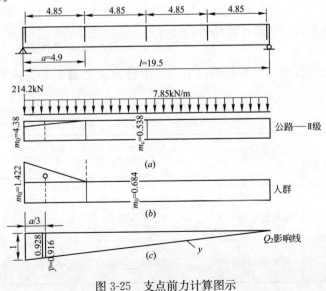

图3-25　支点前力计算图示

1) 计算支点截面汽车荷载最大剪力

横向分布系数变化区段的长度，m 变化区荷载重心处的内力影响线坐标为：

$$\bar{y}=1\div\left(19.5-\frac{1}{3}\times4.9\right)/19.5=0.916$$

利用式(3-19)和式(3-20)计算，则得：

$$Q_{0均}=(1+\mu)\xi q_k\left[m_c\Omega+\frac{a}{2}(m_0-m_c)\bar{y}\right]$$

$$=1.308\times1\times7.875\times\left[0.538\times9.75+\frac{4.9}{2}\times(0.438-0.538)\times0.916\right]$$

$$=51.72$$

$$Q_{0集}=(1+\mu)\cdot\xi m_i P_k y_i=1.308\times1\times0.438\times214.2\times1.0=122.72$$

则，公路—Ⅱ级作用下，1号梁支点的最大剪力为：

$$Q_0=Q_{0均}+Q_{0集}=51.72+122.72=174.44\text{kN}$$

2) 计算支点截面人群荷载最大剪力

人群荷载引起的支点剪力计算：

$$Q_{0r}=m_c\cdot q_r\cdot\Omega+\frac{a}{2}(m_0-m_c)q_r\cdot\bar{y}]$$

$$=0.684\times4.33\times9.75+\frac{1}{2}\times4.9\times(1.422-0.684)\times4.33\times0.916$$

$$=36.05\text{kN}$$

4. 主梁内力组合

按《公路桥涵设计通用规范》JTG D60—2004 规定应进行承载能力极限状态和正常使用极限状态作用效应组合，取其最不利效应组合进行设计。

【例3-5】 已知［例3-1］所示装配式钢筋混凝土简支梁中1号边梁的内力值最大，利用例3-1、3-4的计算结果，进行边主梁内力组合。

【解】

计算出结构自重和汽车荷载内力后，组合方式见表3-19，内力组合结果见表3-20。

主梁内力组合方式　　　　表3-19

承载能力极限状态	基本组合	$\gamma_0 S_{ud}=\gamma_0\left(\sum_{i=1}^m 1.2S_{自重}+1.4S_{汽}+\psi_c\cdot1.4S_人\right)$
	偶然组合	此处省略
正常使用极限状态	短期效应组合	$S_{sd}=\sum_{i=1}^m S_{自重}+0.7S_{汽(不计冲击力)}+1.0S_人$
	长期效应组合	$S_{ld}=\sum_{i=1}^m S_{自重}+0.4S_{汽(不计冲击力)}+0.4S_人$

边主梁内力组合结果　　　　　　　　　　表 3-20

序号	荷载类别	弯矩 M(kN·m)		剪力 Q(kN)	
		梁端	跨中	梁端	跨中
1	结构自重	0	763.4	156.6	0
2	汽车荷载	0	875.75	174.44	88.88
3	人群荷载	0	140.77	36.05	7.22
4	1.2×(1)	0	916.08	187.92	0
5	1.4×(2)	0	1226.05	244.22	124.43
6	0.8×1.4×(3)	0	157.66	40.38	8.09
7	$S_{ud}=(4)+(5)+(6)$	0	2299.79	472.52	132.52
8	$0.7\times[(2)/(1+\mu)]$	0	468.67	93.36	47.57
9	$S_{sd}=(1)+(8)+1.0\times(3)$	0	1372.80	286.01	54.79
10	$0.4\times[(2)/(1+\mu)]$	0	267.81	53.35	27.18
11	$S_{ld}=(1)+(10)+0.4\times(3)$	0	1087.52	224.37	30.07

3.4.2 桥面板内力计算

1. 行车道板的力学模型

混凝土简支肋梁桥的桥面板是直接承受车辆轮压的混凝土板，它与主梁梁肋和横隔梁联结在一起，既保证了梁的整体作用，又将荷载传递于主梁。

对于整体现浇的 T 梁桥，梁肋和横（隔）梁之间的桥面板，属于矩形的周边支承板，如图 3-26(a)所示。通常其边长比或长宽比(l_a/l_b)等于或大于 2，当有荷载

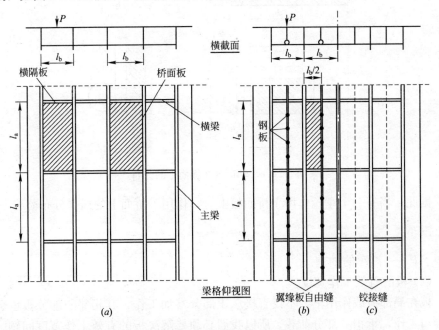

图 3-26　梁格构造和桥面板支承方式
(a)整体现浇梁；(b)装配式梁桥；(c)翼板间钢板连接

作用于板上时,绝大部分是由短跨方向(l_b)传递的,因此可近似地按仅由短跨承受荷载的单向受力板来设计。即仅在短跨方向配置受力主筋,而长跨方向只要配置适当的构造钢筋即可。

同理,对于装配式 T 形梁桥,其桥面板也存在边长比或长宽比 $l_a/l_b \geqslant 2$ 的关系,如果在两主梁的翼板之间:①采用钢板联结(图 3-26b)时,则桥面板可简化为悬臂板;②采用不承担弯矩的铰接缝联结(图 3-26c)时,则可简化为铰接悬臂板。

所以在实践中可能遇到的桥面板受力图式为单向板、悬臂板、铰接悬臂板和双向板。下面分别介绍各种桥面板计算方法。

2. 桥面板的受力分析

(1) 车轮荷载在板面上的分布

作用在混凝土或沥青铺装面层上的车轮荷载,可以偏安全地假定呈 45°角扩散分布于混凝土板面上,如图 3-27 所示。车轮与桥面的接触面看作 $a_2 \times b_2$ 的矩形面积,通过桥面铺装沿 45°角扩散至桥面板时,面积变为 $a_1 \times b_1$。其中:

$$\left.\begin{array}{l} 沿行车方向 \quad a_1 = a_2 + 2H \\ 沿横向方向 \quad b_1 = b_2 + 2H \end{array}\right\} \tag{3-23}$$

式中 H——为铺装层的厚度。

a_2 为车轮沿行车方向的着地长度,b_2 为车轮宽度。a_2 和 b_2 值可从表 3-5 中查得。

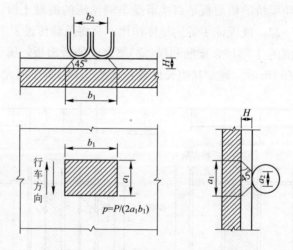

图 3-27 车辆荷载在板面上的分布

据此,当有一个车轮作用于桥面板上时,作用于桥面上的局部分布荷载为:

汽车: $$p = \frac{P}{2a_1 b_1}$$

式中 P——汽车的轴重。

(2) 板的有效工作宽度

板在局部荷载作用下,不仅直接承压部分参加工作,其相邻的部分板也会共同参与工作,承担一部分荷载,所以我们必须要解决板的有效工作宽度问题。桥梁规范中对板的有效工作宽度作了如下规定:

1) 单向板(图 3-28)

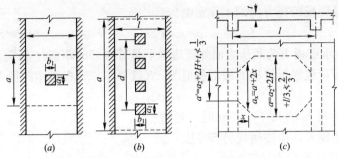

图 3-28 单向板的荷载有效工作宽度

① 平行于板的跨径方向的工作宽度：$b=b_1$。
② 垂直于板的跨径方向的工作宽度：与车轮在板上的位置有关。
Ⅰ 单个车轮在板的跨径中部时（图 3-28a）：

$$a=a_1+\frac{l}{3} \geqslant \frac{2l}{3} \tag{3-24}$$

式中　l——板的计算跨径。

多个相同车轮在板的跨径中部时，有效工作宽度发生重叠时（图 3-28b），则

$$a=a_1+d+\frac{l}{3} \geqslant \frac{2l}{3}+d \tag{3-25}$$

式中　d——多个车轮时外轮之间的中距。

Ⅱ 车轮在板的支承处时

$$a=a_1+t \tag{3-26}$$

式中　t——板的厚度。

Ⅲ 车轮在板的支承附近时，距支点的距离为 x 时

$$a=a_1+t+2x \tag{3-27}$$

根据上述分析，对于不同车轮位置时，单向板的有效工作宽度如图 3-28(c)所示。注意，按上述公式算得的所有分布宽度，均不得大于板的全宽度。彼此不相连的预制板，板的有效工作宽度不得大于预制板宽度。

2）悬臂板（图 3-29）

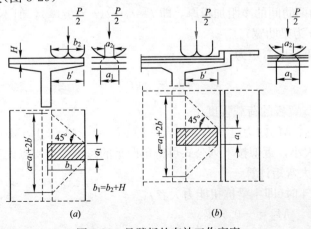

图 3-29 悬臂板的有效工作宽度

垂直于悬臂板跨径方向的工作宽度为：
$$a = a_1 + 2b' \quad (3-28)$$

式中 b'——承重板上荷载压力面外侧边缘至悬臂根部的距离且 $b' \leqslant 2.5\text{m}$。

对于分布荷载靠近边板的最不利情况，b' 就等于悬臂板的净跨径 l_0，于是
$$a = a_1 + 2l_0 \quad (3-29)$$

当长悬臂板 b' 值大于 2.5m 时，悬臂板根部负弯矩较大，应按桥规另行考虑。

3. 行车道板的内力计算

(1) 多跨连续单向板内力

如图 3-30 所示多跨连续单向板，在构造上桥面板跟主梁梁肋整体刚性连接在一起，单向板支点处与跨中处都会存在弯矩，在板上作用有荷载时，主梁的相对变形又会影响到板的内力，所以桥面板实际受力情况非常复杂。通常，我们采用简便的近似方法进行计算。

首先，将连续板简化为简支板（梁）力学计算模型，取 1m 宽板作为研究对象，图 3-30 所示，分别计算自身重力与车辆荷载作用下的跨中弯矩。

对汽车荷载跨中弯矩为：
$$M_{0P} = (1+\mu)\frac{P}{8a}\left(l - \frac{b_1}{2}\right) \quad (3-30)$$

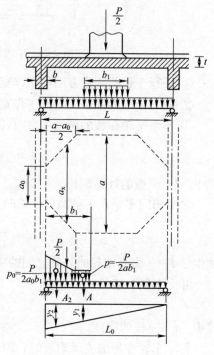

图 3-30 单向板内力计算图式

式中 μ——汽车冲击系数，（对于行车道板，取 0.3）；
P——汽车轴重，应取车辆荷载后轴的轴重计算；
a——板的有效工作宽度；
l——板的计算跨径，与梁肋整体连接的板，计算弯矩时其计算跨径可取为两肋间的净距加板厚，即 $l = l_0 + t$（t 为板厚），但不大于 $l = l_0 + b$（b 为梁肋宽）。

对结构自重跨中弯矩为：
$$M_{0g} = \frac{1}{8}gl^2 \quad (3-31)$$

式中 g——1m 宽板的荷载强度。

将上述 M_{0P}、M_{0g} 内力进行内力组合，即 $M_0 = 1.2M_{0g} + 1.4M_{0P}$，最后根据主梁的抗扭刚度大小，近似按下列公式可得单向板的跨中处与支点处弯矩。

1) 跨中最大弯矩计算

当 $t/h < 1/4$ 时（即主梁抗扭能力大者）：

跨中弯矩 $M_支 = -0.7M_0$
支点弯矩 $M_支 = -0.7M_0$ $\Big\}$ (3-32)

当 $t/h \geqslant 1/4$ 时(即主梁抗扭能力小者):

跨中弯矩　　$M_支 = +0.7M_0$
支点弯矩　　$M_支 = -0.7M_0$ 　　　　　　　(3-33)

式中　t——板厚。

　　　h——肋高。

　　　M_0——把板当作简支板时,由使用荷载引起的 1m 宽板的跨中最大设计弯矩。

2) 支点剪力计算

计算单向板的支点剪力时,可不考虑板和主梁的弹性固结作用,而直接按简支板的图式进行。对于跨径内只有一个汽车车轮荷载的情况,考虑了相应的有效工作宽度后,每米板宽承受的分布荷载,如图 3-30 所示,则汽车引起支点剪力为:

$$Q_支 = \frac{gl_0}{2} + (1+\mu)(A_1 y_1 + A_2 y_2) \quad (3-34)$$

其中矩形部分荷载的合力为 $\left(以 p = \frac{P}{2ab_1} 代入\right)$:

$$A_1 = pb_1 = \frac{P}{2a}$$

以 $p_0 = \frac{P}{2a_0 b_1}$ 代入得三角形部分荷载的合力为:

$$A_2 = \frac{1}{2}(p_0 - p) \times \frac{1}{2}(a - a_0) = \frac{P}{2aa_0 b_1}(a - a_0)^2$$

式中　p、p_0——对应于有效分布宽度 a 和 a_0 的荷载强度;

　　　y_1、y_2——对应于荷载合力 A_1 和 A_2 的支点剪力影响线竖标值。

如跨径内不止一个车轮进入时,尚应计及其他车轮的影响。

(2) 悬臂板内力

对于沿缝不相连接的悬臂板,计算梁肋处最大弯矩时,应将汽车车轮靠板的边缘布置(如图 3-31 所示),此时 $b_1 = b_2 + H$(无人行道一侧)或 $b_1 = b_2 + 2H$(有人行道一侧),则结构自重和汽车荷载弯矩值可由一般公式求得:

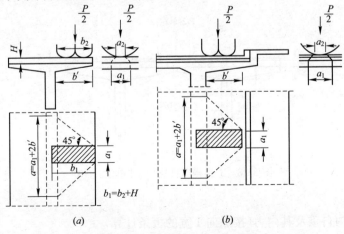

图 3-31　悬臂板的有效工作宽度

$$M = -\frac{1}{2}gb'^2 - (1+\mu)\frac{P}{4ab_1}b'^2 \quad (b_1 \geqslant b' 时) \quad (3\text{-}35)$$

$$M = -\frac{1}{2}gb'^2 - (1+\mu)\frac{P}{2a}\left(b' - \frac{b_1}{2}\right) \quad (b_1 < b' 时) \quad (3\text{-}36)$$

式中 P——汽车车轮轴重力。

悬臂板的剪力为：

$$Q = gb' + (1+\mu)\frac{P}{2ab_1}b' \quad (b_1 \geqslant b' 时) \quad (3\text{-}37)$$

或

$$Q = gb' + (1+\mu)\frac{1}{2a}p \quad (b_1 < b' 时) \quad (3\text{-}38)$$

（3）铰接悬臂板内力

对于用铰接方式连接悬臂板，计算弯矩时，把汽车车轮荷载对称布置在铰接处如图 3-32 所示，这时最大弯矩在支承处，铰接处的弯矩为零，两相邻悬臂板各承受一半车轮荷载，即 $P/4$。支承处 1m 宽板的弯矩为：

$$M = -\frac{1}{2}gb'^2 - (1+\mu)\frac{P}{4a}\left(b' - \frac{b_1}{4}\right) \quad (3\text{-}39)$$

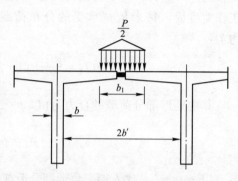

图 3-32 铰接板弯矩计算图式

铰接悬臂板根部的剪力可以偏安全的按一般悬臂板的图式来计算。为了简化计算，也可近似按汽车车轮荷载对称布置在铰接处来计算（图 3-32）：

$$Q = gb' + (1+\mu)\frac{P}{4a} \quad (3\text{-}40)$$

【例 3-6】 计算图 3-33 所示 T 梁翼板所构成铰接悬臂板的设计内力。桥面铺装为 2cm 的沥青混凝土面层（重度为 23kN/m³）和平均 9cm 厚混凝土垫层（重度为 24 kN/m³），T 梁翼板的重度为 25 kN/m³。请计算该铰接悬臂板的结构自重及车辆荷载产生的内力。

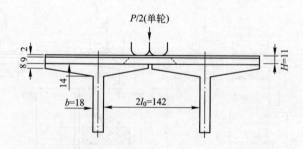

图 3-33 T 梁横截面图（尺寸单位：cm）

【解】
（1）结构自重及其内力（按纵向 1 宽的板条计算）
1）每延米板上的结构自重 g 见表 3-21

结构自重 表 3-21

沥青混凝土面层 g_1	$0.02\times1.0\times23=0.46$ kN/m
混凝土垫层 g_2	$0.09\times1.0\times24=2.16$ kN/m
T梁翼板自重 g_3	$\dfrac{0.08+0.14}{2}\times1.0\times25=2.75$ kN/m
合计	$g=\Sigma g_i=5.37$ kN/m

2) 每米宽板条的结构自重内力

$$M_{\min,g}=-\frac{1}{2}gl_0^2=-\frac{1}{2}\times5.37\times0.71^2=-1.35\text{kN}\cdot\text{m}$$

$$Q_{Ag}=gl_0=5.37\times0.71=3.81\text{kN}$$

(2) 车辆荷载产生的内力

将车辆荷载后轮作用于铰缝轴线上（图3-33），轴重力标准值为 $P=140$ kN，轮压分布宽度如图 3-34 所示。车辆荷载后轮着地长度为 $a_2=0.20$ m，宽度为 $b_2=0.60$ m，则

$a_1=a_2+2H=0.20+2\times0.11=0.42$ m
$b_1=b_2+2H=0.60+2\times0.11=0.82$ m

荷载对于悬臂根部的有效分布宽度：

$a=a_1+d+2b'$
$=0.42+1.4+2\times0.71=3.24$ m

由于这是汽车荷载局部加载在T梁的翼板上，故取冲击系数 $\mu=0.3$。

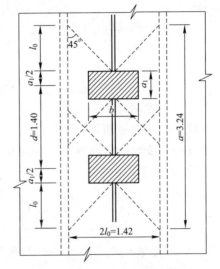

图 3-34 汽车荷载计算图示

作用于每米宽板条上的弯矩为：

$$M_{\min,p}=-(1+\mu)\frac{P}{4a}\left(l_0-\frac{b_1}{4}\right)$$
$$=-1.3\times\frac{140\times2}{4\times3.24}\left(0.72-\frac{0.82}{4}\right)=-14.18\text{kN}\cdot\text{m}$$

作用于每米宽板条上的剪力为：

$$Q_{AP}=(1+\mu)\frac{P}{4a}=1.3\times\frac{140\times2}{4\times3.24}=28.09\text{kN}$$

3.4.3 挠度和预拱度计算

在进行钢筋混凝土或预应力混凝土梁桥设计时，除了要对主梁进行承载力计算和强度验算外，还应校核梁的变形（挠度），以确保结构具有足够的刚度，避免因变形过大而影响行车舒适以及桥型美观，防止桥面铺装层和结构辅助设施被破坏，危及桥梁安全。

桥梁挠度产生的原因有永久作用挠度和可变作用挠度。永久作用（包括结构自重、长期预应力、混凝土收缩徐变等作用）其产生挠度与持续时间相关。可变作用挠度虽然是临时出现，但是随着可变作用的移动，挠度大小逐渐变化，在最不利的作用下，挠度达到最大值，一旦可变作用驶离桥梁，挠度就会消失。

永久作用产生的挠度并不完全表征结构的刚度特性，通常可通过施工时预设的反向挠度（预拱度）来加以抵消，使竣工后的桥梁达到理想的设计线形。

可变作用产生的挠度，使梁产生反复变形，变形的幅度越大，发生的冲击和振动作用越明显。因此，在桥梁设计中，需要通过验算可变作用产生的挠度以体现结构的刚度特性。

1. 挠度计算

钢筋混凝土和预应力混凝土受弯构件，在正常使用极限状态下的挠度，可根据给定的构件刚度用结构力学的方法来计算。受弯构件在使用阶段的挠度应考虑长期效应的影响，即按荷载短期效应计算的挠度值乘以挠度长期增长系数。

$$f = \frac{5}{48} \cdot \frac{M_s l^2}{B} \cdot \eta_\theta \tag{3-41}$$

式中 f——长期挠度值；

l——计算跨径；

η_θ——挠度长期增长系数，当采用 C40 以下混凝土时，取为 1.60；当采用 C40~C80 混凝土时，取为 1.45~1.35，中间强度等级可按直线内插取用。

M_s——荷载短期效应组合；

B——受弯构件的刚度，不同构件类型分别如下：

（1）钢筋混凝土构件

$$B = \frac{B_0}{\left(\frac{M_{cr}}{M_S}\right)^2 + \left[1 - \left(\frac{M_{cr}}{M_S}\right)^2\right]\frac{B_0}{B_{cr}}} \tag{3-42}$$

$$M_{cr} = \gamma f_{tk} W_0 \tag{3-43}$$

$$\gamma = \frac{2S_0}{W_0} \tag{3-44}$$

式中 B——开裂构件等效截面的抗弯刚度；

B_0——全截面的抗弯刚度；$B_0 = 0.95 E_c I_0$

B_{cr}——开裂截面的抗弯刚度，$B_{cr} = E_c I_{cr}$

M_{cr}——开裂弯矩；

γ——构件受拉区混凝土塑性影响系数；按公式（3-44）计算

I_0——全截面换算截面惯性矩；

I_{cr}——开裂截面换算截面惯性矩；

f_{tk}——混凝土轴心抗拉强度标准值；

S_0——全截面换算截面重心轴以上（或以下）部分面积对重心轴的面积矩；

W_0——换算截面抗裂边缘的弹性抵抗矩。

（2）预应力混凝土构件

① 全预应力混凝土和 A 类预应力混凝土构件

$$B_0 = 0.95 E_c I_0 \tag{3-45}$$

② 允许开裂的 B 类预应力混凝土构件

在开裂弯矩 M_{cr} 作用下： $\quad B_0 = 0.95 E_c I_0 \tag{3-46}$

在(M_s-M_{cr})作用下: $\qquad B_{cr}=E_cI_{cr}$ \hfill (3-47)

开裂弯矩M_{cr}按下式计算: $M_{cr}=(\sigma_{pc}+\gamma f_{tk})W_0$ \hfill (3-48)

$$\gamma=\frac{2S_0}{W_0}$$

式中 σ_{pc}——扣除全部预应力损失后,预应力钢筋和普通钢筋合力在构件抗裂边缘产生的混凝土预压应力计算方法见《规范》。

2. 挠度计算和预拱度设置

《公路钢筋混凝土及预应力混凝土桥涵设计规范》JTG D62—2004 规定,钢筋混凝土及预应力混凝土梁式桥,使用阶段并考虑长期效应影响,并消除结构自重产生的长期挠度最大值不应超过计算跨径的 1/600;梁式桥主梁的悬臂端不应超过悬臂长度的 1/300。

《公路钢筋混凝土及预应力混凝土桥涵设计规范》JTG D62—2004 规定,钢筋混凝土构件,当由荷载短期效应组合并考虑长期效应影响产生的长期挠度不超过计算跨径 1/1600 时,可不设预拱度;当不符合上述规定时应设预拱度,且其值应按结构自重和 1/2 可变荷载频遇值计算的长期挠度值之和采用。

《公路钢筋混凝土及预应力混凝土桥涵设计规范》JTG D62—2004 规定,预应力混凝土受弯构件,当预加应力产生的长期反拱值大于按荷载短期效应组合计算的长期挠度时,可不设预拱度;当预加应力的长期反拱值小于按荷载短期效应组合计算的长期挠度时应设预拱度,其值应按该项荷载的挠度值与预加应力长期反拱值之差采用。

【例 3-7】 某装配式钢筋混凝土简支 T 形梁,混凝土采用 C50,计算跨径 $l=19.50$m,结构自重弯矩标准值 $M_{gk}=912.52$kN·m,汽车荷载(不计冲击力)$M_{qk}=717.73$kN·m,人群荷载 $M_r=88.66$kN·m。已知混凝土弹性模量 $E_c=3.45\times10^4$MPa,混凝土轴心抗拉强度标准值 $f_{tk}=2.65$MPa,全截面换算截面惯性矩 $I_0=5.9881\times10^{10}$mm^4,开裂截面换算截面惯性矩 $I_{cr}=3.5202\times10^{10}$mm^4,换算截面重心至受拉边缘的距离 $y_0=613.80$mm,换算截面重心以上部分面积对重心轴的面积矩为 $S_0=78179812.8$mm^2,验算梁跨中截面挠度。

【解】

(1) 主梁跨中截面挠度计算

$$f=\frac{5}{48}\cdot\frac{M_sl^2}{B}\cdot\eta_\theta$$

荷载短期效应组合为:
$M_s=M_{gk}+0.7M_{qk}+1.0M_r=912.52+0.7\times717.73+1.0\times88.66=1503.59$kN·m

其中:开裂构件等效截面的抗弯刚度 $B=\dfrac{B_0}{\left(\dfrac{M_{cr}}{M_S}\right)^2+\left[1-\left(\dfrac{M_{cr}}{M_S}\right)^2\right]\dfrac{B_0}{B_{cr}}}$

$B_0=0.95E_cI_0=0.95\times3.45\times10^4\times5.9881\times10^{10}=19.6260\times10^{14}$N·mm^2

$B_{cr}=E_cI_{cr}=3.45\times10^4\times3.5202\times10^{10}=12.1447\times10^{14}$N·mm^2

$W_0=\dfrac{I_0}{y_0}=\dfrac{5.9881\times10^{10}}{613.80}=9.7558\times10^7$mm^3

$$\gamma = \frac{2S_0}{W_0} = \frac{2\times 78179812.8}{9.7558\times 10^7} = 1.6027$$

开裂弯矩:$M_{cr} = \gamma f_{tk} W_0 = 1.6027\times 2.65\times 9.7558\times 10^7 = 414.34\times 10^6 \mathrm{N\cdot mm}$

故:
$$B = \frac{B_0}{\left(\frac{M_{cr}}{M_S}\right)^2 + \left[1-\left(\frac{M_{cr}}{M_S}\right)^2\right]\frac{B_0}{B_{cr}}}$$

$$= \frac{19.6260\times 10^{14}}{\left(\frac{414.34\times 10^6}{1503.59\times 10^6}\right)^2 + \left[1-\left(\frac{414.34\times 10^6}{1503.59\times 10^6}\right)^2\right]\frac{19.6260\times 10^{14}}{12.1447\times 10^{14}}} = 11.095\times 10^{14}$$

按规定,验算主梁的变形时,不计入结构自重产生的长期挠度,汽车不计入冲击力。则可变荷载频遇值产生的跨中长期挠度:

$$f = \frac{5}{48}\cdot\frac{(M_S-M_{gk})l^2}{B}\cdot\eta_\theta = \frac{5}{48}\times\frac{(1503.59\times 10^6-912.52\times 10^6)\times(19.5\times 10^3)^2}{11.095\times 10^{14}}\times 1.425$$

$$= 30.07\mathrm{mm} < \frac{l}{600} = \frac{19500}{600} = 32.50\mathrm{mm}$$

(2) 判断是否设置预拱度

根据要求,当由荷载短期效应组合并考虑荷载长期效应影响产生的长期挠度超过计算跨径 1/1600 时,应设置预拱度。

$$f = \frac{5}{48}\cdot\frac{M_s l^2}{B}\cdot\eta_\theta = \frac{5}{48}\times\frac{1503.59\times 10^6\times(19.5\times 10^3)^2}{11.095\times 10^{14}}\times 1.425$$

$$= 76.49\mathrm{mm} > \frac{l}{1600} = \frac{19500}{1600} = 12.19\mathrm{mm}$$

(3) 计算预拱度最大值

根据要求,最大预拱度等于结构自重和 1/2 可变荷载频遇值所产生的长期挠度。

$$f = \frac{5}{48}\cdot\frac{(M_{gk}+\frac{1}{2}M_{可变频遇})l^2}{B}\cdot\eta_\theta = \frac{5\left[912.52+\frac{1}{2}\times(0.7\times 717.73+1.0\times 88.66)\right]\times 10^6}{48\times 11.095\times 10^{14}}\times$$

$$(19.5\times 10^3)^2\times 1.425 = 61.46\mathrm{mm}$$

预拱的设置按最大预拱值沿顺桥向做成平顺曲线。

3.5 桥梁墩台设计

3.5.1 墩台的分类与构造

桥梁墩台是桥梁结构的重要组成部分,称为桥梁的下部结构。它主要由墩台帽、墩台身和基础三部分组成(如图 3-35 所示)。

桥墩是指多跨(不少于两跨)桥梁的中间支承结构,是支承桥跨结构(又称上部结构)和传递桥梁荷载的结构物。它除承受上部结构自重以及作用于其上的车辆荷载作用外,还将荷载传给地基,而且还承受流水压力、水面以上风力以及可能出现的冰压力、船只和漂流物的撞击力等。

桥台是设置在桥的两端、支承桥跨结构并与两岸接线路堤衔接的构造物;它既要挡土护岸,还要承受台背填土及填土上车辆荷载所产生的附加土侧压力。因

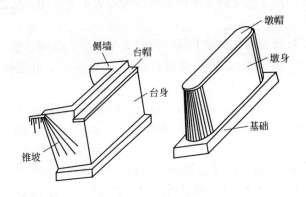

图 3-35 重力式墩台

此，桥梁墩台不仅自身应具有足够的强度、刚度和稳定性，而且对地基的承载能力、沉降量、地基与基础之间的摩擦阻力等提出一定的要求，以避免在上述荷载作用下产生危害桥梁整体结构的水平位移、竖向位移和转角位移。这一点对超静定结构桥梁尤为重要。

桥梁墩台设计应遵循安全耐久、满足交通要求，造价低、养护费用少、施工方便、工期短、与周围环境协调、造型美观等原则。桥梁墩台设计与桥跨结构形式及其受力有关；与地质构造和土质条件有关；与水文、水流流速和河床土质以及其埋置深度有关；与通航要求有关。因此，桥梁墩台设计应充分考虑各种因素的组合作用，确保墩台在洪水、地震、桥梁活载等动力作用下安全、耐久。

桥梁墩台的形式总体上可分为两大类：

1. 重力式墩台

重力式墩台的主要特点是靠自身重量来平衡外力而保持稳定，它主要适用于地基良好的桥梁。主要使用天然石材或片石混凝土砌筑，基本不用钢筋。重力式墩台的优点是承载能力大、就地取材、节约钢筋，其缺点是圬工数量大，自重大。

2. 轻型墩台

轻型墩台形式很多，大多采用钢筋混凝土和少量配筋的混凝土建造，对于小跨径桥梁，也可采用石料砌筑。轻型墩台能减轻墩身重力、节约圬工材料，同时外形比较美观，并减轻了地基的应力。但是由于轻型墩台各自的特点和使用条件，应根据桥址处的地形、地质、水文及施工条件等因素综合考虑确定。

1. 桥墩构造

桥墩按其构造可分为重力式、桩(柱)式、柔性排架桩式、钢筋混凝土薄壁和空心薄壁式及轻型桥墩等。

(1) 重力式桥墩

重力式桥墩由墩帽、墩身和基础组成。

① 墩帽

墩帽是桥墩的顶端，它通过支座承托上部结构，并将相邻两孔桥上的恒载和活载传到墩身上。由于它受到支座传来的很大的集中力作用，所以要求它有足够的厚度和强度。

墩帽的尺寸首先应满足桥梁上部结构的支座布置。墩帽厚度，特大、大跨径桥梁不应小于 0.5m，中、小跨径梁桥也不应小于 0.4m。在墩帽内应设置构造钢筋。

墩帽一般要用 C20 以上的混凝土浇筑，加配构造钢筋，小跨径桥非严寒地区可不设构造钢筋。构造钢筋直径一般取 8~12mm，采用间距 20cm 左右的网格布置。支座下墩帽内应布置一层或多层加强钢筋网，其平面分布范围取支座支承垫板面积的两倍，钢筋直径为 8~12mm，网格间距 5~10cm，墩帽钢筋布置如图 3-36 所示。对于小桥，也可用 M5 以上砂浆砌 MU30 以上料石做墩帽。

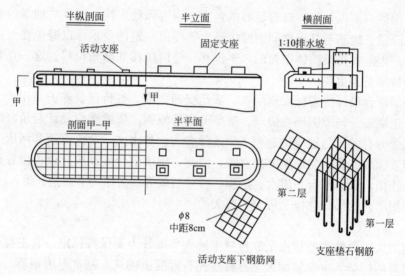

图 3-36 墩帽钢筋布置

当桥面的横向排水坡不用桥面三角垫层调整时，可在墩帽顶面从中心向两端横桥向做成一定的排水坡，四周应挑出墩身约 5~10cm 作为滴水（檐口）。

对一些宽桥或高墩桥梁，为了节省墩身圬工体积，常常将墩帽做成悬臂式或托盘式。悬臂的长度和宽度根据上部结构的形式、支座的位置及施工荷载的要求确定，悬臂的受力钢筋需计算确定。一般要求，挑臂式墩帽的混凝土强度等级要高些，墩帽端部的最小高度不小于 0.3~0.4m。

② 墩身

墩身是桥墩的主体部分，实体重力式桥墩如图 3-37 所示。

石砌桥墩应采用强度等级不低于 MU30 的石料，大中桥用 M7.5 以上砂浆砌筑，小桥涵用不低于 M5 砂浆砌筑。混凝土桥墩多 C20 或 C20 以上混凝土浇筑，并可掺入不多于 20% 的片石。混凝土预制块不低于 C20。用于梁式桥的墩身顶宽，小跨径桥不宜小于 80cm，中跨径桥不宜小于 100cm，大跨径桥的墩身顶宽视上部结构类型而定。墩身侧坡一般采用 20:1~30:1，小跨径桥桥墩不高时也可以不设侧坡，做成直坡。在有强流水或大量漂浮物的河道上（冰厚大于 0.5m，流冰速度大于 1m/s），桥墩的迎水端应做成尖端形或圆端形的破冰体的防撞墩形式（如图 3-38 所示）。破冰体可由强度较高的石料砌成，也可用强度等级高的混凝土辅以钢筋加固。

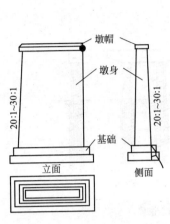

图 3-37 实体重力式桥墩

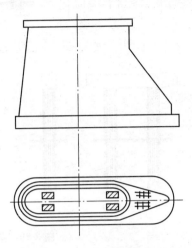

图 3-38 防撞墩形式

③ 基础

基础是桥墩与地基直接接触的部分，其类型与尺寸往往取决于地基条件，尤其是地基承载力。最常见的是刚性扩大基础，一般采用现浇 C20 以上混凝土或片石混凝土或 M5 以上砂浆砌 MU30 以上块石筑成。基础的平面尺寸较墩身底面尺寸略大，四周各放大 20cm 左右，基础可以做成单层，也可以做成 2～3 层台阶式的。台阶的宽度以实体墩台基础的扩散角（刚性角）控制。对于片石、块石、和料石砌体，当用强度等级为 M5 的砂浆砌筑时，不应大于 30°；当用 M5 以上的砂浆砌筑时，不应大于 35°；对于混凝土，不应大于 40°。

(2) 桩（柱）式桥墩

无论是公路桥梁还是市政桥梁，桩（柱）式桥墩是被广泛采用的桥墩形式之一，它既能减轻墩身重力，节约圬工材料，外形又较美观。

桩（柱）式桥墩由分离的两根或多根立柱（或桩柱）组成，（图 3-39）。柱式桥墩可以在灌注桩顶浇一承台，然后在承台上设立柱（图 3-39a）；或在浅基础上设立柱（图 3-39b），最后在立柱上浇盖梁；当桥墩较高时，也可把水下部分做成实体式，水上部分仍为柱式（图 3-39c）。

所谓桩柱式桥墩（图 3-39d、e），是指桩基与柱子连为一体，在地面以上（或桩柱连接处以上）称为柱，在地面以下称为桩。为加强桩柱的整体性，柱式墩台的柱身间宜设置横系梁（图 3-39e），其截面高度和宽度可分别取桩（柱）径的 0.8～1.0 倍和 0.6～0.8 倍。横系梁设置道数与墩柱高度有关。

(3) 柔性排架桩墩

柔性排架桩墩是由成排打入的单排或多排钢筋混凝土桩与顶端的钢筋混凝土盖梁连接而成（图 3-40）。

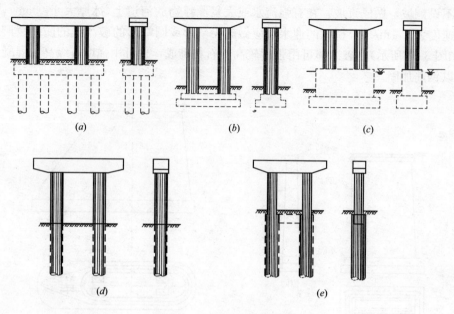

图 3-39 梁桥桩(柱)式桥墩

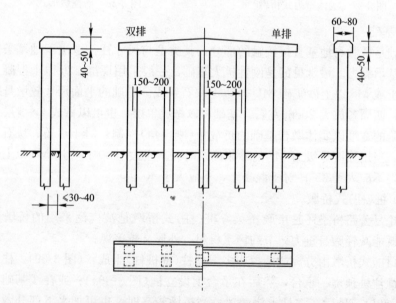

图 3-40 柔性排架桩墩(尺寸单位：cm)

柔性墩是桥墩轻型化的途径之一，一般布设在两端具有刚性较大桥台的多跨桥中，全桥除一个中墩(常为柔性墩)设置活动支座外，其余墩台均采用固定支座，如图 3-41 所示。故上部结构传来的水平力(制动力、温度影响力等)按各墩台的刚度分配到各墩台，作用在每个柔性墩上的水平力较小，而作用在刚性墩台上的水平力很大。因此，柔性桩墩截面尺寸得以减小，具有用料省、施工进度快、修建简便等优点。

由于柔性墩在布置上只设一个活动支座，当桥孔数较多且桥较长时，柔性墩固定

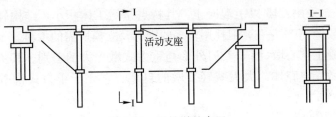

图 3-41 柔性墩的布置

支座的墩顶位移量过大而处于不利状态,活动支座的活动量也大,刚性桥台的支座所受的水平力也大。因此,多跨长桥采用柔性墩时宜分成若干联,每联设置一个刚性墩(台)。两个活动支座之间或刚性台与第一个活动支座间称为一联,如图 3-42 所示。

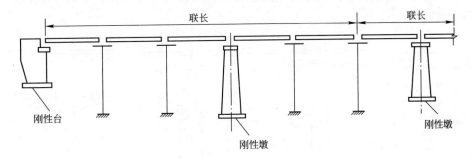

图 3-42 多跨柔性墩的布置

柔性排架墩多用于墩高为 5.0~7.0m,跨径 13m 以下,桥长 50~80m 的中小型桥中。不宜用在山区河流或漂流物严重的河流。

(4) 钢筋混凝土薄壁和空心薄壁式墩

钢筋混凝土薄壁式桥墩(图 3-43a)墩身直立,厚度约为墩高的 1/10~1/15,一般

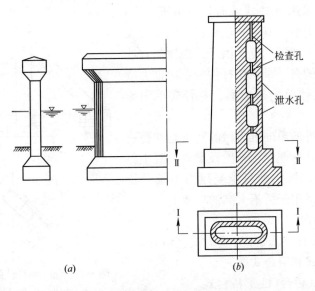

图 3-43 钢筋混凝土薄壁式桥墩及空心墩
(a)薄壁式;(b)空心式

为30~50cm。采用C15以上混凝土。其特点是圬工体积小，结构轻巧，比重力式节约圬工数量70%左右，但耗用较多的钢材及立模所需的木料。

钢筋混凝土空心墩(图3-43b)外形与重力式墩无大的差别。其主要区别，只是墩身内部做成空腔体，大大减轻了墩的自重。它介于重力式桥墩与轻型桥墩之间。

(5) 其他桥墩形式

1) 重力式拱桥桥墩

拱桥桥墩一般采用重力式。其平面形状基本上与桥梁重力式桥墩相同。实腹式拱桥桥墩在墩帽以上部分常做成与侧墙平齐(图3-44a)，而空腹式拱桥桥墩在墩帽以上可以做成密壁式，也可用跨越式(图3-44b)、立柱式(图3-44c)和横墙式(图3-44d)等。

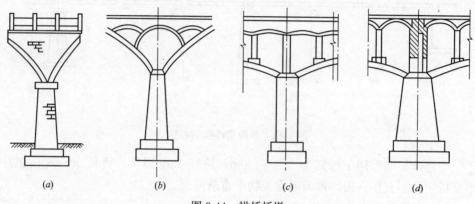

图 3-44 拱桥桥墩

2) 单向推力墩

多跨拱桥采用桩柱式墩时，应每隔3~5孔设置单向推力墩。其形式应根据单向推力大小、基础形式、埋置深度等因素，因地制宜选择。目前常用的有：带三角杆件的单向推力墩(图3-45)、实体单向推力墩、悬臂式单向推力墩。

带三角杆件的单向推力墩的特点是在普通墩的墩柱上，从两侧对称地增设钢筋混凝土斜撑和水平拉杆，接头处只承受压力不承受拉力。这种形式适用于桥不太高的旱地上。

2. 桥台构造

桥台按其构造形式分为重力式、埋置式、轻型式、框架式和组合式等。

(1) 重力式桥台(U形桥台)

重力式桥台，在平面上呈U字形，又称重力式U形桥台。它主要靠自重来平衡外荷

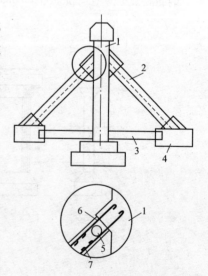

图 3-45 带三角杆件的单向推力墩
1—立柱；2—斜撑；3—拉杆；
4—基础板；5—钢筋扣环；6—现浇
混凝土；7—主筋接头

载,以保持自身的稳定性。桥台台身多数由块石、片石混凝土或混凝土等圬工材料建造,并采用就地砌筑或浇筑的施工方法。

梁桥重力式U形桥台由台身(前墙)、台帽、基础与两侧侧墙组成,如图3-46所示。台身支承桥跨结构,并承受台后土压力的作用;侧墙连接路堤,在满足一定条件下,和前墙共同承受土压力,侧墙尾端应有0.75m以上的长度伸入路堤,以保证与中路堤衔接良好。侧墙两外侧设锥形护坡,坡度由纵向的1:1逐渐变到横向的1:1.5,锥坡的平面形状为1/4椭圆,坡用土夯实填筑,其表面用片石砌筑。U形桥台台心应填透水性良好的土,如砂性土或砂砾。台内一定高度处设黏土隔水层,设置向台后方向的斜坡,并通过盲沟将水排向路基外。

重力式桥台也是拱桥桥台使用最广泛的一种形式,其构造和外形与重力式梁桥U形桥台相仿。主要差别在于拱脚截面处前墙顶宽比梁桥桥台前墙宽,用以抵抗拱桥产生的水平推力和直接剪力。空腹式拱桥前墙顶部还应设置防护墙(背墙),因此挡住路堤填土(图3-47)。

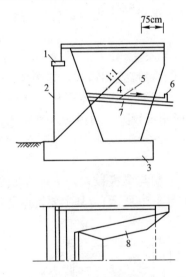

图3-46 U形桥台
1—台帽;2—前墙;3—基础;4—锥形护坡;
5—碎石;6—盲沟;7—夯实填土;8—侧墙

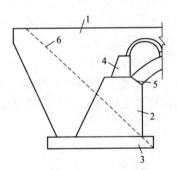

图3-47 拱桥U形桥台
1—侧墙;2—前墙;3—基础;
4—防护墙;5—台座;6—锥坡

(2) 埋置式桥台

当路堤填土高度超过6~8m时,可采用埋置式桥台,如图3-48所示。它是将台身埋在锥形护坡内,只露出台帽,仅由台帽两端的耳墙与路堤衔接,系利用台前锥坡产生的土压力抵消台后的主动土压力,增加桥台的稳定性。埋置式桥台一般用于桥头为浅滩、溜坡受冲刷较小的中等跨径的多跨桥梁。

埋置式桥台形式多样,如图3-48(a)型为后倾式,(b)型为桩柱式,(c)型为框架式,(d)型为双柱式。

埋置式桥台台身用混凝土、片石混凝土或浆砌块石筑成,台帽及耳墙用钢筋混凝土做成,利用耳墙挡土,耳墙长度一般不超过3~4m,厚度为0.15~0.3m,高度为0.5~2.5m,借助其主筋深入台帽或背墙加以锚固。

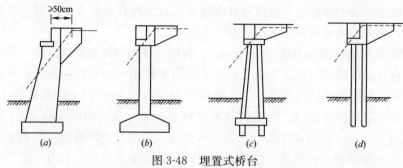

图 3-48 埋置式桥台

(a)后倾式；(b)桩柱式；(c)框架式；(d)排架式

（3）轻型桥台

跨径不大于 13m、桥长不大于 20m 的梁(板)式上部结构，其下部构造可采用轻型桥台，但桥孔不宜多于三孔，桥台的台墙厚度不宜小于 0.6m。轻型桥台的斜交角(台身与桥纵轴线的垂直线的交角)，不应大于 15°。

轻型桥台形式多样，根据其构造形式又有薄壁式、支撑梁轻型桥台、八字式、一字式和耳墙式等。

1）薄壁式桥台

薄壁式桥台常用的形式有悬壁式、扶壁式、撑墙式和箱式，如图 3-49 所示，其主要特点是利用钢筋混凝土结构的抗弯能力来减少圬工体积从而使桥台轻型化。相对而言，悬臂式桥台的柔性较大，钢筋用量较大，而撑墙式和箱式桥台刚度大，但模板用量多。

2）支撑梁轻型桥台

对于单跨或少跨的小跨径桥，轻型桥台上端与梁板铰接，下端在相邻桥台(墩)之间应设支撑梁，成为支撑梁型桥台(如图 3-50 所示)。其主要特点是：

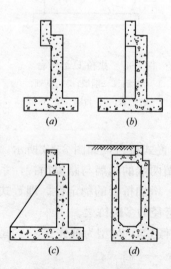

图 3-49 薄壁轻型桥台

(a)悬臂式；(b)扶壁式；
(c)撑墙式；(d)箱式

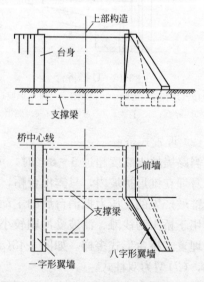

图 3-50 支撑梁轻型桥台

① 利用上部结构及下部的支撑梁作为桥台的支撑，以防止桥台向跨中移动或倾覆；

② 整个构造物成为四铰刚构系统；

③ 除台身按上下铰接支承的简支竖梁承受水平土压力外，桥台还应作为弹性地基梁加以验算。

支撑梁应设于铺砌层或冲刷线以下，中距宜为 2～3m，采用钢筋混凝土构件，其截面尺寸不宜小于 0.2m(横)×0.3m(竖)，四角应设置直径不小于 12mm 的钢筋；如采用混凝土或块石砌筑，其截面尺寸不宜小于 0.4m×0.4m。

3）其他轻型桥台

轻型桥台翼墙有八字式、一字式和边柱带耳墙式。八字形的八字墙与台身之间设断缝分开，一字翼墙与台身连成一体，带耳墙的桥台由台身、耳墙和边柱三部分组成，如图 3-51 所示。

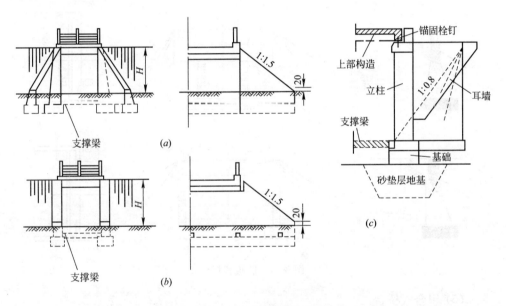

图 3-51 轻型桥台形式
(a)八字式；(b)一字式；(c)耳墙式

轻型桥台与前述轻型桥墩类似，但尚需承受台后土侧压力。上部构造与台帽间应用栓钉连接，其中空隙应用小石子混凝土填塞或砂浆填塞(图 3-52)，栓钉直径不应小于 20mm，锚固长度为台帽厚度加上三角垫层和板厚。

（4）框架式桥台

框架式桥台由台帽、桩柱及基础或承台组成，是一种在横桥向呈框架式结构的桩基础轻型桥台。桩基埋入土中，所受土压力较小，适用于地基承载力较低，台身高度大于 4m，跨径大于 10m 的梁桥。其构造形式有双柱式、多柱式、肋板式、半重力式和双排架式、板凳式等。

柱式桥台指台帽置于立柱上，台帽两端设耳墙以便与路堤衔接，是一种结构简单、圬工数量小的桥台形式，适用于填土高度小于 5m 的情况(如图 3-53 所示)。

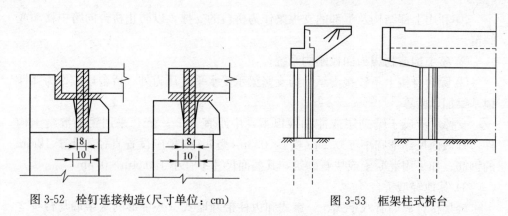

图 3-52 栓钉连接构造(尺寸单位：cm) 图 3-53 框架柱式桥台

当填土高度大于5m时，用薄壁墙代替立柱支承台帽，即成为墙式桥台。若墙中设骨架肋，则又成为肋板式桥台(如图 3-54 所示)。

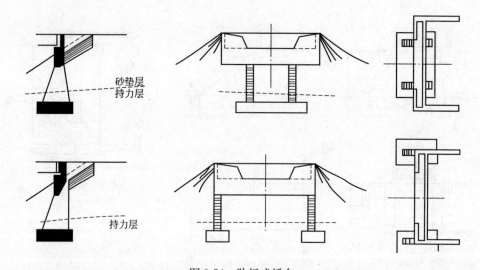

图 3-54 肋板式桥台

(5) 组合式桥台

为使桥台轻型化，可以将桥台上的外力分配给不同对象来承担，如让桥台本身主要承受桥跨结构传来的竖向力和水平力，而台后的土压力由其他结构来承担，这就形成了由分工不同的结构组合而成的桥台，即组合式桥台。常见的组合式桥台有锚碇板式、过梁式、框架式以及桥台与挡土墙组合式等。

锚锭板式组合桥台由台身承受竖向力，锚锭板提供抗拔力与土压力平衡。根据结构不同又有分离式与结合式之分。分离式是将承受竖向力的台身与承受水平力的锚锭板和挡土结构分开；而结合式是将这两部分结合在一起，台身兼做立柱和挡土板(如图 3-55 所示)。

过梁式组合桥台系将桥台与挡土墙用梁联结起来，使桥台成为框架式组合桥台(如图 3-56 所示)。

组合式拱桥桥台由台身和台座两部分组成(图 3-57)。台身及基础承受竖向力，一般采用桩(柱)基础或沉井基础，拱的水平推力则由台座基底的摩擦力及台后的土

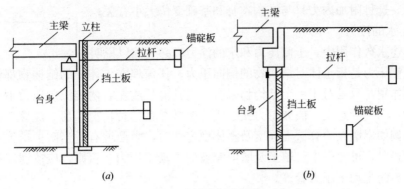

图 3-55 锚碇板式桥台

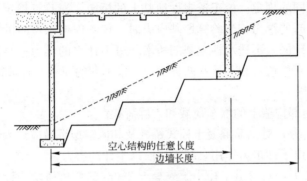

图 3-56 框架式组合桥台

侧压力来平衡。组合式桥台承台与台座间应设置沉降缝，但必须密切贴合，以适应二者之间的不均匀沉降及荷载传递。后座基底标高应低于拱脚下缘标高，力求台后土侧压力和基底摩阻力的合力作用点同拱座中心标高一致。

3.5.2 墩台计算

桥墩的计算内容主要包括蹲身强度的验算、墩顶水平位移的计算、基底土的承载力、偏心距验算、整体稳定性验算等内容。

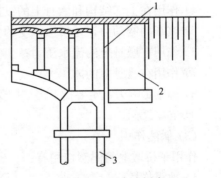

图 3-57 组合式桥台
1—沉降缝；2—台座；3—基桩

1. 桥墩作用计算

（1）永久作用

1）上部构造的恒重对墩帽或拱座产生的支承反力，包括桥面系、主梁及其他附属物重力；

2）以及桥墩自身的重力，包括基础襟边上的土重，用 G 表示；

3）上部结构混凝土收缩、徐变的影响力；

4）土侧压力，指土体自重作用下的土侧压力；

5）基础变位影响力，对超静定结构桥墩，基础的任何变位都将对桥墩产生附

加内力,这种附加内力只与结构本身和基础变位大小有关;

6) 水的浮力。

上述永久作用中,土侧压力和水的浮力有必要加以说明。

土侧压力是指土体对结构物的侧向压力。任何埋在土体中的结构物都将受到土压力作用,只是对于一个结构物来讲,当其前后或左右两侧土侧压力不对称时才有计算的实际意义。假如重力式墩或薄壁墩存在这种情况,那么应该考虑土侧压力。例如岸墩在验算截面强度及整体稳定性时,当溜坡有适当防护措施不致被水流冲毁时,可考虑来自填土及墩前溜坡的主动土压力。否则,应按溜坡被冲毁后墩后单向主动土压力验算。

在《桥涵设计通用规范》JTG D60—2004 中,水的浮力对不同的土质和不同的计算内容有不同的规定。位于透水性地基上的桥墩,当验算稳定时,应计算高水位(设计水位)时的浮力;当验算地基应力时,仅考虑低水位时的浮力,或不考虑水的浮力;基础嵌入不透水性地基的桥墩,可不计水的浮力;当地基的透水性难以确定时,分别按透水和不透水两种情况以最不利的荷载组合进行计算。

(2) 可变作用

1) 作用在上部构造上的汽车荷载和人群荷载;

2) 汽车冲击力,对钢筋混凝土柱式桥墩及其他轻型桥墩应计入冲击力,对于重式实体桥墩,由于冲击力作用衰减很快所以不计冲击力;

3) 汽车离心力,对弯道半径小于或等于 250m 的弯桥桥墩应计离心力,其着力点在桥面以上 1.2m 处;

4) 作用在上部结构和墩身上的纵横向风荷载;

5) 汽车的制动力,是桥墩承受的主要纵向水平力之一;

6) 作用在墩身上的流水压力;

7) 作用在墩身上的冰压力;

8) 温度影响力,主要指上部结构受温度变化发生伸缩而对桥墩产生的水平力;

9) 支座摩阻力。

(3) 偶然作用

作用于桥墩上的偶然作用有:

1) 地震作用。

2) 作用在墩身上的船只或漂流物撞击力作用:位于通航河流或有漂浮物的河流中的桥墩,设计时应考虑船舶或漂流物的撞击力作用。

3) 汽车的撞击作用。

2. 作用布置及作用效应组合

桥墩计算一般需验算墩身截面强度、作用在墩身截面上的合力偏心距,基底应力及偏心距以及桥墩的稳定性等,为了找到控制设计的最不利组合,通常需要对各种可能的组合分别进行计算,并且在计算时还需按纵向及横向的最不利位置布载。为此需根据不同的验算内容选择各种可能的最不利作用组合。那么可能出现的作用情况和作用效应组合应包括以下内容。

情况 1:按桥墩各截面上可能产生的最大竖向力的情况进行组合。

它是用来验算墩身强度和基底最大应力，因此除了有关的永久作用外，应在相邻两跨满布人群荷载、车道荷载等，并使车道荷载中的集中力布置在桥墩截面重心处，另外，还有如制动力、支座阻力，纵向风力和船舶撞击作用等纵向作用，图 3-58(a)。

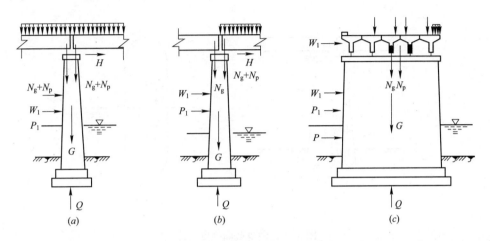

图 3-58　作用在梁桥桥墩上的荷载

情况 2：按桥墩各截面在顺桥向可能产生最大偏心距和最大弯矩的情况进行组合。

它是用来验算墩身强度、基底应力、偏心距以及桥墩稳定性。除永久作用外，应在相邻两孔的一孔上（当为不等跨桥梁时则在其中跨径较大的一孔上）布置汽车荷载和人群荷载，以及可能产生的其他纵向作用，如纵向风力，汽车制动力和支摩阻力，或者偶然作用中的一种。图 3-58(b)。

情况 3：按桥墩各截面在横桥方向上可能产生最大偏心和最大弯矩的情况进行组合。

它是用来验算在横桥方向上墩身强度、基底应力、偏心距以及桥墩的稳定性。布载时，除永久作用外，要注意将汽车荷载、人群荷载偏于桥面的一侧布置，此外还应考虑其他可能作用，如离心横向风力、流水压力、冰压力等，或者偶然作用中的船舶或漂流物的撞击力等。图 3-58(c)。

情况 4：施工阶段各种可能的作用状况。

情况 5：考虑地震力作用的状况。

3. **桥墩计算**

（1）重力式桥墩计算或验算的步骤

1）根据构造要求和经验拟定各部分尺寸；

2）计算作用在桥墩上的作用；

3）进行作用的布置与作用效应组合，并选取截面，计算各截面的内力；

4）验算墩身截面承载力和偏心距；

5）验算地基承载力和偏心距；

6）验算桥墩倾覆和滑动稳定性。

重力式桥墩计算目的就是保证如图 3-59 所示竖向和水平方向的合力(用 ΣN 和 ΣH 表示),以及绕该截面 x-x 轴和 y-y 轴的弯矩(用 ΣM_x 和 ΣM_y 表示)作用下,截面抗压强度、偏心距、墩顶位移量、桥墩抗倾覆以及基础底面土的承载力等内容满足安全要求。

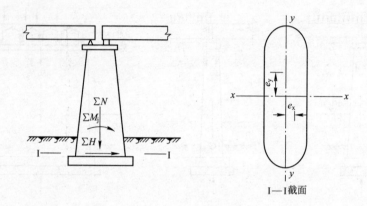

图 3-59　墩身截面强度验算

除此之外,还应结合施工情况进行必要的验算。如拱桥在施工过程中可能产生的单向水平推力,可使砌体强度和基底的承载能力提高,使倾覆和滑动稳定性系数降低。

(2) 桩柱式桥墩的计算

1) 盖梁计算

① 计算图式

A. 盖梁的刚度与桩柱的刚度比大于 5 时。

a. 双柱式桥墩按简支梁或悬臂梁计算。

b. 多柱式桥墩,按连续梁计算。

B. 当盖梁计算跨径与梁高之比,对简支梁小于 2,对连续梁小于 2.5h,作为深梁计算。

C. 当盖梁的刚度与桩柱的刚度比小于 5,或桥墩承受较大横向力时,盖梁应作为横向框架的一部分进行验算。

D. 当盖梁的跨高比 $L/H>5$ 时,按钢筋混凝土一般构件计算。

② 作用

主要有上部结构恒载,支座反力、盖梁自重活荷载(含冲击力及人群荷载)

③ 计算方法

公路桥梁桩柱式墩大多采用双柱式,且盖梁与桩柱的刚度比往往大于 5,所以通常都按简支梁或双悬臂梁计算,内力计算时,控制截面的一般在支点和跨中,作用纵横向分布的影响可参照配式简支梁的肋内力计算方法予以考虑。

A. 作用纵向分布的考虑:汽车荷载,由上部结构通过支座传递给桥墩,所以计算时,首先作盖梁计算截面处上部结构支点反力影响线,然后考虑最不利作用效应，即可求得相应最大支座反力。

B. 作用横向分布影响：首先作出盖梁控制截面的内力横向影响线，然后考虑最不利作用效应。当计算跨中正弯矩时，汽车荷载对称布置，当计算支点负弯矩时，汽车荷载非对称布置。

④ 注意事项

A. 盖梁内力计算时，可考虑桩柱支承宽度对削减负弯矩尖峰的影响。

B. 桥墩沿纵向的水平力以及当盖梁在纵桥向设置有两排支座时产生的上部结构汽车荷载力将对盖梁产生扭矩，应予以考虑。

2) 桩柱的计算

① 外力计算

应考虑桥墩桩柱上的永久作用反力、盖梁的重量及桩柱自重；桩柱承受的汽车荷载按设计荷载进行最不利加载计算，最后经作用效应组合，求得最不利的作用效应，桥墩的水平力有温度作用下支座的摩擦阻力和汽车制动力等。

② 内力计算

随着计算机技术的普及与应用，目前桩柱计算广泛采用有限元法，按桩、土、柱、梁等上、下部结构联合计算，这是一种最合理、最准确、最为简便的方法。

而集成刚度法和柔度传递法主要用于柔性墩连续梁桥计算。

③ 墩顶位移计算

柔性墩顶位移验算必不可少。

④ 桩基础计算

桩基础计算请参阅《地基与基础》及其他有关书籍。

4. 桩柱式桥墩电算示例

(1) 桥墩盖梁计算(图 3-60～图 3-66)

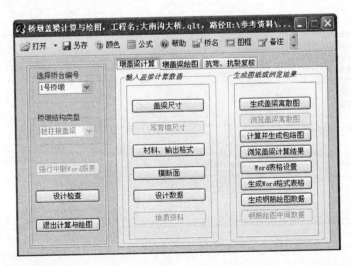

图 3-60

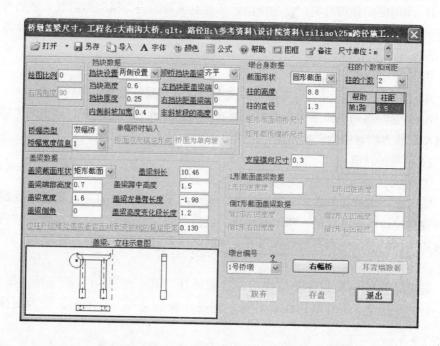

图 3-61

图 3-62

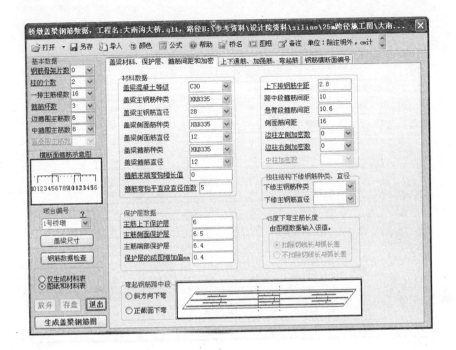

图 3-63

图 3-64

梁板位置	对应截面	1	2	3	4
坐标(cm)		88	378	668	958
左截面	车道最大弯矩	-16	2158	2158	-16
	车辆最大弯矩	-16	1962	1962	-16
	对应剪力	-37	2161	-87	1487
	车道最小弯矩	-16	536	536	-16
	车辆最小弯矩	-16	664	664	-16
	对应剪力	-37	1602	-87	1443
右截面	车道最大弯矩	-16	2158	2158	-16
	车辆最大弯矩	-16	1962	1962	-16
	对应剪力	-1973	87	-2161	37
	车道最小弯矩	-16	536	536	-16
	车辆最小弯矩	-16	664	664	-16
	对应剪力	-2116	87	-1602	37

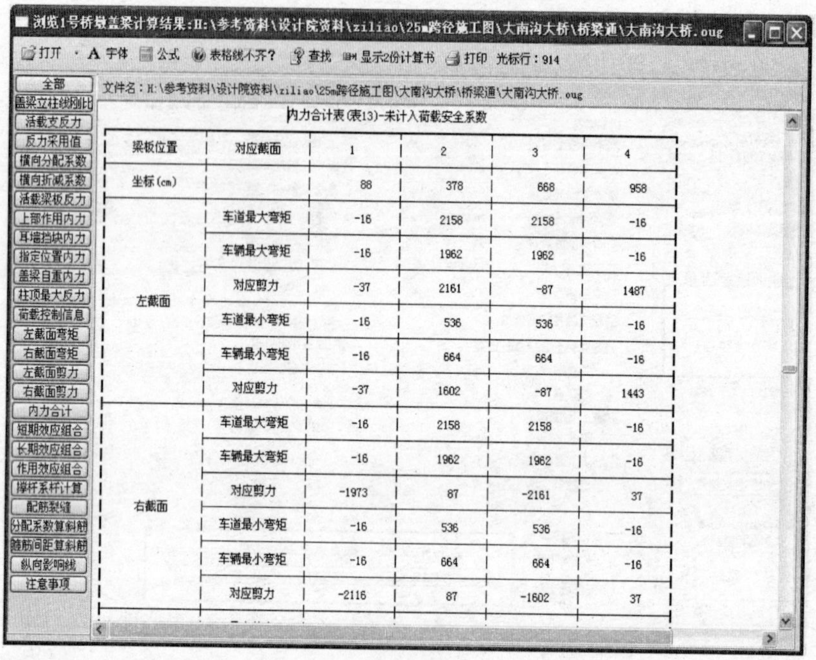

图 3-65

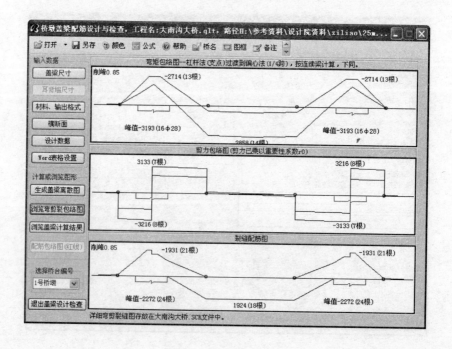

图 3-66

(2) 桩柱式桥墩计算(图 3-67～图 3-71)

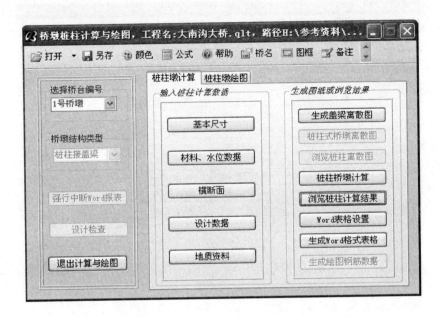

图 3-67

图 3-68

图 3-69

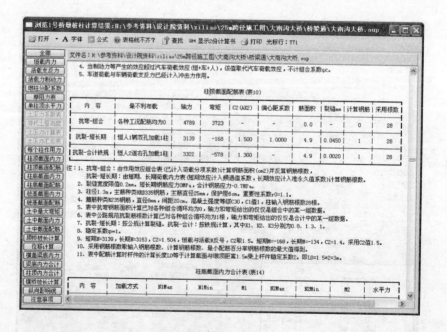

图 3-70

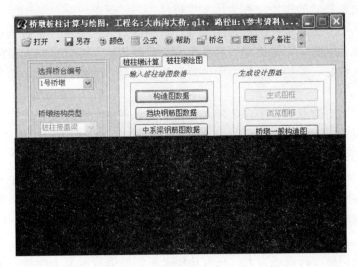

图 3-71

5. 桥台计算

重力式桥台与重力式桥墩相比,其计算作用基本相同,不同的主要是桥台要考虑台后填土的土侧压力及汽车荷载引起的土侧压力,而桥墩不需考虑,以及桥台不需考虑纵、横向风力、流水压力、冰压力、船只或漂浮物的撞击作用,但桥墩则要考虑。

台后土侧压力,一般按主动土压力计算,其大小与土的压实程度有关。在计算桥台前端的最大应力、向桥孔一侧的偏心和向桥孔方向的倾覆与滑动时,台后填土按尚未压实考虑(摩擦角取小值);当计算桥台后端的最大应力、向路堤一侧的偏心和向路堤方向的倾覆与滑动时,则按台后填土已经压实考虑(摩擦角取较大值)。土压力的计算范围:当验算台身强度和地基承载力时,计算基础顶至桥台顶面范围内的土压力;当验算桥台稳定性时,计算基础底至桥台顶面范围内的土压力。

具体计算内容参阅相关书籍。

3.6 拱桥设计

3.6.1 拱桥构造

1. 拱桥的受力特点及适用范围

拱桥是我国使用广泛且历史悠久的一种桥梁结构形式。它的外形宏伟壮观,经久耐用。拱桥与梁桥不仅外形不同,而且在受力性能上有着本质的区别。梁式桥在竖向荷载作用下,梁体内主要产生弯矩,且在支承处仅产生竖向反力,而拱式桥在竖向荷载作用下,支承处不仅有竖向反力,还有水平推力。由于这个水平推力,使拱体内的弯矩大为减小,所以拱是以受压为主的压弯构件。由于轴向压力的作用使大部分截面受压,应力分布均匀,可以充分利用材料的抗压强度。所以拱桥可以利用钢、钢筋混凝土、混凝土、石、砖等材料修建。用砖、石、混凝土等圬工材料修建的拱桥，称为圬工拱桥。

拱桥的主要优点是：①跨越能力大，从小桥到大、中桥乃至特大桥都可以修建；②能就地取材，与钢材和钢筋混凝土梁式桥相比，可以节约大量的钢材和水泥；③耐久性好，养护、维修费用少；④外形美观；⑤构造简单，施工工艺易于掌握。

拱桥的主要缺点为：①自重较大，相应的水平推力也较大，增加了下部结构的工程数量，对无铰拱来说，地基条件的要求较高；②在砖、石拱桥的建筑中，目前还不能采用机械化和工业化的施工方法，而且需要较多的劳动力，施工期限也较长；③由于圬工拱桥的水平推力较大，在连续多孔的大、中桥中，为防止一孔破坏而影响全桥，需要设置单向推力墩，增加了造价；④与梁式桥相比，上承式拱桥的建筑高度较高，因桥面标高提高，而使两岸接线的工程量增大。

拱桥虽有上述缺点，但由于优点突出，尤其是圬工拱桥省钢材，钢筋混凝土拱无需高强钢材，跨越能力大。在近几年来新创的钢管混凝土拱桥、钢拱桥因其跨越能力大，施工便利，造价较低，得到了较大的发展。同时，由于拱桥独特的造型，桥型美观，在城市桥梁中也备受青睐。

2. 拱桥的组成及基本类型

（1）拱桥的组成

拱桥与其他桥梁一样，也是由上部结构（桥跨结构）和下部结构两部分所组成的。

拱桥的桥跨结构是由拱圈及其上面的拱上建筑所构成的。拱圈是拱桥的主要承重结构。

由于拱圈是曲线形，一般情况下车辆都无法直接在弧面上行驶，所以在桥面系与拱圈之间需要有填充物，以使车辆能在平顺的桥面上行驶。桥面系和填充物统称为拱上结构或拱上建筑。桥面系包括行车道、人行道及两侧的栏杆或砌筑的矮墙等构造。

拱桥的下部结构由桥墩、桥台及基础等组成，用以支承桥跨结构，将桥跨结构的荷载传至地基，并与两岸路堤衔接。

拱圈最高处横向截面称为拱顶，拱圈和墩台连接处的横向截面称为拱脚（或起拱面）。拱圈各横向截面的形心连线称为拱轴线。拱圈的上曲面称为拱背，下曲面称为拱腹。起拱面与拱腹相交的直线称为起拱线。一般将矢跨比大于或等于1/5的拱称为陡拱；矢跨比小于1/5的拱称为坦拱。拱桥的一般构造和组成见图3-72所示。

（2）拱桥的基本类型

1) 按照主拱圈使用材料可分为：圬工拱桥、钢筋混凝土拱桥及钢拱桥、钢管混凝土拱桥等。

2) 按照主拱圈采用拱轴线的形式可分为：圆弧拱桥、抛物线拱桥或悬链线拱桥等。

3) 按照拱上建筑形式可分为：实腹式拱桥与空腹式拱桥。

4) 按静力图式分为：三铰拱、两铰拱、无铰拱。

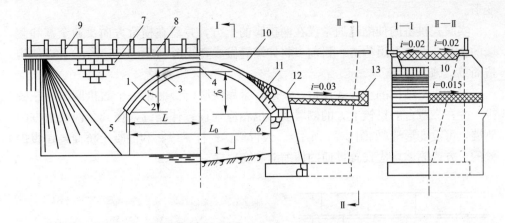

图 3-72 实腹式拱桥上部构造

1—拱背；2—拱腹；3—拱轴线；4—拱顶；5—拱脚；6—起拱线；7—侧墙；8—人行道；
9—栏杆；10—拱腔填料；11—护拱；12—防水层；13—盲沟

5) 按拱圈横截面形式分：板拱、肋拱、双曲拱、箱形拱。

3. 拱上建筑构造

按拱上建筑的形式，分为实腹式和空腹式两大类。跨径小于 20m 的板拱桥，因空腹的腹孔墩和腹孔的体积一般超过了实腹的侧墙体积，为施工方便，可用实腹式，但填料较多，恒载较重。大、中跨拱桥宜采用空腹式拱上建筑。

(1) 实腹式拱上建筑

实腹式拱上建筑由侧墙、拱腹填料，护拱以及变形缝、防水层、泄水管和桥面等部分组成。

(2) 空腹式拱上建筑

空腹式拱上建筑除具有实腹式拱上建筑相同的构造外，还有腹孔和腹孔墩。

4. 其他细部构造

(1) 拱上填料

拱上建筑中的填料，在能起到扩大车辆荷载分布面积的作用的同时，还能减少车辆荷载的冲击作用，一般情况下，无论是实腹式拱桥还是空腹式拱桥，主拱圈及腹拱圈的拱顶处填料厚度（包括路面厚度），对石拱桥不小于 50cm；对双曲拱桥不小于 30cm。当填土厚度超过上述数值时，可不计汽车荷载对拱圈的冲击力。

(2) 伸缝缩与变形缝

通常是在相对变形（位移或转角）较大的位置设置伸缩缝，在相对变形较小的位置设置变形缝。

伸缩缝的宽度一般为 0.02~0.03m，通常是在施工时用锯木屑与沥青按 1:1 比例配合压制而成的预制板嵌入砌体或埋入现浇混凝土中即可。上缘一般做成活动而不透水的覆盖层。伸缩缝内的填充料，亦可采用沥青砂或其他适当材料。变形缝则不留缝宽，可用干砌或油毛毡隔开或用低标号砂浆砌筑，以适应主拱圈的变形。

实腹式拱桥的伸缩缝通常设在两拱脚的上方，并需在横桥方向贯通全宽和侧墙的全高及至人行道构造。目前多将伸缩缝做成直线形（如图3-73所示），以使构造简单，施工方便。

拱式拱上结构的空腹式拱桥，一般将紧靠桥墩（台）的第一个腹拱圈做成三铰拱，并在靠墩台的拱铰上方的侧墙上，也相应地设置伸缩缝，在其余两铰上方的侧墙，可设变形缝（如图3-74所示）。人行道、栏杆、缘石和混凝土桥面，在腹拱铰的上方或侧墙均应设置贯通的伸缩缝和变形缝。

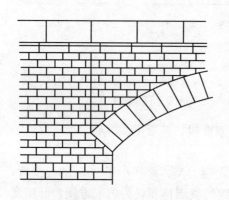
图3-73 实腹式拱桥伸缩缝的布置

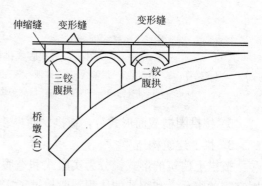
图3-74 空腹式拱桥伸缩缝及变形缝的布置

（3）桥面排水和防水设施

对于拱桥，既要排除桥面雨水，又必须将透过桥面铺装而渗入到拱腹内的雨水及时排除，以免冻结时损坏圬工结构。

1) 桥面排水

大、中桥面应设横坡，并每隔适当距离设置泄水管，将桥面雨水排出。对于混凝土和沥青桥面的横坡，一般为1.5%～2.0%，对碎石桥面不宜大于3%。人行道设置与行车道反向的横坡，一般为1%～2%。如图3-75拱桥桥面排水。

2) 拱腹内排水

渗入到拱腹内的水，应通过防水层汇集于预埋在拱腹内的泄水管排出。防水层和泄水管的敷设方式与上部结构形式有关。

实腹式拱桥，防水层应沿拱背、护拱、侧墙铺设。对单孔桥，可不设泄水管，积水沿防水层流至两桥台后面的盲沟，然后沿盲沟流出路堤。对于多孔桥，可在1/4跨径处设泄水管。（如图3-76所示）。

空腹式拱桥，防水层沿腹拱上方和主拱圈实腹段的拱背铺设。泄水管宜布置在1/4跨径附近（如图3-77所示）。

3) 防水设施

防水层在全桥范围内不宜断开，当通过伸缩缝或变形缝处应妥善处理，使其既能防水又可以适应变形（如图3-78所示）。

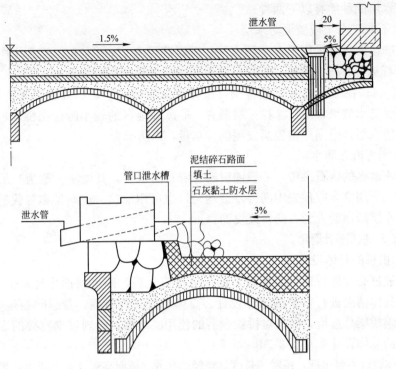

图 3-75 拱桥桥面排水

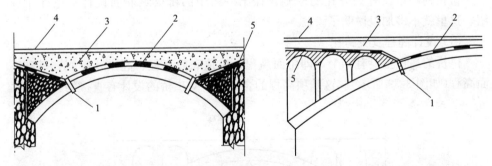

图 3-76 多孔实腹式拱桥拱背排水　　　图 3-77 空腹式拱桥拱背排水

1—泄水管；2—防水层；3—填料；4—桥面铺装；5—伸缩缝

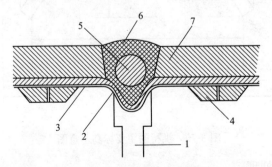

图 3-78 伸缩缝处的防水层构造

1—伸缩缝或变形缝；2—厚 2mm 的白铁皮；3—防水层；4—1:4 水泥砂浆；
5—涂油脂粗线；6—柏油；7—混凝土保护层

防水层的种类有以下两种：

① 石灰三合土或胶泥防水层

在非冰冻区可采用三合土防水层，其厚度可为 10cm 左右。三合土中的石灰应使用石灰膏或熟石灰粉。石灰、胶泥和细沙的比例根据胶泥成分采用 2∶1∶3 或 2∶1∶4。在铺设之前应先将拱背按排水方向做成一定的坡度，并砌抹平整。为了确保防水效果，最好涂抹一层沥青。非冰冻地区的较小跨径拱桥，也可采用胶泥做防水层，但须严格控制胶泥的含水量，以防干裂。

② 沥青麻布防水层

冰冻地区的砖石拱桥，一般铺设沥青麻布防水层，其做法一般为三层沥青二层麻布。所用麻布应预先用沥青浸透均匀，也可用油毡、玻璃丝布等代替。沥青麻布防水层所用沥青为石沥青或煤沥青。

3.6.2 拱桥设计简介

1. 拱桥的总体设计

在通过必要的桥址方案比较，确定了桥位之后，即可根据当地水文、地质、地形等具体情况进行拱桥的总体设计。总体布置是否合理，考虑问题是否全面，不但影响桥梁总造价，而且对桥梁今后的使用、维修、管理带来直接的影响，所以拱桥的总体设计非常重要。

总体设计主要包括：桥梁的长度、跨径、孔数、桥面高程、主拱圈的矢跨比等。

桥长的确定及有关分孔的原则，在第一篇中的桥梁纵断面设计中已作了介绍，这里就不多加以说明了。

(1) 设计高程及矢跨比

拱桥的高程主要有四个，即桥面高程、拱顶底面高程、起拱线高程、基础底面高程（如图 3-79 所示）。这几项高程的合理确定对拱桥的设计有直接的影响。

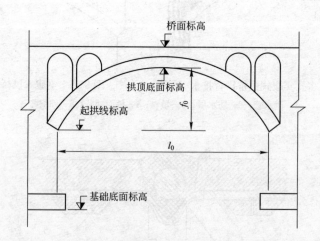

图 3-79 拱桥的主要标高示意图

(2) 不等跨的处理

为了便于施工和平衡桥墩上所受的推力。同一方案中各孔跨径最好相等。但有时考虑到通航要求、或技术经济问题、或考虑到协调周围环境，也可采用不等跨。为了尽量减少因结构重力引起推力不平衡对桥墩和基础的偏心作用，可以采用如下措施。

1) 采用不同的矢跨比

利用在跨径一定矢跨比与推力大小成反比的关系，在相邻两孔中，大跨径用较陡的拱(矢跨比较大)，大跨径用较坦的拱(矢跨比较小)，使两相邻孔在恒载作用下的不平衡推力尽量减小。

2) 采用不同的拱脚高程

由于采用了不同的矢跨比，致使两相邻孔的拱脚高程不在同一水平线上。因大跨径孔的矢跨比大、拱脚降低，减小了拱脚水平推力对基底的力臂，这样可以使大跨与小跨的恒载水平推力对基底所产生的弯矩得到平衡(如图 3-80 所示)。但因拱脚不在同一水平、使桥梁外形欠美观，构造也稍复杂。

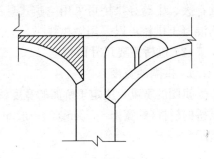

图 3-80 相邻孔拱脚标高不在同一水平线上

3) 调整拱上建筑的恒载质量

在必须使(如美观要求等)相邻孔的拱脚放置在相同(或相接近)的高程上时，也可用调整拱上建筑的重量来减小相邻孔间的不平衡推力。于是大跨径可用轻质的拱上填料或空腹式拱上建筑，小跨径用重质的拱上填料或实腹式拱上建筑，以改变恒载重量来调整拱桥的恒载水平推力。

4) 采用不同类型的拱跨结构

小跨径孔采用板式结构，大跨径孔则采用分离式肋拱结构，以减轻大跨径孔的恒载重量来减小恒载的水平推力。

2. 拱桥设计步骤

(1) 选择合理拱轴线

竖向荷载作用下，拱圈各截面上轴向压力作用点的连线称为压力线。选择拱轴线的原则，就是要尽可能降低由于荷载产生的弯矩数值。最理想的拱轴线又是与拱上各种荷载作用下的压力线相吻合，这时拱圈截面只受轴向压力，而无弯矩作用，借以能充分利用圬工材料的抗压性能。这样的拱轴线称为合理拱轴线。目前拱桥常用的拱轴线形有以下几种：

1) 圆弧线

在均布径向荷载作用下，拱的合理拱轴线是圆弧线，所以在一般情况下，圆弧形拱轴线与恒载压力有偏离，但其线形最简单，施工方便，易于掌握。

2) 悬链线

实腹式拱桥的结构重力从拱顶向拱脚均匀增加，这种荷载引起的压力线是一条悬链线。因此，实腹式拱桥采用悬链线作为拱轴线是合理的。

空腹式拱桥，由于拱上建筑的形式发生变化，结构重力从拱顶向拱脚不再是均匀增加，其相应的结构重力压力线不再是悬链线，而是一个有转折的弧线。为了计算方便，一般仍用悬链线作拱轴线，并合理布置拱上建筑，使所采用的拱轴线在拱顶、拱脚和拱跨 1/4 点处与结构重力压力线相吻合，其他点则有偏离。理论分析证明此偏离对控制截面内力是有利的。

3）抛物线

在均布荷载作用下，拱的合理拱轴线是二次抛物线。对于结构重力比较接近均布的拱桥，可采用二次抛物线作为拱轴线。

实践证明：在一般情况下，小跨径拱桥可采用实腹式悬链线拱或实腹式圆弧拱；大、中跨径拱桥可采用空腹式悬链线拱；轻型拱桥或矢跨比较小的大跨径钢筋混凝土拱桥可以采用抛物线拱。

（2）拱桥主要尺寸的拟定

1）拱圈的宽度

拱圈的宽度，决定于桥面的宽度（行车道宽度和人行道宽度之和）。中、小跨径拱桥的栏杆（约宽 15～25cm），一般布置在人行道块件的悬出部分，如图 3-81(a)所示。

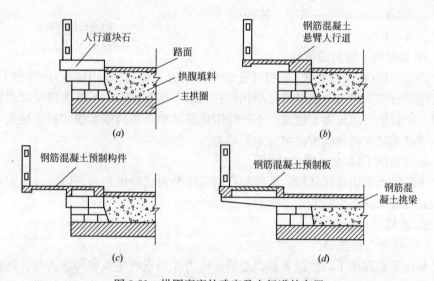

图 3-81　拱圈宽度的确定及人行道的布置

在大跨经拱桥中，为了减小主拱圈的宽度，可将人行道布置在钢筋混凝土悬臂梁上，见图 3-81(d)所示，或做成钢筋混凝土悬臂人行道，见图 3-81(b)、图 3-81(c)所示。

2）主拱圈高度及主要构造的尺寸拟定：可参考同类桥梁或利用经验估算公式求得。

（3）主拱圈计算

1）确定拱轴系数

$$m = \frac{g_j}{g_d}$$

式中　g_j——为拱脚截面处结构重力集度；

g_d——为拱顶截面处结构重力集度。

对于悬链线拱轴线不能应用上述拱轴系数求解公式，一般采用"五点重合法"确定拱轴系数，即要求拱轴线在全拱有五点（拱顶、两 1/4 点、两拱脚）与其相应的三铰拱永久荷载压力线重合。

2) 拱圈弹性中心及弹性压缩系数：合理确定出拱轴系数后，就可查《公路设计手册——拱桥》相关表格，可得拱圈弹性中心及弹性压缩系数。

3) 主拱圈截面内力计算：分别计算结构自重、汽车作用、温度作用等产生的内力。

4) 主拱圈正截面强度验算：上述内力按规范作用效应组合后，验算拱顶、3/8拱跨、1/4拱跨和拱脚四个截面强度满足规范。

5) 主拱圈稳定性验算：保证主拱圈纵向不致丧失稳定。

6) 主拱圈裸拱强度和稳定性验算：考虑桥梁早期脱架施工，有必要验算裸拱自重作用下的强度和稳定性。

思考题与习题

1. 桥梁设计应遵守的基本原则和基本要求是什么？
2. 简述桥梁设计的基本程序？桥梁建设的可行性论证包括哪两个方面？基本内容是什么？
3. 桥梁纵、横断面设计的内容及设计要点。
4. 桥梁建筑实体与桥梁造型和桥梁审美之间的辩证关系。
5. 什么叫作用？试述作用的分类及其组合。
6. 城市桥梁车辆荷载的技术标准是怎样规定的？车辆荷载和车道荷载的区别？它们分别适用哪些构件设计？
7. 现行公路桥梁规范对荷载（作用）是如何分类的？
8. 为什么要考虑多车道活载的折减，如何考虑其折减？
9. 试述冲击力与冲击系数的含义。
10. 什么叫板的荷载有效分布宽度？
11. 什么叫荷载横向分布影响线？什么叫荷载横向分布系数？
12. 计算装配式钢筋混凝土简支梁桥的荷载横向分布系数的方法有哪些？分别说明各计算方法的名称及适用范围。
13. 某双车道简支梁桥如习题图3-1所示，由6片截面完全相同的T形梁组成，计算跨径19.5m，设计荷载为公路—Ⅱ级。行车道宽度为7.0m，人行道2×1.5m，梁肋中心距1.6m，中间设3道横隔板，冲击系数$1+\mu=1.19$。

(1) 分别用杠杆法和刚性横梁法计算1号梁荷载横向分布系数m_0，m_c，并画出顺桥跨方向m的变化图。

(2) 求1号梁汽车荷载所产生的跨中最大弯矩M_{max}。

(3) 求1号梁汽车荷载所产生的支点处最大剪力$(Q_支)_{max}$。

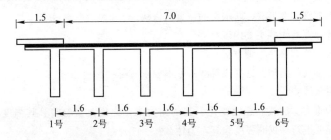

习题图3-1　桥梁横断面布置（单位：m）

14. 计算如习题图 3-2 所示 T 梁所构成铰接悬臂板的设计内力。荷载为公路—Ⅱ级，桥面铺装为 2cm 厚的沥青混凝土面层（重度为 24kN/m³）和平均厚 9cm 的 C50 混凝土垫层（重度为 25kN/m³）；T 梁翼缘板钢筋混凝土的重度为 25kN/m³。

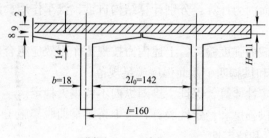

习题图 3-2 （单位：cm）

15. 桥梁墩台的组成及作用。
16. 简述桥梁墩台的分类特点及使用条件。
17. 简述桥梁重力式桥墩与拱桥重力式桥墩的区别。
18. 简述桥梁轻型桥墩的种类、特点及使用条件。
19. 简述 U 形桥台的构造。
20. 简述轻型桥台的种类、特点及使用条件。
21. 简述柱式桥墩的构造？
22. 梁桥桥墩的主要类型有哪几种？
23. 简述桥墩上的作用有哪些？
24. 如何布置荷载才能使拱桥桥墩各截面产生最大竖直反力？
25. 桩柱式桥墩的计算包括哪些内容？
26. 电算计算题：

设计荷载：公路—Ⅰ级；

上部结构：L_b＝16m（可使用标准图集），恒载支座反力 3300kN；

桥面净宽：净—11.00m；

支座形式：板式橡胶支座；

材料：盖梁 C30 钢筋混凝土（重力密度 γ＝25kN/m³），墩柱 C30 钢筋混凝土；

地基：岩石地基 $[\sigma_0]$＝2000kPa

水位：最高洪水位距盖梁底面 0.75m，最低洪水位距基础顶面 1.5m。

试按桥墩 H＝8.0m 拟定尺寸并验算。

27. 实腹式拱桥的主要组成部分有哪些？哪些属于上部结构，哪些属于下部结构？
28. 你所知道的拱桥分类方式有哪些？主拱圈的横截面有哪几种类型？
29. 简述实腹式拱上建筑的组成。
30. 简述布置伸缩缝、变形缝、防水层的位置及做法。
31. 拱桥的总体布置有哪些主要内容？
32. 不等跨连续拱桥有哪些处理方法？
33. 简述常用拱轴线的类型及选择拱轴线的基本要求有哪些？
34. 何谓合理拱轴线？
35. 拱圈在结构重力、活载和温度变化引起的内力求出之后，接着验算其强度，强度即使足够，下面还要进行裸拱圈强度验算，为什么？

教学单元 4 桥梁施工准备

【教学目标】 通过学习桥梁施工的各项准备工作的具体内容,学生熟悉桥梁组织准备、技术准备、物资准备、现场准备的内容和要求,会进行桥涵细部定位放样操作。

4.1 概　　述

桥梁施工准备是工程开工前必须进行的一项工作,其工作的目的是为桥梁工程的顺利施工创造必要的先决条件。桥梁施工过程中需要消耗大量的人力、机械、材料,需要多工种、不同部门之间的通力配合,施工现场需要统一指挥,协调有序。如何能够在保证施工的安全、质量、进度的前提下,更好、更快、更省地完成工程任务,这就需要事前认真调查,充分了解桥梁的具体情况,统筹考虑,周密安排,制定合理的施工方案,编制切实可行的施工组织设计,用于指导和控制整个施工的全过程。就施工准备工作的内容而言,可以概括为技术准备、组织准备、物资准备和施工现场准备四个方面,本章仅就四个方面的工作内容和要求进行介绍,但在实际工作开展中是互相关联、互相影响的。

本章对于工程测量在桥梁施工中的应用进行简单介绍,重点是桥涵细部施工定位放样的方法和要求,同时也应该了解监理工程师对于测量放线的监督和验收要求,从而更深入地认识测量工作的重要性。

4.2 施 工 准 备

4.2.1 组织准备

1. 建立组织机构

确定组织机构应遵循的原则是:根据建设工程项目的规模、结构特点和复杂程度来决定机构中各职能部门的设置、人员的配备,应力求精干,以适应任务的需要。坚持合理分工与密切协作相结合,分工明确,责权具体,使之便于指挥和管理。

2. 合理设置施工班组

施工班组的建立应认真考虑专业和工种之间的合理配置,技工和普工的比例要满足合理的劳动组织,并符合流水作业方式的要求,同时制定出该工程的劳动力需要量计划。

3. 组织劳动力进场

进场后应对工人进行技术、安全操作规程以及消防、文明施工等方面的培训教育。

4. 建立健全各项管理制度

内容包括：技术质量责任制度、工程技术档案管理制度、施工图纸学习与会审制度、技术交底制度、各部门及各级人员的岗位责任制、工程材料和构件的检查验收制度、工程质量检查与验收制度、材料出入库制度、安全操作制度、机具使用保养制度等。

4.2.2 技术准备

技术准备是施工准备的核心。由于任何技术上的差错和隐患都可能危及人身安全和造成工程事故，带来生命、财产和经济的巨大损失，因此必须认真做好技术准备工作。

1. 图纸会审和技术交底

施工单位在收到拟建工程的设计图纸和有关技术文件后，应尽快组织工程技术人员熟悉、研究所有技术文件和图纸，全面领会设计意图；检查图纸与其各组成部分之间有无矛盾和错误；在几何尺寸、坐标、标高、说明等方面是否一致；技术要求是否正确；并与现场情况进行核对。同时要作出详细记录，记录应包括对设计图纸的疑问和有关建议。工程开工前，应由建设单位组织有关单位对施工图设计文件进行会审并按单位工程填写施工图设计文件会审记录。

设计技术交底一般由建设单位（业主）主持，设计、监理和施工单位参加。先由设计单位说明工程的设计依据、设计要求、注意事项等，对特殊结构、新材料、新工艺和新技术提出明确要求。然后施工单位根据研究图纸的记录以及对设计意图的理解，提出对设计图纸的疑问、建议和变更。最后在统一认识的基础上，对所探讨的问题逐一做好记录，形成"设计技术交底纪要"，由建设单位正式行文，参加单位共同会签盖章，作为与设计文件同时使用的技术文件和指导施工的依据，也是建设单位与施工单位进行工程结算的依据。当工程为设计施工总承包时，应由总承包人主持进行内部设计技术交底。

施工单位应在施工前进行施工技术交底。施工技术交底包括施工组织设计交底及工序施工交底。交底工作应按照管理系统自上而下逐级进行，交底的方式有书面、口头和现场示范等形式。交底的内容主要有：工程的施工进度计划、月（旬）作业计划；施工组织设计，尤其是施工工艺、安全技术措施、降低成本措施和施工验收规范的要求；新技术、新材料、新结构和新工艺的实施方案和保证措施；有关部位的设计变更和技术核定等事项。各种交底的文字记录，应有交底双方签认手续。

2. 原始资料的调查分析

对拟建工程进行实地勘察，进一步获得有关原始数据的第一手资料，这对于正确选择施工方案、制定技术措施、合理安排施工顺序和施工进度计划是非常必要的。

(1) 自然条件调查

1) 地质

应了解的主要内容有：地质构造、墩（台）位处的基岩埋深、岩层状态、岩石性质、覆盖层土质和类别、地基土的承载力、土的冻结深度、妨碍基础施工的障碍物、地震级别和烈度等。

2) 水文

应了解的主要内容有：河水流量和水质、年水位变化情况、最高洪水位和最低枯水位的时间及持续时间、流速和漂浮物、地下水位的高低变化、含水层的厚度和流向；冰冻地区的河流封冻时间、融冰时间、流冰水位、冰块大小；受潮汐影响河流或水域中潮水的涨落时间、潮水位的变化规律和潮流等情况。

3）气象

调查的内容一般包括：气温、气候、降雨、降雪、冰冻、台风（含龙卷风、雷雨大风等突发性灾害）、风向、风速等变化规律及历年记录；冬、雨期的期限及冬期地层冻结厚度等情况。

4）施工现场的地形地物

对建设单位提供的工程区域的交通和工程地点沿线附近建筑物、地下构筑物、公用管线等资料进行周密的调查和复核，如有影响施工及安全的应采取应对措施，并经建设单位或（和）监理批准后实施。

(2) 技术经济条件调查

主要内容包括：施工现场动迁状况、当地可利用的地方材料状况、国拨材料供应状况、地方能源和交通运输状况、地方劳动力和技术水平状况、当地生活物资供应状况、可提供的施工用水用电状况、设备租赁状况、当地消防治安状况及分包单位的实力状况等。

3. 制定施工方案

施工方案是施工组织设计的核心部分，主要包括施工方法的确定、施工机具的选择、施工顺序的确定等内容。在全面掌握设计文件和图纸会审的基础上，应根据进一步掌握的情况和资料，对投标时初步拟定的施工方法和技术措施等进行重新评价和深入研究，以制定出详尽的更符合现场实际情况的施工方案。

施工方案一经确定，即可进行各项临时性结构的施工设计，诸如基坑围堰，沉井浮运、就位、下沉等；钻孔桩水上工作平台；连续梁桥顶推施工的台座和预制场地；桥梁的挂篮、导梁或架桥机、模板、支架及脚手架；自制起重吊装设备；施工便桥便道及装卸码头等的设计。施工设计应在保证安全的前提下尽量考虑使用现有材料和设备，因地制宜，使设计出的临时结构经济适用、装拆简便、通用性强。

大型桥梁工程应有针对单项工程施工需要的专项设计，如模板及支架设计、地下沟槽支撑设计、降水设计、施工便桥、便道设计、箱涵顶进后背设计、预应力混凝土钢筋张拉设计、大型预制构件吊装设计、混凝土施工浇筑方案设计、设备安装方案设计等。

4. 编制施工组织设计

施工组织设计一般包括以下内容，①编制说明；②编制依据；③工程概况和特点；④施工准备工作；⑤施工方案（含专项设计）；⑥施工进度计划；⑦工料机需要量及进场计划；⑧资金供应计划；⑨施工平面图设计；⑩施工管理机构及劳动力组织；⑪季节性施工的技术组织保证措施；⑫质量计划；⑬有关交通、航运安排；⑭公用事业管线保护方案；⑮安全措施；⑯文明施工和环境保护措施；⑰技术经济指标等。

5. 编制施工预算

施工预算是根据施工图纸、施工组织设计或施工方案、施工定额等文件进行编制的。施工预算是施工企业内部控制各项成本支出、考核用工、签发施工任务单、限额领料以及基层进行经济核算的依据，也是制订分包合同时确定分包价格的依据。

4.2.3 物资准备

(1) 物资准备工作的内容主要包括：

1) 工程材料的准备，如钢材、木材、水泥、沥青、砂石、混凝土材料等。
2) 工程施工设备的准备。
3) 其他各种小型生产工具、小型配件等的准备。

(2) 各种工程材料的一般规定如下：

1) 必须有出厂质量合格证书和出厂检（试）验报告，并归入施工技术文件。
2) 合格证书、检（试）验报告为复印件的必须加盖供货单位印章方为有效，并注明使用工程名称、规格、数量、进场日期、经办人签名及原件存放地点。
3) 凡使用新技术、新工艺、新材料、新设备的，应有法定单位鉴定证明和生产许可证。产品要有质量标准、使用说明和工艺要求。使用前应按其质量标准进行检（试）验。
4) 进入施工现场的原材料、成品、半成品、构配件，在使用前必须按现行国家有关标准的规定抽取试样，交由具有相应资质的检测、试验机构进行复试，复试结果合格方可使用。
5) 对按国家规定只提供技术参数的测试报告，应由使用单位的技术负责人依据有关技术标准对技术参数进行判别并签字认可。
6) 进场材料凡复试不合格的，应按原标准规定的要求再次进行复试，再次复试的结果合格方可认为该批材料合格，两次报告必须同时归入施工技术文件。
7) 必须按有关规定实行见证取样和送检制度，其记录、汇总表纳入施工技术文件。

4.2.4 现场准备

1. 施工控制测量

按照勘察设计单位提供的桥位总平面图和测图控制网中所设置的基线桩、水准点以及重要标志的保护桩等资料，进行控制网的复测，并根据桥梁结构的精度要求和施工方案，补充加密施工所需要的各种控制桩位，建立满足施工要求的平面和高程施工测量放样的控制网。

2. 补充钻探

桥梁工程在初步设计时所依据的地质钻探资料往往因钻孔较少、孔位过远而不能满足施工的需要，因此必须对有些地质情况不甚明了的墩位进行补充钻探，以查明墩位处的地质情况和可能的隐蔽物，为基础工程的施工创造有利条件。

3. 搞好"七通一平"

"七通一平"是指强电通、弱电通、给水通、排水通、暖气通、蒸汽通、路通和场地平整。保证施工现场的生产、生活供给和交通、信息的畅通。

4. 建造临时设施

按照施工总平面图布置，建造所有生产、办公、生活、居住和储存等临时用房，以及混凝土拌合站、构件预制场地、环境维护等。要有利于施工和管理且不扰民。

5. 安装调试施工机具

对所有施工机具都必须在开工之前进行检查和试运转。

6. 冬期、雨期施工安排

按照施工组织设计的要求，落实冬期、雨期施工的临时设施和技术措施，做好施工安排。

7. 消防、保安措施

建立消防、保安等组织机构和有关的规章制度，布置安排好消防保安的设施。

8. 办理施工手续

应遵守施工当地市政工程管理部门、交通管理部门的管理要求，办妥一切要求办理的有关施工手续。

4.3 施工测量放样

为了保证桥梁施工过程中结构位置的准确定位，桥梁施工应先完成桥位控制测量，在此基础上进行桥涵细部定位放样。控制测量请参阅工程测量有关内容。

4.3.1 桥涵细部定位放样

1. 涵洞基础定位与轴线测量

对于涵洞基础，设计资料一般会给出中心桩号、斜交角、涵长等，根据这些资料，可以测设涵洞中心桩以及轴线。涵洞施工中的测量工作主要是测设涵洞中心桩位以及涵洞轴线方向，下面就这两个问题作一简单讨论。

（1）涵洞基础定位

涵洞基础定位即测设涵洞中心桩。通常可以利用离桥涵最近的已经测设的中桩位置，计算涵洞中心到前后中桩的距离，采用直接丈量的方法测设，如图 4-1 所示。

对于附近有可以利用的导线点时，也可利用路线附近的导线，根据计算的涵洞中心坐标，计算距离和夹角。采用极坐标的放样方法测设涵洞中心，如图 4-1 所示，将经纬仪安置在导线点 A 上，后视导线点 B，然后将照准部旋转 θ 角，即为涵洞中心所在方向，在此方向上从 A 点开始量取水平距离 L 所得就是要测设的涵洞中心。

（2）涵洞轴线测量

根据涵洞轴线与路线方向是否垂直，涵洞分为正交涵洞与斜交涵洞。

对于正交涵洞，在涵洞中心位置确定以后，可利用方向架确定其轴线方向。或者将经纬仪架设在涵洞中心桩处，后视路线方向，盘左、盘右旋转 90°（或 270°），取其平均位置，即为涵洞轴线方向。为了方便在施工过程中恢复轴线，一般在轴线方向设立护桩,如图 4-1 所示。

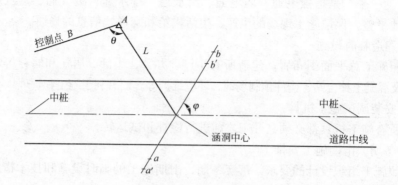

图 4-1　涵洞中心桩位及轴线测设

对于斜交涵洞,可将经纬仪架设在涵洞中心桩处,后视路线方向,盘左、盘右旋转一个角度为斜交角 φ(或 $180-\varphi$),取其平均位置,即为涵洞轴线方向。

如果附近有导线点可以利用,也可根据设计资料,确定轴线上某两点 a 和 b(即确定涵洞中心沿轴线到 a,b 的距离,a,b 应在涵洞边线外侧)的坐标,则 a(或 b)与两个导线点形成一个夹角,计算夹角和距离,然后可以用极坐标的方法测设 a 和 b 的实际位置,并设置护桩 a' 和 b'。

2. 桥梁墩台定位与轴线测量

在桥梁施工测量中,最主要的工作是准确地定出桥梁墩、台的中心位置和它们的纵、横轴线,这些工作称为墩台定位。直线桥梁墩台定位所依据的原始资料为桥轴线控制桩的里程和墩、台中心的设计里程,根据里程算出它们之间的距离,按照这些距离即可定出墩、台中心的位置。曲线桥所依据的原始资料,除了控制桩及墩、台中心的里程外,尚有桥梁偏角、偏距及墩距或结合曲线要素计算出的墩、台中心的坐标值。

水中桥墩的基础施工定位时,由于水中桥墩基础的目标处于不稳定状态,在其上无法使测量仪器稳定,一般采用方向交会法;如果墩位在干枯或浅水河床上,可用直接定位法;在已稳固的墩台基础上定位,可以采用方向交会法、距离交会法、极坐标法或直角坐标法。

(1) 直线桥梁的墩台定位

位于直线段上的桥梁,其墩、台中心一般都位于桥轴线的方向上,如图 4-2 所示。根据桥轴线控制桩 A、B 及各墩、台中心的里程,即可求得其间的距离。墩位的测设,根据条件可采用直接丈量法、光电测距法或交会法。

1) 直接丈量法

当桥墩位于地势平坦,可以通视,人可以方便通过的地方,用钢尺可以丈量时,可采用这种方法。丈量前钢尺要检定,丈量方法与测定桥轴线相同。不同的只是此处是测设已知长度,在测设前应将尺长改正数、温度改正数及倾斜改正数考虑在内,将已知长度转化为钢尺丈量长度。为了保证丈量精度,施测时的钢尺拉力应与检定时的钢尺拉力相同。

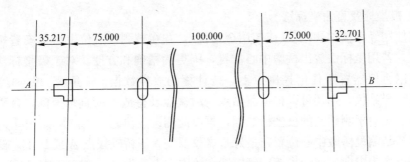

图 4-2 直线桥梁位置图

2) 光电测距法

只要墩台中心处能安置反光镜,且经纬仪和反光镜之间能通视,则用此法是迅速、方便的。但测设时应根据当时测出的气压、温度和测设距离,通过气象改正,得出测设的显示斜距。在测设出斜距并根据垂直角折算为平距后,与应有的(即设计的)平距进行比较,看两者是否相等。根据其差值前后移动反光镜,直至两者相符,则反光镜处即为要测设的墩位。

3) 方向交会法

如图 4-3 所示,AB 为桥轴线,C、D 为桥梁平面控制网中的控制点,P_i 为第 i 个桥墩设计的中心位置(待测设的点)。A、C、D 三点上各安置一台经纬仪,A 点上的经纬仪瞄准 B 点,定出桥轴线方向;C、D 两点上的经纬仪均先瞄准 A 点,并分别测设根据 P_i 点的设计坐标和控制点坐标计算的 α、β 角,以正倒镜分中法定出交会方向线。

理论上从 C、A、D 引出来的三条方向线是交于一点的,该交点就是要测设的桥墩中心位置。但实际上由于测量误差的存在,三条方向线一般不是交于一点,而是构成误差三角形 $\triangle P_1 P_2 P_3$。如果误差三角形在桥轴线上的边长($P_1 P_3$) 在容许范围之内(对于墩底放样为 2.5 cm,对于墩顶放样为 1.5 cm),则取 C、D 引出来的方向线的交点 P_2 在桥轴线上的投影 P_i 作为桥墩放样的中心位置。

在桥墩施工中,随着桥墩的逐渐筑高,中心的放样工作需要重复进行,且要求迅速和准确。为此,在第一次求得正确的桥墩中心位置 P_i 以后,将 CP_i 和 DP_i 方向线延长到对岸,设立固定的瞄准标志 C' 和 D',如图 4-4 所示。以后每次作方向交会放样时,从 C、D 点直接瞄准 C'、D' 点,即可恢复点的交会方向。

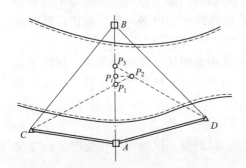

图 4-3 三方向交会法的误差三角形

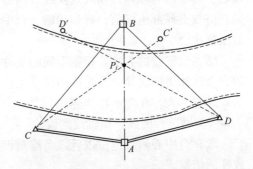

图 4-4 方向交会法的固定瞄准标志

4) 极坐标及直角坐标法

在使用经纬仪加测距仪（或使用全站仪），并在被测设点位上可以安置棱镜的条件下，若用坐标法放出桥墩中心位置，则更为精确和方便。对于极坐标法，原则上可以将仪器置于任何控制点上，按计算的放样数据——角度和距离测设点位。对于全站仪，则还可以根据测站点、后视点及待放点的直角坐标，自动计算出待放点相对于测站点的极坐标数据，再以此测设点位。

但若是测设桥墩中心位置，最好是将仪器安置于桥轴线点 A 或 B 上，瞄准另一轴线点作为定向，然后指挥棱镜安置在该方向上测设 AP_i 或 BP_i 的距离，即可定出桥墩中心位置 P_i 点。

（2）曲线桥的墩台定位

在整个路线上，处于各种平面曲线上的桥梁并不少见，曲线桥由于桥梁设计方法不同而更复杂些。曲线桥的上部结构一般有连续弯梁和简支直梁等形式，但下部一般都是利用墩、台中心构成折线交点而形成弯桥，如图4-5所示。一般路线设计中常用的有圆曲线和缓和曲线，它们都有计算公式可查用。

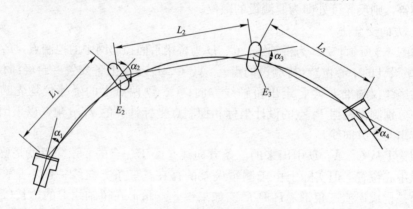

图 4-5 曲线桥的布置

在设计文件已给定墩、台定位有关数据时，只需重新复核无误即可按其进行放样定位。但数据通常并不能满足施工的需要，应按路线测设资料、曲线有关要素，由计算公式求出各墩、台中心为顶点的直线，再用偏角进行定位。

对于坐标值的计算，一般在直角坐标系中进行较为普遍、简便。可以先建立以墩、台中心为原点，切线及法线方向为坐标轴的局部坐标系，在局部坐标系中确立待放点局部坐标值；再利用墩、台中心的路线坐标值将局部坐标值转换至路线坐标中。

墩、台定位的方法，根据不同的条件可采用偏角法、长弦偏角法、利用坐标的交会法和坐标法等。曲线桥的放样工作，主要是对放样数据的计算，基本步骤的差异并不大，在此不再详述。

（3）墩、台的纵、横轴线测设

墩、台中心测设定位以后，尚需测设墩、台的纵、横轴线，作为墩、台细部放样的依据。

在直线桥上，墩、台的横、轴线与桥的纵轴线重合，而且各墩、台一致，所以可以利用桥轴线两端控制桩来标志横轴线的方向，而不再另行测设标志桩。

在测设桥墩、台纵轴线时，应将经纬仪安置在墩、台中心点上，然后盘左、盘右以桥轴线方向作为后视，再旋转90°（或270°），取其平均位置作为纵轴线方向，如图4-6所示。

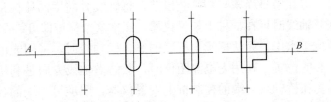

图 4-6 直线桥梁纵、横轴线图

3. 桥涵细部施工放样

桥梁细部施工放样内容很多，不同结构形式放样方法也各异，下面主要叙述桥梁墩、台部的放样工作以及架梁时的测量工作。

涵洞的细部施工放样内容主要在于洞口的锥体护坡的放样。

（1）明挖基础的施工放样

在地基较好、基础不深的情况下，常常采用明挖基础。

在基础开挖前，应首先根据基底尺寸，及开挖深度、放坡情况等计算出原地面的开挖边线，然后根据墩、台中心及其纵、横轴线即可放出基坑的边线。当基坑开挖到设计标高以后，应进行基底平整或基底处理，再在基底上放出墩、台中心及其纵、横轴线，作为安装模板、浇筑混凝土基础及墩身的依据。

注意基坑底部尺寸应根据实际情况较设计尺寸每边增加50～100cm的富余量，以便于支撑、排水与立模板。

基础或承台模板中心偏离墩、台中心不得大于2cm，墩身模板中心偏离不得大于1cm；墩、台模板限差为±2cm，模板上同一高程的限差为±1cm。

（2）桩基础的施工放样

在墩基础的中心及纵、横轴线已经测设完成的情况下，可以纵、横轴线为坐标轴，根据设计提供的桩与墩中心的相对位置，用支距法放出各桩的中心位置，其限差为±2cm，如图4-7所示。放出的桩位经复核后方可进行施工。对于单排桩，桩数较少，也可根据已知资料，以极坐标法放样。水中桩位或沉井位置的放样，可参照水中墩位的施工放样方法，在水中平台、围图或围堰等构造中定测桩或沉井的位置，经复测后方可进行基础施工。

（3）桥梁墩、台的细部放样

墩身和台身的细部放样，也是主要以它的纵、横轴线为依据，在立模板的外面需要预先

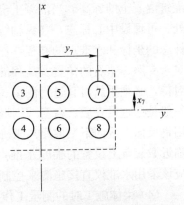

图 4-7 纵、横轴线坐标图

画出它的中心线,然后在纵、横轴线的护桩上架设经纬仪,照准该轴线方向上的另一护桩,根据这一方向校正模板的位置,直至模板中心线位于视线的方向上。

在施工过程中,经常要利用护桩恢复墩、台的纵、横轴线,即在墩、台身一侧的护桩上架设经纬仪,照准另一侧的护桩。但墩身筑高以后,视线被阻,就无法进行,此时,可在墩身尚未阻挡视线以前,将轴线方向用油漆标记在已成的墩身上,以后恢复轴线时可在护桩上架设仪器,照准这个标记即可。

如果桥墩位于水中,无法标示出桥墩的纵、横轴线时,可用光电测距仪或交会法恢复墩中心的位置。在用光电测距仪时,墩的横轴线方向是利用桥轴线的控制桩来确定的。在桥轴线一端的控制桩上安置仪器,照准另一端的控制桩,则视线方向即为桥轴线方向,也是墩的横轴线方向(直线桥)。在此视线方向上,于墩中心附近前后各找出一点 a_1 和 a_2 安置反光镜,测出它至控制桩的距离 d,于两点间用钢尺定出墩中心的位置,如图 4-8 所示。

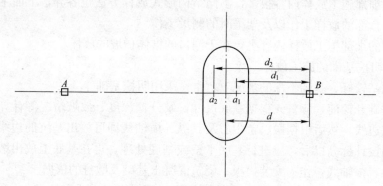

图 4-8 利用光电测距仪定出墩中心位置

利用交会法测设墩中心时,同前所述,应至少选三个以上的方向进行交会。误差三角形最大边在墩的下部不超过 25mm,在墩的上部不超过 15mm,取三角形的重心作为墩中心的位置。

在墩、台帽模板安装到位后应再一次进行复测,确保墩、台帽位置符合设计要求。模板位置中心的偏差不得大于 1cm,并在模板上标出墩顶标高,以便控制浇筑混凝土的标高。当混凝土浇筑至墩帽顶部时,在墩的纵、横轴线及墩的中心处,可埋设中心标志,在纵轴线两侧的上、下游埋设两个水准点,并测定出中心标志的坐标和水准点的高程,作为大致安置支撑垫石的参考依据,如图 4-9 所示。对于支座、垫石的位置及高程的确定,由于牵涉桥梁荷载的设计和传递,应慎重对待,必须重新对其进行测量、放样,以避免误差的积累。墩、台各部分的高程一般是通过设在墩、台身或围堰上的临时水准点来控制的,可直接由临时水准点用钢尺向上或向下量取距离来确定所需的高程;也可以采用水准仪,从已浇筑的临近墩、台上设置的临时水准点测量来控制。但是在墩、台顶的最后施工阶段,应该采用水准仪直接施测来控制高程。

(4) 梁体施工时的测量工作

梁体施工是桥梁主体结构施工的最后一道工序。桥梁上部结构较为复杂,要

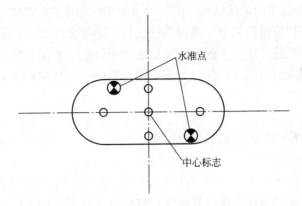

图 4-9 在墩顶埋设中心标志及水准点图

求对墩、台方向及距离和高程以较高的精度测定。由于各种桥梁结构不同,使得施工时的控制方法各异,在此仅作粗略说明。

墩、台施工时,对其中心点位、中线方向和垂直方向以及墩顶高程都作了精密测定,但当时是以各墩、台为单元独立进行的。梁体施工需要将相邻墩、台联系起来,考虑其相关精度,中心点间的方向、距离和高差符合设计要求。

桥梁中心线方向测定,在直线部分采用准直法,用经纬仪正倒镜观测,刻画方向线。如果跨距较大(>100m),应逐墩观测左、右角。在曲线部分,则采用测定偏角或坐标法。

相邻墩中心点间的距离用光电测距仪观测,在已刻画的方向线的大致位置上,适当调整以使中心点里程与设计里程完全一致。在中心点架设经纬仪放出里程线,与方向线正交,形成墩、台十字中心线。以此精确放出支座底板中心线,并以墨线弹出。

墩、台顶面高程用精密水准测定,构成水准路线,附合到两岸基本水准点上。

梁体具体施工过程中的测量工作有:

1) 对大跨度钢桁架或连续梁采用悬臂或半悬臂安装架设的桥梁,在拼装架设前,应在梁顶部和底部分中点作出标志,架梁时用以测量梁体中心线与桥梁中心线的偏差值。在梁的拼装开始后,应通过不断的测量,保证梁体在正确的平面位置上。高程控制一般以大节点挠度和整跨拱度为主要控制。对需要在跨中合龙的桥梁,合龙前的控制重点应放在两端悬臂的相对位置上。

2) 对于预制安装的箱梁、板梁、T梁等,测量的主要工作在于平面位置的控制上。在架设前,应在梁顶部和底部分中点作出标志,架梁时用以测量梁体中心线与支座中心线的偏差值。在梁体安装基本到位后,应通过不断的微调保证梁体在正确的平面位置上。

3) 对于支架现浇的梁体结构,测量的主要工作在于高程的控制。对于支架预压前后的高程应进行连续测量,以测得弹性变形,消除塑性变形;同时应根据设计保留一定的预拱度。在梁体现浇的过程中,应对支架的变形进行跟踪测量,如果变形过大,则应暂停施工,并采取相应的措施。

4) 对于悬臂施工的梁体结构，测量的主要工作在于高程的控制。对于挂篮预加荷载前后的高程应进行测量，测得弹性变形，消除塑性变形；同时在不同节段的浇筑前，应根据施工图中不同节段预拱度的设计值，并结合已浇筑的前一节段的高程，调整相应的预拱度，使合龙前两端悬臂的相对位置满足要求，没有积累误差。

（5）涵洞的细部测量

涵洞中心桩位以及涵洞轴线方向测设在前面已叙及，下面就涵洞施工中锥体护坡的细部测量作简单介绍。

涵洞锥体护坡在施工时要按设计准确放样，尤其是斜交涵洞的洞口施工。

锥体护坡及坡脚通常为椭圆形曲线，放样方法很多，如支距法、图解法、坐标值量距法、经纬仪设角法、放射线式放样法等。对于斜涵锥坡还应考虑到斜度系数，可以采用纵横图分解法进行放样。

以上方法均先求出坡脚椭圆形的轨迹线，测设到地面上，然后再按规定的边坡放出样线，据以施工。这里只对常用的支距放样法、纵横图分解法进行介绍。

锥坡支距放样法的做法是：如图 4-10 所示将 b 分为 n 等份（一般为 10 或 8 等份），则可求得 i 点对应的支距 a_i，然后根据 i 点在 b 方向的分量和在 a 方向的分量 a_i 可在现场放出 i 点。

纵横图分解法的做法是：如图 4-11 所示，按 a 和 b 的长度引一平行四边形；将 a' 和 b' 均分为 10 等份，并将各点顺序编号；由 b' 之 0 点连 a' 之 1 点，由 b' 之 1 点连 a' 之 2 点……依此类推，最后由 b' 之 9 点连 a' 之 10 点，即形成锥坡的底线。

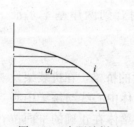
图 4-10 支距放样法

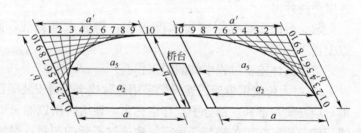
图 4-11 纵横图分解法

放出样线，主要是为在锥坡挖基、修筑基础以及砌筑坡面时，便于悬挂准绳，使铺砌式样尺寸符合标准。在施工过程中为随时防止样线走动或脱开样线铺砌，而应进行必要的检查复核工作。

4.3.2 工程监理测量验收

测量工作贯穿于整个施工过程中，其重要性不言而喻。因此对监理工作来讲，必须严格依据技术规范对每一道工序进行检查，不符合规范要求的不得进入下一道工序施工，并应及时采取相应措施加以补救，以免造成不必要的浪费。

1. 监理测量质量控制工作主要内容

按照我国目前所实行的质量保证体系，监理方的测量工作主要有以下内容：

（1）向承包人提供原始基准点、基准线和基准高程，并对承包人的定线控制测量进行监督检查和认可。

（2）在各项工程开工之前，对承包人的施工放线测量进行监督检查和认可。

（3）在各项工程的施工进行中，对控制工程的位置、高程、尺寸及其线形的准确性进行监督检查和认可。

（4）在各分项工程、分部工程、单位工程、工程段落或总体工程项目的中间交工和竣工验收时进行测量检查、汇总并提出各分项工程的测量成果资料。

2. 部分控制标准

监理方对施工测量的跟踪控制主要依据设计要求、合同条款及相应的技术规范，在此摘录了部分规范要求，其他请参阅相关规范。

（1）平面控制测量等级（表 4-1）

平面控制测量等级　　　　　　　　　　表 4-1

等　级	桥位控制测量	等　级	桥位控制测量
二等三角	>5000m 的特大桥	一级小三角	500～1000m 的特大桥
三等三角	2000～5000m 的特大桥	二级小三角	<500m 的大、中桥
四等三角	1000～2000m 的特大桥		

（2）三角测量技术要求（表 4-2）

三角测量中误差　　　　　　　　　　表 4-2

等级	平均边长 (km)	测角中误差 (″)	起始边边长相对中误差	最弱边边长相对中误差	测回数 DJ$_1$	测回数 DJ$_2$	测回数 DJ$_6$	三角形最大闭合差(″)
二等	3.0	±1.0	≤1/250000	≤1/120000	12	—	—	±3.5
三等	2.0	±1.8	≤1/150000	≤1/70000	6	9	—	±7.0
四等	1.0	±2.5	≤1/100000	≤1/40000	4	6	—	±9.0
一级小三角	0.5	±5.0	≤1/40000	≤1/20000	—	3	4	±15.0
二级小三角	0.3	±10.0	≤1/20000	≤1/10000	—	1	3	±30.0

（3）桥轴线相对中误差（表 4-3）

桥轴线相对中误差　　　　　　　　　　表 4-3

测量等级	桥轴线相对中误差	测量等级	桥轴线相对中误差
二　等	1/130000	一　级	1/20000
三　等	1/70000	二　级	1/10000
四　等	1/40000		

（4）水准测量等级

2000m 以上的特大桥一般为三等，1000～2000m 的特大桥为四等，1000m 以下的桥梁为五等。

(5) 水准测量的主要技术要求(表 4-4)

水准测量技术要求　　　　　　　表 4-4

等级	每公里高差中数中误差 (mm)		水准仪的型号	水准尺	观测次数		往返较差、附和或环线闭合差 (m)
	偶然中误差	全中误差			与已知点联测	附和或环线	
二等	±1	±2	DSl	钢 瓦	往返各一次	往返各一次	$±4\sqrt{L}$
三等	±3	±6	DSl	钢 瓦	往返各一次	往一次	$±12\sqrt{L}$
			DS3	双 面		往返各一次	
四等	±5	±10	DS3	双 面	往返各一次	往一次	$±20\sqrt{L}$
五等	±8	±16	DS3	单 面	往返各一次	往一次	$±30\sqrt{L}$

思 考 题 与 习 题

1. 桥梁施工前的准备工作包括哪些内容?
2. 桥涵细部施工放样有哪些内容?
3. 布设桥梁三角网时应注意些什么?
4. 监理测量质量控制工作的主要内容有哪些?

教学单元 5　钢筋混凝土施工技术

【教学目标】　通过学习钢筋混凝土施工技术，学生应掌握桥梁模板、支架的支护要求和方法，熟悉桥梁混凝土施工程序及工艺，掌握钢筋的配料和下料计算。

5.1　概　　述

钢筋混凝土工程是土木工程的通用工序，在各种工程中施工方法大同小异。其基本操作过程相同，但具体不同的工程在工艺上存在一定的差异。

混凝土结构用的普通钢筋，可分为两类：热轧钢筋和冷加工钢筋（冷轧带肋钢筋、冷轧扭钢筋、冷拔螺旋钢筋）。冷拉钢筋与冷拔低碳钢丝已逐渐淘汰，余热处理钢筋属于热轧钢筋一类。桥梁工程中常采用热轧钢筋，常用热轧钢筋的强度等级按照屈服强度分为 235 级、335 级、400 级。钢筋工程主要包括钢筋下料计算、除锈、切断、弯曲、安装等过程。

混凝土是以胶凝材料、水、细骨料、粗骨料（需要时掺入外加剂和矿物掺合料）按适当比例配合，经过均匀拌制、密实成型及养护硬化而成的人工石材。混凝土工程主要包括配料、搅拌、运输、浇筑、养护等过程。

模板与支架属于施工中的临时结构，在桥梁施工中大量使用。特别是现浇桥梁上部结构时，模板和支架是确保工程施工质量、进度、安全的重要技术措施，必须予以足够的重视，避免施工过程中的垮塌事故。支架、模板等临时结构应由施工单位技术部门专门设计，验算其强度、变形、稳定性符合规范要求后，方可施工。模板工程，是混凝土结构构件施工的重要工具。现浇混凝土结构施工所用模板工程的造价，约占混凝土结构工程总造价的三分之一，总用工量的二分之一。因此，采用先进的模板技术，对于提高工程质量、加快施工速度、提高劳动生产率、降低工程成本和实现文明施工，都具有十分重要的意义。

5.2　模板与支架工程

5.2.1　模板

就地浇筑施工的模板常用木模和钢模。对预制安装构件，除钢、木模外，也可采用钢木结合模板、土模和钢筋混凝土模型板等。模板形式的选择主要取决于高架桥跨结构的数量和模板材料的供应。当建造单跨或多跨不同桥跨结构，一般采用木模；当有多跨同样的桥跨结构时，为了提高经济效益、降低成本，可采用大型模板块件组装或用钢模。实践表明：模板工程的造价与上部结构主要工程造价的比值，在工程数量和模板周转次数相同的情况下，木模为 4%～10%，钢筋混凝土模板为3‰~4‰，钢模为2‰~3‰。

(1) 木模

钢筋混凝土肋式桥跨结构的木模如图5-1所示，它主要由横向内框架、外框架和模板组成。

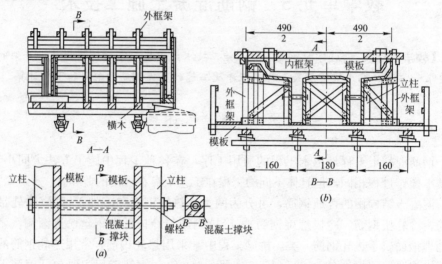

图5-1 木模板的主要构造(尺寸单位：mm)

1) 框架由竖向的和水平的以及斜向的方木或木条用钉或螺栓结合而成。框架间距一般取用0.7~1.0m，模板厚可选用40~50mm，在梁肋的模板之间设置穿过混凝土撑块的螺栓，一方面可减小新浇筑混凝土的侧压力对框架立柱产生的弯矩，同时也保证梁肋的施工尺寸符合设计规定。

2) 木模包括胶合板木模，可制成整体定型的大型块件，它可按结构要求预先制作，然后在支架上用连接件迅速拼装。例如，广州市26.7km的内环路是由95%的高架桥和11座立交桥组成，在建设过程中，其大部分工程均采用的是胶合板木模。

3) 模板制造宜选用机械化方法，以保证模板形状的正确和尺寸的精度。模板制作尺寸与设计要求的偏差、表面局部不平整度、板间缝隙宽度和安装偏差均应符合有关规定。

(2) 钢模

钢模大都做成大型块件，一般长3~8m，由钢板和加劲骨架焊接组成。通常钢板厚取用4~8mm。骨架由水平肋和竖向肋形成，肋由钢板或角钢做成，肋距500~800mm。大型钢模块件之间用螺栓或销连接。在梁的下部，常集中布置受力钢筋或预应力索筋，必要时可在钢模板上开设天窗，以便浇筑或振实混凝土，如图5-2所示。多次周转使用的钢模，在使用前可用化学方法或机械方法清扫，在浇筑混凝土前，在模板内壁要用脱模剂，以便脱模。

5.2.2 支架

支架的主要类型有三种：立柱式支架、梁式支架、梁柱结合式支架。

(1) 立柱式支架

如图5-3(a)、图5-3(b)所示为立柱式支架，主要由排架和纵梁等构件组成。

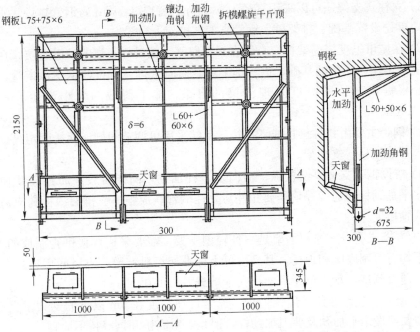

图 5-2 钢模板的主要构造(尺寸单位:mm)

其中排架由枕木或桩、立柱和盖梁组成。一般排架间距为 4m,桩的入土深度按施工设计要求设置,但是不能低于 3m。当水深大于 3m 时,桩要采用拉杆加强,还需要在纵梁下布置卸落设备。立柱式支架的特点是构造简单,主要用于城市高架桥或不通航道以及桥墩不高的小跨径桥梁施工。

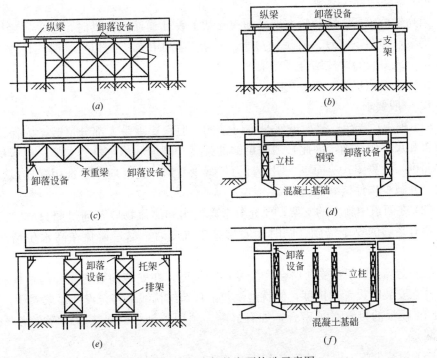

图 5-3 常用支架的主要构造示意图

1) 立柱式支架还可以采用直径为 ϕ48mm、壁厚 3.5mm 的钢管搭设，水中支架需要事先设置基础、排架桩，钢管支架在排架上设置。

2) 在城市里现浇高架桥，一般在平整路基上铺设碎石层或砂砾石层，在其上浇筑混凝土作为支架的基础，钢管排架纵、横向密排，下设槽钢支承钢管，钢管间距是根据高架桥的高度及现浇梁的自重、施工荷载的大小而定，一般为 0.4~0.8m。

3) 钢管主要由扣件接长或者搭接，上端采用可调节的槽形顶托固定纵、横木龙骨，形成立柱式支出架。

4) 搭设钢管支架要设置纵、横向水平杆加劲，高架桥较高时还需要加剪刀撑，水平加劲杆与剪刀撑均需要扣件与立柱钢管联成整体。排架顶标高应适当考虑设置预拱度。

5) 方塔式重力支撑脚手架是一种轻型支架，需要采用焊接钢管制成的方塔，上、下均有可调底座和顶托，其高度可由标准架组拼调整，方塔间用连接杆连成整体。通过测试，每个单元塔架子安全承载力约 180kN。

6) 该支架装拆方便，用钢量少，通常可在高度在 5m 以下的支架子上使用。塔架需要架设水平加劲及剪刀加劲杆，但是，对高桥和重载桥不适宜。

(2) 梁式支架

根据高架桥的跨径不同，梁可采用工字钢、钢板梁或钢桁梁，如图 5-3(c)、图 5-3(d)所示。一般工字钢用于跨径小于 10m。钢板梁用于跨径小于 20m，钢板梁用于跨径大于 20m 的情况。梁可以支承在墩旁支柱上，也可支承在桥墩上预留的托架或支承在桥墩处的横梁上。

(3) 梁柱结合式支架

当高架桥较高、跨径较大或必须在支架下设孔通航或排洪时，可采用梁柱结合式支架，如图 5-3(e)、图 5-3(f)所示。梁支承在桥墩、台以及临时支柱或临时墩上，形成多跨的梁柱结合式支架。

5.2.3 支架(拱架)、模板要求

1. 一般要求

(1) 模板、支架、拱架虽然是临时结构，但它要承受大部分恒载，为保证结构位置和尺寸的准确，因此必须有足够的强度、刚度和稳定性。支架、模板等受力要明确，计算图式应简单、明了。为了减少变形，构件应主要选用受压或受拉形式，并减少构件接缝数量。

(2) 在河道中施工的支架，要充分考虑洪水和漂流物以及通过船只(队)的影响，要有足够的安全措施；同时在安排施工进度时，尽量避免在高水位情况下施工。

(3) 支架、拱架在受荷后会产生变形与挠度，在安装前要有充分的估计和计算，并在安装时设置预拱度，使就地浇筑的桥跨结构线形符合设计要求。

(4) 模板的接缝必须密合，如有缝隙，须用胶带纸、泡沫塑料等塞堵严密，以免漏浆。

(5) 为减少施工现场的安装和拆卸工作，便于周转使用，模板、支架、拱架

应尽量做成装配式组件或块件。

（6）具有必需的强度、刚度和稳定性，能可靠地承受施工过程中可能产生的各项荷载，保证结构物各部形状、尺寸准确。

（7）尽可能采用组合钢模板或大模板，以节约木材，提高模板的适应性的周转率。

（8）模板面要求平整，接缝严密不漏浆；装拆容易，施工操作方便，保证安全。

2. 设计要求

支架（拱架）、模板的设计要求，重点是验算其强度、变形、稳定性，具体要求见表 5-1。

支架（拱架）、模板的设计要求　　　　　　表 5-1

项目	设计的主要内容和要求
计算荷载组合	（1）梁、板和拱的底模及支承板、拱与支架等，其计算强度为： 1＋2＋3＋4＋7 （2）缘石、人行道、栏杆、柱、梁、板、拱等的侧模板，其计算强度为： 4＋5 （3）基础、墩台等厚大建筑物的侧模板，其计算强度为： 5＋6
荷载组合代号说明	1—模板、支架和拱架自重 2—新浇筑混凝土、钢筋混凝土或其他圬工结构物的重力 3—施工人员和施工材料、机具等行走运输或堆放的荷载 4—振捣混凝土时产生的荷载 5—新浇筑混凝土对侧面模板的压力 6—倾倒混凝土时产生水平荷载 7—其他可能产生的荷载，如雪荷载、冬季保温设施荷载等
强度和稳定性计算	（1）钢、木模板、支架及拱架的设计，可按《公路桥涵钢结构及木结构设计规范》JTJ 025 的有关规定执行 （2）设于水中的支架，尚应考虑水流压力、流冰压力和船只漂流等冲击力荷载 （3）验算倾覆的稳定系数不得小于 1.3
双曲拱、组合箱形拱、支架荷载	如属于就地浇筑，仅考虑承受拱肋重力及施工操作时的附加荷载即可
支架、模板与拱架刚度的验算变形限值	（1）结构表面外露的模板，挠度为模板构件跨度的 1/400 （2）结构表面隐蔽的模板，挠度为模板构件跨度的 1/250 （3）拱架、支架受载后挠曲的杆件（盖梁、纵梁），其弹性挠度为相应结构自由跨度的 1/400 （4）钢模板的面板变形为 1.5mm （5）钢模板的钢棱、柱箍变形为 3.0mm

5.3　混凝土工程

普通混凝土浇筑的施工工艺为：浇筑前的准备工作——混凝土的搅拌——混凝土的运输——混凝土的浇筑——混凝土的振捣——混凝土的养护——模板拆除。

1. 施工准备工作

(1) 材料的准备

1) 混凝土原材料的准备。混凝土搅拌前,应检查水泥、砂、石、外加剂等原材料的品种、规格是否符合要求。确定投料时的施工配合比,并根据施工现场使用的搅拌机确定每搅拌一盘混凝土所需各种材料的用量。

2) 混凝土浇筑前的准备。混凝土浇筑前先根据设计的施工配合比做混凝土坍落度试验,坍落度必须满足表5-2的要求。如发现不符合要求,应及时调整施工配合比。

混凝土浇筑时的坍落度　　　　　表 5-2

结 构 类 型	坍落度(mm)
基础或垫层、无钢筋的大体积结构或配筋稀疏的结构	10～30
板、梁及大中型截面的墩柱等	30～50
配筋密集的结构	50～70
配筋特密集的结构	70～90

注:1. 本表系指采用机械振捣的坍落度,采用人工捣实时可适当增大;
2. 需要配制大坍落度混凝土时,应掺加外加剂;
3. 曲面和斜面结构混凝土,其坍落度值应根据实际情况而选;
4. 轻集料混凝土的坍落度,宜比表中数值减少10～20mm。

(2) 模板的检查

检查模板配置和安装是否符合要求,支撑是否牢固;检查模板的轴线位置、垂直度、标高、起拱高度的正确性。检查模板上的浇筑口、振捣口是否正确,施工缝是否按要求留设等。

(3) 钢筋工程的验收

混凝土的浇筑必须在钢筋的隐蔽工程验收符合要求后进行,对钢筋和预埋件的品种、数量、规格、间距、接头位置、保护层厚度及绑扎安装的牢固性等进行全面的检查,并签发隐蔽工程验收单后方可进行浇筑混凝土。

(4) 预埋水、电管线的检查和验收

预埋水、电管线材料的品种、规格、数量、位置必须符合设计要求,并签发隐蔽工程验收单后方可进行混凝土浇筑。

(5) 模板的清理及接缝的处理

混凝土浇筑前应打开清扫口,对残留在柱、墙底的泥、浮砂、浮石、木屑、废弃的绑扎丝等杂物清理干净,用清水冲洗干净并不得留下积水。对木模还应浇水润湿,模板接缝较大时还应用水泥纸袋或纸筋灰填实,特别是模板四角处的接缝应严密。

2. 混凝土的搅拌

(1) 混凝土应符合国家现行标准和有关规定

混凝土应符合国家现行《普通混凝土配合比设计规程》JGJ/T—2000和《混凝土强度检验评定标准》GBJ 107—1987的有关规定,根据混凝土强度等级、耐久性和工作性质等要求进行配合比设计。混凝土施工前应有相关资质的试验室出具混凝土配合比通知单。混凝土搅拌前，应测定砂、石含水率并根据测试结果调整材料用量，提出混凝土施工配合比。

（2）搅拌要求

混凝土原材料每盘称量的偏差应符合规定要求，水泥、水、掺合料外加剂允许偏差≤2％，粗、细集料≤3％。并于每工作班对原材料的计量情况进行不少于一次的复称。

搅拌混凝土前搅拌机应先加水空转数分钟，将积水倒净，使拌筒充分润滑。搅拌第一盘时应考虑到筒壁上的砂浆损失，石子用量应按配合比规定减半。混凝土搅拌中应严格控制水灰比和坍落度（未经试验人员同意不得随意加减用水量），搅拌好的混凝土要做到基本卸干净。在全部混凝土卸出之前不得再投入拌合物，更不得采取边出料边进料的做法。

（3）配合比的控制

混凝土搅拌前，应根据设计配合比修正计算施工配合比，并将施工配合比进行挂牌明示，对混凝土搅拌施工人员进行详细技术交底。

1）混凝土施工配合比计算。

水泥混凝土试验室配合比设计在其他课程中已作了详细介绍，在这里就不再介绍。一般工地存放的砂、石料都含有一定水分，而交付使用的理论配合比中砂、石料均按干料计算。因此，应按照工地砂、石实测含水量对理论配合比进行修正，理论配合比调整后变为施工用配合比。在施工时，每立方米混凝土水和砂、石的实际称量为：

$$水的称量＝设计用水量－砂、石水的含量$$
$$砂的称量＝设计砂的用量＋砂的水含量$$
$$石的称量＝设计石的用量＋石的水含量$$

水泥称量不变。

例如：设计好的混凝土配合比为每立方米混凝土用水泥360kg、砂612kg、石子1241kg、水187kg。交到工地后，假定工地所用的砂含水量为3％、碎石含水量为2％。则调整的各组成材料用量如下所述。

砂：612＋（612×0.03）＝630kg

石：1241＋（1241×0.02）＝1266kg

水：187－（612×0.03）－1241×0.02＝144kg

水泥用量不变，仍为360kg。

因此，每立方米混凝土材料用量经调整后为：水泥360kg、砂630kg、碎石1266kg、水144kg，则施工配合比为：

$$水泥：砂：石：水＝360：630：1266：144$$
$$＝1：1.75：3.52：0.4$$

2）材料称量。

施工配合比确定后，计算出每拌合一次的用料量。配料时要求称量准确，否则将影响混凝土质量。施工现场通常是以一袋水泥50kg或两袋水泥为基数，按确定的配比配料进行拌合。

为施工方便,按两袋水泥为一次拌合,用料如下:

$$水泥用量 = 2 \times 50 = 100 \text{kg}$$
$$砂用量 = 100 \times 1.75 = 175 \text{kg}$$
$$石用量 = 100 \times 3.52 = 352 \text{kg}$$
$$水用量 = 100 \times 0.4 = 40 \text{kg}$$

(4)上料顺序

现场搅拌混凝土时,一般是计量好的原材料先集中在上料斗中,然后经上料斗进入搅拌筒,水和液态外加剂经计量后,在往搅拌筒中进料时,直接进入搅拌筒。每次加入的拌合物不得超过搅拌机进料容量的10%。当无外加剂时依次上料顺序为石子——水泥——砂,当掺混合物时其依次上料顺序为石子——水泥——外加剂——砂,当掺干粉外加剂时其依次上料顺序为石子——外加剂——水泥——砂。

(5)搅拌时间

混凝土搅拌的最短时间应符合表5-3的要求。

3. 混凝土的运输

混凝土自搅拌机卸出后,应及时送到浇筑地点。在运输过程中,应严格控制混凝土的运输时间,并符合表5-4的要求。在运输过程中要防止混凝土离析及产生初凝等现象。

混凝土搅拌的最短时间(单位:s)　　　　　　表5-3

混凝土坍落度(mm)	搅拌机类型	搅拌机容积(L)		
		<250	250~500	>500
≤30	自落式	90	120	150
	强制式	60	90	120
>30	自落式	90	90	120
	强制式	60	60	90

注:混凝土搅拌的最短时间指自混凝土全部材料装入搅拌筒中起,到开始卸料止的时间;掺有外加剂时,搅拌时间应适当延长。

混凝土的运输时间(单位:min)　　　　　　表5-4

混凝土强度等级	气温(℃)	
	≤25	>25
≤C30	120	90
>C30	90	60

注:对掺外加剂或快硬水泥拌制的混凝土,其延续时间应按试验确定。

4. 混凝土的浇筑

混凝土的浇筑要保证混凝土的均匀性和密实性,要保证结构的整体性、尺寸的准确和钢筋、预埋件的位置正确,拆模后混凝土表面平整、光滑。

混凝土的浇筑方法和一般规定:

(1)混凝土浇筑前不应发生初凝和离析现象,如已发生,可重新搅拌,使混凝土恢复流动性和黏聚性后再进行浇筑。

（2）为了防止混凝土浇筑时产生离析，混凝土自由倾落高度不宜高于 2m；若混凝土自由下落高度超过 2m，应采用串筒、斜槽、溜管等下料，如图 5-4 所示。当高度超过 8m 时，则应采用节管振动串筒，即在串筒上每隔 2～3 节管安装一台振动器，如图 5-4(c)所示。

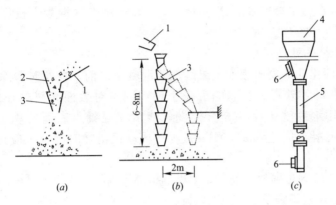

图 5-4　溜槽与串筒
(a)溜槽；(b)串筒；(c)节管振动串筒溜槽
1—出料口；2—挡板；3—串筒；4—漏斗；5—节管；6—振动器

（3）浇筑较厚的构件时，为了使混凝土振捣实心密实，必须分层浇筑；每层浇筑厚度与振捣方法、结构配筋情况有关，应符合表 5-5 的规定。

混凝土分层浇筑厚度　　　　　　　　　　表 5-5

项次	捣实混凝土的方法		浇筑层厚度(mm)
1	插入式振动		振动器作用部分长度的 1.25 倍
2	表面振动		200
3	人工捣实	在基础或无筋混凝土和配筋稀疏的结构中	250
		在梁、墙、板、柱结构中	200
		在配筋密集的结构中	150
4	轻集料混凝土	插入式振动	300
		表面振动(振动时需加荷)	200

（4）混凝土的浇筑应连续进行；如必须间歇作业，其间歇时间应尽量缩短，并要在前层混凝土凝结前，将次层混凝土浇筑完成。间歇的最大时间应按所用水泥品种及混凝土凝结条件而定。

（5）竖向结构的浇筑，在浇筑竖向结构(如墙、柱)的混凝土时，若浇筑高度超过 3m，应采用溜槽或串筒。混凝土的水灰比和坍落度，宜随浇筑高度的上升，而酌情予以递减。

（6）浇筑混凝土时，应经常观察模板、支架、钢筋、预埋件和预留孔洞的情况，当发生有变形、移位时，应立即停止浇筑，并在已浇筑的混凝土凝结前修整好。

（7）混凝土结构多要求整体浇筑，如因技术或组织上的原因不能整体浇筑，且停顿时间有可能超过混凝土的初凝时间时，则应事先确定在适当位置留置施工缝。施工缝是结构中的薄弱环节，宜留在结构受力较小的部位。双向受力的楼板、大体积混凝土结构、拱、薄壳、多层框架等其他复杂的结构，应按设计要求留置施工缝。在施工缝处连续浇筑混凝土时，已浇筑的混凝土抗压强度必须大于 1.2MPa。

（8）施工缝的处理：

1）在已硬化的混凝土表面上继续浇筑混凝土之前，应及时清除垃圾、水泥薄膜、表面松动的砂石和软弱的混凝土层，同时对表面光滑处还应进行凿毛处理，同时用水冲洗干净并充分湿润，残留在混凝土表面的积水也应清除。人工凿除时混凝土应达到 2.5MPa 强度；风动机凿除时混凝土应达到 2.5MPa 强度。

2）在施工缝附近回弯钢筋时，要做到钢筋周围的混凝土不受松动和损坏。钢筋上的油污、浮锈等杂质也应及时清除。

3）浇筑前，水平施工缝宜先铺上一层 10～15mm 厚的水泥砂浆，其配合比与混凝土内的砂浆成分相同。垂直缝应刷一层水泥净浆，无筋构件的工作缝应加锚固钢筋或石榫，以增加新、旧混凝土的整体粘结。

5. 混凝土的养护

混凝土养护是保证混凝土强度的关键工序之一，养护方法根据施工条件的不同而有很多种，主要有浇水养护、喷膜养护、太阳能养护、蒸汽养护等几种。

（1）浇水养护

浇水养护是在自然气温高于 5℃ 的条件下，用草袋、麻袋、锯末等覆盖混凝土，并在上面浇水使其保持湿润，普通混凝土浇筑完成后，应在 12h 内加以覆盖和浇水，浇水的次数应以能保证足够的湿润状态为宜。在一般条件下（气温在 15℃ 以上），在浇筑完成后最初 3d，白天每隔 2h 浇水 1 次，夜间至少浇水 2 次。在以后的养护期内，每昼夜至少浇水 4 次。在干燥的气候条件下，浇水的次数应适当增加，浇水养护的时间一般以混凝土达到标准强度的 60% 左右为宜。硅酸盐水泥、普通硅酸盐水泥及矿渣硅酸盐水泥拌制的混凝土，其养护时间不得少于 7d；火山灰硅酸盐水泥及粉煤灰硅酸盐水泥拌制的混凝土，其养护时间不得少于 14d；矾土水泥拌制的混凝土，其养护时间不得少于 3d；掺有缓凝剂等外加剂或有抗渗要求的混凝土，其养护时间不得少于 14d。在外界气温低于 5℃ 的条件下，不允许浇水养护。

（2）喷膜养护

喷膜养护是在混凝土表面喷洒一至两层塑料溶液，待溶剂挥发后，在混凝土的表面结合成一层塑料薄膜，使混凝土表面与空气隔绝，使混凝土中的水分不再蒸发，从而完成水化作用。这种养护方法特别适用于表面积大的混凝土和缺水地区，以及垂直面混凝土（如柱、墙等）的养护。

(3) 太阳能养护

太阳能养护是利用太阳光的照射,将辐射能转变为热能,使混凝土内部升温较快,加速了水泥的水化过程,以达到养护的目的。太阳能养护,根据其养护工艺的不同可分为铺膜养护和太阳罩养护两种方法。它具有成本低、操作简单、质量好、强度均匀等优点,比浇水自然养护有较大的优越性。

(4) 蒸汽养护

蒸汽养护是将成型的混凝土构件置于封闭的养护室(空间)内,通过蒸汽使混凝土在较高湿度的环境中迅速凝结、硬化,达到所要求的强度。蒸汽养护是缩短养护时间的有效方法之一。混凝土在浇筑成型后先静置2~6h,再进行蒸汽养护。为了防止混凝土因表面体积膨胀太快而产生裂缝,养护时升温速度不宜太快。一般控制在10~20℃/h。温度上升到一定值后应恒温一段时间。恒温的温度和时间随水泥品种的不同而不同,以保证混凝土强度的增长。同样经蒸汽养护的混凝土降温也不能太快,以免混凝土表面产生裂缝。一般情况下,构件厚度在100mm左右时,降温速度为20~30℃/h。混凝土构件出槽时的温度与室外温度相差不得大于40℃,当室外为负温度时,相差不得大于20℃。

6. 施工中的安全注意事项和质量要求

(1) 现浇混凝土拆模条件

混凝土结构浇筑完成后,达到一定强度,模板方可拆除。模板的拆除日期取决于混凝土的强度、模板的用途、结构的性质及混凝土硬化时的气温。

1) 承重的侧面模板,在混凝土强度能保证其表面及棱角不因拆除模板而损坏时,方可拆除。

2) 底模板在混凝土强度达到表5-6规定后,方可拆除。

3) 已拆除模板及其支架的结构,应在混凝土达到设计强度后,才允许承受全部荷载。施工中不得超载使用,严禁堆放过量建筑材料。

4) 钢筋混凝土结构如在混凝土未达到表5-6所规定的强度时进行拆除模板及承受部分荷载,应经过计算,复核结构在实际荷载作用下的强度。

现浇混凝土结构拆模条件　　　　　　　表5-6

结构类型	结构跨度(m)	按设计的混凝土强度标准值的百分率(%)
板	≤2	50
	2~8	75
	>8	100
梁、拱、壳	≤8	75
	>8	100
悬臂构件	≤2	75
	>2	100

(2) 预制构件的拆模条件

1) 拆除侧面模板时,混凝土强度能保证构件不变形、棱角完整无裂缝时方可拆除。

2) 承重底模，其构件跨度小于或等于 4m 时，在混凝土强度达到设计强度的 50％时方可拆除；构件跨度大于 4m 时，在混凝土强度达到设计强度的 75％时方可拆除。

3) 拆除空心板、梁的芯模或预留孔洞的内模时，在能保证表面不发生塌陷和裂缝时方可拆除，并应避免较大的振动或碰伤孔壁。

（3）拆除模板时的注意事项

1) 拆除模板时应避免混凝土表面或模板受到损坏，注意避免整块下落伤人。

2) 拆下的模板，有钉子的要使钉尖朝下，以免扎脚。

3) 模板拆完后，应及时加以清理、修理，按种类及尺寸分别堆放。对于定型钢模板，如背面油漆损坏应及时刷防锈漆。

（4）混凝土的质量缺陷和处理方法

混凝土的质量缺陷主要有露筋、蜂窝、孔洞等外观缺陷和混凝土强度不足等隐蔽缺陷两部分，见表 5-7。

造成上述缺陷的原因：一是混凝土浇灌方法、振捣或养护时间等不当而造成；二是所用材料强度偏低，混凝土的配合比不准。混凝土缺陷的处理方法如下：

混凝土现浇结构外观质量缺陷　　表 5-7

名称	现象	严重缺陷	一般缺陷
露筋	构件内钢筋未被混凝土包裹而外露	纵向受力钢筋有露筋	其他钢筋有少量露筋
蜂窝	混凝土表面缺少水泥砂浆而形成石子外露	构件主要受力部位有蜂窝	其他部位有少量蜂窝
孔洞	混凝土中孔穴深度和长度均超过保护层的厚度	构件主要受力部位有孔洞	其他部位有少量孔洞
夹渣	混凝土中夹有杂物且深度超过保护层厚度	构件主要受力部位有夹渣	其他部位有少量夹渣
疏松	混凝土局部不密实	构件主要受力部位有疏松	其他部位有少量疏松
裂缝	缝隙从混凝土表面延伸至混凝土内部	构件主要受力部位有影响结构性能或使用功能的裂缝	其他部位有少量不影响结构性能或使用功能的裂缝
连接部位缺陷	构件连接处混凝土缺陷及连接钢筋、连接件松动	连接主要受力部位有影响结构性能或使用功能的裂缝	其他部位有少量不影响结构性能或使用功能的裂缝
外形缺陷	缺棱掉角、棱角不直、翘曲不平、飞边凸肋等	清水混凝土构件有影响使用功能或装饰效果的外形缺陷	其他混凝土构件有不影响使用功能的外形缺陷
外表缺陷	构件表面麻面、掉皮、起砂、玷污等	具有重要装饰效果的清水混凝土构件有外表缺陷	影响使用功能或装饰效果的外表缺陷

1) 对于数量不多的麻面、小蜂窝、露筋、掉角的混凝土面,主要是保护钢筋和混凝土不受侵蚀,可用1:2~1:2.5的水泥砂浆抹面修整。在抹灰前须用钢丝刷或加压力的水对修补部位进行清洗润湿,抹灰初凝后加强养护工作。

2) 对结构构件承载能力无影响的细小裂缝,可将裂缝处加以冲洗,用水泥浆抹补。如裂缝隙开裂较深时,应将裂缝隙的混凝土表面凿毛,或沿裂缝方向凿成深为15~20mm、宽为100~200mm的V形凹槽,扫净并洒水湿润,先刷水泥净浆一层,然后用1:2~1:2.5水泥砂浆分2~3层涂抹,总厚度控制在10~20mm之间,并压实抹光。

3) 当蜂窝比较严重或露筋较深时,应除掉附近不密实的混凝土和突出的集料颗粒,用清水洗刷干净并充分润湿后,再用比原强度高一等级的细石混凝土填补并仔细捣实。

4) 对于孔洞的修补,可在旧混凝土表面先将孔洞处疏松的混凝土和突出的石子剔凿掉,孔洞顶部要凿成斜面,避免形成死角,然后用水刷洗干净,保持湿润72h后,用比原强度高一等级且掺入水泥用量万分之一铝粉的细石混凝土填补并分层捣实。

5) 对于影响结构承载力、防水、防渗性能的裂缝,为恢复结构的整体性和抗渗性,应根据裂缝的宽度、深度、性质和施工条件等,采用水泥灌浆或化学灌浆的方法予以修补。

6) 对于混凝土强度不足等隐蔽缺陷,应先经验算后,再采取相应的加固措施。

5.4 钢 筋 工 程

钢筋工程主要包括钢筋的加工制作、钢筋的连接、焊接(或绑扎)钢筋骨架以及钢筋的配料和下料、钢筋代换计算等施工过程。

钢筋加工的特点是使用的材料规格多,加工工序也多,成品形状、尺寸各不相同,焊接及安装的好坏对构件质量关系很大,而在工程完工后又难以检查。如有缺陷,事后无法纠正,所以钢筋加工的各道工序一定要严格控制。

桥梁工程所用钢筋一般是热轧钢筋,《桥规》按其强度分为HPB235,HRB335,HRB400和RRB400四级。其中数字前面的英文字母分别表示生产工艺、表面形状和钢筋,而数字则代表钢筋的强度标准值。H表示热轧钢筋,P表示光圆钢筋,R表示带肋钢筋,B表示钢筋。例如HPB235,表示强度标准值为235N/mm² 的热轧光圆钢筋。HPB235级钢筋相当于旧《桥规》中的Ⅰ级钢筋,HRB335热轧带肋钢筋相当于旧《桥规》中的Ⅱ级钢筋。热轧带肋钢筋强度高,大量用于中、小型桥梁结构的受力钢筋。

5.4.1 钢筋加工
除冷加工外,钢筋加工是指钢筋调直、除锈、切断、弯曲成型等。

1. 钢筋调直
钢筋调直是钢筋加工中不可缺少的工序。钢筋调直有手工调直和机械调直。

细钢筋可采用调直机调直，粗钢筋可以采用捶直或扳直的方法。钢筋的调直还可采用冷拉方法，其冷拉率 HPB235 级钢筋不大于 4％，HRB335 级、HRB400 级和 RRB400 级钢筋的冷拉率不宜大于 1％，一般拉至钢筋表面氧化皮开始脱落为止。

2. 钢筋除锈

(1) 钢筋除锈的作用

在自然环境中，钢筋表面接触到水和空气，就会在表面结成一层氧化铁，这就是铁锈。生锈的钢筋不能与混凝土很好粘结，从而影响钢筋与混凝土共同受力工作。若锈皮不清除干净，还会继续发展，致使混凝土受到破坏而造成钢筋混凝土结构构件承载力降低，最终混凝土结构耐久性能下降，结构构件完全破坏，钢筋的防锈和除锈是钢筋工非常重要的一项工作。

在预应力混凝土构件中，对预应力钢筋的防锈和除锈要求更为严格。因为在预应力构件中，受力作用主要依靠预应力钢筋与混凝土之间的粘结能力，因此要求构件的预应力钢筋或钢丝表面的油污、锈迹全部清除干净，凡带有氧化锈皮或蜂窝状锈迹的钢丝一律不得使用。

(2) 钢筋除锈的方法

除锈工作应在调直后、弯曲前进行，并应尽量利用冷拉和调直工序进行除锈。钢筋除锈的方法有多种，常用的有人工除锈、钢筋除锈机除锈和酸法除锈。如钢筋经过冷拉或经调直，则在冷拉或调直过程中完成除锈工作；如未经冷拉的钢筋或冷拉、调直后保管不善而锈蚀的钢筋，可采用电动除锈机除锈，还可采用喷砂除锈、酸洗除锈或手工除锈（用钢丝刷、砂盘）。

3. 钢筋切断

钢筋经调直、除锈完成后，即可按下料长度进行切断。钢筋应按下料长度下料，力求准确，允许偏差应符合有关规定。钢筋下料切断可用钢筋切断机（直径 40mm 以下的钢筋）及手动液压切断器（直径 16mm 以下的钢筋）。切断时，将同规格钢筋根据不同长度长短搭配、统筹排料。一般应先断长料，后断短料，减少短头，长料长用，短料短用，使下脚料的长度最短。切剩的短料可作为电焊接头的帮条或其他辅助短钢筋使用，力求减少钢筋的损耗。

4. 钢筋弯曲成型

弯曲成型是将已切断、配好的钢筋按照施工图纸规定的形状尺寸要求进行加工。弯曲分为人工弯曲和机械弯曲两种。

钢筋弯曲成型一般采用钢筋弯曲机、四头弯曲机（主要用于弯制钢箍）及钢筋弯箍机。在缺乏机具设备的条件下，也可采用卡盘和扳手弯钢筋。

钢筋弯曲成型的顺序是：准备工作——画线——样件——弯曲成型。下面以箍筋的弯曲成型步骤为例分述如下：

箍筋弯曲成型步骤分为五步，如图 5-5 所示。在操作前，首先要在手摇扳的左侧工作台上标注出钢筋 1/2 长、箍筋长边内侧长、短边内侧长（也可以标注外侧长）三个标志。

因为第三、五步的弯钩角度大，所以要比第二、四步操作时靠标志略松些，预留一些长度，以免箍筋不方正。

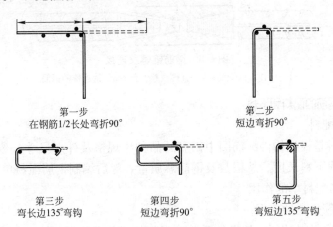

图 5-5　箍筋的弯曲成型步骤

5.4.2　钢筋的连接

采用焊接接长代替绑扎，可节约钢材，改善结构受力性能，提高工效，降低成本。钢筋常用焊接接长方法有对焊、电弧焊、电渣压力焊和电阻点焊。粗钢筋还可采用机械加工连接接长。

钢筋机械连接是指通过连接件的机械咬合作用或钢筋端面的承压作用，将一根钢筋中的力传递至另一根钢筋的连接方法。这类方法是我国近年来发展起来的，它具有接头质量稳定可靠，不受钢筋化学成分的影响，人为因素的影响小；操作简便，施工速度快，且不受气候条件影响；无污染、无火灾隐患，施工安全等优点。在粗直径钢筋连接中，钢筋机械连接方法具有广阔的发展前景。

粗直径钢筋机械加工连接是建设部 1998 年颁布的"建筑业 10 项新技术"之一，粗直径钢筋直螺纹机械连接技术被列为 2005 年"建筑业 10 项新技术"之一进一步加强推广应用。目前正在推广应用的有套筒挤压连接法、直螺纹连接法和锥螺纹连接法等。如图 5-6、图 5-7、图 5-8 所示。

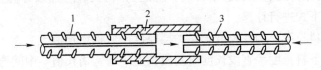

图 5-6　钢筋套筒挤压连接
1—已挤压的钢筋；2—钢套筒；3—未挤压的钢筋

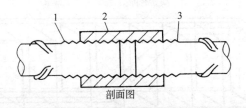

图 5-7　钢筋直螺纹连接
1—已连接的钢筋；2—直螺纹钢套筒；3—正在拧的钢筋

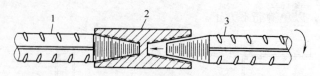

图 5-8 钢筋锥螺纹连接

1—已连接的钢筋；2—锥螺纹钢套筒；3—待连接的钢筋

5.4.3 钢筋的配料和下料

1. 钢筋配料

钢筋配料是根据构件配筋图中钢筋的品种、规格及外形尺寸、数量计算构件各钢筋的直线下料长度、总根数及钢筋总质量，然后编制钢筋配料单。

(1) 钢筋配料单的作用

1) 是钢筋加工的依据。

2) 是提出材料计划，签发任务单和限额领料单的依据。

3) 是钢筋施工的重要工序。合理的配料单，能节约材料，简化施工操作。

(2) 钢筋配料单编制步骤

1) 熟悉图纸，识读构件配筋图，弄清每一钢筋编号的直径、规格、种类、形状和数量以及在构件中的位置和相互关系。

2) 绘制钢筋简图。

3) 计算每种规格钢筋的下料长度。

4) 填写钢筋配料单。

5) 填写钢筋料牌。

2. 钢筋下料

桥梁受弯构件的配筋一般有架立钢筋、纵向受力钢筋、弯起钢筋和箍筋，如图 5-9 所示的钢筋骨架。按照弯制的形式可归纳为直钢筋、弯起钢筋和弯钩钢筋三种。为使钢筋满足设计要求的形状和尺寸，需要对钢筋进行弯折，而弯折后钢筋各段的长度总和并不等于其在直线状态下的长度，所以就需要对钢筋的剪切下料长度(剪切前量得的直线状态下长度，称之为下料长度)加以计算。各种钢筋的下料长度可按下式进行计算：

直钢筋下料长度＝构件长度－保护层厚度＋弯钩增长值

弯起钢筋下料长度＝直段长度＋斜段长度＋弯钩增长值－中间弯曲伸长量

箍筋下料长度＝箍筋周长＋箍筋弯钩增长值－中间弯曲伸长量

钢筋需要搭接时，还要考虑搭接增加长度。

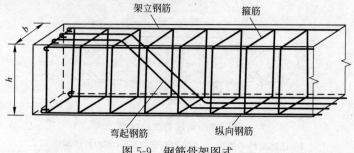

图 5-9 钢筋骨架图式

需要注意的是一般情况下,桥梁结构配筋图中对各编号钢筋的详细尺寸都有明确标注,此时,钢筋的下料长度应按图式尺寸计算后,再考虑计入弯曲伸长量即可。只有在桥梁结构配筋图中没有详细钢筋大样图时,才需要按上述公式计算。

(1) 保护层厚度

为保护桥梁结构中的钢筋,在长期的使用过程中不锈蚀,混凝土保护层必须有足够的厚度,见表 5-8。

钢筋的混凝土保护层厚度表(mm)　　　　表 5-8

环境与条件	构件名称	混凝土强度等级		
		低于 C25	C25 及 C30	高于 C30
室内正常环境	板、墙、壳	15		
	梁和柱	25		
露天或室内高湿度环境	板、墙、壳	35	25	15
	梁和柱	45	35	25
有垫层	基础	35		
无垫层		70		

注:1. 钢筋混凝土受弯构件,钢筋端头的保护层厚度一般为 10mm;预制的肋形板,其主肋的保护层厚度可按梁考虑;
　　2. 板、墙、壳中分布钢筋的保护层厚度一般为 10mm,梁柱中箍筋和构造钢筋的保护层厚度不应小于 15mm。

(2) 弯钩增长值

光圆钢筋为了增加其与混凝土锚固的能力,一般将其两端做成 180°弯钩。因其韧性较好,圆弧弯曲直径 D 应大于或等于钢筋直径 d 的 2.5 倍,平直段部分长度不小于钢筋直径的 3 倍;用于轻集料混凝土结构时,其弯曲直径 D 不应小于钢筋直径的 3.5 倍。带肋钢筋一般不做弯钩,只是为了满足锚固长度的要求,末端常做 90°或 135°弯折,弯钩增长值的计算简图如图 5-10 所示,弯钩增长值:180°弯钩为 $6.25d$,90°弯折为 $3.5d$,135°弯折为 $4.9d$。

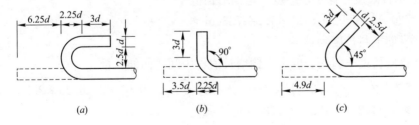

图 5-10　钢筋弯钩增长值的计算图式
(a)180°弯钩;(b)90°弯折;(c)135°弯折

(3) 钢筋中间部位弯折处的弯曲伸长量

钢筋弯折后,外边缘伸长,内边缘缩短,而中心线既不伸长也不缩短。但钢筋长度的度量方法是指外包尺寸,因此钢筋弯曲后,存在一个弯曲伸长量,计算下料长度时必须加以扣除。否则势必形成下料太长，或浪费甚至返工。

钢筋弯曲伸长量列于表 5-9 中。

钢筋弯曲伸长量　　　　表 5-9

钢筋弯曲角度	30°	45°	60°	90°	135°
钢筋弯曲伸长量	0.35d	0.5d	0.85d	2d	2.5d

需要注意的是：以上各弯钩（弯折）增长值的计算规定中，均已包含弯钩本身的弯曲伸长量，按上述规则计算钢筋下料长度时，末端弯钩不必再考虑弯曲伸长量。

(4) 下料长度计算实例

【例 5-1】　某桥横梁配筋如图 5-11 所示，图中尺寸除钢筋直径外，均以 cm 计。请计算①、②、③号钢筋的下料长度。

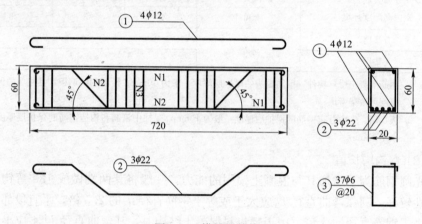

图 5-11　横梁钢筋构造

【解】

①号筋下料长度为：

　　构件长度－保护层厚度＋弯钩增长值

　　$=720-2\times1+2\times6.25\times1.2=733$ cm

②号筋下料长度为：

　　直段长度＋斜段长度＋弯钩增长值－中间弯曲伸长量

　　$=720-2\times1+2(\sqrt{2}-1)\times(60-2\times3.5-1.1-0.6)+2\times6.25\times2.2-4$
　　　$\times0.5\times2.2=783.58\approx784$ cm

③号筋下料长度为：

　　箍筋周长＋箍筋弯钩增长值－中间弯曲伸长量

　　$=[(60-2\times3.5+0.6)+(20-2\times3.5+0.6)]\times2+2\times3.5\times0.6-3$
　　　$\times2\times0.6$

　　$=135$ cm

5.4.4 钢筋代换

1. 钢筋代换原则

在施工中如遇到钢筋品种或规格与设计要求不符时，征得设计单位同意后，可按下列原则代换。

（1）等强度代换

构件配筋受强度控制时，按代换前后强度相等的原则进行代换，称"等强度代换"。代换时应满足式(5-1)和式(5-2)的要求：

即：
$$A_2 \cdot f_2 \geqslant A_1 \cdot f_1 \tag{5-1}$$

$$n_2 \geqslant n_1 \cdot \frac{d_1^2 \cdot f_1}{d_2^2 \cdot f_2} \tag{5-2}$$

式中　n_2——代换钢筋根数；

　　　n_1——原设计钢筋根数；

　　　d_2——代换钢筋直径；

　　　d_1——原设计钢筋直径；

　　　f_2——代换后钢筋设计强度值；

　　　f_1——原设计钢筋设计强度值；

　　　A_2——代换后钢筋总截面积；

　　　A_1——原设计钢筋总截面积。

（2）等面积代换

构件按最小配筋率配筋时，或同钢号钢筋之间的代换，按代换前后面积相等的原则进行代换，称"等面积代换"。代换时应满足式(5-3)和式(5-4)的要求：

$$A_2 \geqslant A_1 \tag{5-3}$$

$$n_2 \geqslant n_1 \cdot \frac{d_1^2}{d_2^2} \tag{5-4}$$

式中符号意义同上。

钢筋代换后，有时由于受力钢筋直径加大或根数增多而需要增加排数，则构件截面的有效高度 h_0 减少，截面强度降低。所以常需对截面强度进行复核。

2. 钢筋代换注意事项

钢筋代换时，必须充分了解设计意图和代换材料的性能，并严格遵守《桥规》的各项规定，应征得设计单位的同意，并应符合下列规定：

（1）不同种类钢筋代换，应按钢筋受拉承载力设计值相等的原则进行。

（2）当构件受裂缝宽度或挠度控制时，钢筋代换后应进行裂缝宽度或挠度验算。

（3）钢筋代换后，应满足混凝土结构设计中所规定的钢筋间距、锚固长度、最小钢筋直径、根数等要求。

(4) 对重要受力构件，不宜用 HPB235 级代换 HRB335 级钢筋。

(5) 梁的纵向受力钢筋与弯起钢筋应分别进行代换。

(6) 偏心受压构件或偏心受拉构件做钢筋代换时，不取整个截面配筋量计算，应按受力面(受压或受拉)分别代换。

5.4.5 钢筋骨架的绑扎与焊接

钢筋骨架，可以焊接成型，也可以绑扎成型，但都必须保证骨架有足够的刚度，以便在搬运、安装和灌注混凝土过程中不致发生钢筋变形、移位、松散等现象。

1. 钢筋骨架的绑扎

(1) 首先要核对成品钢筋的钢号、直径、形状、尺寸和数量等是否与料单、料牌相符。如有错漏，应纠正增补。

(2) 准备绑扎用的铁丝、绑扎工具(如钢筋钩)、绑扎架等。

(3) 准备控制混凝土保护层用的水泥砂浆垫块或塑料块，垫块应错开设置，不应贯通截面全长。

(4) 画出钢筋位置线，钢筋的接头应按规定要求错开布置。

(5) 绑扎形式复杂的结构部位时，应先研究逐根钢筋穿插就位的顺序，并与模板工联系讨论支模和绑扎钢筋的先后次序，以减少绑扎困难。钢筋的交叉点应用铁丝绑扎结实，必要时可用电焊焊接。

钢筋绑扎用的钢丝(镀锌钢丝)可采用 20~22 号钢丝，其中 22 号钢丝只用于绑扎直径 12mm 以下的钢筋。

钢筋绑扎方法有顺扣、缠扣、套扣法。绑扎骨架钢筋的安装，应事先拟定安装顺序。一般的梁肋钢筋，先放箍筋，再安下排主筋，后装上排钢筋。

2. 钢筋骨架的焊接与安装

普通钢筋混凝土 T 梁的主筋往往叠放配置，因而，一般均采用焊接钢筋骨架。钢筋骨架焊接应在紧固的焊接工作台上进行施工。骨架的焊接一般采用电弧焊，先焊成单片平面骨架，再将它组拼成立体骨架。在焊接过程中，由于焊缝填充金属及被焊金属的温度变化，骨架将会产生翘曲变形，同时在焊缝内将引起甚至会导致焊缝开裂的收缩应力。为了防止或减小这种变形和应力，一般以采用双面焊缝为好，即先焊好一面的焊缝，而后把骨架翻身，再焊另一面的焊缝，当大跨径骨架翻身困难而不得不采用单面焊时，则须在垂直骨架平面的方向做成预拱度(其大小可由实地测验而定)。同时，在焊接操作上应采用分层跳焊法，即从骨架中心向两端对称地、错开地焊接，先焊骨架下部，后焊骨架上部；在同一断面处，如钢筋层次多，各道焊缝也应互相交错跳焊。如图 5-12 所示的骨架焊缝焊接顺序示意图。

实践表明，装配式简支梁焊接钢筋骨架焊接后在骨架平面内还会发生两端上翘的焊接变形。为此，尚应结合骨架在安装时可能产生的挠度，事先将骨架拼成具有一定的预拱度，再行施焊。焊接成型的钢筋骨架，安装比较简单，用一般起重设备吊入模板即可。

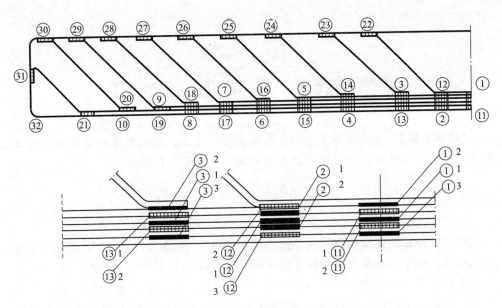

图 5-12 骨架焊缝焊接顺序示意图

思考题与习题

1. 桥梁工程中的模板主要有哪些类型？
2. 混凝土在搅拌、运输、浇筑、振捣、养护、拆模的过程中有何规定？
3. 钢筋为什么要进行下料计算？简述计算的方法。

教学单元6 桥梁基础施工

【教学目标】 通过学习各类桥梁基础工程的施工，学生掌握桥梁基坑定位放样和基底检验与处理方法，熟悉桩基础的施工程序及工艺要求。

6.1 概 述

桥梁基础是桥梁结构物直接与地基接触的最下部分，是桥梁下部结构的重要组成部分。桥梁基础根据埋置深度的不同可分为浅基础和深基础两类。浅基础的埋置深度较浅（一般小于5m），由于浅层土质不良，有时需把基础埋置于较深的地层，这样的基础称为深基础（一般埋深大于5m）。有时基础埋置在土层内虽然较浅，但在水下部分较深，称为深水基础。浅基础一般采用明挖施工，深基础可采用多种方法施工，如沉入桩、钻孔灌注桩、沉井、沉箱等，桥梁的基础深浅是由桥位地质条件、水文状况、跨径大小、施工技术等因素综合确定。本章只介绍浅基础施工、沉入桩施工、钻孔灌注桩施工及沉井施工。

6.2 浅 基 础

桥梁工程中的浅基础又称为明挖基础，可分为柔性基础和刚性扩大基础。柔性基础一般采用钢筋混凝土筑成；刚性扩大基础不需配置钢筋，一般采用圬工材料砌筑。在天然土层上直接建造桥梁浅基础，可采用明挖法，即不用任何支撑的一种开挖方式；当地基土层较软，放坡受施工条件限制时，可采用各种坑壁支撑。采用明挖法施工特点是工作面大、施工简便，其施工程序和主要内容为基坑定位放样、基坑围堰、排水、开挖、支撑及基底的质量检验、处理。

6.2.1 基坑定位放样

当墩、台中心测放后，便是怎样确定墩、台的基坑位置。基础的尺寸由设计图纸得出，再根据土质确定放坡率，得到基坑顶的尺寸（图6-1），当基础尺寸为 a,b 时，则基坑顶的尺寸为：

$$\left.\begin{aligned}A&=a+2\times(0.5\sim1\text{m})+2\times H\times n\\B&=b+2\times(0.5\sim1\text{m})+2\times H\times n\end{aligned}\right\} \quad (6\text{-}1)$$

式中　A——基坑顶的长；
　　　B——基坑顶的宽；
　　　H——基坑底高程与地面平均高程的差；
　　　n——边坡率。

明挖基坑放样程序为：施工前，根据相关规定放出基坑顶挖土线的位置和尺

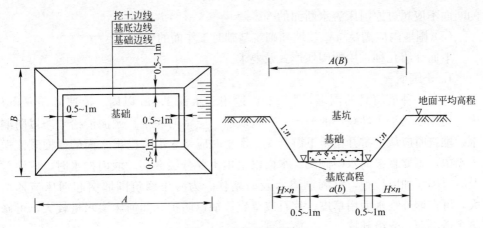

图 6-1　基坑放坡示意

寸,当挖土高程达到设计基础底高程时(当采用机械挖土时,最后 0.1~0.2m 的土由人工挖除),再精确测放出基础平面尺寸和砌筑高度。

基坑深度在 5m 以内,施工期较短,基坑底在地下水位以上,土的湿度正常(接近最佳含水量)、土层构造均匀时,基坑坑壁坡度可参考基坑坑壁边坡系数表(表 6-1)使用。基坑深度大于 5m 时,应将坑壁坡度率放大或加设平台;如土的湿度可能引起坑壁坍塌时,坑壁坡度率应大于该湿度下土的天然坡度率。没有地面水,但地下水位在基坑底以上时,地下水位以上部分可以放坡开挖;地下水位以下部分,若土质易坍塌或水位在基坑底以上较深时,应加固坑壁开挖。

基坑坑壁边坡系数表　　　　　　　表 6-1

坑 壁 土 类	坑 壁 坡 度		
	坡顶无荷载	坡顶有静荷载	坡顶有动荷载
砂类土	1:1	1:1.25	1:1.5
卵石、砾类土	1:0.75	1:1	1:1.25
粉质土、黏质土	1:0.33	1:0.5	1:0.75
极软岩	1:0.25	1:0.33	1:0.67
软质岩	1:0	1:0.1	1:0.25
硬质岩	1:0	1:0	1:0

6.2.2　基坑围堰

在河岸或水中修筑墩台时,为防止河水由基坑顶面浸入基坑,需要修筑围堰。所谓围堰,就是在基坑四周修筑的一道临时、封闭、挡水的构筑物。围堰修筑好以后,抽除围堰内的水,使基坑开挖在无水的状态下进行,待墩台修筑出水面后,再对基坑回填并拆除围堰。

围堰所用的材料和形式应根据当地水文、地质条件、材料来源及基础形式而定,但不论何种材料和形式的围堰,均应注意下列要求:

(1)围堰顶高程宜高出施工期间可能出现的最高水位(包括浪高)0.5~0.7m。

(2)由于围堰的修筑,使河床断面缩小,流速增大,将引起河床较大的集中冲刷,危及围堰安全或严重漏水,也可能影响通航,为防止上述不利情况,围堰的断面不应超过原河床流水断面的30%。

(3) 围堰内应满足坑壁放坡和砌筑基础时工作面的要求。

下面介绍几种常用的围堰形式及要求。

1. 土围堰

这是一种最简易的围堰(图6-2),适用于水深1.5m以内、流速0.5m/s以内、河床土质渗水性较小的河床。在筑堰前,应将河底杂物淤泥清捞干净以防漏水,堆筑时应从上游开始至下游合龙。倒土时应将土沿着已出水面的堰面顺流送入水中,不要直接向水中倾倒。水面以上填土要分层夯实。堰内抽水时,应注意及时对围堰加以检查,有漏洞渗水及时堵住。为防止修筑围堰引起河床流速增大,可在堰外临水面用草皮、片石或草袋等加以防护。如河床渗水量较大,可修筑多道围堰,分级开挖。

2. 土袋围堰

土袋围堰(图6-3)适用于水深3.0m以内、流速1.5m/s以内、河床土质渗水性较小的河床。堰底处理及填筑方向与土围堰相同。土袋内应装袋容量1/2到1/3松散的黏土或亚黏土,袋口缝合。堆码在水中的土袋,其上下层和内外层(竖向)应相互错缝,尽量堆码密实整齐,可能时由潜水工配合堆码,并整理坡脚。土袋围堰也可用双排土袋与中间填充黏土组成,填土时不可随意倾填,以防土填在土袋上,使围堰强度降低。土袋采用草包、麻袋和尼龙编织袋,但后者不易腐烂,给拆除带来困难。

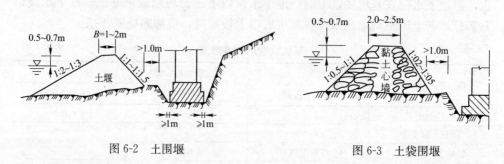

图6-2 土围堰　　　　图6-3 土袋围堰

3. 板桩围堰

根据河床土质、水深、流速等条件可分别采用木板桩围堰、钢板桩围堰和钢筋混凝土板桩围堰等。木板桩现已少用。

(1) 钢板桩围堰

钢板桩一般采用拉森桩(Laser),也可以采用槽钢、工字钢等型钢。当水深大于5m且不能用其他围堰的情况下,砂性土、半干硬性黏土、碎卵石类土及风化岩等透水性好的河床,常采用钢板桩围堰。根据需要可修筑成单层、双层和构体式。适用于防水及挡土,施工方便,入土深度应大于河床以上部分长度,图6-4为钢板桩结构图。

钢板桩围堰可布置成矩形、圆形,在双层围堰夹层中应填以黏土;特殊情况下,夹层下部浇筑水下混凝土以提高防渗能力。

(2) 钢筋混凝土板桩围堰

钢筋混凝土板桩围堰适用于黏性土、砂类土、碎石土河床,除用于基坑挡土

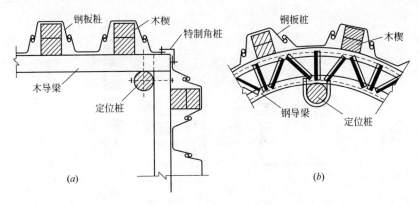

图 6-4 钢板桩围堰结构
(a)矩形钢板桩围堰；(b)圆形钢板桩围堰

防水以外，可不拔除而作为建筑物结构的一部分，或作为水中墩台基础的防护结构物，亦可拔除周转使用。

6.2.3 基坑排水

明挖基础施工中一般应采用排降水措施，保持基坑底不被水淹没，基坑排水多采用明沟排水法和井点降水法，也可采用截水、冻结等方法。

1. 明沟排水法与基坑布置

明沟排水法(图 6-5)是指从基坑内用水泵将水排出坑外，并持续至基础工程完成进行回填土后才停止。

为防止地面水流入基坑，一般在坑口四周筑截水土堰(可利用弃土做土埝)，并将抽出水引开。在坑内设排水沟，基坑四角设集水井，井的直径或边宽一般为 60~80cm，深度可为 80~100cm(潜水泵抽吸时，必须保证在水中抽吸，故不宜太浅)。

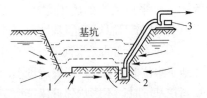

图 6-5 基坑明沟排水示意图
1—排水沟；2—集水沟；3—水泵

2. 井点降水法

在基坑周围，打入带有过滤管头的井点管，在地面与集水总管连接起来，通到抽水系统。用真空泵造成的真空度，将地下水吸入水箱，再用水泵排出，使基坑内地下水位暂时降低。井点降水的布置如图 6-6 所示。

井点降水法主要有轻型井点、喷射井点、射流泵井点和深井泵井点等类型，可根据土的渗透系数、要求降低水位的深度及工程特点选用。前二类适用于黏砂土及各类砂土；深井泵则适用于透水性较大的砂土，降低水位深度达 15m 以上。

一般轻型井点抽水最大吸程为 6~9m，施工时安装井点管应先造孔(钻孔或冲孔)后下管，不得将井点管硬打入土内。滤管应低于基底以下 1.5m。井点管常用间距 1.0~1.6m，沿基坑四周布置。管的长度一般为 8m，一套抽水系统设备所连接的集水总管长度约 80~100m，可连接 70~80 根井点管，如基坑周边超过上述范围，则需设置两个或多个井点抽水。当抽水时，地下水流向滤管，使地下水位降低至基坑以下，既保证旱地工作条件，又防止基坑底下地基土发生"涌

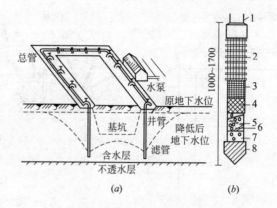

图 6-6 轻型井点排水布置示意图(尺寸单位：cm)
(a)轻型井点法降水全貌；(b)滤管构造
1—井点管；2—粗铁丝保护网；3—粗滤网；4—细滤网；
5—缠绕的塑料管；6—管壁上的小孔；7—钢管；8—铸铁头

"砂"的可能。但是井点降水法用的施工机具较多，施工布置较复杂，在桥涵施工中多用于城市内挖基坑。

6.2.4 基坑开挖

基坑的开挖应根据土质条件、基坑深度、施工期限以及有无地表水或地下水等因素，采用适当的施工方法。

1. 坑壁不加支撑的基坑

对于在干涸的无水河滩、河沟中，或有水经改河或筑堤能排除地表水的河沟中；在地下水位低于基底，或渗透量小，不影响坑壁稳定；以及基础埋置不深，施工工期短，挖基坑时，不影响邻近建筑物安全的施工场所，可选用坑壁不加支撑的基坑。

基坑深度在 5m 以内，土的湿度正常时，基坑可参照放坡开挖坑壁坡度表，采用斜坡坑壁开挖或挖成阶梯形坑壁，每梯高度以 0.5～1.0m 为宜。基坑深度大于 5m 时，坑壁坡度可适当放缓，或加做平台。在坑壁坡度变换处，应保留有至少 0.5m 的平台(图 6-7)。

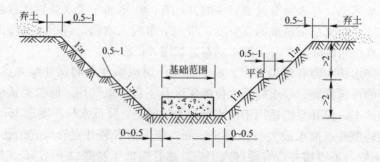

图 6-7 二次放坡示意图(尺寸单位：m)

2. 坑壁有支撑的基坑

当坑壁土质不易稳定，并有地下水影响，或者放坡工程量过大，或者施工现场与邻近建筑物过近，不能采用放坡开挖时，可采用坑壁有支撑的基坑。

常用的坑壁支撑形式有：挡板支撑护壁、喷射混凝土护壁、混凝土围圈护壁以及其他形式的支撑（如锚桩式、锚杆式、锚碇板式、斜撑式等）。

(1) 挡板支撑护壁

挡板支撑的形式有：竖挡板式坑壁支撑（图 6-8），横挡板式坑壁支撑（图 6-9），框架式支撑（图 6-10）。对于大面积基坑无法安装横撑时，可采用锚桩式、斜撑式或锚杆式支撑（图 6-11）。

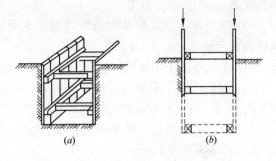

图 6-8　竖挡板式坑壁支撑
(a)一次完成；(b)分段完成

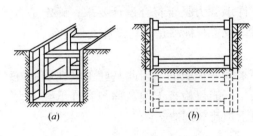 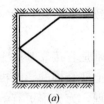 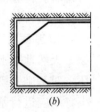

图 6-9　横挡板式坑壁支撑　　　　图 6-10　框架式坑壁支撑
(a)一次完成；(b)分段完成　　　　(a)人字形支撑；(b)八字形支撑

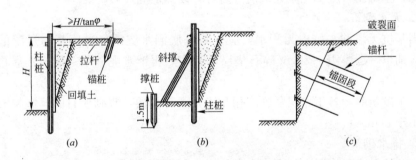

图 6-11　大面积基坑支撑
(a)锚桩式；(b)斜撑式；(c)锚杆式

(2) 喷射混凝土护壁

喷射混凝土护壁施工的特点是：在基坑开挖界限内，先向下挖土一段，随即用混凝土喷射机喷射一层含速凝剂的混凝土，以保护坑壁，然后向下逐段挖深喷护，每段一般为 0.5～1.0m，视土质情况而定。采用喷射混凝土护壁的基坑，无论基础外形如何，均应采用圆形，以改善坑壁受力状态。

3. 基坑施工注意事项

(1) 在基坑顶缘四周适当距离处设置集水沟，并防止水沟渗水，以避免地表水冲刷坑壁，影响坑壁稳定性。

(2) 坑壁边缘应留有护道，静荷载距坑壁边缘不少于 0.5m，动荷载距坑壁边缘不少于 1.0m，垂直坑壁边缘的护道还应适当增宽，水文地质条件欠佳时应有加固措施。

（3）应经常注意观察基坑边缘顶面有无裂缝，坑壁有无松散塌落现象发生，以确保安全施工。

（4）基坑施工不可延长时间过长，自开挖至基础完成，应抓紧时间连续施工。

（5）如用机械开挖基坑，挖至坑底时，应保留不少于 30cm 的厚度，在基础浇筑圬工前，用人工挖至基底标高。

（6）一般基底应比设计平面尺寸各边加宽 50～100cm。

6.2.5 基底检验与处理

1. 基底检验

基础是隐蔽工程，基坑施工是否符合设计要求，在基础砌筑前，应按规定进行检验。检验的目的在于：确定地基的容许承载力是否符合设计要求；确定是否能保证墩台稳定，不致发生滑动；确定基坑位置与标高是否与设计文件相符。

2. 基底处理

天然地基上的基础是直接靠基底土壤来承受荷载的，因此基底土壤性质的好坏，对基础及墩台、上部结构的影响极大，不能仅检查土壤名称与容许承载力大小，还应进行基底处理，为土壤更有效地承担荷载创造条件。

6.2.6 基础砌筑

在基坑中砌筑基础可分为无水砌筑、排水砌筑和混凝土封底再排水砌筑等几种情况，基础用料应在挖基完成前准备好，以保证能及时砌筑。

1. 无水砌筑

当基坑无渗漏，坑内无积水，应先将基底洒水湿润；当地基为过湿的土基时，应铺设一层厚 10～30cm 碎石垫层，夯实后再铺水泥砂浆一层，然后再砌筑基础。

圬工砌筑时，各工作层竖缝应相互错开不得贯通，浆砌块石的竖缝错开距离不得小于 8cm。

2. 排水砌筑

如基坑基本无渗漏，仅有雨水存积，则可沿基坑底四周基础范围以外挖排水沟，将坑内积水排除后再砌筑基础。如基坑有渗漏，则应沿基坑底四周基础范围以外挖水坑，然后用水泵排出坑外。确保在无水状态下砌筑基础，基础边缘部分应严密隔水。水下部分基础必须待水泥砂浆或混凝土终凝后才允许浸水。

3. 混凝土封底再排水砌筑

水下浇筑混凝土，一般只有在排水困难时采用。当坑壁有较好的防水设施，但基坑渗漏严重时，可采用水下浇筑混凝土封底方法。待封底混凝土达到强度要求后排水，清除封底混凝土上面的泥浆，冲洗干净后砌筑基础。

6.3 沉入桩基础

桥梁桩基础按施工方法分为：沉入桩、钻孔桩、挖孔桩及管柱基础等，其中沉入桩按其材料分类有：木桩、钢筋混凝土桩、预应力混凝土桩和钢桩等。目前使用较多的是钢筋混凝土桩和预应力混凝土桩；钢桩亦逐渐增多；木桩除林区工程外，现已极少采用。桩的截面形式常用的有实心方桩和空心管桩两种。

6.3.1 混凝土桩的预制

1. 钢筋混凝土方桩

钢筋混凝土方桩可为实心和空心两种。空心桩可减轻桩身重量，对存放、吊运都有利。

钢筋混凝土方桩的预制要点是：制桩场地的整平与夯实；制模与立模；钢筋骨架的制作与吊放；混凝土浇筑与养护，图6-12为横向成排支模的间接法浇筑制桩施工示意图。间接浇筑法要求第一批桩的混凝土达到设计强度的30%后，方可拆除侧模；待第二批桩的混凝土达到设计强度的70%以后才可起吊出坑。也可采用以第一批为底模的重叠浇筑法制桩。

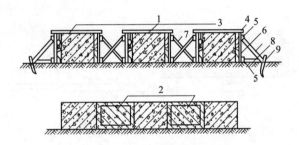

图6-12 间接制桩法
1—第一批浇筑；2—第二批浇筑；3—顶撑；4—侧模板；
5—纵肋条；6—模板肋条；7—斜撑；8—底横撑；9—锚钉

空心桩的内膜，可采用充气胶囊、钢管、橡胶管或活动木模等。

2. 预应力混凝土方桩

预应力混凝土方桩也有实心和空心两类。方桩的制作一般是采用长线台座先张法施工。方桩的空心部分，配置与直径相适应的特别胶囊，并采用有效措施，防止浇筑混凝土时胶囊上浮或偏心。

混凝土管桩，一般均采用预应力混凝土管桩；管桩的预制，一般用离心旋转法制作。

6.3.2 桩的起吊、搬运和堆放

1. 起吊

预制桩的混凝土达到吊搬要求的强度，而且不低于设计强度的70%后，方可吊搬。达到设计强度时方可使用。

预制桩的起吊与堆放时，较多采用两个支点，较长的桩也可采用3~4个支点。支点位置一般应按各支点处最大负弯矩与支点间桩身的最大正弯矩相等的条件确定。采用3个及3个以上吊点时，通常每2个吊点用一根千斤绳组合为一根吊钩绳，以减少通往吊机吊钩的数量。

通常将预制桩吊立于打桩架时,多采用1个吊点;较长的桩也可采用2个吊点,如图6-13(a)及图6-13(d)所示。其吊点位置决定原则同上。预制桩的吊点处通常不设吊环,起吊时用钢丝绳捆绑,捆绑处应加衬垫如麻布、木块等保护,防止损坏桩的表面、棱角。

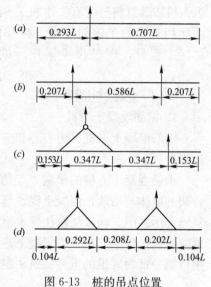

图6-13 桩的吊点位置

2. 搬运

可采用超长平板拖车或轨道平板车搬运。如采用前后托架车时,前托架必须加设活动转盘,如图6-14所示。

桩搬运时,其支承点与吊点位置相同;支承点位置如相差很大时,应检验桩的应力。运输时,应将桩捆绑稳固,使各支承点同时受力。

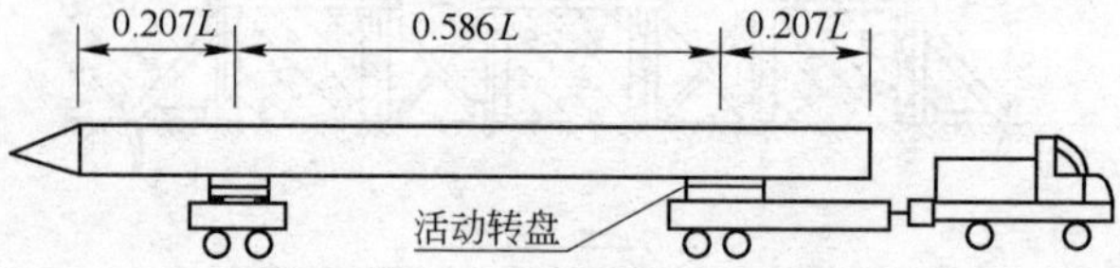

图6-14 托架拖车运桩示意图

3. 堆放

堆存桩的场地应靠近沉桩地点。场地应平整坚实,做好必要的防水措施,防止发生湿陷和不均匀沉陷。

不同类型和尺寸的桩,应考虑使用先后,分别堆放。堆放支点与吊点相同,偏差不应超过±20cm。按二吊点设计的桩,当桩须长期堆存时,为避免桩身挠曲,可采用多点支垫,各支点垫木应均匀放置,各垫木顶面应在一水平线上。

多层堆放时,各层垫木应位于同一垂直面上。堆放层数一般不宜超过4层。

用自然岸坡的坡顶作为临时堆桩场地时,应考虑岸坡的稳定性,防止岸坡发生沉降和滑移事故。在冰上打桩时,堆放在冰上的桩应考虑冰的承载力,桩要全部摊开平放,不可叠放。

6.3.3 桩的连接

当预制桩长度不足时,需要接桩。常用的接桩方法有:法兰盘连接(图6-15a)、钢板焊接(图6-15b)及硫黄砂浆锚固连接等。

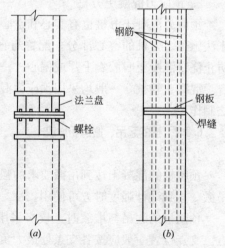

图6-15 桩的连接
(a)法兰盘连接;(b)钢板焊接

1. 法兰盘连接

适用于管桩或实心方桩。制桩时，将法兰盘焊接在桩的主钢筋上。为了保证法兰盘位置准确，并垂直于桩的纵向轴线，应用夹具将法兰盘按照专门的样板固定在桩的两端的模板上，然后在桩的模板内扎结钢筋骨架，骨架钢筋两端恰与法兰盘密接，再将接触点用电弧焊焊接。为了防止焊接时法兰盘变形，应在每一接触点先点焊，再全面施焊。每个接触点的焊接质量，应使接点总拉断力大于或等于主钢筋的拉断力。

法兰盘接桩的优点是沉桩时传递压力、拉力或振动力较好；缺点是工艺较繁琐，耗钢材较多，成本较高。

2. 钢板连接

适用于方桩或钢管桩。制桩时，将桩的主筋上、下端各焊 2～4 块方形钢板或于主筋环四角焊上角钢。钢板或角钢大小须按与主筋截面压、拉应力等强原则计算决定。钢板或角钢的位置、角度方向要用夹具按样板要求固定在模板上，再在模板内扎结钢筋骨架，两端主筋与钢板紧密接触，用电弧焊先点焊固定，防止钢板或角钢位移、变形，如有位移、变形，立即纠正。然后全面焊接各通缝。

钢板连接较法兰盘连接节省钢材，其缺点是在下沉过程中还要电焊接缝，影响进度，也难以保证接桩质量。

3. 硫磺砂浆（胶泥）连接

硫磺砂浆或硫磺胶泥接桩可适用于压入、锤击和振动沉桩。硫磺砂浆作为接桩胶接材料具有原材料易得，价格低廉，施工简便，硬化快，浇筑流动性好，无须养护，浇筑后很快可以使用，以及工艺正确时粘结强度可满足要求等优点。其缺点是耐湿性较差，气温在 5℃ 以下时硫磺砂浆的粘结强度大为降低，须将被粘接物预热，凝固过程中收缩性大，熬制过程中硫磺蒸气有微毒，须注意安全，用人工熔融硫磺砂浆、温度不好掌握等。

由于硫磺砂浆与水泥混凝土的粘结强度较低，故桩的接头处须采取加强粘结力的措施。一般采取对方形桩的上节桩的下端伸出 4 根钢筋（插筋），下节桩的顶端在制桩时，预留 4 个周边有方形螺纹的直孔。接桩时，将上节桩的钢筋吊入下节桩的锚孔内，然后装好夹箍。将上节桩提起 20cm，钢筋在孔内留一段。再将温度不低于 140℃ 的硫磺砂浆倒入夹箍形成的槽内，使其充满锚孔和下节桩桩顶，随后将上节桩和桩锤慢慢落下。待 10min 后，硫磺砂浆冷固，可继续沉桩。图 6-16 为用于静压力桩的硫磺砂浆（胶泥）连接。

6.3.4 沉桩施工

沉入桩的施工方法主要有：锤击沉桩、振动沉桩、射水沉桩、静力压桩以及沉管浇筑桩等。

1. 锤击沉桩

锤击沉桩是依靠桩锤的冲击能量将桩打入土中，一般桩径不宜过大（不大于 0.6m），入土深度不大于 50m。锤击沉桩一般适用于中密砂类土、黏性土。

(1) 沉桩设备

沉桩设备是桩基础施工成败的关键，应根据土质、工程量、桩的种类、规

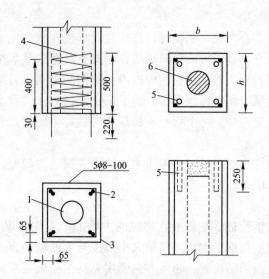

图 6-16 用于静压力桩的硫磺砂浆连接

1—ϕ250mm 空心;2—主筋;3—箍筋;4—ϕ8mm 的螺旋筋,距离 100mm,总高 400mm;
5—4ϕ50mm 螺纹孔,深 250mm;6—空心封头厚 90mm 素混凝土块

格、尺寸等条件决定。捶击沉桩的主要设备有桩锤、桩架及动力装置三部分。

1) 桩锤。

桩锤可分为坠锤、单气动锤、双气动锤、柴油锤、振动锤、液压锤等,常见桩锤如图 6-17 所示。

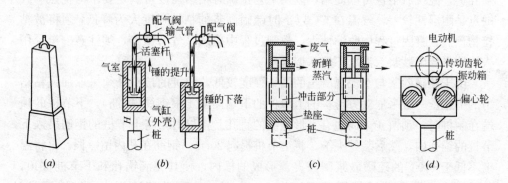

图 6-17 桩锤类型
(a)坠锤;(b)单气动锤;(c)双气动锤;(d)振动锤

坠锤:如图 6-17(a)所示,铸铁制成,坠锤自由下落使桩下沉。

单气动锤:如图 6-17(b)所示,由外壳(气缸)、输气管、活塞杆、气室和气动阀等构成。气室充气,气压顶升气缸,实现锤的提升。排气时,重锤下落,即可打桩。

双气动锤:如图 6-17(c)所示,打桩时,其外壳(气缸)固定于桩头上,气缸内的活塞连同冲击锤是捶击部分,由于构造上使得锤的下落不仅靠自重,同时,还有蒸汽(或压缩空气)作用,故称双气动锤,锤的下降速度比单气动锤快,锤击频率较高,重型锤达 90 次/min 左右，轻型锤可达 300 次/min 左右，但其捶击能量不大，宜用于轻型桩，如果将双气动锤倒装于桩上，则可用于拔桩，因此，常用来沉、拔钢板桩。

柴油锤：本身既是桩锤又是动力发动器，工作原理同于柴油机，因此不必配置动力设备，捶击频率为 50 次/min 左右。

振动锤：如图 6-17(d)所示，主要由电动机、传动齿轮或链条以及振动箱组成，振动箱下的支座刚性连接在桩头上，箱中装有成对负荷轴，轴上带有偏心轮，由电动机通过偏心轮或链条带动朝着相反方向等速地旋转，使各对偏心轮永位于对称位置。这样，由它产生的离心力之合力也就恒为竖向，故当每对偏心轮转动一周，即产生一周正弦形上下振动力，并通过刚性连接直接传到桩上，再加上锤、桩等重力的作用，桩便振动入土。

液压锤：由桩锤、液压系统、操作控制器等构成。桩锤可分为柱塞驱动装置和冲击传动装置两大部分。压力油由液压装置供给油缸，经液压阀切换油路，驱动冲击头升降，冲击桩下沉。液压锤施工噪声小，且不会污染空气。

2) 打桩架。

桩架是沉桩的主要设备，其主要作用是吊锤、吊桩、插桩、吊插射水管和桩在下沉过程中的导向。

桩架的组成主要有：导杆和导向架，起吊装置，撑架，支撑导杆，起吊装置和底盘等。

桩架可分为自行移动式和非自行移动式两大类，自行移动式又可分为履带式、导轨式和轮胎式三种，非自行式为各类木桩架。自行移动式桩架形式繁多。图 6-18 为钢制万能式桩架。

3) 桩帽。

打桩时，要在锤与桩之间设置桩帽，其构造如图 6-19(a)所示，它既要起缓冲而保护桩顶的作用，又要保持沉桩效率，因此，在桩帽上方(锤与桩帽接触一方)填塞硬质缓冲材料，如橡木、树脂、合成橡胶等。厚 150~250mm，在桩帽下方(桩帽与桩接触一方)应垫以软质缓冲材料，如麻垫、草垫、废轮胎等，统称为桩垫。

4) 送桩。

在遇到下列情况时，需要送桩：当桩顶设计标高在导杆以下，此时送桩长度为桩锤可能达到最低标高

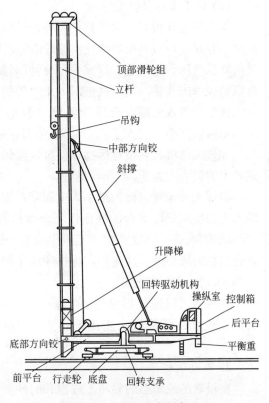

图 6-18 钢制万能打桩架

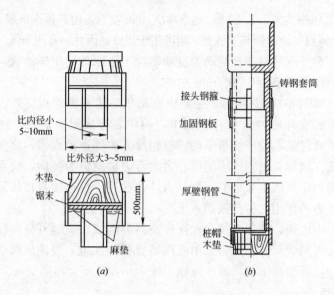

图 6-19 桩帽与钢送桩
(a)桩帽；(b)钢送桩

与预计桩顶沉入标高之差，再加上适当的富余量；当采用管桩内射水沉桩时，为了插入射水管，需用侧面开有槽口的送桩，如图 6-19(b)所示，送桩通常采用钢板焊成的钢送桩，送桩的强度不应小于桩的强度。

(2) 施工要点及注意事项

锤击沉桩开始时，应严格控制各种桩锤的功能。用坠锤和单气动锤时，提锤高度不宜超过 50cm（控制单气动锤的落锤高度调整装置）；用双气动锤时，可少开气阀降低气压和进气量，以减少每分钟的锤击数；用柴油机桩锤时，可控制供油量以减少锤击能量。以后视桩沉入土中的情况，逐渐加大冲击能量；至达到桩的入土深度和贯入度都符合设计要求时为止。锤击时，坠锤的落距不得大于 2m，单气动锤的落距不宜大于 0.6m，以免损坏桩身。

如桩尖已沉入到设计标高，但贯入度仍达不到要求时，应使桩继续下沉至达到要求的贯入度为止。

设计文件未规定桩的最小入土深度，施工时应以满足桩的承载力为准。但桩的入土深度或低桩承台的底面以下至少应有 4m，如有冲刷时，则高桩承台的设计冲刷线（局部冲刷线）s 以下至少也应有 4m。沉斜桩时，桩架的龙门桩（导杆）应符合斜桩的倾斜度。插完桩，将桩锤压于桩上，应复查一次，如每米倾斜误差大于 3mm 时，须进行校正。

接桩力求迅速，尽量缩短停锤时间。如停顿过久，土壤恢复，即难以打下。就地接桩宜在下接桩头露出地面至少 1m 以上时进行。必须使两桩的中轴线重合。

2. 振动沉桩

在松软的或塑态的黏质土或饱和的砂类土层中沉桩，基桩入土深度小于 15m 时，单用振动沉桩机即可，除此情况外宜采用射水配合振动沉桩。

(1) 振动配合射水下沉管桩的施工方法

1) 初期可单靠桩自重和射水下沉。

2) 吊装振动沉桩机和机座(桩帽)与桩顶法兰盘连接牢固。在射水下沉缓慢或不下沉时，可开动振动沉桩机并同时射水，以振动力强迫桩下沉。振动持续一段时间后，当桩下沉又趋缓慢或桩顶大量涌水时，即停止振动，其用射水冲刷。经过相当时间射水后，再行振动下沉。如此交替下沉，沉至接桩高度时，拆去振动打桩机及输水管，在接桩的同时接长射水管，再装上振动打桩机，然后继续沉桩。

3) 沉桩至最后阶段离设计标高尚有适当距离时，提高射水管，使射水嘴缩入桩内，停止射水，立即进行干振。将桩沉至设计标高，并且最后下沉速度不大于试桩的最后下沉速度，振幅符合规定时，即认为合格，并拆除沉桩设备。

4) 一个基础内的桩全部下沉完毕后，为了避免先沉下的桩周围的土被后来沉桩射水所破坏，影响其承载力，应将全部基桩再进行一次干振，使其达到合格要求。

(2) 振动沉桩时注意事项

1) 振动沉桩机与桩头法兰盘连接螺栓必须拧紧，不能有微小间隙或松动，否则振动力不能向下传递，管桩不下沉，接头也易振坏。

2) 每一根基桩的下沉应一气呵成，中途不可有较长的间歇，以免桩周土恢复，继续下沉困难。接桩、接管和停水干振的间歇时间应力求缩减。

3) 振动沉桩机的齿轮，偏心锤各部件的螺栓、偏心锤轴承、电动机的轴承和炭刷、电线路以及电动机，振动机机座和桩顶等各部件之间的连接螺栓，在施工中均应经常检修。

3. 静力压桩

(1) 静力压桩适用范围

静力压桩是以很小的静压力沉入桩，而获得较大承载能力的桩基的一种施工工艺。

用静力压桩机将混凝土桩分段压入土中，仅适用于可塑状态黏性土，而不适用于坚硬状态的黏土和中密以上的砂土。在标准贯入度 $N<20$(次)的软黏性土中，也可用特制的液压或动力千斤顶及卷扬机设备等沉入各种类型桩。

由于静力压桩施工时无噪声、无振动、对周围环境干扰和影响小，因此，可用于医院、学校等附近的桥梁基桩施工。

(2) 压桩施工要点

首先应根据计算压桩阻力选用适当的压桩设备，并做好各项辅助工作(如压桩机的辅助设备、绞车、测量仪器检查、校正等)。

按照施工程序，压桩机已就位，吊桩前的准备工作已就绪，即可将桩吊至导向龙口内。当吊装竖直后，用撬杠将桩稳住，并推至底盘插桩口，缓缓放下，到离地面10cm左右时，再用几支撬杠协助拨位。对准桩位插桩。2台卷扬机同时启动，放下压梁，套住桩顶顺势下压。开动专门压桩的卷扬机进行压桩。

(3) 压桩注意事项

1) 尽量避免压桩中途停歇，如必须停歇时(当套送桩、接桩、卷扬机贮绳量不够需分次压桩等)，要力求缩短停歇时间，并使桩尖停在软弱土层中(再压时启动力不致过大)。

2) 施压过程中，应密切注视压桩力是否位于桩的中心，压梁导轮和龙口接触是否正常，有无卡住现象。

3) 桩尖接近设计标高时，注意严格控制，使得一次成功。防止过早停压，否则会引起补压时，压不下或压入过低现象发生。

6.3.5 打(沉)桩常遇问题及预防处理方法(表6-2)

打(沉)桩常遇问题及预防处理方法　　　表 6-2

名称、现象	产生原因	预防措施及处理方法
桩顶位移或上升涌起(在沉桩过程中，相邻的桩产生横向位移或桩身上涌)	1. 桩入土后，遇到大块孤石或坚硬碍物，把桩尖挤向一侧 2. 桩身不正直；或两节桩或多节桩施工，相接的两节桩不在同一轴线上，造成歪斜 3. 在软土地基施工较密集的群桩时，如沉桩次序不当，由一侧向另一侧施打，常会使桩向一侧挤压造成位移或涌起 4. 遇流砂或当桩数较多，土体饱和密实，桩间距较小，在沉桩时土被挤至密实而向上隆起，有时使相邻的桩随同一起涌起	施工前探明地下障碍物，较浅的挖除，深的用钻钻透或爆碎；对桩要吊线检查；桩不正直，桩尖不在桩纵轴线上时不宜使用；减少土的挤密及孔隙水压力的上升，桩的间距应不少于3.5倍桩直径 位移过大，应拔出，移位再打；位移不大，可用木架整正，再慢锤打入。障碍物不深，可挖去回填后再打；浮起量大的桩应重新打入
桩身倾斜(桩身垂直偏差过大)	1. 场地不平，打桩和导杆不直，引起桩身倾斜 2. 稳桩时桩不垂直，桩顶不平，桩帽、桩锤及桩不在同一直线上 3. 桩制作时桩身弯曲超过规定，桩尖偏离桩的纵轴线较大，桩顶、桩帽倾斜	安设桩架场地应整平，打桩机底盘应保持水平，导杆应与吊线保持垂直；稳桩时桩应垂直，桩帽、桩锤和桩三者应在同一垂线上；桩制作时应控制使桩弯曲度不大于1‰；桩顶应使与桩纵轴线保持垂直；桩尖偏离桩纵轴线过大时不宜应用
桩头击碎(打桩时，桩顶出现混凝土掉角、碎裂、坍塌或被打坏；桩顶钢筋局部或全部外露)	1. 桩顶的混凝土强度等级设计偏低，钢筋网片不足，强度不够 2. 桩制作外形不合要求，如桩顶面倾斜或不平，桩顶保护层过厚 3. 施工机具选择不当，桩锤选用过大或过小，锤击次数过多，使桩顶混凝土疲劳损坏 4. 桩顶与桩帽接触不平，桩帽变形倾斜或桩沉入土中不垂直，造成桩顶局部应力集中而将桩头破碎打坏 5. 沉桩时未加缓冲层或桩垫不合要求，失去缓冲作用，使桩直接承受冲击荷载 6. 施工中落锤过高或遇坚硬砂土夹层、大块石等	保证桩头有足够的强度；桩制作时混凝土配合比要正确，振捣密实，主筋不得超过第一层钢筋网片，浇筑后应有1～3个月的自然养护过程，使其充分硬化和排除水分，以增强抗冲击能力；沉桩前，应对桩构件进行检查，如桩顶不平或不垂直于桩轴线，应修补后才能使用，检查桩帽与桩的接触面处及桩帽垫木是否平整等，如不平整应进行处理后方能开打；沉桩时，稳桩要垂直；桩应加草垫、纸袋或胶皮等缓冲垫，如发现损坏，应及时更换；桩顶已破碎，应更换或加垫桩垫，如破碎严重，可把桩顶剔平补强，必要时加钢板箍，再重新沉桩；遇砂夹层或大块石，可采用小钻孔再插预制桩的办法施打
桩身断裂(沉桩时，桩身突然倾斜错位，贯入度突然增大，同时当桩锤跳起后，桩身随之出现回弹)	1. 桩制作弯曲度过大，桩尖偏离轴线，或沉桩时，桩细长比过大，遇到较坚硬土层，或障碍物，或其他原因出现弯曲，在反复集中荷载作用下，当桩身承受的抗弯强度超过混凝土抗弯强度时，即产生断裂 2. 桩在反复施打时，桩身受到拉压，大于混凝土的抗拉强度时，产生裂缝，剥落而导致断裂 3. 桩制作质量差，局部强度低或不密实；或桩在堆放、起吊、运输过程中产生裂缝或断裂 4. 桩身打断，接头断裂或桩身劈裂	施工前查清地下障碍物并清除，检查桩外形尺寸，发现弯曲超过规定或桩尖不在桩纵轴线上时，不得使用；桩细长比应控制不大于40；沉桩过程中，发现桩不垂直，应及时纠正，或拔出重新沉桩；接桩要保持上、下节桩在同一轴线上；桩制作时，应保证混凝土配合比正确，振捣密实，强度均匀；桩在堆放、起吊、运输过程中，应严格按照操作规程，发现桩超过有关验收规定时不得使用；普通桩在蒸养后，宜在自然条件下再养护一个半月，以提高后期强度

续表

名称、现象	产生原因	预防措施及处理方法
接头松脱、开裂（接桩处经锤击后，出现松脱、开裂等现象）	1. 接头表面留有杂物、油污未清理干净 2. 采用硫磺胶泥接桩时，配合比、配制使用温度控制不当，强度达不到要求，在锤击作用下产生开裂 3. 采用焊接或法兰连接时，连接铁件或法兰平面不平，存在较大间隙，造成焊接不牢或螺栓不紧；或焊接质量不好，焊缝不连续、不饱满，存在夹渣等缺陷 4. 两节桩不在同一直线上，在接桩处产生弯曲，锤击时，接桩处局部产生应力集中而破坏连接	接桩前，应将连接表面杂质、油污清除干净；采用硫磺胶泥接桩时，严格控制配合比及熬制、使用温度，按操作要求操作，保证连接强度；检查连接部件是否牢固、平整，如有问题，应修正后才能使用；接桩时，两节桩应在同一轴线上，预埋连接件应平整密贴，连接好后，应锤击几下再检查一遍，如发现松脱、开裂等现象，应采取补救措施，如单接、补焊、重新拧紧螺栓并把丝扣凿毛，或用电焊焊死
沉桩达不到设计控制要求（沉桩未达到设计标高，或最后贯入度控制指标要求）	1. 地质和持力层起伏标高不明，致使设计桩尖标高与实际不符，达不到设计标高要求；或持力层过高 2. 设计要求过严，超过施工机械能力和桩身混凝土强度 3. 沉桩遇地下障碍物，如大块石、混凝土坑等，或遇坚硬土夹层、砂夹层 4. 在新近代砂层沉桩，同一层土的强度差异很大，且砂层越挤越密，有时出现沉不下去的现象 5. 桩锤选择太小或太大，使桩沉不到或超过设计要求的控制标高 6. 桩顶打碎或桩身打断，致使桩不能继续打入 7. 打桩间歇时间过长，摩阻力增大	详细探明工程地质情况，必要时应作补勘；正确选择持力层或标高，根据地质情况和桩重，合理选择施工机械、桩锤大小、施工方法和桩身混凝土强度；探明地下障碍物，并清除掉，或钻透或爆碎；在新近代砂层沉桩，注意打桩次序，减少向一侧挤密的现象；打桩应连续打入，不宜间歇时间过长；防止桩顶打碎和桩身打断，措施同"桩顶破碎"、"桩身断裂"防治措施
桩急剧下沉（桩下沉速度过快，超过正常值）	1. 遇软土层或土洞 2. 桩身弯曲或有严重的横向裂缝，接头破裂或桩尖劈裂 3. 落锤过高或接桩不垂直	遇软土层或土洞应进行补桩或填洞处理；沉桩前检查桩垂直度和有无裂缝情况，发现弯曲或裂缝，处理后再沉桩；落锤不要过高，将桩拔起检查，改正后重打，或靠近原桩位作补桩处理
桩身跳动，桩锤回弹（桩反复跳动，不下沉或下沉很慢，桩锤回弹）	1. 桩尖遇树根或坚硬土层 2. 桩身弯曲过大，接桩过长	检查原因，穿过或避开障碍物；桩身弯曲如超过规定，不得使用；接桩长度不应超过 40d，操作时注意落锤不应过高；如入土不深，应拔起避开或换桩重打

6.3.6 打入桩施工工艺流程(图 6-20)

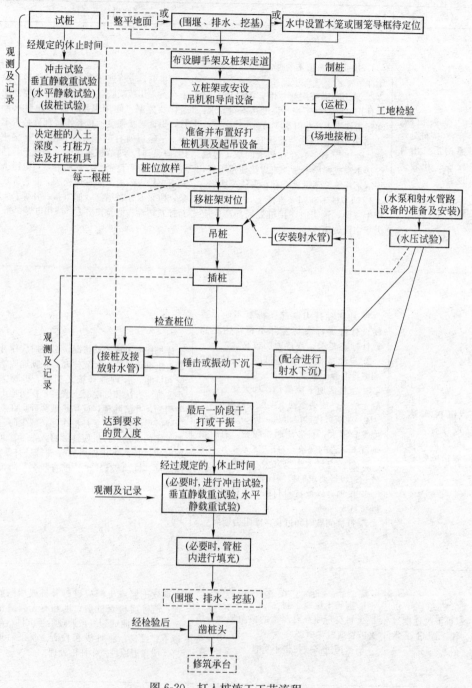

图 6-20 打入桩施工工艺流程

6.4 钻孔灌注桩基础

钻孔灌注桩是采用不同的钻孔(或挖孔)方法，在土中形成一定直径的井孔，达到设计标高后,将钢筋骨架吊入井孔中,浇筑混凝土(有地下水时灌注水下混凝土),成为桩基础的一种工艺。钻孔灌注桩基础在如今的桥梁建设,特别是城市桥梁的建设中得到了广泛的应用。

目前在国内桥梁基础工程领域中,钻孔灌注桩基础已占据了重要地位,并向大直径、多样化(变截面桩、空心桩、变截面空心桩)方向发展。钻孔工艺水平不断提高,特别是引进了许多国外先进的大功率全液压钻孔机械,对国内钻机进行研制改进,基本上适应了大直径深水基础桩工程的需要。

6.4.1 钻孔方法和原理

钻孔灌注桩的关键是钻孔,钻孔方法可大致归纳为三种:冲击法、冲抓法和旋转法。

(1)冲击法系用冲击钻机或卷扬机带动实心或者空心的冲击钻头(图 6-21),借助锥头自重下落产生的冲击力,反复冲击破碎土石或把土石挤入孔壁中,用泥浆浮起钻渣,或用抽渣筒或空气吸泥机排出而形成钻孔。

(2)冲抓法系用冲抓锥(图 6-22)靠自重产生冲击力,切入土层或破碎土层,叶瓣抓土、弃土以形成钻孔。

(3)旋转法系用人力或钻机,通过钻杆带动锥或钻头旋转切削土壤,钻渣用泥浆浮起或从钻杆中吸出形成钻孔。常用的方法有正循环旋转钻孔和反循环旋转钻孔。此外,钻孔方法还有螺旋钻孔、潜水钻机钻孔等。

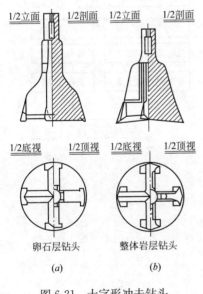

图 6-21 十字形冲击钻头

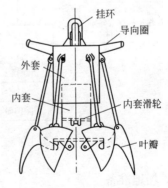

图 6-22 六瓣双索冲抓锥

6.4.2 钻孔灌注桩施工流程(图 6-23)

6.4.3 钻孔灌注桩施工的准备工作

在施工前,要安排好施工计划,编制具体的工艺流程图,当同时有几个桩位施工时,要注意相互的配合,避免干扰与冲突,并尽可能地做到均衡地使用机具与劳动力。

钻孔灌注桩施工的主要工序是:埋设护筒,制备泥浆,钻孔,清底,钢筋笼制作与吊装以及灌注水下混凝土等。

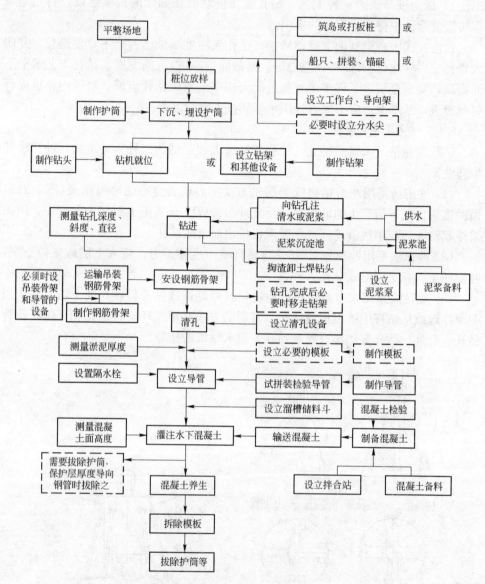

图 6-23 钻孔灌注桩施工流程（虚线方框表示有时采用的工序）

1. 场地准备

钻孔场地的平面尺寸应按桩基设计的平面尺寸，钻机数量和钻机底座平面尺寸，钻机移位要求，施工方法以及其他配合施工机具设施布置等情况决定。施工场地或工作平台的高度应考虑施工期间可能出现的高水位或潮水位，并比其高出 0.5~1.0m。

2. 埋设护筒

常见的护筒有木护筒、钢护筒（图 6-24）和钢筋混凝土护筒三种。护筒要求坚固耐用，不漏水，其内径应比钻孔直径大（旋转钻约大 20cm，潜水钻、冲击或冲抓锥约大40cm），每节长度为2～3m。一般常用钢护筒，在陆上与深水中均能使用，钻孔完成后，可取出重复使用。

（1）护筒的作用

钻孔成败的关键是防止孔壁坍塌。当钻孔较深时，在地下水位以下的孔壁土在静水压力下会向孔内坍塌，甚至发生流砂现象。钻孔内若能保持比地下水位高的水头，增加孔内静水压力，能稳定孔壁、防止坍孔。护筒除起到这个作用外，同时还有隔离地表水、保护孔口地面，固定桩孔位置和起到钻头导向作用等。

（2）方法与要求

1）护筒内径宜比桩径大200～400mm。

2）护筒的中心竖直线应与桩中心线重合，除设计另有规定外，平面允许误差为50mm，竖直线倾斜不大于1%，干处可实测定位，水域可依靠导向架定位。

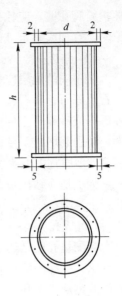

图6-24 钢护筒

3）旱地、筑岛处护筒可采用挖坑埋设法，护筒底部和四周所填黏质土必须分层夯实。

4）水域护筒设置，应严格注意平面位置、竖向倾斜和两节护筒的连接质量均需符合上述要求。沉入时可采用压重、振动、锤击并辅以筒内除土的方法。

5）护筒高度宜高出地面0.3m或水面1.0～2.0m。当钻孔内有承压水时，应高于稳定后的承压水位2.0m以上。若承压水位不稳定或稳定后承压水位高出地下水位很多，应先做试桩，鉴定在此类地区采用钻孔灌注桩基的可行性。当处于潮水影响地区时，应高于最高施工水位1.5～2.0m，并应采用稳定护筒内水头的措施。

6）护筒埋置深度应根据设计要求或桩位的水文地质情况确定，一般情况埋置深度宜为2～4m，特殊情况应加深以保证钻孔和灌注混凝土的顺利进行。有冲刷影响的河床，应沉入局部冲刷线以下不小于1.0～1.5m。

7）护筒连接处要求筒内无突出物，应耐拉、压，不漏水。

3. 泥浆制备

钻孔泥浆一般由水、黏土（或膨润土）和添加剂按适当配合比配制而成，具有浮悬钻渣，冷却钻头，润滑钻具，增大静水压力，并在孔壁形成泥皮，隔断孔内外渗流，防止坍孔等作用。调制的钻孔泥浆及经过循环净化的泥浆，应根据钻孔方法和地层情况采用不同的性能指标。泥浆稠度应视地层变化或操作要求，机动掌握，泥浆太稀，排渣能力小，护壁效果差；泥浆太稠会削弱钻头冲击功能，降低钻进速度。泥浆的比重、黏度、含砂率、酸碱度等指标均应符合规定指标。

6.4.4 钻孔施工

1. 冲击钻机钻孔

（1）开孔

开孔前，应先向护筒内灌注泥浆，或直接加入黏土块，用冲击锥十字形钻头以小冲程反复冲击造浆。孔内水位应高于护筒下脚0.5m以上，以免水面荡漾损坏护筒脚孔壁，应比护筒顶至少低0.3m，以防泥浆溢出。开孔时，遇有流砂现象时，宜加大黏土减少片石的比例，按上述办法进行处理，以求孔壁坚实。

(2) 钻进

在不同的地层应采取不同的冲击方法和措施。一般在紧密的砂、砂砾石、砂卵石及砾石、卵石粒径较大的土层中钻进，宜采用高冲程(100cm)。在松散的砂、砂砾石或砂卵石土层中钻进，宜采用中冲程(约为75cm)。冲程过高对孔底振动大，易引起坍孔。在黏性土、亚黏土、轻亚黏土中钻进，宜采用中冲程。在易坍塌或流砂地段宜用小冲程，并应提高泥浆的黏度和密度。

为了适应钻机负荷能力，在钻大孔时，可采取分级扩钻的方法，以达到设计孔径。

(3) 成孔

当测量孔底已达到设计标高后，可停止冲击，进行成孔检查。孔径要符合设计要求，孔深一般应较设计深度加深0.6m；成孔检查合格后，应迅速清孔；及时吊放钢筋骨架和浇筑混凝土。否则应随时护壁并保持孔内水头高度。

2. 冲抓钻孔机钻孔

先用冲抓锥在钻孔位置抓出浅孔，吊入带有切削齿的第一节套管，使用夹紧和压入套管的装置，将套管左右摇动并压入土中，再用冲抓锥抓出孔内砂土(或先下第一节套管强力旋压入土再行冲抓)，第一节下到位后吊接第二节套管，用锁销螺栓固牢再继续冲抓出土和压旋套管入土，重复进行，依此接入第三节和以后的各节套管，直到预定的标高。

套管的拔出与拆除，是随混凝土的浇筑而进行的，即随浇筑一定高度的混凝土，而随拔出一定高度的护筒，逐渐拔到锁销螺栓露出适当高度时，卸下销栓，拆掉一节套筒，以后重复进行，直到混凝土桩浇筑完成，套筒也全部拔出了。

3. 螺旋钻机钻孔

启动主机试运转后即可正式钻进，钻头入土后，钻渣即沿螺旋叶片上升从护筒顶部的溜槽溜入运输车内。正常钻进时边钻进边出渣。钻到设计标高后，边旋转边提钻杆边清渣，将钻杆全部提出；检查孔径及孔深，符合设计要求后，移开钻机即可吊装钢筋骨架和灌注混凝土。

(1) 正循环回转钻机钻孔(图6-25)

正循环旋转钻孔时，泥浆以高压通过钻机的空心钻杆，从钻杆底部射出，底部的钻头在回转时将土层搅松成为钻渣，被泥浆浮悬，随着泥浆上升而溢出流到井外的泥浆溜槽，经过沉淀池沉淀净化，泥浆再循环使用。井孔壁靠水头和泥浆保护。采用本法由于钻渣要靠泥浆浮悬才能上升携带排出孔外，故对泥浆的质量要求较高。

(2) 泵吸式反循环回转钻机钻孔(图6-26)

反循环旋转钻孔和正循环相比，泥浆由钻杆外流(注)入井孔，用真空泵或其他方法(如空气吸泥机等)将钻渣从钻杆中吸出。由于钻杆内径较井孔直径小得多，故钻杆内泥水上升速度较正循环快得多，就是清水也可把钻渣带上钻杆顶端流到泥浆沉淀池，净化后泥浆可循环使用。本法的泥浆只起辅助护壁作用，其质量要求较低，但如钻探孔或易坍土层，则仍需用高质量泥浆。

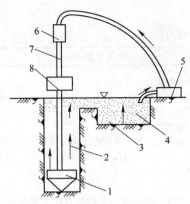

图 6-25 正循环旋钻成孔施工法

1—钻头；2—泥浆循环方向；3—沉淀池及沉渣；
4—泥浆池及泥浆；5—泥浆泵；6—水龙头；
7—钻杆；8—钻机回转装置

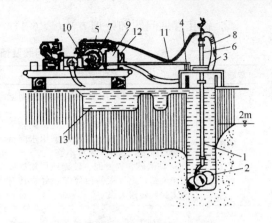

图 6-26 泵吸式反循环施工法

1—钻杆；2—钻头；3—旋转台盘；4—液压马达；
5—液压泵；6—方形传动杆；7—砂石泵；8—吸
渣软管；9—真空柜；10—真空泵；11—真空
软管；12—冷却水槽；13—泥浆沉淀池

4. 成孔质量要求和允许偏差

(1) 质量要求

1) 钻进成孔后，应及时进行质量检查并填写施工记录。

2) 孔径和孔深必须符合设计要求。

3) 成孔后必须清孔，测量孔径、孔深、孔位和沉淀层厚度，确认满足设计要求后，再灌注水下混凝土。

(2) 允许偏差

根据交通部标准《公路桥涵施工技术规范》JTJ 041—2000 的规定，钻孔灌注桩成孔质量允许偏差见表 6-3。

钻孔成孔质量标准　　　　　　　　　　　　　　　　表 6-3

项　目	允许偏差
孔的中心位置(mm)	群桩，100；单排桩，50
孔径(mm)	不小于设计桩径
倾斜度	钻孔，小于1%；挖孔，小于0.5%
孔深	摩擦桩：不小于设计规定 支承桩：比设计深度超深不小于50mm
沉淀厚度(mm)	摩擦桩：符合设计要求 设计无要求时，对于直径≤1.5m 的桩，≤300mm；对桩径>1.5m 或桩长>40m 或土质较差的桩，≤500mm 支承桩：不大于设计规定
清孔后泥浆指标	相对密度，1.03～1.10；黏度，17～20Pa·s；含砂率，<2%；胶体率，>98%

注：清孔后的泥浆指标，是从桩孔的顶、中、底部分别取样检验的平均值。本项指标的测定，限指大直径桩或有特定要求的钻孔桩。

5. 钻孔常见问题和处理方法(表6-4)

钻孔常遇问题及预防处理方法 表6-4

常遇问题	产生原因	防治措施及处理方法
坍孔	1. 护筒周围未用黏土填封紧密而漏水,或护筒埋置太浅 2. 未及时向孔内加泥浆,孔内泥浆面低于孔外水位,或孔内出现承压水降低了静水压力,或泥浆密度不够 3. 在流砂、软淤泥、破碎地层松散砂层中进钻,进尺太快或停在一处空转时间太长,转速太快	护筒周围用黏土填封紧密;钻进中及时添加新鲜泥浆,使其高于孔外水位;遇流砂、松散层时,适当加大泥浆密度,不要使进尺过快、空转时间过长 轻度坍孔,加大泥浆密度和提高水位;严重坍孔,用黏土泥浆投入,待孔壁稳定后采用低速钻进
钻孔偏移(倾斜)	1. 桩架不稳,钻杆导架不垂直,钻机磨损,部件松动,或钻杆弯曲接头不直 2. 土层软硬不匀 3. 钻机成孔时,遇较大孤石或探头石,或基岩倾斜未处理,或在粒径悬殊的砂、卵石层中钻进;钻头所受阻力不匀	安装钻机时,要对导杆进行水平和垂直校正,检修钻机设备,如钻杆弯曲,及时调换;遇软硬土层应控制进尺,低速钻进偏斜过大时,填入石子、黏土重新钻进,控制钻速,慢慢提升、下降,往复扫孔纠正;如有探头石,宜用钻机钻透,使用冲孔机时用低锤密击,把石块打碎;倾斜基岩时,投入块石,使表面略平,用锤密打
流砂	1. 孔外水压比孔内大,孔壁松散,使大量流砂涌塞桩底 2. 遇粉砂层,泥浆密度不够,孔壁未形成泥皮	使孔内水压高于孔外水位0.5m以上,适当加大泥浆密度 流砂严重时,可抛入碎砖、石、黏土用锤冲入流砂层,做成泥浆结块,使其成坚厚孔壁,阻止流砂涌入
不进尺	1. 钻头粘满黏土块(糊钻头),排渣不畅,钻头周围堆积土块 2. 钻头合金刀具安装角度不适当,刀具切土过浅,泥浆密度过大,钻头配重过轻	加强排渣,重新安装刀具角度、形状、排列方向;降低泥浆密度,加大配重糊钻时,可提出钻头,清除泥块后,再施钻
钻孔漏浆	1. 遇到透水性强或有地下水流动的土层 2. 护筒埋置过浅,回填土不密实或护筒接缝不严密,在护筒脚或接缝处漏浆 3. 水头过高使孔壁渗透	适当加稠泥浆或倒入黏土慢速转动,或在回填土内掺片石、卵石,反复冲击,增强护壁、护筒周围及底部接缝,用土回填密实,适当控制孔内水头高度,不要使压力过大
钢筋笼偏位、变形、上浮	1. 钢筋笼过长,未设加劲箍,刚度不够,造成变形 2. 钢筋笼上未设垫块或耳环控制保护层厚度,或桩孔本身偏斜或偏位 3. 钢筋笼吊放未垂直缓慢放下,而是斜插入孔内 4. 孔底沉渣未清理干净,使钢筋笼达不到设计深度 5. 当混凝土面至钢筋笼底时,混凝土导管埋深不够,混凝土冲击力使钢筋笼被顶托上浮	钢筋过长,应分2~3节制作,分段吊放,分段焊接或设加劲箍加强;在钢筋笼部分主筋上,应每隔一定距离设置混凝土垫块或焊耳环控制保护层厚度,桩孔本身偏斜、偏位应在下钢筋笼前往复扫孔纠正,孔底沉渣置换清水或适当密度泥浆清除;浇灌混凝土时,应将钢筋笼固定在孔壁上或压住;混凝土导管应埋入钢筋笼底面以下1.5m以上
吊脚桩	1. 清孔后泥浆密度过小,孔壁坍塌或孔底涌进泥浆或未立即灌注混凝土 2. 清渣未净,残留石渣过厚 3. 吊放钢筋骨架导管等物碰撞孔壁,使泥土坍落孔底	做好清孔工作,达到要求立即灌注混凝土;注意泥浆密度和使孔内水位经常保持高于孔外水位0.5m以上,施工注意保护孔壁,不让重物碰撞,以免造成孔壁坍塌

续表

常遇问题	产生原因	防治措施及处理方法
黏性土层缩颈、糊钻	由于黏性土层有较强的造浆能力和遇水膨胀的特性,使钻孔易于缩颈,或使黏土附在钻头上,产生抱钻、糊钻现象	除严格控制泥浆的黏度增大外,还应适当向孔内投入部分砂砾,防止糊钻;钻头宜采用肋骨式的钻头,边钻进边上下反复扩孔,防止缩颈卡钻事故
孔斜	1. 钻进松散地层中遇有较大的圆弧石或探头石,将钻具挤离钻孔中心轴线 2. 钻具由软地层进入陡倾角硬地层,或粒径差别太大的砂砾层钻进时,钻头所受阻力不均 3. 钻具导正性差,在超径孔段钻头走偏,以及由于钻机位置发生串动或底座产生局部下沉使其倾斜等	针对地层特征选用优质泥浆,保持孔壁的稳定;防止或减少出现探头石,一旦发现探头石,应暂停钻进,先回填黏土和片石,用锥形钻头将探头石挤压在孔壁内,或用冲击钻冲击或将钻机(或钻架)略移向探头石一侧,用十字或一字形冲击钻头猛击,将探头石击碎。如冲击钻也不能击碎探头石,则可用小直径钻头在探头石上钻孔,或在表面放药包爆破
断桩	1. 因首批混凝土多次灌注不成功,再灌上层出现一层泥夹层而造成断桩 2. 孔壁塌方将导管卡住,强力拔管时,使泥水混入混凝土内或导管接头不良,泥水进入管内 3. 施工时突然下雨,泥浆冲入桩孔 4. 采用排水方法浇筑混凝土,未将水抽干,地下水大量进入,将泥浆带入混凝土中造成夹层;另一方面,由于桩身混凝土采用分层振捣,下面的泥浆被振捣到上面,然后再灌入混凝土振捣,两段混凝土间夹杂泥浆,造成分节脱离,出现断层	力争首批混凝土灌注一次成功,钻孔选用较大密度和黏度、胶体率好的泥浆护壁;控制进尺速度,保持孔壁稳定;导管接头应用方丝扣连接,并设橡皮圈密封严密;孔口护筒不使其埋置太浅;下钢筋笼骨架过程中,不使其碰撞孔壁;施工时突然下雨,要争取一次性灌注完毕,灌注桩严重塌方或导管无法拔出形成断桩,可在一侧补桩;深度不大可开挖出;对断桩处作适当处理后,支模重新浇筑混凝土

6.4.5 清孔

1. 清孔目的

清孔的目的是抽、换孔内泥浆,清除钻渣和沉淀层,尽量减少孔底沉淀厚度,防止桩底存留过厚沉淀土而降低桩的承载力。其次,清孔还为灌注水下混凝土创造良好条件,使探测正确,灌注顺利。

终孔检查后,应迅速清孔,不得停闲过久,使泥浆、钻渣沉淀增多,造成清孔工作的困难甚至坍孔。清孔后应在最短时间内灌注混凝土。

2. 清孔的方法

清孔方法应根据设计要求,及钻孔方法、机具设备和土质情况决定,常见的清孔方法有抽浆法、换浆法和掏渣法等。

(1) 抽浆法

抽浆清孔比较彻底,适用于各种钻孔方法的摩擦桩、支承桩和嵌岩桩。但孔壁易坍塌的钻孔使用抽浆法清孔时,操作要注意,防止坍孔。

(2) 换浆法

当使用正循环回转钻进时,终孔后,停止进尺,稍提钻锥离孔底 $10\sim20\mathrm{cm}$

空转，并保持泥浆正常循环，以中速压入相对密度为 1.03～1.10 的较纯泥浆，把钻孔内悬浮钻渣较多的泥浆换出。使清孔后泥浆的含砂率降到 2% 以下，黏度为 17～20s，相对密度为 1.03～1.10，且孔底沉淀土厚度不大于设计规定的数值，即可以停止清孔。根据钻孔直径和深度，换浆时间为 4～8h（直径 1.5m、深 55m 的孔需 8h）。然后在泥浆中浇筑水下混凝土。

本法与正循环回转钻进比较，不需另加机具，且孔内仍为泥浆护壁，不易坍孔。缺点是清孔不彻底，混凝土质量较难保证，而且清孔时间太长。用其他方法钻孔时，不宜采用本法清孔。

(3) 掏渣法

冲击、冲抓钻进过程中，冲碎的钻渣一部分连同泥浆被挤入孔壁，大部分则靠掏渣筒清除。要求用手摸泥浆中无 2～3mm 大的颗粒为止，并使泥浆相对密度减小到 1.05～1.20。对冲击钻进，可在清渣前，投入水泥 1～2 袋，通过冲击锥低冲程的反复冲拌数次，使孔底泥浆、钻渣和水泥形成混合物，然后用掏渣工具掏出。

降低泥浆密度方法是在掏渣后，用一根水管插到孔底注入高压水，使水流将泥浆冲稀，泥浆密度逐渐降低后向孔口溢出。达到所要求的清孔标准后，可停止注水清孔。

3. 清孔注意事项

(1) 不论采用何种清孔方法，在清孔排渣时，必须注意保持孔内水头，防止坍孔。

(2) 对于摩擦桩，孔底沉淀土的厚度，中、小桥不得大于 $0.1～0.6d$（d 为桩直径），大桥按设计文件规定。清孔后泥浆性能指标：含砂率 4%～8%，相对密度 1.1～1.25，黏度 18～20s。对支承桩（柱桩，包括嵌岩桩）宜以抽浆法清孔，并宜清理至吸泥管出清水为止。灌注混凝土前，孔底沉淀土厚度不得大于 5cm。若土层易坍孔，必须在泥浆中浇筑混凝土时，建议采用砂浆置换钻渣清孔法。清孔后的泥浆性能指标，含砂率不大于 4%，其余指标同摩擦桩。以上泥浆指标，以孔口流出的泥浆测量值为准。

(3) 不得用加深钻孔深度的方式代替清孔。

6.4.6　钢筋骨架

(1) 起吊、入孔

钢筋骨架可利用钻机的塔架或吊车等吊起放入桩孔中，为防止骨架变形，除在制作时增设加强箍筋、临时十字撑外，还可沿骨架附以杉篙、方木，以增加其刚度。

对于分段制作的钢筋骨架，当前一段放入孔内后上端用钢管临时担在护筒口，再吊起另一段与其对正，做好接头后逐段放入桩孔内，直至设计标高。

(2) 接头方法

分段制作的骨架，接头方法很多，如单面搭接焊、双面搭接焊、帮条焊、气压焊、绑扎接头等。可视具体情况选用。其中以绑扎加点焊的办法速度最快，可以缩短骨架连接时间。搭接部分要使下节骨架的主筋在里侧，上节骨架的主筋在外侧，以防撬升导管时卡挂钢筋。

（3）找正固定

钢筋骨架的顶面与底面标高应符合设计要求，误差不得大于±5cm。平面位置、纵横向偏差不得大于5cm，经对中、找正后用点焊将其固定在护筒上口，此外还应采取适当措施以防止混凝土灌注过程中钢骨架上升。

6.4.7 混凝土的灌注

1. 水下混凝土灌注

（1）首批灌注混凝土的数量应能满足导管首次埋置深度（≥1.0m）和填充导管底部的需要，如图6-27所示，所需混凝土数量可参考式(6-2)计算：

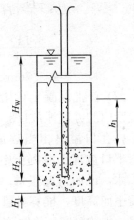

图6-27 首批混凝土数量计算

$$V \geqslant \frac{\pi D^2}{4}(H_1+H_2)+\frac{\pi d^2}{4}h_1 \quad (6-2)$$

式中 V——灌注首批混凝土所需数量(m^3)；

D——桩孔直径(m)；

H_1——桩孔底至导管底端间距(m)，一般为0.4~0.5m；

H_2——导管初次埋置深度(m)，一般取0.8~1.2m；

d——导管内径(m)；

h_1——桩孔内混凝土达到埋置深度 H_2 时，导管内混凝土柱平衡导管外（或泥浆）压力所需的高度(m)。

$$h_1 = H_w \gamma_w / \gamma_c \quad (6-3)$$

式中 γ_c——混凝土拌合物的重度(kN/m^3)，取24kN/m^3；

γ_w——井孔内水或泥浆的重度(kN/m^3)，水取10kN/m^3，泥浆取11~12kN/m^3；

H_w——井孔内水或泥浆的深度(m)。

【**例6-1**】 2m直径灌注桩，桩孔深30m，扩孔率为8%，采用导管法水中灌注混凝土。导管内径为0.3m，要求埋于混凝土中深度不小于1m，导管下口离桩孔底为0.4m。混凝土拌合物重度为24kN/m^3，泥浆重度为12kN/m^3，求首批混凝土的最小储量。

【**解**】

$H_1 = 0.4m$

$H_2 = 1.0m$

$H_w = 30 - (1.0+0.4) = 28.6m$

$h_1 = H_w \gamma_w / \gamma_c = 28.6 \times 12 \div 24 = 14.3m$

由式(6-2)得：

$$V = \frac{\pi D^2}{4}(H_1 + H_2)(1+0.08) + \frac{\pi d^2}{4}h_1$$

$$= \frac{3.14 \times 2^2}{4}(0.4+1.0)(1+0.08) + \frac{3.14 \times 0.3^2}{4} \times 14.3$$

$$= 5.76 \text{m}^3$$

(2) 首批混凝土可用剪球法或开启活门的办法泄放(图6-28)。泄放后，孔口溢出相当数量的泥浆，导管下口被埋于混凝土中，若导管不漏水，说明情况正常。届时测探混凝土面高度，推算导管下端埋入混凝土中的深度，并做记录。

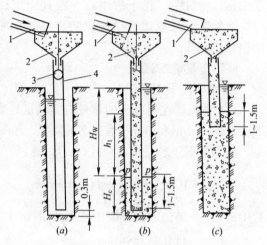

图6-28 浇筑水下混凝土
1—通混凝土储料槽；2—漏斗；3—隔水球；4—导管

(3) 继续灌注混凝土，直至导管下端埋入混凝土中的深度达4m时，提升导管，然后再继续灌注混凝土。

(4) 每次拆除导管后应保持下端被埋置深度不得小于1m；每次拆除导管前，其下端被埋置深度不得大于6m。

(5) 导管提升时，应保持轴线竖直和位置居中，稳步提升。如发生卡挂钢筋骨架现象，可转动导管，使其脱开钢筋骨架后移到孔中再继续提升。

(6) 灌注过程中，应随时测探孔内混凝土面高度，计算导管埋置深度，正确指挥导管的提升与拆除。

(7) 在灌注将近结束时，由于导管内混凝土柱高度减小，超压力降低，而导管外的泥浆稠度增加，相对密度增大，会出现混凝土顶升困难的现象。这时，可往孔内注水稀释泥浆。

(8) 为确保桩顶质量，在桩顶设计标高以上应加灌一定的高度，以便灌注结束清除此段混凝土后，即能显露出合格的混凝土。增加的高度可根据孔深、成孔方法、清孔方法查定，一般不宜小于0.5～1m。确保灌注桩长度达到设计要求。

2. 灌注中常见问题和处理方法(表6-5)

灌注中常见的问题及处理方法　　　　表6-5

常遇问题	产生原因	防治措施及处理方法
导管进水	1. 首批混凝土储量不足，下落后不能埋没导管底口，以致泥水从底口进入管内 2. 导管接头不严，或接头间的橡胶垫被高压气流冲开，或焊缝破裂，水从接头或焊缝中流入 3. 测深错误，导管提升过多，使导管底口超出原混凝土面，底面涌入泥水	1. 将导管拔出，将已灌入底的混凝土用空气吸泥机或抓斗清出，换新导管，准备足够储量的混凝土重新灌注 2. 若混凝土面距地表不深，且无地下水，则可开槽挖出，按接桩处理 3. 若混凝土面较深，且有地下水，则按断桩处理，重新设计、补桩或补强

续表

常遇问题	产生原因	防治措施及处理方法
卡管	1. 由于各种原因使混凝土离析，粗集料集中而造成导管堵塞 2. 由于灌注时间持续过长，最初灌注的混凝土已经初凝，增大了管内混凝土下落的阻力，致使混凝土堵在管内	可用长杆冲捣管内混凝土，如果不行，可按照导管进水的处理方法来进行处理
灌注混凝土过程中塌孔	可用测深锤测探混凝土面，若达不到原来深度，相差很多，即证实确为塌孔	用吸泥机吸出坍入孔中的泥土，同时保持或加大水头，如不继续坍孔，可继续灌注。如坍孔仍不停止，宜将导管、钢筋骨架拔出，回填黏土，重新钻孔和灌注
埋管	导管由于埋入混凝土过深或管内外混凝土已初凝使导管与混凝土间摩阻力过大，造成导管无法拔出	用链式滑车、千斤顶、卷扬机进行试拔，若仍拔不出来，可加力拔断为止，然后按断桩处理
浇短桩头	在灌注将近结束时，浆渣过稠，用测深锤测探以判断浆渣或混凝土面，或由于测深锤太轻，沉不到混凝土表面，发生误测，将导管拔出中止了灌注，而造成浇短桩头	若无地下水，则可开挖后做接桩处理；若有地下水则可接长护筒，并将护筒压至已灌注的混凝土面以下，然后抽水、除渣，按接桩处理
断桩、夹泥	大多是以上各种事故引起的次生结果，此外，由于清孔不彻底或灌注时间过长，首批混凝土已初凝，流动性降低，而续灌的混凝土冲破顶层而上升，因而在两层混凝土中夹有泥浆渣土，形成断桩或夹泥	可用地质钻机钻芯取样，也可用无破损检验方法，检验灌注桩的质量，当有以下情况之一时，应采取压浆补强方法处理： 1. 对于柱桩，柱底与基岩之间的夹泥厚度大于5cm以上 2. 桩身混凝土有断桩、夹泥或局部混凝土松散 3. 取芯率小于40%，并有蜂窝、松散、裹浆等情况

6.5 沉井基础

沉井是桥梁工程中广泛采用的一种形如井筒的基础构筑物。桥梁工程所采用的沉井基础与排水工程的泵站及隧道工程所采用的沉井工作坑不同。泵站作为一个结构工程，而桥梁工程中的沉井既作为一种基础的形式又是一种施工方法。它有两种功能，其一，在施工时作为基础开挖的围壁，依靠自身重量，克服井壁摩阻力逐渐下沉，直至底刃达到设计基底；其二，经过混凝土封底并填塞井孔后成为桥墩（台）的基础。国外将基础分为直接基础、桩基础和沉箱基础，沉箱基础又分开口沉箱和气压沉箱。我国将开口沉箱作为沉井，气压沉箱（压缩空气沉箱，潜埋沉箱）简称沉箱。沉箱的结构基本与沉井相同，但沉箱无底有盖，箱顶盖为密封形式，在箱内压入高压空气使水不能进入，让人在箱内高气压下作业。沉箱造价高，高压气体对人体有害，现在极少采用。

沉井具有深度大、可靠度大、多功能、工艺简单、应用广泛、圬工量大(体积大)开挖和掏空刃脚下很费时、易倾斜和位移、工期较长等特点。对于地基土层承载力低、明挖基坑的开挖量大、对地表破坏严重；很难支撑，地形受到限制(不允许破坏过大的地表面积，以免影响桥位附近的建筑物或堵塞城市交通)；或者土质好的河床，水流冲刷大，水中卵石较大，不方便桩基础作业的河段；以及基岩表面倾斜不大，岩面覆盖层较薄且无大漂石，河水较深，采用明挖施工围护困难的地方适合修建沉井基础。

6.5.1 沉井分类与构造

1. 沉井的分类

沉井的类型很多，可按材料、几何形状和施工方法等分类。

（1）按几何形状分类有矩形、圆端形和圆形，如图6-29所示。

（2）按材料分类有钢筋混凝土、素混凝土、钢制浮式沉井和在下沉深度不大的河床上用浆砌石块或砖材构筑而成的沉井。

（3）按施工方法分类有就地浇筑式和预制构件浮运安装沉井。

2. 沉井构造

沉井的构造主要由井壁、刃脚、隔墙、井孔(取土孔)、凹槽等构成，若以射水辅助下沉时，井壁内还设有射水管的孔口。如图6-30所示。

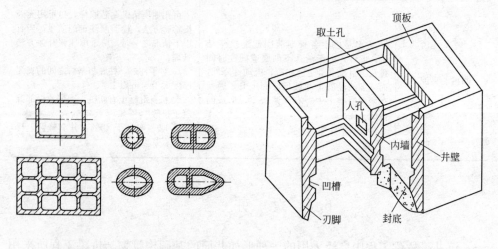

图6-29 沉井的平面形式　　图6-30 沉井构造

（1）井壁。又称侧墙(或外壁)，是沉井的主要部分。它起挡土、防水以及利用自重下沉三种作用，还有传力至地基的功能。井壁一般都做成竖直的有一定厚度和可靠度的墙体。井壁厚度，应根据结构形式、下沉重量和除土等条件决定，一般为0.8~1.2m。钢筋混凝土沉井可不受此限制。井节应根据沉井全高、基础土质、施工条件等划分，一般不高于5m。若过高或通过土质密实的地层时，可做成台阶面，但台阶要设在分节处。矩形沉井的井壁四周应做成圆角或钝角以免撞伤。井壁应严密不漏水。

（2）刃脚(图6-31)。在井壁的最下端、形如楔状有利于切于土层后加速沉井下沉。刃底宽一般为 10~20cm。若在软土地基上可适当放宽，斜面与水平面的夹角应大于 45°；若在深度大、坚硬物多的紧密土层中下沉时，应以角钢或型钢加强刃脚底面，以防坚硬物损坏刃脚。刃高由壁厚决定，一般不低于 1m。在倾斜度不大的岩面沉井，可根据岩面高低差变化情况做成与岩面倾斜相适应的高低刃脚。因刃脚在下沉时受力最大，即便在松软土层下沉，受阻力较小，采用少筋混凝土制作时，混凝土强度等级不能低于 C18。

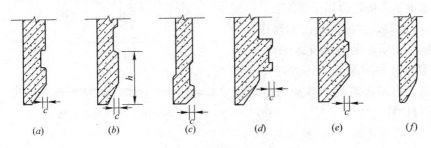

图 6-31 刃脚

（3）隔墙。又称内墙，用以缩小外壁跨度，减少井壁挠曲应力，加强沉井整体刚度。它将沉井隔开分成若干个取土孔，便于井下除土和纠正井的倾斜与偏移。因其受力较小，厚度比外壁厚，刃脚底面也比外壁刃脚高出 0.5m 以上。为使取土孔彼此连通，便于取土和排水，在墙下部可设置过人孔使井内工人往来方便。为此井壁上还应设扶梯，以便上、下井台。

（4）井孔。又叫取土孔，主要用于上下运输施工机具、土石方和工人，是挖土排水的工作通道。其分格尺寸应由取土方法决定，每孔宽度和直径不得小于 3m。平面布置要以沉井中轴线对称，这样便于沉井均匀下沉和校正。

（5）凹槽。设置在井壁内下部近刃脚处，高约 1m，深为 0.15~0.25m，用以加强封底混凝土与井筒的连接。井孔全部填充的混凝土沉井可不设凹槽，但有时需将预备沉井改为气压沉箱时，须在井孔上端预备留槽以备修筑箱顶盖。

（6）井底和顶盖。有两种情况，一种为不排水下沉者，当井沉至设计标高后，必须将井底部封闭，切断井外水源，抽干井内积水，并填充混凝土或抛填片石；另一种是为了减轻井重，在孔内不填实或仅填砂砾，井底要承受土和水的压力，因而要求底板有一定厚度。井应高出刃脚顶面至少 0.5m。不填充的空心沉井需用钢筋混凝土顶盖，其厚为 1.0~2.0m，钢筋按计算及构造需要配置。实心沉井可用素混凝土盖板，但强度等级不得低于 C20。

（7）防水墙和射水管。沉井基础在施工水位以下者，应设防水墙，以防水淹没井顶，并使墙与井壁顶部连接。靠自重作用下沉有困难需射水辅助时，可在井壁中埋设射水管，以高压射水破坏土层结构。

6.5.2 沉井制作

一般沉井的自重很大，不便运输，所以在岸滩或浅水中修建沉井时，多采用筑岛法，即先在基础的设计位置上筑岛，再在岛上制作沉井并就地下沉。

1. 平整场地筑岛

如果在岸上下沉沉井，在制作底节沉井之前应先平整场地，使其具有一定的承载能力。

若地面土质松软，应铺设一层不小于 0.5m 厚的粗砂或砂夹卵石，并夯实，避免沉井在浇筑混凝土之初，由于地面下沉不均匀而产生裂缝。若沉井下沉位置在水中，就需先在水中筑岛，再在岛上制作沉井。

水中筑岛应符合以下要求：

(1) 筑岛尺寸应满足沉井制作及抽垫等施工要求，无围堰筑岛(图 6-32)，一般须在沉井周围设置不小于 2m 宽的护道；有围堰筑岛，其护道宽可按式(6-4)计算：

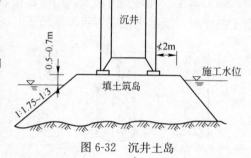

图 6-32 沉井土岛

$$b \geqslant H\tan\left(45° - \frac{\varphi}{2}\right) \tag{6-4}$$

式中 H——筑岛高度；
φ——筑岛饱和水时的内摩擦角。

护道宽度在任何情况下不应小于 1.5m，如实际采用护道宽度 b 小于式(6-4)计算值，则应考虑沉井重力等对围堰所产生的侧压力影响。

(2) 筑岛材料应用透水性好、易于压实的砂土或碎石土等，且不应含有影响岛体受力及抽垫下沉的块体；岛面及地基承载力应满足设计要求；无围堰筑岛临水面坡度，一般可采用 1：1.75～1：3。

(3) 在施工期内，水流受压缩后，应保证岛体稳定，坡面、坡脚不被冲刷，必要时应采取防护措施。

(4) 在斜坡上筑岛时，应有防滑措施；在淤泥等软土上筑岛时，应将软土挖除换填或采取防护措施。

2. 沉井制作

沉井一般采用混凝土或钢筋混凝土制作，其强度一般不应低于 C15。

(1) 沉井分节

沉井分节制作高度，应能保证其稳定性，又有适当重力便于顺利下沉。底节沉井的最小高度，应能抵抗拆除垫木或挖除土模时的竖向挠曲强度，当上述条件许可时，应尽可能高些，一般每节高度不宜小于 3m。

(2) 铺设垫木

铺设垫木时，应用水平尺进行找平，要使刃脚在同一水平面上。垫木下应用 0.3～0.5m 厚的砂垫层填实，高差不应大于 3cm；相邻两块垫木高差不应大于 0.5cm。

垫木顶面应与刃脚底面紧贴，使沉井重力均匀分布于各垫木上；垫木可单根或几根编成一组铺设，但组与组之间最少需留有 0.2～0.3m 的空隙，以便能顺利地将垫木抽出。为便于抽除刃脚的垫木，还需要设置一定数量的定位垫木，使沉井最后有对称的着力点，如图 6-33 所示。确定定位垫木的位置时，以沉井井壁在抽除垫木时,所产生的跨中与支点的正负弯矩的绝对值相接近为原则。对于圆形沉井的定位垫木,一般对称设置在互成 $90°$ 的 4 个支点上(图 6-33a);对于方形沉井的定位垫木在 4 个角上;矩形沉井的定位垫木,一般设置在两长边,每边设置 2 个(图 6-33b),当沉井长边 l 与短边 b 之比为 $2>l/b\geqslant 1.5$ 时,两个定位支点间的距离为 $0.1l$;当 $l/b\geqslant 2$ 时,则为 $0.6l$。

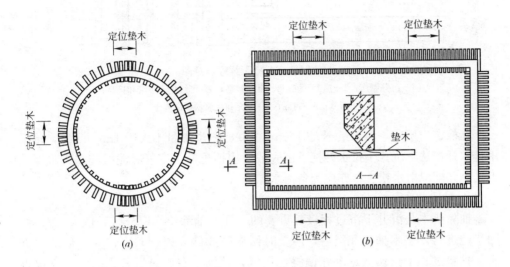

图 6-33 沉井垫木的平面布置

沉井的非承重的侧模在混凝土强度达到设计强度的 50% 时便可拆除;刃脚下的侧模,在混凝土强度达到设计强度的 75% 时方可拆除。当混凝土强度达到设计强度的 100% 时,沉井方可下沉。

3. 沉井制作的质量要求

沉井制作完成后,其实际尺寸与设计尺寸的允许偏差应符合表 6-6 中的要求。

沉井制作允许偏差　　　　表 6-6

项　　目		允　许　偏　差
沉井平面尺寸	长度、宽度	$\pm 0.5\%$;当长、宽大于 24m 时,± 120mm
	曲线部分的半径	$\pm 0.5\%$;当半径大于 12m 时,± 60mm
	两对角线的差异	对角线长度的 $\pm 1\%$,最大 ± 180mm
沉井井壁厚度	混凝土、片石混凝土	$+40$mm,-30mm
	钢筋混凝土	± 15mm

注:1. 对于钢沉井及结构构造、拼装等方面有特殊要求的沉井,其平面尺寸允许偏差值应按照设计要求确定;
　　2. 井壁的表面要平滑而不外凸,且不得向外倾斜。

6.5.3 沉井下沉

沉井下沉(图 6-34)主要是通过从井孔除土,清除刃脚上正面阻力及沉井的内壁阻力,依靠沉井的自重下沉。

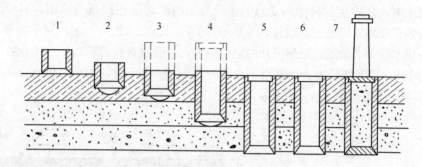

图 6-34　沉井施工程序示意图
1—沉井制作；2—挖土下沉；3—沉井接高；4—继续挖土下沉和接高；
5—清基；6—封底；7—填充和浇筑顶板混凝土

在稳定土层中，渗水量不大时（$1m^2$ 沉井面积渗水量不大于 $1m^3/h$ 时），可采用排水开挖法下沉；不排水开挖下沉一般使用抓土斗、空气吸泥机和水力吸泥等工具，并配以射水松土，亦应配备潜水工班。

1. 抽除垫木

抽除垫木是沉井下沉过程极其重要的一环。抽除垫木应分区、依次、对称、同步地进行。垫木抽出几组后，应及时回垫砂或砂夹碎（卵）石，并分层洒水夯实。抽垫过程中密切注意沉井偏斜，在沉井顶面、左右设置若干测点，支撑拆除前后观测一次，刃脚支撑拆除前后观测一次，每抽出一组垫木前后各观测一次。

2. 排水开挖下沉

当土质松软时，可在沉井中部逐渐向四周均匀扩挖；土质较坚实时，在沉井中部挖深 0.4～0.5m 后继续向四周扩挖；对坚硬土层，可将刃脚下掏空并回填砂土（定位垫木处最后掏空），再分层分次挖回填砂土；对岩层（风化或软质岩层）可用风镐或风铲挖除，亦可打眼爆破。

排水开挖时，应选择适当位置布设集水井排水或采用井点系统降水。

排水下沉速度不宜过快，应根据沉井大小、入土深度、地质情况而定。

3. 不排水开挖下沉

常用的挖土机械是抓斗（图 6-35a）。抓斗遇到细砂和粉砂时，土粒很易从抓斗中流失，效率不高。

吸泥机种类很多，常用的是空气吸泥机，将水和泥砂一起排出井外（图 6-35b），为防止水位下降，产生流砂现象，应向井内灌水，以保持井内水位高于井外水位 1.0～3.0m。

沉井在下沉过程中，应经常进行观测，若发现有倾斜或偏移时及时纠正。

4. 沉井接高

当底节沉井顶面下沉至离地面较近时，其上可接筑第二节沉井。接筑时应尽量使底节保持竖直，否则两节沉井的中心轴不在一条直线上，下沉时易倾斜。第二节沉井接高后，挖土下沉与底节相同，当前一节沉井顶面下沉至土面较近时，可在其上再接筑次一节沉井，直至下沉到设计高程。

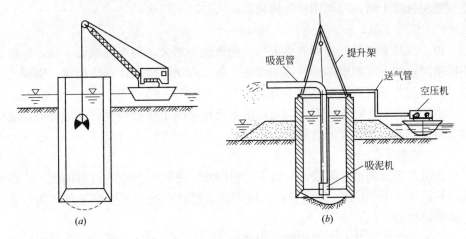

图 6-35 不排水开挖下沉示意图

6.5.4 沉井封底

当沉井刃脚下沉至设计高程后，基底应按设计要求清理并进行封底。

1. 沉井基底清理

排水下沉时，工作人员可以下到沉井内进行清理和检查。不排水下沉时，须潜水员下到井底或用钻机取样检查。地基鉴定的目的是检验地基土质是否与设计相符。

2. 沉井封底

当井内无水时，可浇筑混凝土进行封底；当沉井内的水无法抽干，只能用浇筑水下混凝土的方法封底，但沉井底面积较大，需用多根导管同时依次浇筑，一根导管的作用半径为 2.5~4.0m。

3. 井孔填充与浇筑顶盖板

当封底混凝土达到设计强度后，才允许抽干井内的水，进行井孔填充。填充前应清除封底混凝土面上的浮浆，若用砂夹卵石填充时，应分层夯实。

填充后的沉井，不需设置顶盖板，可直接在填充后的井顶浇承台；对于不填充的沉井，需设置钢筋混凝土顶盖板或模板，以作为浇筑承台的底模板。

6.5.5 下沉时常见的问题及处理

沉井开始下沉阶段，由于土体对沉井的约束作用力不大，而沉井自重又大，易产生偏移和倾斜，无论下沉初始、下沉中间阶段、下沉最后阶段均可能出现倾斜事故；而下沉至最后阶段，主要问题是下沉困难，因土体对沉井的约束力增大，偏斜的可能性较小。下面介绍几种处理措施。

(1) 高压射水

当土层较坚硬，抓(吸)土难以形成深坑，可采用高压射水，将沉井周边土体冲塌后，再从井底将泥土抓(吸)出。

(2) 抽水下沉

不排水下沉的沉井，在刃脚下已掏空仍不下沉时，可在沉井内抽水以减少浮力，使沉井下沉。对于易引起翻砂涌水的流砂层，则不宜采用排水下沉。当采用空气吸泥机除土时，可利用吸泥机抽水。

(3) 压重下沉

由于沉井下沉时，井侧混凝土与土的摩阻力增大，使沉井难以下沉，应根据不同情况，如下沉高度多少、施工设备、施工方法等采用压钢轨型钢、钢锭等压重，迫使沉井下沉重量增加而下沉。

由于沉井本身自重较重，而采用压重及撤除的工作量较大，花工费时，故应结合具体情况，考虑实际效果后采用。

(4) 炮振下沉

在沉井下沉的最后阶段，一般下沉很困难，可在已掏空的刃脚前提下，在井孔中央放置 0.1~0.2kg 炸药起爆，使刃脚上已悬空的沉井受振下沉。药包宜用草袋等物覆盖。

为不致炸伤沉井和毁损刃脚，用药量不宜超过 0.2kg，同一沉井只能起爆一处，在同一地层中，炮振次数不宜多于 4 次。

(5) 空气幕下沉

将沉井通过预埋在井壁管路上的小孔，向外喷射压缩空气，以减少井壁下沉时的阻力，与普通沉井相比，可节省混凝土材料 30%~50%，提高下沉速度 20%~60%；在水中施工不受限制，下沉完毕后，井壁阻力可以恢复，但沉井制作时较为复杂，需要预留许多管道，对混凝土浇筑带来一些影响。目前在桥梁工程中已较少采用。

(6) 触变泥浆法下沉

也称为泥浆润滑下沉（图 6-36），是在沉井外壁周围与土层间设置泥浆隔离层，减少土壤与井壁的摩阻力，以便沉井下沉。沉井外壁制成宽为 10~20cm 的台阶作为泥浆槽，泥浆是用泥浆泵、砂浆泵或气压罐通过预埋在井壁体内或设在井内的垂直压浆管压入。

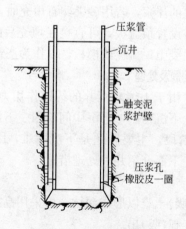

图 6-36 泥浆润滑下沉

6.5.6 沉井施工工艺程序(图6-37)

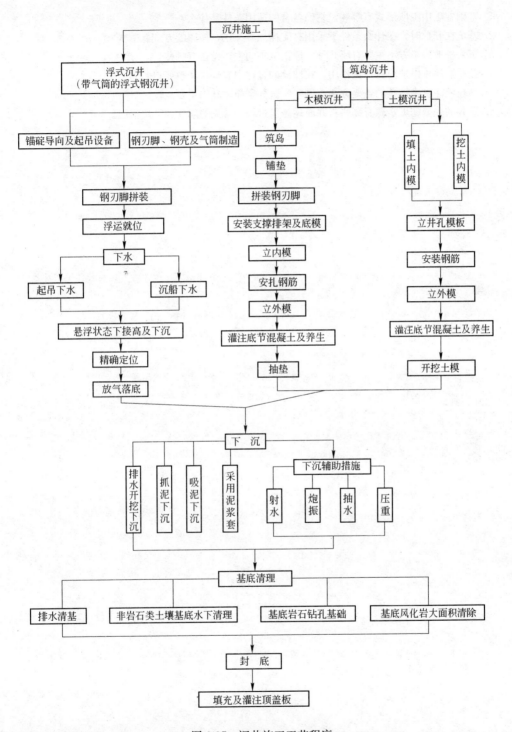

图6-37 沉井施工工艺程序

思 考 题 与 习 题

1. 基础施工中围堰形式有哪些，它们各自的适用条件是什么？
2. 基坑在开挖时，在什么条件下采用有支撑加固开挖，加固的方式有哪些？
3. 沉入桩的施工方法主要有哪几种？捶击沉桩的主要设备有哪些？
4. 钻孔灌注桩中护筒有什么作用，在埋设的过程中有哪些注意要点？
5. 钻孔灌注桩中钻孔的主要方法有哪些？试分别简述其施工要点。
6. 沉井的主要施工步骤有哪些？并简述施工过程中常见的问题和解决措施。

教学单元 7 桥梁墩台施工

【教学目标】 通过学习桥梁墩台的施工技术,学生掌握桥墩就地浇筑施工方法,了解台后填土、台后泄水盲沟施工要点。

7.1 概　述

桥梁墩台施工是桥梁工程施工的重要组成部分,其质量的优劣直接关系到桥梁的上部结构以及桥梁的使用功能。桥梁墩台的施工方法通常分为两类:现场就地浇筑与砌筑和拼装预制构件。现场就地浇筑与砌筑施工方法的特点是工序简单、机具较少、技术操作难度较小,但施工期限较长、需消耗较多的劳力与物力,多数工程都采用此种方法;拼装预制构件是指拼装预制的混凝土砌块、钢筋混凝土或预应力混凝土构件,随着交通建设的迅速发展,施工机械(起重机械、混凝土泵送机械及运输机械)也随之有了很大进步,桥梁墩台的拼装预制构件的施工方法也有了新的进展。其特点是可确保施工质量、减轻工人的劳动强度、加快工程进度、提高经济效益,对于施工场地狭窄,尤其是在缺少砂石地区、干旱缺水地区建造墩台有着更为重要的意义。

7.2 桥墩施工

7.2.1 就地浇筑桥墩

就地浇筑桥墩多为钢筋混凝土桥墩,其主要工序包括制作与安装墩台模板和混凝土浇筑。

1. 模板

(1)模板的构造要求

墩台轮廓尺寸和表面的光洁通过模板来保证,因此,模板的构造必须具备以下条件:

1)保证结构各部形状、尺寸准确,构造简单;

2)便于制作、安装和拆卸,保证安全;

3)具有必须的强度、刚度和稳定性,能够承受混凝土的重量和侧压力,以及在施工过程中可能出现的荷载和振动作用;

4)模板板面平整、光滑,接缝严密不漏浆;

5)尽可能采用组合钢模板或大模板,以节约木材、提高模板的适应性和周转率;

6)验算模板刚度时,其变形值不得超过下列数值:

① 表面外露的模板:挠度为模板构件跨度的 1/400。

② 表面隐蔽的模板:挠度为模板构件跨度的 1/250。

③ 钢模板的面板变形为 1.5mm，钢模板的钢棱、柱箍变形为 3.0mm。

模板的结构还要便于钢筋的布置和混凝土浇筑，必要时应在适当位置安设活动挡板或窗口，因此，对于重要结构的模板均应进行模板设计，可参照《公路桥涵钢结构及木结构设计规范》JTJ 025—86 的有关规定。支撑模板的支柱和其他构件，也应便于安装和拆卸，并能多次重复使用。

模板安装前应对模板尺寸进行检查，安装时要坚实牢固，以免振捣混凝土时引起跑模漏浆；安装位置要符合结构设计要求。有关模板的制作和安装的允许偏差见表 7-1 和表 7-2。

模板的制作的允许偏差　　　　表 7-1

模板类型	项 目		允许偏差(mm)
木模板	(1) 模板的长度和宽度		±5.0
	(2) 不刨光模板相邻两板表面高低差		3.0
	(3) 刨光模板相邻两板表面高低差		1.0
	(4) 平板模板表面最大的局部不平(用 2m 直尺检查)	刨光模板	3.0
		不刨光模板	5.0
	(5) 拼合板中木板间的缝隙宽度		2.0
	(6) 榫槽嵌接紧密度		2.0
钢模板	(1) 外形尺寸	长和宽	0，−1
		肋高	±5.0
	(2) 面板端偏斜		≤0.5
	(3) 连接配件(螺栓、卡子等)的孔眼位置	孔中心与面板的间距	±0.3
		板端孔中心与面板的间距	0，−0.5
		沿板长、宽方向的孔	±0.6
	(4) 板眼局部不平(用 300mm 长平尺检查)		1.0
	(5) 板面和板侧挠度		±1.0

模板安装的允许偏差　　　　表 7-2

项次	项 目		允许偏差(mm)
一	模板高程	(1) 基础	±15
		(2) 墩台	±10
二	模板内部尺寸	(1) 基础	±30
		(2) 墩台	±20
三	轴线偏位	(1) 基础	±15
		(2) 墩台	±10
四	装配式构件支承面的高程		+2，−5
五	模板相邻两板表面高低差		2
	模板表面平整(用 2m 直尺检查)		5
六	预埋件中心线位置		3
	预留孔洞中心线位置		10
	预留孔洞截面内部尺寸		+10，−0

(2) 模板的类型

模板一般用木材、钢料或其他符合设计要求的材料制成。木模板重量轻，便于加工成结构物所需要的尺寸和形状,但装拆时易损坏,重复使用次数少;对于大量或定型的混凝土结构物,则多采用钢模板,钢模板造价较高,但可重复多次使用,且拼装拆卸方便。

常用的模板类型有拼装式模板、组合钢模板、滑升模板及整体吊装模板等。

1) 拼装式模板

拼装式模板是用各种尺寸的标准模板利用销钉连接,并与拉杆、加劲构件等组成所需形状的模板。如图7-1所示,将墩身表面划分成若干尺寸相同的板块,按板块尺寸预先将模板制成板扇,然后用板扇拼成所要求的模板,尽量使每部分板扇尺寸相同,以便于周转使用。板扇高度通常与墩身分节浇筑高度相同,一般为3~6m,宽度为1~2m,具体视墩身尺寸和起吊要求确定。

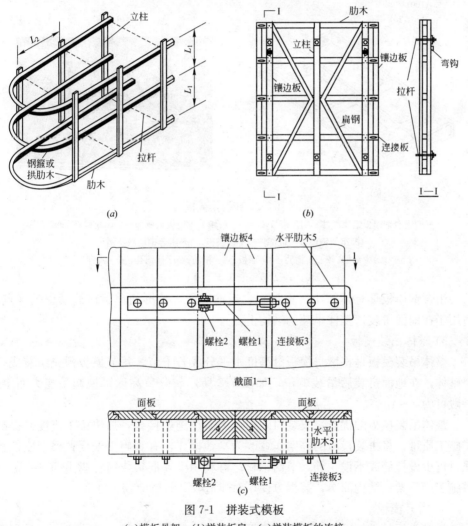

图7-1 拼装式模板
(a)模板骨架;(b)拼装板扇;(c)拼装模板的连接

拼装模板适用于高大桥墩或同类型墩台较多时使用,其特点是当混凝土达到拆模强度后,可整块拆下,直接或略加修整后即可重复周转使用。

2) 组合钢模板

组合钢模板是桥梁施工中常用的模板之一,以各种长度、宽度及转角标准构件,用定型的连接件将钢模拼成结构用模板,如图 7-2 所示。铁路、公路施工部门均颁布过有关《组合钢模板技术规则》,为桥墩的施工中应用组合钢模提供了技术依据。

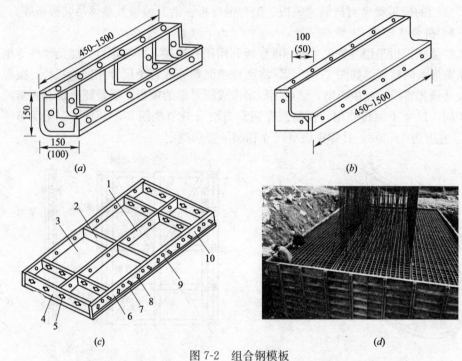

图 7-2 组合钢模板

(a)组合钢模板组成部件—阴角模板(mm);(b)组合钢模板组成部件—阳角模板(mm);
(c)组合钢模板组成部件—平面模板;(d)组合钢模板实例

1—中纵肋;2—中横肋;3—面板;4—横肋;5—插销孔;6—纵肋;
7—凸棱;8—凸鼓;9—U形卡孔;10—钉子孔

组合钢模板具有体积小、重量轻、运输方便、装拆简单、接缝紧密等优点,适用于在地面拼装,整体吊装的结构上。

3) 整体吊装模板

整体吊装模板是将墩身模板沿高度水平分成若干节,每节模板预先组装成一个整体,在地面拼装后吊装就位,如图 7-3 所示。分节高度可视起吊能力而定,一般可为 2～4m。

整体吊装模板的优点:安装时间短,无需设施工接缝,加快施工进度,提高了施工质量;将拼装模板的高空作业改为平地操作,有利施工安全;模板刚性较强,可少设拉筋或不设拉筋,节约钢材;可利用模外框架作简易脚手架,不需另搭施工脚手架;结构简单,装拆方便,对建造较高的桥墩较为经济。

4) 滑升模板

滑升模板是模板工程中适宜于机械化施工的较为先进的一种形式。它是利用一套滑动提升装置,将已在桥墩承台位置处安装好的整体模板连同工作平台、脚手架等,随着混凝土的浇筑,沿着已浇筑好的墩身慢慢向上提升,这样就可连续不断地浇筑混凝土直至墩顶,如图 7-4 所示。

教学单元 7 桥梁墩台施工

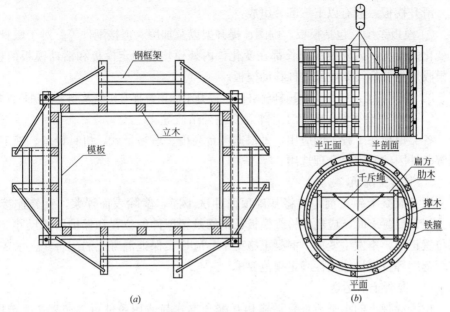

图 7-3 整体吊装模板

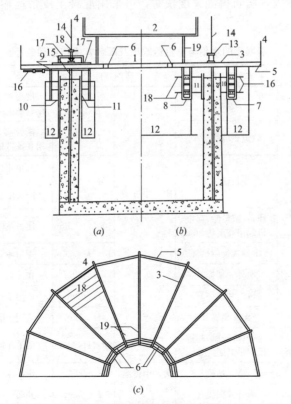

图 7-4 滑升模板构造示意图

(a)等壁厚收坡滑模半剖面(螺杆千斤顶)；(b)不等壁厚收坡滑模半剖面(液压千斤顶)；(c)工作平台半平面
1—工作平台；2—混凝土平台；3—辐射梁；4—栏杆；5—外钢环；6—内钢环；7—外立柱；8—内立柱；
9—滚轴；10—外模板；11—内模板；12—吊篮；13—千斤顶；14—顶杆；15—导管；
16—收坡丝杆；17—顶架横梁；18—步板；19—混凝土平台立柱

滑升模板一般有以下三部分组成：

① 模板系统：包括模板、围圈、提升架以及加固、连接配件等。对于墩身尺寸变化的情况，内外模的周长都在变化，内外模均有固定模板和活动模板两种。滑模收坡主要靠转动收坡丝杠移动模板。

② 提升系统：包括支承顶杆(爬杆)、提升千斤顶、提升操纵及测量控制装置等。

③ 操作平台系统：包括工作平台及内外吊篮等。

各类模板在工程上的应用，可根据墩台高度、墩台形式、机具设备、施工期限等条件因地制宜，合理选用。

2. 混凝土浇筑

墩身混凝土施工前，应将基础顶面冲洗干净，凿除表面浮浆，整修连接钢筋。浇筑混凝土时，应经常检查模板、钢筋及预埋件的位置和保护层的尺寸，确保位置正确，不发生变形。混凝土施工中，应切实保证混凝土的配合比、水灰比和坍落度等技术性能指标满足规范要求。

(1) 混凝土的运送

桥墩混凝土的水平与垂直运输相互配合方式与适用条件可参照表7-3选用。如果混凝土数量大，浇筑捣固速度快时，可采用混凝土皮带运输机或混凝土输送泵运送。

混凝土的水平与垂直运输相互配合方式与适用条件　　表7-3

水平运输	垂直运输	适用条件		附注
人力混凝土手推车、内燃翻斗车、轻便轨人力推运翻斗车、混凝土吊车	手推车	中、小桥梁，水平运距较近	墩高 $H<10m$	搭设脚手平台，铺设坡道，用卷扬机拖拉手推车上平台
	轨道爬坡翻斗车		$H<10m$	搭设脚手平台，铺设坡道，用卷扬机拖拉手推车上平台
	皮带输送车		$H<10m$	倾角不宜超过15°速度不超过1.2m/s；高度不足时，可用两台串联使用
	履带(或轮胎)起重机起吊高度约20m		$10<H<20m$	用吊斗输送混凝土
	木制或钢制扒杆		$10<H<20m$	用吊斗输送混凝土
	墩外井架提升		$H>20m$	在井架上安装扒杆提升吊斗
	墩内井架提升		$H>20m$	适用于空心桥墩
	无井架提升		$H>20m$	适用于滑动模板
轨道牵引输送混凝土车、翻斗车或混凝土吊斗汽车倾卸车、汽车运送混凝土吊斗、内燃翻斗车	履带(或轮胎)起重机起吊高度约30m	大、中桥梁，水平运距较远	$20<H<30m$	用吊斗输送混凝土
	塔式吊机		$20<H<50m$	用吊斗输送混凝土
	墩外井架提升		$H<50m$	井架可用万能杆件组装
	墩内井架提升		$H<50m$	适用于空心桥墩
	无井架提升		$H<50m$	适用于滑动模板
索道吊机			$H>50m$	
混凝土输送泵			$H<50m$	可用于大体积实心墩台

(2) 混凝土的浇筑速度

为保证混凝土的浇筑质量，混凝土的配制、输送及浇筑的速度不得小于：
$$V \geqslant Sh/t$$
如混凝土的配制、输送及浇筑所需时间较长，则应采用下式计算：
$$V \geqslant Sh/(t-t_0)$$
式中　V——混凝土配制、输送及浇筑容许的最小速度(m^3/h)；
　　　S——浇筑的面积(m^2)；
　　　h——浇筑层的厚度(m)；
　　　t——所用水泥的初凝时间(h)；
　　　t_0——混凝土配制、输送及浇筑所消费的时间(h)。

混凝土浇筑层的厚度 h，可根据使用捣固方法按规定数值采用。

桥墩是大体积圬工，为避免水化热过高，导致混凝土因内外温差引起裂缝，如图 7-5 所示，可采取以下措施：

1) 用改善骨料级配、降低水灰比、掺加混合材料与外加剂、掺入片石等方法减少水泥用量；

2) 采用 C_3A、C_3S 含量小、水化热低的水泥，如大坝水泥、矿渣水泥、粉煤灰水泥、低标号水泥等；

3) 减小浇筑层厚度，加快混凝土散热速度；

4) 混凝土用料应避免日光暴晒，以降低初始温度；

图 7-5　水化热产生的裂缝

5) 在混凝土内埋设冷却管通水冷却。

当浇筑的平面面积过大，不能在前层混凝土初凝或能重塑前浇筑完成次层混凝土时，为保证结构的整体性，宜分块浇筑。分块时应注意：各分块面积不得小于 $50m^2$；每块高度不宜超过 2m；块与块间的竖向接缝面应与墩身或基础平截面短边平行，与平截面长边垂直；上下邻层间的竖向接缝应错开位置做成企口，并应按施工接缝处理。混凝土中填放片石时应符合以下规定：

1) 埋放石块的数量不宜超过混凝土结构体积的 25%；当设计为片石混凝土砌体时，石块含量可增加为 50%～60%；

2) 应选用无裂纹、夹层且未被煅烧过的，高度不小于 15cm、具有抗冻性能的石块；

3) 石块的抗压强度不应低于 25 或 30MPa 及混凝土强度等级；

4) 石块应清洗干净，应在捣实的混凝土中埋入一半以上；

5) 石块应分布均匀，净距不小于 10cm，距结构侧面和顶面净距不小于 15cm；对于片石混凝土，石块净距可不小于 4～6cm；石块不得挨靠钢筋或预埋件；

6) 受拉区混凝土或当气温低于0℃时，不得埋放石块。

(3) 混凝土浇筑

为防止墩台基础第一层混凝土中的水分被基底吸收或基底水分渗入混凝土，对桥墩基底处理除应符合天然地基的有关规定外，尚应符合以下规定：

1) 基底为非黏性土或干土时，应将其润湿；

2) 如为过湿土时，应在基底设计标高下夯填一层10～15cm厚片石或碎(卵)石层；

3) 基底面为岩石时，应加以润湿，铺一层厚2～3cm水泥砂浆，然后于水泥砂浆凝结前浇筑第一层混凝土。

墩身钢筋的绑扎应和混凝土的浇筑配合进行。在配置第一层垂直钢筋时，应有不同的长度，同一断面的钢筋接头应符合施工规范的规定。水平钢筋的接头，也应内外、上下互相错开。钢筋保护层的净厚度，应符合设计要求。如无设计要求时，则可取墩身受力钢筋的净保护层不小于30mm，承台基础受力钢筋的净保护层不小于35mm。墩身混凝土宜一次连续浇筑，否则应按桥涵施工规范的要求，处理好连接缝。墩身混凝土未达到终凝前，不得泡水。混凝土桥墩的位置及外形尺寸允许偏差见表7-4。

混凝土、钢筋混凝土基础及墩台允许误差(mm) 表7-4

项次	项目		基础	承台	墩台身	柱式墩台	墩台帽
1	端面尺寸		±50	±30	±20	—	±20
2	垂直或斜坡		—	—	0.2%H	0.3%H且≤20	—
3	底面高程		±50	—	—	—	—
4	顶面高程		±30	±20	±10	±10	—
5	轴线偏位		25	15	10	10	10
6	预埋件位置		—	—	10	—	—
7	相邻间距		—	—	—	±15	—
8	平整度		—	—	—	—	—
9	跨径	$L_0 \leqslant 60m$	—	—	±20	—	—
		$L_0 > 60m$	—	—	$±L_0/3000$	—	—
10	支座处顶面高程	简支梁	—	—	—	—	±10
		连续梁	—	—	—	—	±5
		双支座梁	—	—	—	—	±2

注：表中H指结构高度；L_0指标准跨径。

7.2.2 石砌桥墩

石砌桥墩是用片石、块石及粗料石以水泥砂浆砌筑的，具有就地取材和经久耐用等优点，在石料丰富地区建造桥墩时，在施工期限允许的条件下，为节约水泥，应优先考虑石砌桥墩方案。

1. 石料、砂浆与脚手架

石砌桥墩所用材料有片石、块石、粗料石和水泥砂浆，石料与砂浆的规格要符合有关规定。浆砌片石一般适用于高度小于6m的墩身、基础、镶面以及各式墩身填腹；浆砌块石一般用于高度大于6m以下的墩身、镶面或应力要求大于浆砌片石砌体强度的桥墩；浆砌粗料石则用于磨耗及冲击严重的分水体及破冰体的镶面工程以及有整齐美观要求的墩身等。将石料吊运并安砌到正确位置是砌石工程中比较困难的工序。当重量小或距地面不高时，可用简单的马凳跳板直接运送；当重量较大或距地面较高时，可采用固定式动臂吊机或桅杆式吊机或井式吊机，将材料运到桥墩上，然后再分运到安砌地点。用于砌石的脚手架应环绕桥墩搭设，用以堆放材料，并支承施工人员砌镶面定位行列及勾缝。脚手架一般常用固定式轻型脚手架（适用于6m以下的桥墩）、简易活动脚手架（能用在25m以下的桥墩）以及悬吊式脚手架（用于较高的桥墩）。

2. 桥墩砌筑施工要点

在砌筑前应按设计图放出实样，挂线砌筑。砌筑基础的第一层砌块时，如基底为土质，只在已砌石块的侧面铺上砂浆即可，不需坐浆；如基底为石质，应将其表面清洗、润湿后，先坐浆再砌石。砌筑斜面桥墩时，斜面应逐层放坡，以保证规定的坡度。砌块间用砂浆粘结并保持一定的缝厚，所有砌缝要求砂浆饱满。形状比较复杂的工程，应先作出配料设计图，如图7-6所示，注明块石尺寸；形状比较简单的，也要根据砌体高度、尺寸、错缝等，先行放样配好料石再砌。

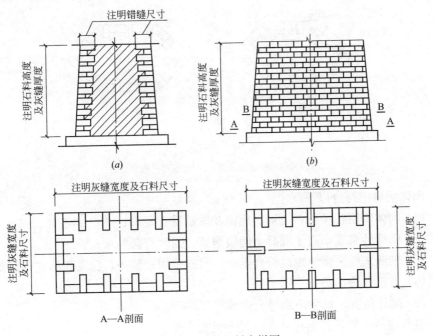

图7-6 桥墩配料大样图
(a)剖面图；(b)立面图

砌筑方法：同一层石料及水平灰缝的厚度要均匀一致，每层按水平砌筑，丁顺相间，砌石灰缝互相垂直，灰缝宽度和错缝按表7-5规定办理。砌筑图例如

图 7-7 所示,圆端形桥墩的圆端顶点不得有垂直灰缝,砌石应从顶端开始先砌石块①如图 7-7(a)所示,然后依丁顺相间排列,接砌四周镶面石;尖端桥墩的尖端及转角处不得有垂直灰缝,砌石应从两端开始,先砌石块①如图 7-7(b)所示,再砌侧面转角②,然后丁顺相间排列,接砌四周的镶面石。

浆砌镶面石灰缝规定 表 7-5

种类	灰缝宽(cm)	错缝(层间或行间)(cm)	三块石料相接处空隙(cm)	砌筑行列高度(cm)
粗料石	1.5~2	≥10	1.5~2	每层石料厚度一致
半细料石	1~1.5	≥10	1~1.5	每层石料厚度一致
细料石	0.8~1	≥10	0.8~1	每层石料厚度一致

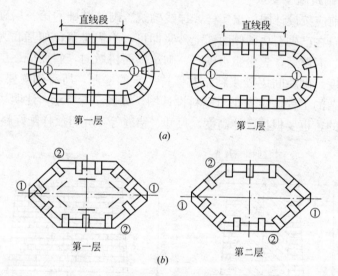

图 7-7 桥墩的砌筑
(a)圆端形桥墩的砌筑;(b)尖端形桥墩的砌筑

砌体质量应符合以下规定:
(1)砌体所用各项材料类别、规格及质量符合要求;
(2)砌缝砂浆或小石子混凝土铺填饱满、强度符合要求;
(3)砌缝宽度、错缝距离符合规定,勾缝坚固、整齐,深度和形式符合要求;
(4)砌筑方法正确;
(5)砌体位置、尺寸不超过允许偏差。
墩台砌体位置及外形尺寸允许偏差见表 7-6。

墩台砌体位置及外形允许偏差 表 7-6

项次	检查项目	砌体类别	允许偏差(mm)
1	跨径 L_0	$L_0 \leq 60m$	±20
		$L_0 > 60m$	±L_0/3000

续表

项次	检查项目	砌体类别	允许偏差(mm)
2	墩台宽度及长度	片石镶面砌体	+40,-10
		块石镶面砌体	+30,-10
		粗料石镶面砌体	+20,-10
3	大面平整度(2m直尺检查)	片石镶面	30
		块石镶面	20
		粗料石镶面	10
4	竖直度或坡度	片石镶面	0.5%
		块石、粗料石镶面	0.3%
5	墩台顶面高程		±10
6	轴线偏位		10

7.2.3 预制墩柱安装

装配式墩台适用于山谷架桥、跨越平缓无漂流物的河沟、河滩等的桥梁，特别是在工地干扰多、施工场地狭窄，缺水与砂石供应困难地区，其效果更为显著。装配式墩台的优点是：结构形式轻便，建桥速度快，圬工省，预制构件质量有保证等。目前经常采用的有砌块式、柱式和管节式或环圈式桥墩等。

1. 砌块式桥墩

砌块式桥墩的施工大体上与石砌桥墩相同，只是预制砌块的形式因桥墩形状不同而有很多变化。例如1975年建成的兰溪大桥，主桥墩身系采用预制的素混凝土砌块分层砌筑而成。砌块按平面形状分为Ⅱ型和Ⅰ型两大类，再按其砌筑位置和具体尺寸又分为5种型号，每种块件等高，均为35cm，块件单元重力为900～1200N，每砌三层为一段落。该桥采用预制砌块建造桥墩，不仅节约混凝土数量约26%，节省木材50m³和大量铁件，而且砌缝整齐，外形美观，更主要的是加快了施工速度，避免了洪水对施工的威胁。图7-8为预制块件与空腹墩施工示意图。

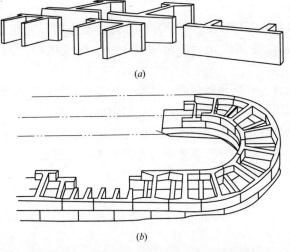

图7-8 兰溪大桥预制砌块墩身施工示意图
(a)空腹墩砌块；(b)空腹墩砌筑过程

2. 柱式桥墩

装配式柱式墩系将桥墩分解成若干轻型部件,在工厂或工地集中预制,再运送到现场装配成桥梁。施工工序为预制构件、安装连接与混凝土填缝养护等。其中拼装接头是关键工序,既要牢固、安全,又要结构简单便于施工。常用的拼装接头有:

(1)承插式接头:将预制构件插入相应的预留孔内,插入长度一般为1.2~1.5倍的构件宽度,底部铺设2cm砂浆,四周以半干硬性混凝土填充,常用于立柱与基础的接头连接。

(2)钢筋锚固接头:构件上预留钢筋或型钢,插入另一构件的预留槽内,或将钢筋互相焊接,再浇筑半干硬性混凝土,多用于立柱与顶帽处的连接。

(3)焊接接头:将预埋在构件中的铁件与另一构件的预埋铁件用电焊连接,外部再用混凝土封闭。这种接头易于调整误差,多用于水平连接杆与主柱的连接。

(4)扣环式接头:相互连接的构件按预定位置预埋环式钢筋,安装时柱脚先坐落在承台的柱芯上,上下环式钢筋互相错接,扣环间插入U形短钢筋焊牢,四周再绑扎钢筋一圈,立模浇筑外围接头混凝土。要求上下扣环预埋位置正确,施工较为复杂。

(5)法兰盘接头:在相连接构件两端安装法兰盘,连接时用法兰盘连接,要求法兰盘预埋位置必须与构件垂直。接头处可不用混凝土封闭。

装配式柱式墩施工时应注意以下几点:

(1)墩柱构件与基础顶面预留杯形基座应编号,并检查各个墩高度和基座标高是否符合设计要求;基杯口四周与柱边的空隙不得小于2cm。

(2)墩柱吊入基杯内就位时,应在纵横方向测量,使柱身竖直度或倾斜度以及平面位置均符合设计要求;对重大、细长的墩柱,需用风缆或撑木固定,方可摘除吊钩。

(3)在墩柱顶安装盖梁前,应先检查盖梁口预留槽眼位置是否符合设计要求,否则应先修凿。

(4)柱身与盖梁(顶帽)安装完毕并检查符合要求后,可在基杯空隙与盖梁槽眼处浇筑稀砂浆,待其硬化后,撤除楔子、支撑或风缆,再在楔子孔中灌填砂浆。

在基础或承台上安装预制混凝土管节、环圈作桥墩的外模时,为使混凝土基础与墩身联结牢固,应由基础或承台中伸出钢筋插入管节、环圈中间的现浇混凝土内,插入钢筋的数量和锚固长度应按设计规定或通过计算决定。

管节或环圈的安装、管节或环圈内的钢筋绑扎和混凝土浇筑,应按《公路桥涵施工技术规范》JTG/T F50—2011规定执行。

7.3 桥台施工

桥台的施工方法和桥墩的施工方法类似,不再赘述。这里着重介绍部分桥台附属工程的施工。

7.3.1 桥台锥体护坡施工要点

(1) 石砌锥坡、护坡和河床铺砌层等工程，必须在坡面或基面夯实、整平后，方可开始铺砌，以保证护坡稳定。

(2) 锥坡填土应与台背填土同时进行，填土应按标高及坡度填足。桥涵台背、锥坡、护坡及拱上等各项填土，宜采用透水性土，不得采用含有泥草、腐殖物或冻土块的土。填土应在接近最佳含水量的情况下分层填筑和夯实，每层厚度不得超过0.30m，密实度应达到路基规范要求。

(3) 护坡基础与坡脚的连接面应与护坡坡度垂直，以防坡脚滑走。片石护坡的外露面和坡顶、边口，应选用较大、较平整并略加修凿的石块。

(4) 砌石时拉线要张紧，表面要平顺，护坡片石背后应按规定做碎石倒滤层，防止锥体土方被水浸蚀变形。护坡与路肩或地面的连接必须平顺，以利排水，并避免砌体背后冲刷或渗透坍塌。

(5) 在大孔土地区，应检查锥体基底及其附近有无陷穴，并彻底进行处理，保证锥体稳定。

(6) 干砌片石锥坡，用小石子砂浆勾缝时，应尽可能在片石护坡砌筑完成后间隔一段时间，待锥体基本稳定再进行勾缝，以减少灰缝开裂。

(7) 砌体勾缝除设计有规定外，一般可采用凸缝或平缝，且宜待坡体土方稳定后进行。浆砌砌体，应在砂浆初凝后，覆盖养生7~14d。养护期间应避免碰撞、振动或承重。

7.3.2 台后填土要求

(1) 控制填料质量，采用砂类土、渗水性土和在土中增加外掺剂如水泥、石灰等。

(2) 桥（涵）缺口比较狭窄，回填土时不能使用重型压实机具，为使小型压实机具也能压实到要求的压实度，回填土必须减少填层厚度，松铺厚度不大于15cm，每层压实度均应进行检验。高速公路和一级公路的桥台、涵身背后的填土压实度标准要求较高，从填方基底至路床顶面均为95%，其他等级公路为93%。

(3) 涵洞、轻型桥台及拱桥缺口填土，应两侧对称填筑，防止结构受偏压而破坏。涵顶面填土压实厚度大于50cm时方可通过机械车辆。

(4) 台背填土顺路线方向长度应自台身起，顶面不小于桥台高度加2cm，底面不小于2cm，拱桥台背填土长度不应小于桥台高度的3~4倍。锥坡填土应与台背填土同时进行，并应按设计宽度一次填足。

7.3.3 台后搭板施工要点

(1) 设置搭板是解决台后错台跳车的重要工程措施，其效果与搭板之下的路堤压缩程度和搭板长度有密切关系。

(2) 桥头搭板应设置一个较大的纵坡 i_2，与路线纵坡（i_1）的关系应符合 $10‰ \leqslant i_2-i_1 \leqslant 15‰$，以保证在台后长度方向上的沉降分布较均匀，并逐渐减少。搭板末端顶面与路基平齐；搭板前端顶面应留有路面面层的厚度。

(3) 对台后填土应有严格的压实要求。先清理基坑，使其尺寸符合要求。接着进行基底压实，如压路机使用困难可用小型手推式电动振动打夯机压实，并用环刀法测定压实度。基底填筑达到规定高程后，可填筑并压实二灰碎石，一般可用 12～15t 压路机压实，每层碾压 6～8 遍，分层压实的厚度一般不大于 20cm，对于边角部位可用小型打夯机补压。可在填压达到搭板顶部的高度，压实或通行车辆一段时间后，再挖开浇筑搭板和枕梁。

（4）对上述填筑台后路堤材料有困难时，至少应选用透水性良好的砂性土，或掺用 40%～70% 的砂石料，分层厚度 20～30cm，压实度不小于 95%。靠近后墙部位（1.5m 宽）可用小型打夯机，也可填筑块片石及级配砂砾石，用振动器振实。用透水性材料填筑时，应以干密度控制施工质量。

（5）台背填筑前应在土基上或某一合适高度设置泄水管或盲沟，并注意将泄水管或盲沟引出路基之外。

7.3.4 台后泄水盲沟施工要点

（1）泄水盲沟以片石、碎石或卵石等透水材料砌筑，并按坡度设置，沟底用黏土夯实。盲沟应建在下游方向，出口处应高出一般水位 0.20m，平时无水的干河应高出地面 0.20m；

（2）如桥台在挖方内横向无法排水时，泄水盲沟在平面上可在下游方向的锥体填土内折向桥台前端排出，在平面上成 L 形。

7.3.5 导流建筑物施工要点

（1）导流建筑物应和路基、桥涵工程综合考虑施工，以避免在导流建筑物范围内取土、弃土破坏排水系统。

（2）砌筑用石料的抗压强度不得低于 20MPa；砌筑用砂浆标号，在温和及寒冷地区不低于 5 号，在严寒地区不低于 7.5 号。

（3）导流建筑物的填土应达到最佳密度 90% 以上。坡面砌石按照锥体护坡要求办理。若使用漂石时，应采用栽砌法铺砌；若采用混凝土板护面，板间砌缝为 10～20mm，并用沥青麻筋填塞。

（4）抛石防护宜在枯水季节施工。石块应按大小不同规格掺杂抛投，但底部及迎水面宜用较大石块。水下边坡不宜陡于 1∶1.5。顶面可预留 10%～20% 的沉落量。

（5）石笼防护基底应铺设垫层，使其大致平整。石笼外层应用较大石块填充，内层则可用较小石块码砌密实，装满石块后，用钢丝封口。石笼间应用钢丝连成整体。在水中安置石笼，可用脚手架或船只顺序投放，铺放整齐，笼与笼间的空隙应用石块填满。石笼的构造、形状及尺寸应根据水流及河床的实际情况确定。

思 考 题 与 习 题

1. 桥梁墩台的施工方法有哪几类？各自的特点是什么？
2. 桥墩施工中模板类型有哪些？
3. 滑升模板由哪几部分组成？
4. 大体积圬工墩台，为避免水化热过高，导致混凝土因内外温差引起裂缝，应采取什么措施？
5. 画图说明石砌桥墩墩身的砌筑方法。
6. 装配式柱式墩常用的拼装接头方式有哪几种？

教学单元 8　钢筋混凝土梁桥施工

【教学目标】　通过学习钢筋混凝土梁桥施工技术,学生熟悉梁预制、运输、安装施工方法和就地浇筑施工法,掌握桥梁模板、支架的计算原则和方法。

8.1　概　　述

本章主要叙述钢筋混凝土梁桥装配式施工与就地浇筑施工方法。

混凝土梁桥的施工方法很多,即使同一种施工方法,由于不同的施工情况,所需的机具设备、劳动力、施工步骤和施工期限也不尽相同。因此,在确定施工方法时,应根据桥梁的设计要求、施工条件、施工现场环境、施工设备等综合因素,合理选择最佳的施工方法。混凝土梁桥的施工方法选择可参考表8-1、表8-2所示。

混凝土梁桥一般选用的施工方法　　　　表8-1

施工方法	整体施工法			节段施工法			
梁桥类型	就地浇筑	预制梁安装	整孔架设	悬臂施工	逐孔施工	移动模架	预推法
钢筋混凝土简支板梁桥		√	√				
钢筋混凝土悬臂梁桥	√	√					
钢筋混凝土T形刚构桥	√	√					
钢筋混凝土连续梁桥	√						
预应力混凝土简支梁桥	√	√	√				
预应力混凝土悬臂梁桥		√		√			
预应力混凝土T形刚构桥				√			
预应力混凝土连续梁桥	√			√	√	√	√

各种施工方法所适用的桥梁跨径　　　　表8-2

施工方法	跨径	常用跨径(m)	可达到跨径(m)
整体施工法	就地浇筑	20~70	70~170
	预制梁安装	20~50	50~100
	整孔架设	20~50	50~100
节段施工法	悬臂施工	70~210	210~310
	逐孔施工	20~80	80~150
	移动模架	20~80	80~100
	顶推施工	60~80	80~220

(1) 对于中小跨径的混凝土梁桥的上部结构，大都采用简支板梁桥、简支T形梁或扁平箱梁等构造，目前大多采用先预制后装配联结成整体上部结构的预制装配式施工方法。

(2) 梁桥预制构件的形式和尺寸趋于标准化以简化设计和施工，有利于大规模工业化制造。

(3) 装配式梁桥上部结构的施工需要一定的运输和吊装设备以进行预制构件的运输和安装工作，并需要通过接头或接缝把预制构件拼联成整体的装配式梁桥。近年来，随着吊运能力的不断提高、预应力工艺的渐趋完善，用预制安装施工方法制成的桥梁在国内外获得了更大的发展。

当然，在一些林区或运输困难的地方建桥，以及结构外形复杂的斜、弯、坡桥、立交桥、高架桥等则采用现场就地浇筑混凝土施工方法。

就地浇筑施工是在桥孔位置搭设支架，并在支架上安装模板，绑扎及安装钢筋骨架，预留孔道，并在现场浇筑混凝土与施加预应力的施工方法。

就地浇筑施工方法有以下几个特点：

(1) 桥梁的整体性好，施工平稳、可靠，不需大型起重设备；

(2) 施工中无体系转换；

(3) 需要使用大量施工支架，跨河桥梁搭设支架影响河道的通航与排洪，施工期间支架可能受到洪水和漂浮物的威胁；

(4) 施工工期长、费用高，需要较大的施工场地，施工管理复杂。

8.2 梁桥装配式施工法

装配式钢筋混凝土和预应力混凝土简支梁(板)的施工程序一般为：

装配式梁(板)等构件预制→构件移运堆放→运输→预制梁(板)架设安装→横向联结施工→桥面系施工。

下面重点介绍装配式梁桥上部结构的预制、运输、安装和集整(横向联结)四个施工过程。

8.2.1 预制

混凝土梁的预制工作可在专业桥梁预制厂内进行，也可在桥位处的预制场内进行。由于运输长度和质量的限制，通常中、小跨径预制构件在桥梁预制厂内生产，跨径大于25m的后张法预应力混凝土梁以及大跨径混凝土桥的节段构件主要在桥位预制场内生产。

1. 梁的整体预制

(1) 固定台位上预制

在预制厂或施工现场，可用固定式底座生产钢筋混凝土和预应力混凝土梁。预制构件在固定台位上完成各工序，直到构件完全可以移动后再进行下一个构件的制作。

固定台位需要一个强度高、不变形的底座，在构造上有整体式底座和底座垫块两类。

整体式底座是在坚实的地基上铺设混凝土底板。预制时，在底板上设置垫木和底模板。底座垫块是在预制梁的长度范围内，每隔一定距离 0.5～1.0m 设置一组混凝土垫块（横向可 2～3 块），在横向的底座垫块之间设置钢横梁，在其上铺设底模板。采用底座垫块的固定台位，可使底模下有足够的空间以便放置底模振捣器。为减小对垫块的振动，可在底板垫块与横梁之间放置 1～2 层橡胶垫板。同时可在横梁下方加焊限位块，或在底座垫块上预留限位缺口或预埋限位钢筋，以便控制横梁的位置，如图 8-1 所示。

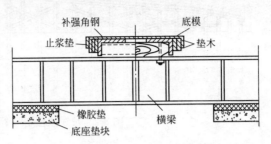

图 8-1　横梁与底座垫块的连接

（2）流水台车上预制

在预制厂内设置运输轨道，预制梁的底模设置在活动台车上的预制方法。流水台车的构造由轨道轮、底板、加劲肋、底模和底模振捣装置组成。流水台车均为钢制，流水台车和生产线的数量根据预制厂的生产能力确定。

流水台车生产时，预制梁在台上生产，而安装模板、绑扎钢筋、预应力筋组束、浇筑混凝土以及张拉等工序安排在固定车间内，通过台车流动组织生产。它的主要优点在于可组织工厂采用流水台车生产后张法预应力混凝土简支梁，可在台车上生产多种规格的梁，一条流水线每天可生产一片预制梁。但它需要较大的生产车间和堆放场地，宜在生产量大的大型桥梁预制厂采用。

2. 梁节段的预制

根据施工方法的要求，需要根据起吊能力将梁沿桥纵向分成适当长度的若干节段，在工厂或桥位附近进行节段预制工作。箱形梁节段的预制质量将直接影响桥梁工程的质量，通常采用长线浇筑或短线浇筑的预制方法，桁架梁段常采用卧式预制方法。

（1）长线预制

长线预制是在工厂或施工现场按桥梁底缘曲线制作固定的底座，在底座上安装底模进行节段预制工作。形成梁底缘的底座有多种方法，它可以利用预制场的地形堆筑土胎，经加固夯实后，铺砂石层并在其上做混凝土底板；盛产石料的地区可用石砌成所需的梁底缘形状；地质情况较差的预制场，常采用打短桩基础，之后搭设木材或型钢排架形成梁底曲线。如图 8-2 所示为预应力混凝土 T 形刚构桥一侧箱梁的预制台座。

整个箱梁预制是在底座上分节段进行的，每段一块，以便装拆使用。为加快施工速度，保证节段之间密贴，常采用先浇筑奇数节段，然后以奇数节段的端面作为浇筑偶数节段的端模。为便于节段拼装定位，常在节段顶板和侧板的接触面上设置齿槽和剪力键。当节段混凝土强度达到设计强度的 75％以上后，可吊出预制场地。

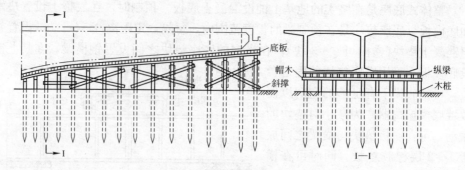

图 8-2 长线法预制箱梁节段的台座

(2) 短线预制

短线预制箱梁节段的施工，是由可调整外部及内部模板的台车与端模架来完成，如图 8-3 所示。第一节段混凝土浇筑完成后，在其相对位置上安装下一段模板，并利用第一节段的端面作为第二节段的端模完成混凝土浇筑工作。短线预制适合在工厂内进行节段预制，设备可周转使用，一般每条生产线平均 5 天约可以生产四块，但节段的尺寸和相对位置的调整要复杂一些。

(3) 卧式预制

桁架梁的预制节段分段较长，并具有较大的桁高，而其桁杆截面尺寸不大，因此，为预制方便，常采用卧式预制方法。

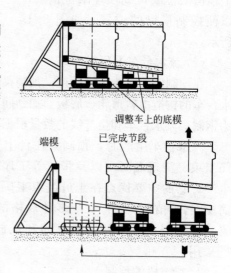

图 8-3 短线预制施工方法

预制要有一个较大的地坪，常用混凝土浇筑而成。地坪的高程应经过测量，并有足够的强度，不致产生不均匀沉降。预制节段可直接在地坪上预制，对相同的节段还可以在已预制完成的节段上安装模板进行重叠施工，两层构件间常用塑料布或涂机油等方法分隔。桁架梁预制节段的起吊、翻身工作要求细致，并注意选择吊点和吊装机具。

8.2.2 运输

1. 预制梁(板)的出坑、堆放

为了将预制的钢筋混凝土或预应力混凝土板、梁从预制场(或预制工厂)运往桥孔现场，首先要把它从预制底座上移出来，称为"出坑"。

预制构件出坑、堆放时应注意以下几点：

(1) 装配式预制构件在出坑、移运、堆放时，混凝土强度不应低于设计对吊装所要求的强度，且不宜低于设计标号的 75%；对于预应力混凝土构件其孔道压浆的强度，如无设计要求时，一般不低于 30MPa。

(2) 预制构件在出坑前，拆模后应检查其实际尺寸、伸出预埋钢筋(或钢板)、吊环的位置及混凝土的质量，并根据有关规定进行适当修补、处理，使预制构件形状正确，表面光滑，安装时不致发生困难。尖角、凸出或细长构件在装卸移运过程中应用木板保护。如有必要，试拼的构件应注上号码。

（3）构件移运时的起吊位置应按设计规定，一般即为吊环或吊孔的位置。如设计无规定，又无预埋的吊环或吊孔时，对上、下面有相同配筋的等截面直杆构件的吊点位置，一点吊可设在离端头 $0.293L$ 处，二点吊可设在离端头 $0.22\sim0.25L$ 处（L 为构件长）。其他配筋形式的构件应根据计算决定吊点位置。

（4）构件的吊环应顺直，如发现弯扭必须校正，使吊环能顺利套入。吊绳（千斤绳）交角大于 60°时，必须设置吊架或扁担，使吊环垂直受力，以防吊环折断或破坏临时吊环处的混凝土。如用钢丝绳捆绑起吊时，需用木板、麻袋等垫衬，以保护混凝土的棱角。

（5）预制板、梁构件移运和堆放时的支点位置应与吊点位置一致，并应支承牢固。起吊及堆放板式构件时，注意不要吊错上下面位置，以免折断。顶起构件时必须垫好保险垛。构件移运时应有特制的固定架，构件应竖立或稍倾斜放置，注意防止倾覆。如平放，两端吊点处必须设支搁方木，以免产生负弯矩而断裂。

（6）堆放预制构件的场地，应平整压实不致积水。雨季和春季冻融期间，必须注意防止地面软化下沉而造成构件折断和损坏。

（7）预制构件应按吊运及安装次序顺号堆放，并注意在相邻两构件之间留出适当通道。构件堆垛时应设置在垫木上，吊环应向上，标志应向外；构件混凝土养护期未满时，应继续养护。

（8）构件堆放时，应按构件的刚度和受力情况决定平放还是竖放，并保持稳定。水平分层堆放构件时，其堆垛高度应按构件强度、地面耐压力、垫木强度以及堆垛的稳定性而定。一般大型构件以 2 层为宜，不宜超过 3 层。预制梁堆垛不宜多于 4 层。小型构件堆放如有折断可能时，应以其刚度较大的方向作为竖直方向。

（9）堆放构件必须在吊点处设垫木，层与层之间应以垫木隔开，多层垫木位置应在一条垂直线上。

预制构件吊离底座时，可视构件重量、外形尺寸和设备条件等采用不同的工具设备。常用的方法有龙门吊机起吊出坑、三脚扒杆偏吊出坑和横向滚移出坑。

2. 预制梁的运输

装配式混凝土预制板、梁及其他预制构件通常在桥头附近的预制场或桥梁预制厂内预制，为此，需配合吊装架梁的方法，通过一定的运输工具将预制梁运到桥头或桥孔下。从工地预制场到桥头或桥孔下的运输称为场内运输，将预制梁从桥梁预制厂运往桥孔或桥头的运输称为场外运输。

（1）场内运输

短距离的场内运输可采用龙门架配合轨道平板车来实现，这时需铺设钢轨便道，由龙门架（或木扒杆）起吊移运构件出坑，横移至预制构件运输便道，卸落到轨道平车上，然后用绞车牵引至桥头或桥孔下。运输过程中梁应竖立放置，为了防止构件发生倾覆、滑动或跳动等现象，需在构件两侧采用斜撑和木楔等临时固定，如图8-4所示。

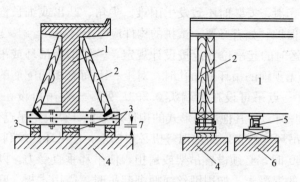

图8-4　T形梁的临时固定
1—梁肋；2—斜撑；3—木楔；4—保险枕木垛；5—千斤顶；
6—顶梁枕木垛；7—空隙不大于5cm

对于小跨径预制梁或规模不大的工程，也可用纵向滚移法进行场内运输。即设置木板便道，利用钢管或硬圆木作滚子，使梁靠两端支承在几个滚子上用绞车拖拽，边前进边换滚子将预制梁运至桥头。

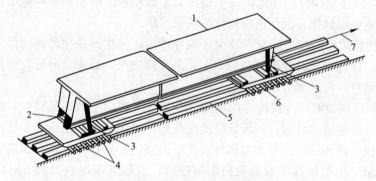

图8-5　纵向滚移法运梁
1—预制梁；2—保护混凝土的垫木；3—临时支撑；4—后走板及滚筒；
5—方木滚道；6—前走板及滚筒；7—牵引钢丝绳

在场内运梁时，为使平稳前进以确保施工安全，通常在用牵引绞车徐徐向前拖拉的同时，后面的制动索应跟着慢慢放松，以控制前进的速度。

纵向滚移法场内运输如图8-5所示。

当采用水上浮吊架梁时，需要将预制梁装上船，则运梁便道应延伸至河边能使驳船靠拢的地方，为此需要修筑一段装船用的临时栈桥（码头）。

（2）场外运输

距离较远的场外运输，通常采用汽车、大型平板拖车、火车或驳船。

受车厢长度、载重量的限制，一般中小跨径的预制板、梁或小构件（如栏板、扶手等）可用汽车运输。50kN以内的小构件可用汽车吊装卸；大于50kN的构件可用轮胎吊、履带吊、龙门架或扒杆装卸。要运较长构件时，可在汽车上先垫以长的型钢或方木，再搁放预制构件，构件的支点应放在近两端处，以避免道路不平、车辆颠簸引起的构件开裂。

特别长的构件应采用大型平板拖车或特制的运梁车运输。

8.2.3 安装

预制梁(板)的安装是预制装配式混凝土梁桥施工中的关键性工序,应结合施工现场条件、工程规模、桥梁跨径、工期条件、架设安装的机械设备条件等具体情况,以安全可靠、经济简单和加快施工速度等为原则,合理选择架梁的方法。

对于简支梁(板)的安装设计,一般包括起吊、纵移、横移、落梁就位等工序。从架设的现场条件来分有陆地架梁、浮吊架梁和高空架梁法等。这里主要介绍几种常用的架梁方法的工艺特点。

1. 陆地架梁法

(1) 移动式支架架梁法

此法是在架设孔的地面上,顺桥轴线方向铺设轨道,其上设置可移动支架,预制梁的前端搭在支架上,通过移动支架将梁移运到要求的位置后,再用龙门架或人字扒杆吊装;或者在桥墩上设枕木垛,用千斤顶卸下,再将梁横移就位,如图 8-6 所示。

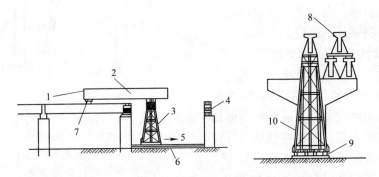

图 8-6 移动式支架架梁法

1—后拉绳;2—预制梁;3—移动式支架;4—枕木垛;5—拉绳;6—轨道;
7—平车;8—临时搁置的梁(支架拆除后再架设);9—平车;10—移动式支架

(2) 摆动式支架架梁法

本法是将预制梁(板)沿路基牵引到桥台上并稍悬出一段,悬出距离根据梁的截面尺寸和配筋确定。从桥孔中心河床上悬出的梁(板)端底下设置人字扒杆或木支架如图 8-7 所示,前方用牵引绞车牵引梁(板)端,此时支架随之摆动而到对岸。为防止摆动过快,应在梁(板)的后端用制动绞车牵引制动。

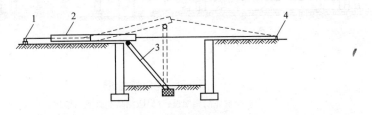

图 8-7 摆动式支架架设法

1—制动绞车;2—预制梁;3—支架;4—牵引绞车

(3) 自行式吊机架梁法

自行式吊机架梁可以采用一台吊机架设、二台吊机架设、吊机和绞车配合架设等方法。

当预制梁重量不大,而吊机又有相当的起重能力,河床坚实无水或少水,允许吊机行驶、停搁时,可用一台吊机架设安装。这时应注意钢丝绳与梁面的夹角不能太小,一般以 45°~60°为宜,否则应使用起重梁(扁担梁)。用一台自行式吊机架梁如图 8-8(a)所示。

吊机和绞车配合架梁见示意图 8-8(b)。预制梁一端用拖履、滚筒支垫,另一端用吊机吊起,前方用绞车或绞盘牵引预制梁前进。梁前进时,吊机起重臂随之转动。梁前端就位后,吊机行驶到后端,提起梁后端取出拖履滚筒,再将梁放下就位。

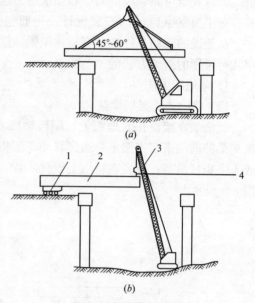

图 8-8 自行式吊机架梁法
(a)一台自行式吊机架设法;
(b)吊机和绞车配合架设法
1—拖履滚筒;2—预制梁;
3—吊机起重臂;4—绞车或绞盘

(4) 跨墩龙门架架梁法

本法是以胶轮平板拖车、轨道平车或跨墩龙门架将预制梁运送到桥孔,然后用跨墩龙门架或墩侧高低脚龙门架将梁吊起,再横移到梁设计位置,然后落梁就位完成架梁工作。

跨墩龙门架的架梁程序如图 8-9(a)所示。预制梁可由轨道平车运送至桥孔,如两台龙门架吊机自行且能达到同步运行时,也可利用跨墩龙门架将梁吊着运送到桥孔,再吊起横移落梁就位。

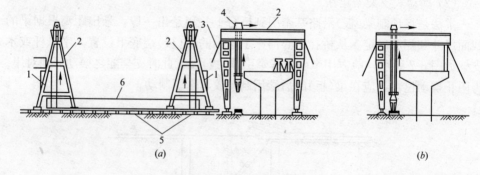

图 8-9 龙门架架设法
(a)跨墩龙门架架设;(b)墩侧高低脚龙门架架设
1—桥墩;2—龙门架吊机(自行式);3—风缆;4—横移行车;5—轨道;6—预制梁

墩侧高低脚龙门架如图 8-9(b)所示,其架设程序与跨墩龙门架基本相同。但预制梁必须用轨道平车或胶轮平车拖板运送至桥孔。一孔各片梁安装完毕后，将 1 号墩的龙门架拆除运送到 3 号墩安装使用，以后如此循环使用。为了加快预制梁吊起横移就位速度，可准备三台高低脚龙门架，设置在 1、2、3 号墩侧。待第一跨各梁安装完毕，可即安装第二跨，与此同时，将 1 号墩龙门架运送到 4 号墩安装。这种高低脚龙门架较跨墩龙门架可减少一条轨道，一条腿的高度也可降低，但增加运、拆、装龙门架的工作量，并需要多准备一台龙门架。

陆地架梁各方法优缺点比较　　　　　　　　表 8-3

项目	优点	缺点
移动支架架梁法	设备较简单，操作方便，可安装重型的预制梁	不宜在桥孔下有水、地基过于松软、桥墩过高的场合
摆动式支架架梁法	适宜桥梁高跨比稍大的场合；当河中有水时也可用此方法；架设费用低	操作复杂，现场需操作人员较多
自行式吊机架梁法	架设迅速、可缩短工期，非常适宜架设一般中小跨径的预制梁（板）的架设	受地形复杂条件限制较大；不适合架设大型构件
跨墩龙门架架梁法	架设安装速度较快，河滩无水时也较经济，操作简单，作业人员较少	龙门吊机需铺设轨道，对地基条件要求高；吊机设备费用较高，尤其在高桥墩时

2. 浮运架梁法

浮运架梁法是将预制梁用各种方法移装到浮船上，并浮运到架设桥孔以后就位安装。采用浮运架梁法要求河流须有适当的水深，以浮运预制梁时不致搁浅为准。同时水位应平稳或涨落有规律，河岸能修建适宜的预制梁装卸码头。本法的优点是桥跨中不需设置临时支架，可以用一套浮运设备架设多跨同孔径的梁，设备利用率高，较经济，施工架设时浮运设备停留在桥孔的时间短，对河流通航影响小。

浮运架设的方法有：

（1）将预制梁装船浮运至架设孔起吊就位安装法。如图 8-10 所示。预制梁上船可采用在引道栈桥或岸边设置栈桥码头，在码头上组装龙门架，用龙门架吊运预制梁上船。

（2）对浮船充排水架设法。

将预制梁装载在一艘或两艘浮船中的支架枕木垛上，使梁底高度高于墩台支座顶面 0.2～0.3m，然后将浮船拖运至架设孔，充水入浮船，使浮船吃水加深，降低梁底高度使预制梁安装就位。在有潮汐的河流或港湾上建桥时，可利用潮汐水位的涨落来调整梁底标高以安装就位。若潮汐的水位高差不够，可在浮船中配合排水、充水解决。因此浮船应配备足够的水泵，以保证及时有效地排水和充水，且在装梁时进行水泵的性能试验。

（3）浮船支架拖拉架梁法

此法是将预制梁的一端纵向拖拉滚移到岸边的浮船支架上，再用如移动式支架架梁法相同方法沿桥轴线拖拉浮船至对岸，预制梁也相应拖拉至对岸，当梁前端抵达安装位置后用龙门架或人字扒杆安装就位，如图 8-11 所示。

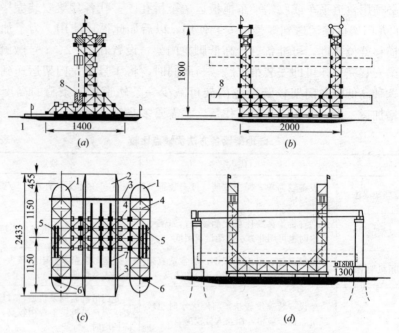

图 8-10 预制梁装船浮运架设法(尺寸单位：cm)

(a)侧面；(b)正面；(c)平面；(d)墩位安装

1—190kN 浮桥船；2—800kN 铁驳船；3—联结 36 号工字钢；4—万能杆件；
5—吊点位置；6—50kN 卷扬机；7—56 号工字钢；8—预制梁

3. 高空架梁法

(1) 联合架桥机架梁(蝴蝶架架梁法)

此法适用于架设安装 30m 以下的多孔桥梁,其优点是完全不设桥下支架,不受水深、急流影响,架设过程中不影响桥下通航、通车,

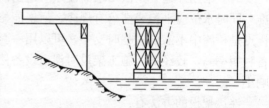

图 8-11 浮船支架拖拉架设

预制梁的纵移、起吊、横移、就位都较方便。缺点是架设设备用钢量较多,但可周转使用。

联合架桥机由两套门式吊机、一个托架(即蝴蝶架)、一根两跨长的钢导梁三部分组成,如图 8-12 所示。钢导梁由贝雷装配,梁顶面铺设运梁平车和托架行走的轨道。门式吊机由工字梁组成,并在上下翼缘处及接头的地方用钢板加固。门式吊机顶横梁上设有吊梁用的行走小车。为了不影响架梁的净空位置,其立柱做成拐脚式(俗称拐脚龙门架)。门式吊机的横梁标高,由两根预制梁叠起的高度加平车及起吊设备高确定。蝴蝶架是专门用来托运门式吊机转移的,它由角钢组成,如图 8-12(a)所示。整个蝴蝶架放在平车上,可沿导梁顶面轨道行走。

联合架桥机架梁顺序如下：

1) 在桥头拼装钢导梁,梁顶铺设钢轨,并用绞车纵向拖拉导梁就位；

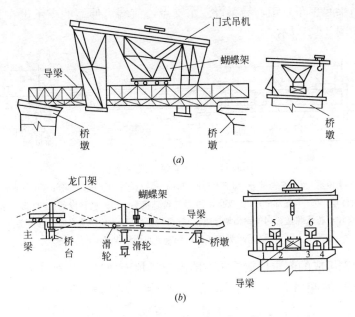

图 8-12 联合架桥机架梁法
(a)主梁纵移图；(b)主梁横移安装图

2) 拼装蝴蝶架和门式吊机，用蝴蝶架将两个门式吊机移运至架梁孔的桥墩（台）上；

3) 由平车轨道运送预制梁至架梁孔位，将导梁两侧可以安装的预制梁用两个门式吊机吊起，横移并落梁就位，如图 8-12 中 1、2、3、4 号梁；

4) 将导梁所占位置的预制梁临时安放在已架设好的梁上，如图 8-12 中的 5、6 号梁；

5) 用绞车纵向拖拉导梁至下一孔后，将临时安放的梁由门式吊机架设就位，完成一孔梁的架设工作，并用电焊将各梁联结起来；

6) 在已架设的梁上铺接钢轨，再用蝴蝶架顺序将两个门式吊机托起并运至前一孔的桥墩上。

如此反复，直至将各孔梁全部架设好为止。

(2) 双导梁穿行式架梁法

本法是在架设孔间设置两组导梁，导梁上安设配有悬吊预制梁设备的轨道平车和起重行车或移动式龙门吊机，将预制梁在双导梁内吊着运到规定位置后，再落梁、横移就位。横移时可将两组导梁吊着预制梁整体横移，另一种是导梁设在桥面宽度以外，预制梁在龙门吊机上横移，导梁不横移，这比第一种横移方法安全。

双导梁穿行式架梁法的优点与联合架桥机架梁法相同，适用于墩高、水深的情况下架设多孔中小跨径的装配式梁桥，但不需蝴蝶架，而配备双组导梁，故架设跨径可较大，吊装的预制梁可较重。

两组分离布置的导梁可用公路装配式钢桥桁节、万能杆件设备或其他特制的钢桁节拼装而成。两组导梁内侧净距应大于待安装的预制梁宽度。导梁顶面铺设轨道，供吊梁起重车行走。导梁设三个支点，前端可伸缩的支承设在架桥孔前方桥墩上，如图8-13所示。

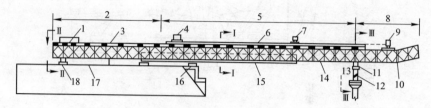

图8-13 双导梁穿行式架梁法
1—平衡压重；2—平衡部分；3—人行便道；4—后行车；5—承重部分；6—行车轨道；7—前行车；8—引导部分；9—绞车；10-装置特殊接头；11—横移设备；12—墩上排架；13—花篮螺丝；14—钢桁架导梁；15—预制梁；16—预制梁纵向滚移设备；17—纵向滚道；18—支点横移设备

两根型钢组成的起重横梁支承在能沿导梁顶面轨道行走的平车上，横梁上设有带复式滑车的起重行车。行车上的挂链滑车供吊装预制梁用。其架设顺序如下：

1）在桥头路堤上拼装导梁和行车，并将拼装好的导梁用绞车纵向拖拉就位，使可伸缩支脚支承在架梁孔的前墩上；

2）先用纵向滚移法把预制梁运到两导梁间，当梁前端进入前行车的吊点下面时，将预制梁前端稍稍吊起，前方起重横梁吊起，继续运梁前进至安装位置后，固定起重横梁；

3）用横梁上的起重行车将梁落在横向滚移设备上，并用斜撑撑住以防倾倒，然后在墩顶横移落梁就位（除一片中梁处）；

4）用以上步骤并直接用起重行车架设中梁。

如用龙门吊机吊着预制梁横移，其方法同联合架桥机架梁。此法预制梁的安装顺序是先安装两个边梁，再安装中间各梁。全孔各梁安装完毕并符合要求后，将各梁横向焊接，然后在梁顶铺设移运导梁的轨道，将导梁推向前进，安装下一孔。

必须注意的是，预制梁（板）的安装既是高空作业，又需用复杂的机具设备，施工中必须确保施工人员的安全，杜绝工程事故。因此，无论采用何种施工方法，施工前均应详细、具体地研究安装方案，对各承力部分的设备和杆件进行受力分析和计算，采取周密的安全措施，严格执行操作规程，加强施工管理和安全教育，确保安全、迅速地进行架梁工作。同时，安装前应将支座安装就位。

装配式混凝土简支梁（板）桥一般都是将每单片梁按前述架梁方法安装就位，然后通过横向联结措施使多片梁形成一个整体即集整，共同承受桥上荷载。梁（板）桥横向联结构造，详见"教学单元2"有关内容。施工时必须保证质量，并应注意以下几点：

1）相邻主梁（或板）间连接处的缺口填充前应清理干净，结头处应湿润。

2）填充的混凝土和水泥浆应特别注意质量，在寒冷季节，要防止较薄的接缝或小截面连接处填料热量的损失，这时应采取保温和蒸汽养护等措施以保证硬化。在炎热天气，要防止填料干燥太快，粘固不牢，以致开裂。若接缝处很薄（约 5mm 左右），可灌入纯水泥浆。

3) 横向联结处有预应力筋穿过时，接头施工时应保证现浇混凝土不致压扁或损坏力筋套管。套管内的冲洗应在接头混凝土浇筑后进行。

4) 钢材及其他金属连接件，在预埋或使用前应采取防腐措施，如刷油漆或涂料等。也可用耐腐蚀材料制造预埋连接件。焊接时，应检查所用钢筋的可焊性，并应由熟练焊工施焊。

8.3 梁桥就地浇筑施工法

就地浇筑钢筋混凝土简支梁桥的施工程序如图 8-14 所示。

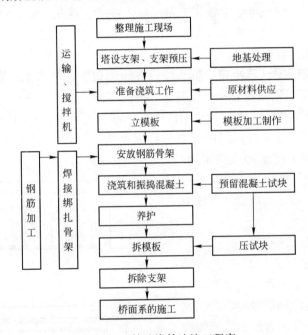

图 8-14 就地浇筑法施工程序

8.3.1 支架施工

1. 地基处理

支架地基的处理方法，可根据所在地区的地质条件选择不同的处理方法。地质条件较好的地区，如我国北方城市和西部山区城市，其处理方法可简单一些。对于这些地区的地基可原地清除杂物，原地整平压实后做 C15 混凝土条形基础即可。对于南方城市地区由于雨季偏多，地基较为松软，其处理方法较为复杂一些，可通过换填硬料，干土、石灰土等方法进行分层碾压，以确保支架基础的坚实性。有必要时应将支架范围内的基础进行硬化处理。

(1) 软土地基硬化处理

对于地基较为松软的地区，为了确保地基的坚实，其处理方法可采取换填硬料，也可换填拆房土或好土进行分层碾压。在桥位处，桥下铺设60cm厚的石灰土，分三层碾压，密实度应达95%以上，以确保梁板支架基础的稳定。在土质极软的地区，也可借用桥墩及桥台的承台以及中间做基础梁式支架。

(2) 有水地基的处理

1) 浅水地基的处理

在桥位两侧超出桥宽每侧宽出1.5～2.0m，可用草袋子打坝或做土围堰，清除淤泥，换填硬料，或进行素土换填，上做40～60cm的灰土处理，分层碾压，密实度应在95%以上后浇筑C15混凝土条形基础。

2) 深水地基的处理

根据桥梁的设计情况，决定是否采用桩基础。当采用桩基础时，应先考虑桥梁的净空，水系标高，水的深度，河床土质情况等。还应考虑在桥梁现浇梁板后将桩基础能够拔除的梁板高度(指梁底至河底的高度)。

采用桩基础时应先考虑梁板施工完成后，桩基能拔除，施工时可用简易的打桩机进行打桩施工。打桩施工前首先画出打桩位置的平面图，该位置要与连续梁板的结构相对应。打桩数量，直径，和入土深度，应视梁板传给桩的荷载，施工荷载和水下土质情况计算决定。桩头应设在水面以上，桩头上放置横梁(帽木)，采用U形卡子用对销螺栓连接，在横梁上搭设支架。

当河底以下为岩层，不可能采用打桩时，可采用河道内打坝导流的方法进行施工，但应得到河道水利部门的同意。打坝导流时可用草袋装土或采用竹笼施工，两坝之间卸土挤水形成挡水坝，在坝上搭设支架与两岸连接，待梁板施工完成后将坝拆除，应将河道恢复原貌。

2. 支架类型及构造

就地浇筑混凝土梁桥的上部结构，首先应在桥孔位置搭设支架，以支承模板、浇筑的钢筋混凝土，以及其他施工荷载。支架有满布式钢管脚手架如图8-15(a)，钢木混合的梁式支架如图8-15(b)，梁柱式支架及万能杆件拼装支架与装配式公路钢桥桁节拼装支架如图8-15(c)等形式。

(1) WDJ 碗扣型多功能支架

WDJ 碗扣型多功能支架，如图8-16所示，是一种先进的承插式钢管支架，这种支架规格多，拆卸灵活，自重轻，支架高度可任意调节，受力分布性能好，目前，这种支架全国已普遍推广使用。

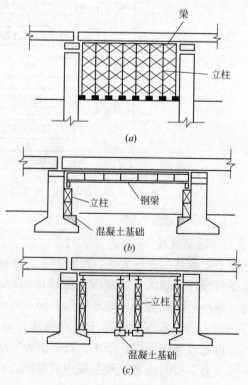

图 8-15 支架构造
(a)支柱式；(b)梁式；(c)梁柱式

碗扣支架的主要构造：

1) 碗扣接头是 WDJ 碗扣型多功能支架的核心部位，由上碗扣、下碗扣、横杆接头和上碗扣限位销组成，如图 8-17 所示；

图 8-16 碗扣型多功能支架构造示意

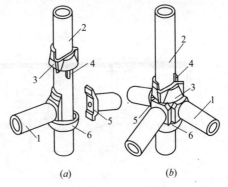

图 8-17 碗扣接头构造示意
1—横杆；2—立杆；3—上碗扣；4—限位销；
5—横杆接头；6—下碗扣

2) 支架的组拼形式。可以采用组架密度和适当选用立杆，顶杆及可调底座、托座，可任意组配不同载荷和不同支撑高度的支撑架，如图 8-18 所示。

碗扣支架的主要特点与功能：

① 多功能。根据施工要求，组成模数为多种组架尺寸和支架高度；

② 接头拼拆速度快；

③ 拼接完全无螺栓作业，操作者可携带一把铁锤即能完成全部作业，减轻劳动强度；

④ 接头具有很好的抗剪、抗弯、抗扭力学性能，比其他支架的结构强度高；

⑤ 碗扣接头可同时连接四根横杆，可以互相垂直或偏转一定角度；

⑥ 接头有可靠自锁能力，整架有较完整的安全保障设施，使用安全可靠；

⑦ 不易丢失扣件，轻便、牢固、日常维修简单、运输方便。

(2) 钢木混合支架

为加大支架跨径，减少排架数量，支架的纵梁可采用工字钢，其跨径可达 10m。但在这种情况下，支架多改用木框架结构，以提高支架的承载力及稳定性。这类钢木混合

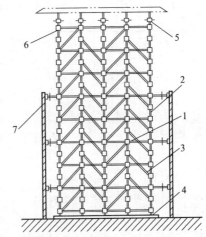

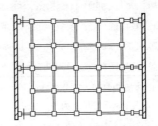

图 8-18 支撑架组合
1—横杆；2—立杆；3—斜杆；
4—垫座(可调节座)；5—可调
托座；6—顶杆；7—横托座

支架的构造通常如图 8-19 所示形式。所需热扎普通工字钢的各项参考数值,见表 8-4 及图 8-19 所示。

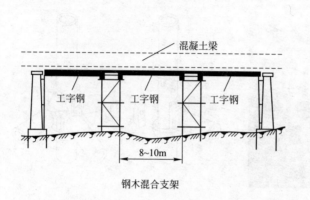

钢木混合支架

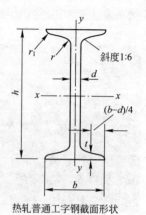

热轧普通工字钢截面形状

图 8-19　钢木混合支架

热轧普通工字钢(40 号～63 号)规格及参考数　表 8-4

型号	尺寸						截面面积 (cm²)	理论质量 (kg/m)	参考数值					
									$x-x$				$y-y$	
	h	b	d	t	r	r_1			I_x (cm⁴)	W_z (cm³)	i_x (cm)	$l_x:S_x$	I_y (cm⁴)	W_y (cm³)	i_y (cm)
40a	400	142	10.5	16.5	12.5	6.3	86.1	67.6	21720	1090	15.9	34.1	660	93.2	2.77
40b	400	144	12.5	16.5	12.5	6.3	94.1	73.8	22780	1140	15.6	33.6	692	96.2	2.71
40c	400	146	14.5	16.5	12.5	6.3	102	80.1	23850	1190	15.2	33.2	727	99.6	2.65
45a	450	150	11.5	18.0	13.5	6.8	102	80.4	32240	1430	17.7	38.6	855	114	2.89
45b	450	152	13.5	18.0	13.5	6.8	111	87.4	33760	1500	17.4	38.0	894	118	2.84
45c	450	154	15.5	18.0	13.5	6.8	120	94.5	35280	1570	17.1	37.6	938	122	2.79
50a	500	158	12.0	20	14	7.0	119	93.6	46470	1860	19.7	42.8	1120	142	3.07
50b	500	160	14.0	20	14	7.0	129	101	48560	1940	19.4	42.4	1170	146	3.01
50c	500	162	16.0	20	14	7.0	139	109	50640	2080	19.0	41.8	1220	151	5.96
56a	560	166	12.5	21	14.5	7.3	135.25	106.2	65585.566	2342.31	22.02	47.727	1370.162	165.079	3.182
56b	560	168	14.5	21	14.5	7.3	146.45	115.0	68512.499	2446.687	21.63	47.166	1486.75	174.247	3.162
56c	560	170	16.5	21	14.5	7.3	157.85	123.9	71439.43	2551.408	21.27	46.663	1558.389	183.339	3.158
63a	630	176	13.0	22	15	7.5	154.9	121.6	93916.18	2981.47	24.62	54.173	1700.5492	193.244	3.314
63b	630	178	15.0	22	15	7.5	167.5	131.5	98083.63	3163.98	24.20	53.514	1812.069	203.603	3.289
63c	630	180	17.0	22	15	7.5	180.1	141.0	102251.08	3298.42	23.82	52.923	1924.913	213.879	3.268

注：1. 本表内只列入部分型号；
　　2. 工字钢通常长度为 6～19m。

(3) 万能杆件拼装支架

用万能杆件可拼装成各种跨度和高度的支架,其跨度需与杆件本身长度成整倍数。

用万能杆件拼装的桁架的高度,可设 2、4、6m 或 6m 以上。当高度为 2m

时，腹杆拼为三角形；高度为4m时，腹杆拼为菱形；高度超过6m时，则拼成多斜杆的形式。

用万能杆件拼装墩架时，柱与柱之间的距离应与桁架之间的距离相同。桩高除柱头及柱脚外应为2m的倍数。

用万能杆件拼装的支架，在荷重作用下的变形较大，而且难以预计其数值，因此，应考虑预加压重，预压重力相当于灌筑的混凝土的重力。

万能杆件的类别，规格及容许应力，可参阅有关章节。

(4) 装配式公路钢桥桁节拼装支架

用装配式公路钢桥桁节可拼装成桁架梁和塔架。为加大桁架梁孔径和利用墩台作支承，也可拼成八字斜撑以支撑桁架梁。桁架梁与桁架梁之间，应用抗风拉杆和木斜撑等进行横向联结，以保证桁架梁的稳定。横向联结系的构造，参阅有关章节。

用装配式公路钢桥桁节拼装的支架，在荷重作用下的变形很大，因此，应进行预压。

(5) 轻型钢支架

桥下地面较平坦，有一定承载力的梁桥，为节省木料，宜采用轻型钢支架。轻型钢支架的梁和柱，以工字钢、槽钢或钢管为主要材料，斜撑、联结系等可采用角钢。构件应制成统一规格和标准；排架应预先拼装成片或组，并以混凝土、钢筋混凝土枕木或木板作为支承基底。为了防止冲刷，支承基底需埋入地面以下适当的深度。为适应桥下高度，排架下应垫以一定厚度的枕木或木楔等。

为便于支架和模板的拆卸，纵梁支点处应设置木楔等。

轻型钢支架构造示例，如图8-20所示。

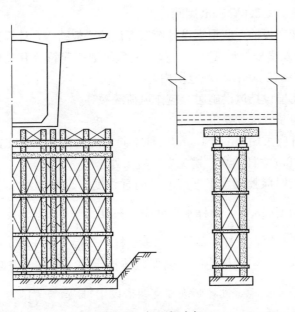

图 8-20 轻型钢支架

(6) 墩台自承式支架

在墩台上留下承台式预埋件,上面安装横梁及架设适宜长度的工字钢或槽钢,即构成模板的支架。这种支架适用于跨径不大的梁桥,但支立时仍需考虑梁的预拱度、支架梁的伸缩以及支架和模板的卸落等所需条件。

3. 支架搭设

(1) 一般要求

选用支架应符合以下要求:

① 支架分布受力的性能好,自重轻,尽量减少对地基的压力。
② 根据要求,可调节高度,满足调节桥梁纵、横坡的要求。
③ 支架自身压缩变形小,稳定性能好。
④ 施工时可不用大型吊车,运输机械车辆等,拼装、拆卸灵活方便。
⑤ 支架可周转使用,可降低工程的施工成本。
⑥ 支架地基的承载力应符合设计要求。

(2) 支架的搭设

1) 根据设计提供的桥梁宽度、跨径、净空,由测量人员测出支架搭设位置,一般支架搭设宽度应超出梁宽每侧 90～120cm,搭设形式,一般控制尺寸为:

① 立杆纵距:≤1.5m
② 立杆横距:≤1.2m
③ 横杆间距:≤1.0m
④ 步架高度:≤1.2m

2) 荷载规定:

① 均布荷载:≤2.7kN/m(指承重架子)。
② 集中荷载:≤2.0kN/m(廊间)。
③ 高层支架搭设前,应根据设计图纸提供的梁板结构,计算出每跨梁板的自重,并验算立杆及横杆的承载能力。验算的额定数据应符合有关规定。每根立杆的允许承压力控制在 20～25kN 范围内。
④ 支架如需增设挡风设施时,应作风荷载验算。

3) 支架的组装方法和要求:

① 底层立杆应采用 3m 和 1.8m 两种不同长度的构件相互交错安装,上部各层均用 1.8m 或 3m 立杆接高,避免立杆接头处于同一平面。
② 支架组装时应控制水平框架的纵向直线度、直角度及水平度。纵向直线段 $<\frac{1}{200}L$,直角度$<3.5°$,横杆水平度应$<\frac{1}{400}L$。
③ 底层框架必须在立杆底部设置扫地横杆,不得使立杆悬支在底座上。
④ 支架的垂直必须严格控制,确保整体稳定性,垂直偏差必须小于全高的 $\frac{1}{500}$,为了保证支架的稳定性,必须在支架搭设中每隔 5～7 排为一组,沿全高设置双杆剪力撑(十字盖),斜杆与地面角度夹角为 45°～60°,剪力撑必须用构件与立杆连接。

4. 支架预压

支架组装施工完成后,在铺设梁底模板之前,应进行支架的预压,以消除支架的非弹性变形与地基沉降。如图 8-21 预压前一定要仔细检查支架各节是否连接可靠,同时做好观测记录,预压时各点压重要均匀对称,防止出现反常情况,预压重量≥梁板重量的 80%,设计有规定时应按设计要求执行。预压时每隔 4h 进行一次沉降观测,直至最后三天的平均沉降值＜3mm 时方可卸载。压载材料,根据施工单位的实际情况而定,可采用砂袋、钢锭均可。

预压施工方法:

1) 首先,根据设计给定的梁底标高推算出支架上托标高,连同桥梁的纵、横坡度一起调整;

2) 在上托上,横桥向按中距 120cm 布置 10cm×15cm 方木,在方木上铺设定型钢模;

3) 根据施工单位情况,可采用砂袋预压或钢锭预压,但重量及放置位置应符合设计要求。

图 8-21 砂袋预压支架

8.3.2 模板施工

1. 模板构造

(1) 肋板梁的模板

跨径不大的肋板梁,其模板如图 8-22(a)所示,一般用木料制成。安装时,首

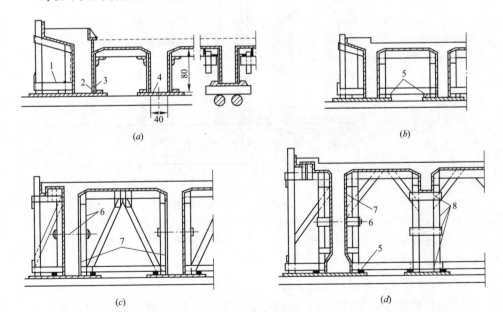

图 8-22 肋板梁模板(尺寸单位:cm)

1—小柱架;2—侧面镶板;3—肋木;4—底板;5—压板;6—拉杆;
7—填板;8—联结两个框架的木板(就地安钉)

先在支架纵梁上安装横木(分布杆件),横木上钉底板,然后在其上安装肋梁的侧面模板及桥面板的底板。肋梁的侧面模板系钉于肋木之上。桥面板底板之横木则由钉于上述肋木上之托板承托。肋木后面需钉以压板,以支承肋梁混凝土的水平压力。为减少现场的安装工作,肋梁的侧面模板及桥面板的底板(包括横木),可预先分别制成镶板块件。

当上部构造的肋梁较高时,其模板一般需采用框架式;梁的侧模及桥面板的底模,用木板或镶板钉于框架之上即可。但当梁的高度超过1.5m左右时,梁下部混凝土的浇筑和捣实宜从侧面进行,此时,梁的一侧的模板需开窗口或分两次装钉。框架式模板的构造示例见图8-22(b)、(c)、(d)。

(2)箱形梁的模板

在支架上就地浇筑的箱梁模板,一般由底模、侧模及内模三部分组成,并预先分别制作成组件,可在使用时拼装。如图8-23所示为跨径82.5m的就地浇筑连续箱梁之模板。模板采用厚12m胶合板。为便于冬季施工时保温,胶合板背面贴有隔温板。模板的内模框架,由设置在底模板上的混凝土预制块支撑。因箱梁系分三次浇筑,模板的外模需先后分三层拼装。

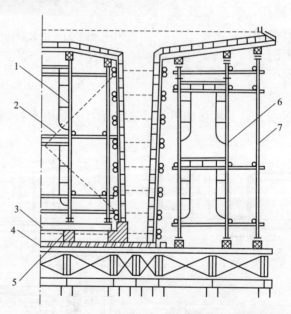

图8-23 支架上浇筑梁箱用模板

1—钢制框架(间距1800mm);2—钢制框架间距3600mm;3—∠100×120×3600;
4—∠120×150×4000;5—混凝土预制块;6—钢制框架间距1500mm;7—φ48.6钢管

2. 模板制作与安装

(1)模板及支架在制作和安装时的注意事项

1)构件的连接应尽量紧密,以减小支架变形,使沉降量符合预计数值。

2)为保证支架稳定,应防止支架与脚手架和便桥等接触。

3)模板的接缝必须密合,如有缝隙,需塞堵严密,以防跑浆。

4)建筑物外露面的模板应刨光并涂以石灰乳浆、肥皂水或润滑油等润滑剂。

5）为减少施工现场的安装拆卸工作和便于周转使用，支架和模板应尽量制成装配式组件或块件。

6）钢制支架宜制成装配式常备构件，制件时应特别注意构件外形尺寸的准确性，一般应使用样板放样制作。

7）模板应用内撑支撑，用螺栓栓紧。使用木内撑时，应在浇筑到该部位时及时将支撑撤去。

（2）制作及安装质量标准

1）材料

材料和钢材的材质应符合《公路桥涵设计通用规范》JTG D60—2004中关于木结构及公路木桥涵的有关规定，可按临时性结构办理。

2）制作及安装偏差限制

支架及模板，在使用前应进行检验，需保证坚固、稳定，其位置及尺寸符合设计要求。

3）模板、支架制作时的容许偏差(mm)

① 木模板制作：

A. 模板的长度和宽度：5

B. 不刨光模板相邻两板表面高低差：3

C. 刨光模板相邻两板面高低差：1

D. 平板模板表面最大局部不平（用2m直尺检查）

刨光模板：0

不刨光模板：8

E. 拼合板中木板间的缝隙宽度：2

（浇筑混凝土时需堵塞严实使之不漏浆）

F. 拱架、支架尺寸：5

G. 榫槽嵌接紧密度：2

② 钢模板制作：

A. 模板在长度和宽度中每1m的偏差：2

B. 模板板边与直线的偏差：0.5

C. 连接配件(楔子、螺栓)的孔眼位置偏差：0.5

4）模板、支架安装时的容许偏差(mm)

① 梁模板内部尺寸：+5，−3

② 梁的轴线平面位置：±10

③ 支架立桩及支承的间距：±75

④ 拱架和支架纵轴线平面位置：±30

⑤ 梁底模板高程（梁体外形曲线，包括预拱度）：+20，−10

⑥ 预埋件位置偏差，平面内±5，平面外±2。

8.3.3 施工预拱度

1. 确定预拱度时应考虑的因素

在支架上浇筑梁式上部构造时，在施工时和卸架后，上部构造要发生一定的下沉和产生一定的挠度。因此，为使上部构造在卸架后能获得设计规定的外形，需在施工时设置一定数值的预拱度。在确定预拱度时应考虑下列因素：

1) 卸架后上部构造本身及活载一半所产生的竖向挠度 δ_1；
2) 支架在荷载作用下的弹性压缩 δ_2；
3) 支架在荷载作用下的非弹性变形 δ_3；
4) 支架基底在荷载作用下的非弹性沉陷 δ_4；
5) 由混凝土收缩及温度变化而引起的挠度 δ_5。

2. 预拱度的计算

上部构造和支架的各项变形值之和，即为应设置之预拱度。各项变形值可按下列方法计算和确定：

1) 桥跨结构应设置预拱度，其值等于恒载和半个静活载所产生的竖向挠度 δ_1。当恒载和静载产生的挠度不超过跨径的 1/1600 时，可不设预拱度。

2) 满布式支架，当其杆件长度为 L，压力为 σ 时，其弹性变形为

$$\delta_2 = \frac{\sigma L}{E}$$

当支架为桁架等形式时，应按具体情况计算其弹性变形。

3) 支架在每一个接缝处的非弹性变形，在一般情况下，横纹木料为 3mm；顺纹木料接缝为 2mm；木料与金属或木料与圬工的接缝为 1~2mm；顺纹与横纹木料接缝为 2.5mm。

卸落设备砂筒内砂粒压缩和金属筒变形的非弹性压缩量，根据压力大小、砂子细度模量及筒径、筒高确定。一般 200kN 压力砂筒为 4mm；400kN 压力砂筒为 6mm；砂子未预先压紧者为 10mm。

4) 支架基底的沉陷，可通过试验确定或参考表 8-5 估算。

支架基底沉陷(cm)　　　表 8-5

土壤	枕梁	桩	
		当桩上有极限荷载时	桩的支承能力不充分利用时
砂土	0.5~1.0	0.5	0.5
黏土	1.5~2.0	1.0	0.5

3. 预拱度的设置

根据梁的挠度和支架的变形所计算出来的预拱度之和，为预拱度的最高值，应设置在梁的跨径中点。其他各点的预拱度，应以中间点为最高值，以梁的两端为零，按直线或二次抛物线比例进行分配。

8.3.4 混凝土浇筑

浇筑前应会同监理工程师对模板、钢筋以及预埋件的位置进行检查。

1. 混凝土的浇筑速度

为了保证浇筑混凝土的整体性，防止在浇筑上层混凝土时破坏下层混凝土，需使次一层的浇筑能在先浇筑的一层混凝土初凝以前完成。

2. 梁式桥混凝土的浇筑顺序

无论对简支梁桥，还是悬臂梁或连续梁桥，在考虑主梁混凝土的浇筑顺序时，不应使模板和支架产生有害的下沉；为了使混凝土振捣密实，应采用相应的分层浇筑；当在斜面或曲面上浇筑混凝土时，一般应从低处开始。

(1) 简支梁混凝土的浇筑

1) 水平分层浇筑

对于跨径不大的简支梁桥，可在钢筋全部扎好以后，将梁和板沿一跨全长内水平分层浇筑，在跨中合拢。分层的厚度视振捣器的能力而定，一般为 0.15～0.3m。当采用人工捣实时可采用 0.15～0.2m。为避免支架不均匀沉陷的影响，浇筑工作应尽量快速进行，以便在混凝土失去塑性以前完成。

2) 斜层浇筑

跨径不大的简支梁桥混凝土的浇筑，还可用斜层法从主梁两端对称向跨中进行，并在跨中合拢。T梁和箱梁采用斜层浇筑的顺序如图 8-24(a)所示。当采用梁式支架、支点不设在跨中时，应在支架下沉量大的位置先浇筑混凝土，使应该发生的支架变形及早完成。其浇筑顺序见图 8-24(b)所示。采用斜层浇筑时，混凝土的倾斜角一般为 20°～25°，与混凝土的稠度有关。

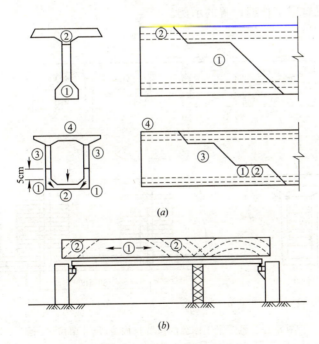

图 8-24 简支梁桥在支架上的浇筑顺序

较大跨径的简支梁桥，可用水平分层或斜层法先浇筑纵横梁，待纵横梁浇筑完毕后，再沿桥的全宽浇筑桥面板混凝土。在桥面板与纵横梁间应按工作缝处理。

3) 单元浇筑法

当桥面较宽且混凝土数量较大时，可分成若干纵向单元分别浇筑。每个单元的纵横梁可沿其长度方向水平分层浇筑或用斜层法浇筑,在纵梁间的横梁上设置工作缝,并在纵横梁浇筑完成后填缝连接。之后桥面板可沿桥宽全面积一次浇筑完成,不设工作缝。桥面板与纵横梁间设置水平工作缝。

(2) 悬臂梁、连续梁混凝土的浇筑

在支架上浇筑悬臂梁、连续梁混凝土时,由于桥墩(台)为刚性支承,桥跨下的支架为弹性支承,在浇筑上部结构的混凝土时,桥墩(台)和支架将产生不均匀的沉降。为防止上部结构在桥墩处产生裂缝,在浇筑悬臂梁及连续梁桥混凝土时,可在桥墩上设置临时工作缝,待梁体混凝土浇筑完毕、支架沉降稳定、上部结构沉降停止后,再浇筑墩顶处接缝混凝土。当支架采用较大跨径梁式支架时,在梁的两端支点上也应设置临时工作缝。为避免不均匀沉降引起梁体混凝土开裂,还可采取预压支架的方法,即预先对支架施加与梁体相同重力的荷重,根据预压及测量结果,消除塑性变形,测出弹性变形,使支架预先完成变形。采取预压支架法加载工作量大,以设置临时工作缝为好。

1) 工作缝设置的位置和构造

因工作缝的强度一般小于梁的整体强度,因此工作缝应设在主梁拉应力和剪应力最小处,一般设在桥墩顶部、支架的顶部或附近。如图 8-25 所示为某孔跨径为 33m 的单悬臂梁工作缝设置的示例。

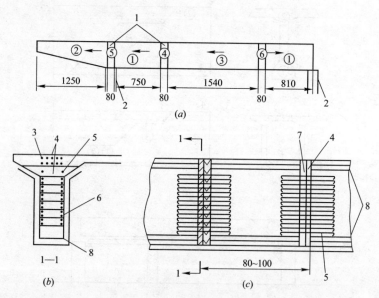

图 8-25 悬臂梁工作缝的位置与构造(尺寸单位:cm)
(a)纵面;(b)Ⅰ—Ⅰ剖面;(c)工作缝大样
1—工作缝;2—桥墩;3—主梁钢筋;4—隔板;5—分布钢筋;
6—主梁模板;7—垂直木条;8—穿过隔板的主钢筋

梁段间工作缝宽一般为 0.8～1.0m,两端用木板与梁体隔开,并留出分布钢筋通过的孔洞。由主梁底一直隔到桥面板顶部,木板外侧用垂直木条钉牢。工作缝两端穿过隔板设置长 0.65m、$\phi 8 \sim \phi 12$ 的分布钢筋,上下间距 0.1m,其布置如图 8-25(c)所示。

2) 混凝土浇筑顺序

① 空心板梁：小跨径的连续梁（板）桥，一般采用从一端向另一端分层、分段的浇筑程序。

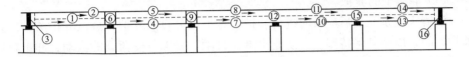

图 8-26　五跨一联空心板梁桥的混凝土浇筑顺序

如图 8-26 所示出了一座五跨一联钢筋混凝土连续空心板桥的混凝土浇筑顺序。支架采用满布式钢支架，混凝土用泵车浇筑。板分两层浇筑，并在墩顶设工作缝。浇筑顺序及工作缝的设置见图 8-26 所示。图中数字为混凝土浇筑顺序，箭头所指示为浇筑的方向。

② 悬臂梁及连续梁：悬臂梁桥浇筑顺序如图 8-25(a)所示，待①②③浇筑完成且强度达到 70% 的设计标号之后，才可浇筑④、⑤、⑥梁段的工作缝。①段由桥墩以远向墩身进行（箭头指向），可减少沉落应力。②段由墩身向桥墩以远进行，是因为主梁底板有坡度，这样浇筑可避免水泥浆流失。③段从⑥段开始浇筑，因为浇③段时，⑥段右边的①段已经终凝，不会因使用振捣器而影响①段的凝结。浇筑④、⑤、⑥段工作缝时，先将两侧隔板拆除，再将接头混凝土面的浮沫清除干净并凿毛，以增强新旧混凝土的粘结。

分段浇筑混凝土时，应就每一段的全部高度连同桥面一起沿上部结构整个横断面按斜坡层向前推进。斜层倾斜角一般为 20°～25°，每段纵向浇筑顺序如图 8-27 所示。

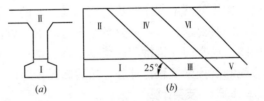

图 8-27　每段梁体纵向浇筑顺序
(a)剖面；(b)纵面

图 8-27 中，Ⅰ、Ⅱ为浇筑顺序，梁底部为马蹄形时，在侧棱处应开窗灌入混凝土，未凝固前即浇筑Ⅱ。

悬臂梁桥孔中的挂梁也采用就地浇筑时，需待悬臂梁混凝土浇筑完毕且强度达到 70% 后才可进行。

3. 混凝土的振捣

混凝土的振捣分人工振捣（用铁钎）和机械振捣两种。人工振捣一般用于坍落度大、混凝土数量少或钢筋过密部位的振捣。大规模的混凝土浇筑，必须用机械振捣。

机械振捣设备有插入式、附着式、平板式振捣器和振动台等。平板式振捣器用于大面积混凝土施工，如桥面、基础等；附着式振捣器可设在侧模板上，但附着式振捣器是借助振动模板来振捣混凝土，故对模板要求较高，而振捣效果不是太好，常用于薄壁混凝土部分振捣，如梁肋和空心板两侧部分；插入式振捣器常用的是软管式的，只要构件断面有足够的地方插入振捣器，而钢筋又不太密时，采用插入振捣器的振捣效果比平板式和附着式都要好。振捣时应注意：

1) 严禁利用钢筋振动进行振捣。

2)每次振捣的时间要严格掌握。插入式振捣器,一般只要15~30s,平板式振捣器25~40s。

4. 混凝土养护及模板拆除

(1)混凝土的养护

混凝土浇筑完成后应及时进行养护。养护可分自然养护和蒸汽养护两种。在养护期间,应使其保持湿润,防止雨淋、日晒、受冻及受荷载的振动、冲击,以促使混凝土硬化,并在获得强度的同时,防止混凝土干缩引起的裂缝。为此,对于混凝土外露面,在表面收浆、凝固后即用草帘等物覆盖,并应经常在覆盖物上洒水,洒水养护时间一般为7d。

当日平均气温连续5d稳定低于5℃,应按冬季施工要求进行养护。

(2)拆除模板和落架

非承重侧模板应在混凝土强度能保证其表面及棱角不致因拆模而受损坏时方可拆除,一般应在混凝土抗压强度达到2.5MPa时方可拆除;达到设计强度标准值的50%后,可拆除跨径不大于4m的桥梁的模板;达到在桥跨结构静重作用下所必需的强度且不小于设计强度标准值的75%以后,可拆除各种梁的模板。

模板拆除应按设计的顺序进行,设计无规定时,应遵循先支后拆、后支先拆的顺序,拆时严禁抛扔;卸落支架按拟定的卸落程序进行,分几个循环卸完,卸落量开始宜小,以后逐渐增大。在纵向应对称均衡卸落,在横向应同时一起卸落。梁体的落架程序应从梁挠度最大处的支架节点开始,逐步卸落相邻两侧的节点,同时要求各节点应分多次进行卸落,以使梁的沉落曲线逐步加大到梁的挠度曲线。通常简支梁桥和连续梁桥宜从跨中向支座依次循环卸落进行,悬臂梁桥则应先卸落挂梁及悬臂部分,然后卸无铰跨内的支架。

8.3.5 支架计算

本部分内容,以工程施工单位应用最广泛的扣件式钢管支架、WDJ碗扣型多功能支架计算为例,介绍支架计算和设计的步骤。

1. 扣件式钢管支架

(1)构造

扣件式钢管支架适用于无水或水流较浅的河流,主要由立杆(立柱)和横向水平杆(小横杆)、纵向水平杆(大横杆)、剪力撑和斜撑等组成,立杆、大横杆、小横杆是主要受力构件,采用Q235A(3号)钢,截面特性见表8-6。扣件式钢管支架杆件连接采用直角扣件、旋转扣件和对接扣件三种,供两根钢管直角连接、搭接连接或对接连接用,3种扣件的容许荷载分别为6kN、5kN和2.5kN。

扣件式钢管截面特性 表8-6

外径a(mm)	壁厚t(mm)	截面积A (mm^2)	惯性矩 (mm^4)	抵抗矩 W(mm^3)	回转半径 (mm)	每米长自重 (N)
48	3.0	4.24×10^2	1.078×10^5	4.493×10^3	15.95	33.3
48	3.5	4.89×10^2	1.215×10^5	5.078×10^3	15.78	38.4

立杆间距应根据计算确定,一般顺桥向(纵向)为1.0~1.2m,横桥向以0.5~

1.1m 为宜，大横杆步距不宜超过 1.5m。

扣件式钢管支架必须搭设在经处理的坚实地基上，在立柱底部铺设垫层和安装底座。垫板可以采用厚度不小于 200mm 的混凝土或厚度不小于 50mm 的木板。

(2) 荷载

扣件式钢管支架计算涉及的荷载有如下几种：

1) 扣件式钢管支架自重，包括立柱、纵向水平杆、横向水平杆、支承杆件、扣件等，可按表 8-6 计算。

2) 模板、新浇混凝土等荷载。

3) 施工人员及其设备、运输工具等荷载。

(3) 立杆计算

立杆按两端铰接的受压构件计算，计算长度 $l=$ 大横杆步距 h。

$$N \leqslant \varphi A [\sigma] \tag{8-1}$$

式中　N——立杆轴向力计算值，同时应满足表 8-7 要求；
　　　A——立杆横截面积；
　　　φ——立杆轴心受压构件纵向弯曲系数。见《路桥施工计算手册》附录三；
　　　$[\sigma]$——钢材强度极限值，为 215kPa。

钢管支架容许荷载　　　　表 8-7

横杆间距 L(cm)	$\phi 48 \times 3$ 钢管		$\phi 48 \times 3.5$ 钢管	
	对接立杆(kN)	搭接立杆(kN)	对接立杆(kN)	搭接立杆(kN)
100	31.7	12.2	35.7	13.9
125	29.2	11.6	33.1	13.0
150	26.8	11.0	30.3	12.4
180	24.0	10.2	27.2	11.6

(4) 纵向水平杆计算

纵、横向水平杆按受弯构件计算

1) 横向水平杆(顶端小横杆)：认为所有荷载均由小横杆承受并传给立杆，按两跨或三跨连续梁验算其抗弯强度和挠度，也可按近似公式(8-2)、公式(8-3)计算。

弯曲强度　　　　$$\sigma = \frac{q l_1^2}{10 W} \leqslant [\sigma] \tag{8-2}$$

抗弯刚度　　　　$$f = \frac{q l_1^4}{150 EI} \leqslant [f] \tag{8-3}$$

2) 纵向水平杆(大横杆)：按两跨或三跨连续梁计算，梁的跨度 $l=$ 立杆间距。用小横杆传来的最大反力计算值，在最不利荷载布置计算其最大弯矩值，其弯曲强度按公式(8-4)验算。

弯曲强度　　　　$$\sigma = \frac{M_{max}}{W} \leqslant [\sigma] \tag{8-4}$$

当按两跨连续梁计算时　$$M_{max} = 0.333 F l_2, \quad f = 1.466 \frac{F l_2^2}{100 EI} \tag{8-5}$$

当按三跨连续梁计算时　　　$M_{\max}=0.267Fl_2$，$f=1.883\dfrac{Fl_2^2}{100EI}$　　　(8-6)

式中　$M_{\max}$——大横杆的最大弯矩；
　　　W——杆件截面抵抗矩，见表8-6；
　　　l_1——小横杆的计算跨径；
　　　l_2——大横杆的计算跨径；
　　　EI——杆件的抗弯刚度；
　　　q——小横杆的均布荷载值；
　　　F——小横杆作用在大横杆上的集中荷载；
　　　f——小横杆的最大挠度值；
　　　$[f]$——容许挠度值，取3mm。

其余符号意义同前。

(5) 扣件抗滑承载力计算

$$R \leqslant R_c \tag{8-7}$$

式中　R——由大小横杆传给立杆的最大竖向作用力；
　　　R_c——扣件抗滑移承载力设计值，对直角扣件和旋转扣件，$R_c=8.5$kN。

(6) 立柱地基承载力计算

$$P=\dfrac{N}{A_b}\leqslant[\sigma] \tag{8-8}$$

式中　P——立柱基础底面处的平均压力设计值；
　　　N——上部结构传至基础顶面的轴心力设计值；
　　　A_b——基础底面积；
　　　$[\sigma]$——地基承载力设计值，$[\sigma]=f_k \cdot k_b$；
　　　f_k——地基承载力标准值，按国家现行标准《建筑地基基础设计规范》GB 50007—2011 中附录五的规定采用；
　　　k_b——地基承载力调整系数，对碎石土、砂土、回填土，$k_b=0.4$；对黏土，$k_b=0.5$；对岩石、混凝土，$k_b=1.0$。

【例 8-1】

某钢筋混凝土实心板桥，跨径 $L=9.6$m，桥面宽 7.5m，板厚 45cm，整体浇筑施工，支架采用扣件式钢管支架，钢管为 $\phi 48\times 3.5$mm，支架直接支承在混凝土垫层上，如图 8-28 所示，试验算支架内力。

【解】

(1) 小横杆计算

钢管立柱的纵向间距为 1.0m，横向间距为 0.8m，因此小横杆的计算跨径为 $l_1=0.8$m，忽略模板自重，在顺桥向单位长度内混凝土重量为：

$$g_1=1.0\times 0.45\times 25=11.25\text{kN/m}$$

倾倒混凝土和振捣混凝土产生的荷载均按 2.0kN/m² 计算，横桥向作用在小横杆上的均布荷载为：

$$g=g_1+2\times 2.0\times 1.0=11.25+4.0=15.25\text{kN/m}$$

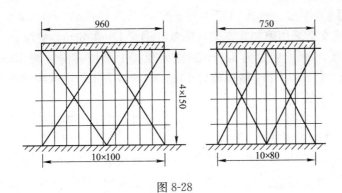

图 8-28

由式(8-2)、(8-3)

弯曲强度 $\sigma=\dfrac{ql_1^2}{10W}=\dfrac{15.25\times 800^2}{10\times 5.078\times 10^3}=192.2\text{MPa}\leqslant [\sigma]=215\text{MPa}$

抗弯刚度 $f=\dfrac{ql_1^4}{150EI}=\dfrac{15.25\times 800^2}{150\times 2.1\times 10^5\times 1.215\times 10^5}=1.632\text{mm}\leqslant 3\text{mm}$

(2) 大横杆计算

立柱纵向间距为 1.0m，因此大横杆的计算跨径为 $l_2=1.0$m，现按三跨连续梁计算，由小横杆传递的集中力 $F=15.25\times 0.8=12.20$kN，最大弯矩可按式(8-6)计算：

$$M_{\max}=0.267Fl_2=0.267\times 12.2\times 1.0=3.257\text{kN}\cdot\text{m}$$

弯曲强度 $\sigma=\dfrac{M_{\max}}{W}=\dfrac{3.257\times 10^6}{5.078\times 10^3}=641.5\text{MPa}>215\text{MPa}$，不能满足要求。

挠度：$f=1.883\dfrac{Fl_2^2}{100EI}=1.833\dfrac{12.20\times 10^3\times 1000^2}{100\times 2.1\times 10^5\times 1.215\times 10^5}=0.0088\text{mm}<3\text{mm}$

(3) 立杆计算

立柱承受由大横杆传递来的荷载，因此 $N=12.20$kN，由于大横杆步距为 1.5m，长细比 $\lambda=\dfrac{l}{i}=\dfrac{1500}{15.78}=95$，查《路桥施工计算手册》附录三，得 $\phi=0.552$，那么有：

$$N=\phi A[\sigma]=0.552\times 489\times 215=58.04\text{kN}$$

由 $N<[N]$，满足要求，同时满足表 8-7。

(4) 扣件抗滑力计算：

由 $R=12.2\text{kN}>R_C=8.5\text{kN}$，不能满足抗滑要求。

2. 碗扣式支架

(1) 构造：详见支架类型及构造中相关内容。

(2) 计算：由于碗扣式支架中，一般在顺桥向立杆顶托上放置方木，横桥向方木放置于顺桥向的方木上，然后铺竹胶板，形成支架系统。因此，它除验算支架立杆强度、稳定性外，还需验算横桥向方木(横梁)、与纵桥向方木(纵梁)的强度与刚度。故碗扣支架具体计算内容与扣件式支架计算内容有相同之处，但也有异同点。下面结合例题讲解碗扣式支架计算内容。

【例 8-2】

某桥箱梁支架采用碗扣式支架，满堂红钢管 $D=4.8\text{cm}$，壁厚 $t=3.5\text{mm}$。立杆纵向间距为 90cm，步距为 120cm。支架顶托上顺桥方向放置 10cm×15cm 方木，在 10cm×15cm 方木上横桥放置 10cm×10cm 方木，中到中间距 20cm，模板采用 1.5cm 厚木胶板。

侧模板竖肋采用 10cm×10cm 方木，间距 20cm。竖肋外侧设置上下两道 10cm×10cm 横向方木。

基础全范围用 30cm 厚炮渣石换填。压实度达到 96% 以上，地基承载力达到 250kPa 以上。其上用宽度 25cm 厚、厚 5cm 木板沿纵桥向按 0.9m 间距一次排开。木板上接支架底托。

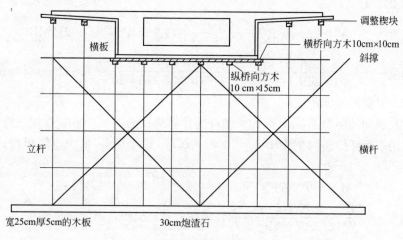

图 8-29　例 8-2 图

(1) 基本资料

各种常用木材的容许应力和弹性模量（MPa）　　表 8-8

木材种类		树种名称	顺纹拉应力 (σ_l)	顺纹承压应力 (σ_a)	顺纹弯应力 (σ_w)	顺纹剪应力 (σ_j)	弯曲剪应力 (τ)	横纹承压应力（一曲）			弹性模量 $E(\times 10^3)$
								全面积	局部表面及齿面	螺栓垫板下	
针叶材	A-1	东北落叶松、陆地松	9.0	14.5	14.5	1.5	2.3	2.3	3.5	4.6	11
	A-2	鱼鳞云杉、西南云杉、铁杉、红杉、赤杉、新疆落叶杉	8.5	13.0	13.0	1.4	2.0	2.0	2.9	4.1	10
	A-3	红松、樟子松、华山松、马尾松、云南松、广东松、油松、红皮云杉	8.0	12.0	12.0	1.3	1.9	1.8	2.6	3.6	9
	A-4	杉木、华北落叶松、秦岭落叶杉	7.0	11.0	11.0	1.2	1.7	1.8	2.6	3.6	9
	A-5	冷杉、西北云杉、山西云杉、山西油杉	6.5	9.5	9.5	1.2	1.7	1.6	2.3	3.1	8.5

续表

木材种类	树种名称	顺纹拉应力 (σ_l)	顺纹承压应力 (σ_a)	顺纹弯应力 (σ_w)	顺纹剪应力 (σ_j)	弯曲剪应力 (τ)	横纹承压应力(一曲)			弹性模量 $E(\times 10^3)$
							全面积	局部表面及齿面	螺栓垫板下	
阔叶材	B-1	栎木(柞木)、青冈	12.0	19.0	19.0	2.6	3.8	4.1	6.1	8.2	12
	B-2	水曲柳	11.0	16.5	16.5	2.3	3.2	3.7	5.5	7.4	11
	B-3	锥栗(栲木)、桦木	9.5	14.5	14.5	1.9	2.8	3.0	4.4	6.0	10

注：1. 弯曲剪应力 τ 仅用于整体梁的弯曲受剪验算。
2. 对于柱(桩)式墩盖梁、柱式座架墩底梁等在局部长度上的容许横纹承压应力为全面积容许承压应力的2倍。
3. 木材湿度超过30%或在水中的结构，木材横纹承压容许应力和弹性模量减低10%。
4. 原木顺纹受压和受弯的容许应力及弹性模量可提高15%。
5. 截面短边尺寸大于15cm的方木受弯容许应力可提高15%。
6. 本表摘自《公路桥涵钢结构及木结构设计规范》JTJ 025—86。

钢模板、钢管支架、拱架及配件的容许应力(MPa)   表8-9

材种	应力种类	符号	规范规定	新钢模板及配件	
				提高系数	计算采用
A3钢材	抗拉、抗压轴向力	$[\sigma]$	140	1.25	175
	弯曲应力	$[\sigma_w]$	145	1.25	181
	剪应力	$[\tau]$	85	1.25	106
A3粗制螺栓	拉应力		110	1.25	138
	剪应力		80	1.25	100
	承压应力		170		170

注：1. 钢材的弹性模量 E 取 2.1×10^5 MPa。
2. 当钢模板等构件及配件较旧时，提高系数应降低，但不小于1.0。

容许长细比 $[\lambda]$ 值   表8-10

构件性质	$[\lambda]$
主要的受压构件(立柱)	150
次要受压构件	200

(2) 几何参数及计算公式

1) 矩形截面特性：$I=\dfrac{1}{12}bh^3$，$W=\dfrac{1}{6}bh^2$，$i=0.289h$。

2) 圆形钢管截面特征：$I=\dfrac{\pi}{4}(R^4-r^4)$，$W=\dfrac{(R^4-r^4)\pi}{4R}$，$i=\dfrac{\sqrt{D^2+d^2}}{4}$。

3) 简支梁均布荷载计算公式：$M_{max}=\dfrac{1}{8}ql^2$，$\sigma=\dfrac{M_{max}}{W}$，$f=\dfrac{5ql^4}{384EI}$。

4) 长细比：$\lambda=\mu L/i_x$，L 为横杆步距。

5) 支架稳定性验算：$\delta=\dfrac{p}{\varphi A_0}$，$A_0$ 为稳定性验算时截面计算面积。

6) 支架强度验算：$\delta = \dfrac{p}{A_{ij}}$，$A_{ij}$ 为受压杆件计算截面净面积。

具体参数确定可参见《路桥施工计算手册》表 13-1 及表 12-20 及附录三。

(3) 荷载计算

图 8-29 为箱梁碗扣式支架布置图，支架所受各项荷载的计算如下所述。

1) 模板自重

竹胶板：$9kN/m^3 \times 0.015m$（厚度）$=135N/m^2=0.135kN/m^2$。

$10cm \times 15cm$ 方木自重：$6kN/m^3 \times 0.10m \times 0.15m = 0.09kN/m$。

$10cm \times 10cm$ 方木自重：$6kN/m^3 \times 0.1m \times 0.1m = 0.06kN/m$。

每米碗扣支架自重：$10.67kg/m \times 1m \times 9.8N/kg = 104.6N = 0.105kN$。

2) 现浇混凝土自重

由于中支点与梁端处受力最大，所以进行荷载验算时取中支点验算。

中支点断面：箱梁高 1.6m，立杆间距 0.9m，面积 $S=1.44m^2$。

中支点断面横箱梁方向每米重量：$1.44m^2 \times 1.0m \times 26kN/m^3 = 37.44kN$。

中支点每平方米箱梁自重：$37.44kN/(1m \times 0.9m) = 41.6kN/m^2$。

3) 施工人员、机具荷载

计算支架时，施工人员、机具荷载取 $1.0kPa=1.0kN/m^2$；

计算模板及小楞时，施工人员、机具荷载取 $2.5kPa=2.5kN/m^2$。

4) 振捣荷载

对于水平模板时取 $2.0kPa=2.0kN/m^2$；对于垂直模板取 $4.0kPa=4.0kN/m^2$。

说明：第 3、4 项荷载依据《公路桥涵施工技术规范》(JTJ 041—2000) 附录 D 进行取值。

5) 倾倒混凝土时产生的水平荷载

倾倒混凝土时产生的水平荷载取 $4.0kPa=4.0kN/m^2$。

以上各项荷载的取值见表 8-11。

荷 载 取 值 表　　　　表 8-11

序号	项目	材料重度或荷载大小					
		木材 (kN/m^3)				钢材 (kN/m^3)	定型钢模 (kN/m^3)	
		松木	阔叶树	橡木、落叶松	杉木、枞木	钢材	组合钢模及连接件	组合钢模、连接件及钢楞
1	模板、支架、拱架、脚手架重度	6	8	7.5	5	78.5	0.5	0.75
2	新浇混凝土、钢筋混凝土或砌体的重度	混凝土、砌体 (kN/m^3)					钢筋混凝土（以体积计算的含筋率）(kN/m^3)	
							≤2%	>2%
		24					25	26
3	施工人员、施工工具运输、堆放荷载	(1) 计算模板及直接支承模板的小楞时，均布荷载可取 2.5kPa，另以集中荷载 2.5kN 进行验算 (2) 计算直接支承小楞的梁或拱架时，均布荷载可取 1.5kPa (3) 计算支架立柱及支承拱架的其他结构构件时，均布荷载可取 1.0kPa						

续表

序号	项目	材料重度或荷载大小		
4	倾倒混凝土时产生的冲击荷载	序号	向模板中供料方式	荷载大小(kPa)
		1	用小于及等于 $0.2m^3$ 容积的容器或用溜槽、串筒或导管倾倒	2.0
		2	用于大于 $0.2 \sim 0.8m^3$ 容器倾倒	4.0
		3	用于大于 $0.8m^3$ 容器倾倒	6.0
5	振捣混凝土产生的荷载	2.0kPa		
6	其他可能产生的荷载	雪荷载、冬季保暖设施荷载等,按实际情况考虑		

6) 其他荷载(表 8-12)

其他荷载　　　　　　　　　　　　　　　　表 8-12

序号	项目		荷载计算	
1	风荷载	横桥向	横向风力＝横向风压×迎风面积 横向风压按《公路桥涵设计通用规范》JTJ D60—2004 的相关规定计算。做概略计算时,风压可取 $0.5 \sim 1.0$kPa,支架高于 20m 或处于沿海、海岛、峡谷口地区时,取大值,其他情况可取中值或小值 当支架高度小于 6.0m,可不计风载	
		顺桥向	支架	按横向风压的 70%×迎风面积
			拱架、桁架上部	按横向风压的 40%×迎风面积
2	流水压力,流冰压力,船只、漂浮物撞击力	流水压力	作用于支架桩上的流水压力 P 可按下式计算: $$P = 0.8A\frac{\gamma v^2}{2g}$$ 式中　γ——水的重度(kN/m³); 　　　v——水的流速(m/s); 　　　A——支架桩阻水面积(m²); 　　　g——重力加速度(9.81m/s²)。 流水压力合力的着力点假定在施工水位线以下 1/3 水深处	
		船只横桥向撞击力	内河航道等级	撞击力(kN)
			五级	300
			六级	$110 \sim 160$
			设置临时防护结构	不计
		漂流物撞击力	$$P = \frac{Wv}{gt}$$ 式中　W——漂流物重力(kN),根据河流中漂流物情况,按实际调查确定; 　　　t——撞击时间,一般用 1s; 　　　其余符号意义同上	

7) 计算模板、拱架及支架的荷载效应组合

参与模板、支架和拱架荷载效应组合的各项荷载应符合表 8-13 的规定。计算模板、支架和拱架的荷载设计值,应采用荷载标准值乘以相应荷载的分项系数,荷载分项系数应按表 8-14 采用。

模板、拱架和支架的荷载组合 表 8-13

序号	模板类别	参与组合的荷载项	
		计算承载力	验算刚度
1	梁、板和拱的底模板以及支承板、拱架、支架	1、2、3、4、5、6	1、2、6
2	缘石、人行道、栏杆、柱、梁、板、拱等的侧模板	7、9	7
3	基础、墩、台等厚大建筑物的侧模板	7、8	7

注：1. 表中的 1、2、3、…意义见表 8-14。
    2. 第 1 项中 3、4、5、6 类如不发生时，可不计入计算。
    3. 其他荷载只有发生时才考虑计算。
    4. 脚手架的荷载按实际情况考虑。

荷载分项系数 表 8-14

序号	荷载类别	γ_i
1	模板、拱架、支架、脚手架等自重	1.2
2	新浇混凝土、钢筋混凝土或新砌体等自重	1.2
3	施工人员及施工机具运输或堆放的荷载	1.4
4	倾倒混凝土时产生的竖向荷载	1.4
5	振捣混凝土时产生的竖向荷载	1.4
6	冬季施工时保温设施荷载和雪荷载	
7	新浇混凝土时对侧面模板的压力	1.2
8	倾倒混凝土时产生的水平荷载	1.4
9	振捣混凝土时产生的水平荷载	1.4
10	风荷载	
11	流水压力、流冰压力或船只、漂浮物撞击力	

(4) 模板验算

1) 底板模板验算（厚度 1.5cm）

① 强度验算

根据《公路桥涵施工技术规范》JTJ 041—2000，作如下强度验算。

荷载组合：$q=1+2+3+4=0.135+41.6+2.5+2=46.235 \text{kN/m}^2$。

计算宽度取 b，作用在模板上的均布荷载 $q_1=46.235 \times b=46.235 b \text{kN/m}$。

$$\delta_m = \frac{M_{max}}{W} < [\delta]$$

$$M_{max} = \frac{1}{8}q_1 l^2 = \frac{1}{8} \times 46.235 b \times 0.2^2 = 0.231 b \text{ kN} \cdot \text{m}$$

$$W = \frac{1}{6} \times bh^2 = \frac{1}{6} \times b \times 1000 \times 15^2 = 37500 b \text{ mm}^3$$

$\delta_m = M_{max}/W = 0.231 b \times 10^6 / 37500 b = 6.16 \text{N/mm}^2 < [\delta] = 14.5 \text{N/mm}^2$

② 刚度验算

根据《公路桥涵施工技术规范》JTJ 041—2000，作如下刚度验算。

荷载组合：$q=1+2=0.135+41.6=41.735 \text{kN/m}^2$。

作用在顶板模板上的均布荷载 $q_2=41.735\times b=41.735b\text{kN/m}$。

$$f=\frac{5ql^4}{384EI}<[f]=\frac{l}{400}$$

$$I=\frac{1}{12}bh^3=\frac{1}{12}\times b\times15^3=281.25b\text{mm}^4$$

$$f=\frac{5ql^4}{384EI}$$
$$=5\times41.375b\times200^4/(384\times11000\times281.25b)\times1000$$
$$=0.28(\text{mm})<[f]=200/400=0.5\text{mm}$$

根据以上计算，可以得出 1.5cm 厚木板满足强度、刚度要求。

2) 横桥向 10cm×10cm 方木验算（横梁处）

10cm×10cm 方木承受箱梁底模传递的均布荷载 q，中到中间距 20cm，计算跨径 90cm。

① 强度验算

根据《公路桥涵施工技术规范》JTJ 041—2000，作如下强度验算。

荷载组合：$q=1+2+3+4=0.135+41.6+2.5+2=46.235\text{kN/m}^2$。

$$q_3=46.235\times0.20+0.06=9.307\text{kN/m}$$

$$M_{\max}=\frac{1}{8}ql^2=\frac{1}{8}\times9.307\times0.9^2=0.942\text{kN/m}$$

$$W=\frac{1}{6}\times bh^2=\frac{1}{6}\times100\times100^2=166666\text{mm}^3$$

$$\delta_m=M_{\max}/W=0.942\times10^6/166666=5.65\text{N/mm}^2<[\delta]=14.5\text{N/mm}^2$$

强度符合要求。

② 刚度验算

根据《公路桥涵施工技术规范》JTJ 041—2000，作如下刚度验算。

荷载组合：$q=1+2=0.135+41.6=41.375\text{kN/m}^2$

作用在顶板模板上的均布荷载 $q_4=41.375\times0.20+0.06=8.407\text{kN/m}$。

$$I=\frac{1}{12}bh^3=\frac{1}{12}\times100\times100^3=8333333\text{mm}^4$$

$$f=\frac{5ql^4}{384EI}$$
$$=5\times8.407\times900^4/(384\times9000\times8333333)$$
$$=0.96\text{mm}<[f]=900/400=2.25\text{mm}$$

刚度符合设计要求。

3) 纵桥向 10cm×15cm 方木验算（横梁处）

纵桥向 10cm×15cm 方木传递的均布荷载 q，按简支梁计算，方木排布间距 90cm，支撑跨度 90cm。

① 强度验算

根据《公路桥涵施工技术规范》JTJ 041—2000，作如下强度验算。

荷载组合：$q=1+2+3+4=0.135+41.6+2.5+2=46.235\text{kN/m}^2$

$$q_5=46.235\times0.20+0.06+0.09=9.397\text{kN/m}$$

$$M_{max} = \frac{1}{8}ql^2 = \frac{1}{8} \times 9.397 \times 0.9^2 = 0.951 \text{kN} \cdot \text{m}$$

$$W = \frac{1}{6} \times bh^2 = \frac{1}{6} \times 150 \times 100^2 = 250000 \text{mm}^3$$

$$\delta_m = M_{max}/W = 0.951 \times 10^6/250000 = 3.804 \text{N/mm}^2 < [\delta] = 14.5 \text{N/mm}^2$$

强度符合要求。

② 刚度计算

根据《公路桥涵施工技术规范》JTJ 041—2000，作如下刚度验算。

荷载组合：$q = 1+2 = 0.135+41.6 = 41.375 \text{kN/m}^2$

作用在顶板模板上的均布荷载 $q_6 = 41.375 \times 0.20+0.06+0.09 = 8.497 \text{kN/m}$。

$$I = \frac{1}{12}bh^3 = \frac{1}{12} \times 150 \times 100^3 = 12500000 \text{mm}^4$$

$$f = \frac{5ql^4}{384EI}$$
$$= 5 \times 8.497 \times 900^4/384 \times 11000 \times 12500000$$
$$= 0.527 \text{mm} < [f] = 900/400 = 2.25 \text{mm}$$

刚度符合设计要求。

(5) 支架验算（横梁处）

荷载组合：$q = 1+2+3+4$，验算支架稳定性时稳定系数取 1.3。

1) 荷载计算

立杆间距为 90cm×90cm，最高处 16.5m，$S = 0.9 \times 0.9 = 0.81 \text{m}^2$，则单根立杆支撑荷载

$P = (0.135+41.6+1+2) \times 0.81 \times 1.3+(0.06+0.09) \times 0.9 \times 1.3+0.105 \times 16.5 \times 1.3 = 49.534 \text{kN}$

截面特征计算：见表 8-6。

$\phi 48 \times 3.5$ 钢管其截面积 $A = 4.89 \times 10^2 \text{mm}^2$；截面惯性矩 $I_x = 1.215 \times 10^5 \text{mm}^4$；回转半径 $i_x = 15.78 \text{mm}$；系数 $\mu = 1$。

2) 强度验算

$$\delta = \frac{P}{A_{ji}} = 49534/4890 = 101.28 \text{N/mm}^2 < [\delta] = 175 \text{N/mm}^2$$

3) 稳定性验算

杆件长细比 $\lambda = \mu l/i_x = 1 \times 1200/1578 = 76 < [\lambda] = 150$。

对任意柱进行整体稳定性验算（按压杆稳定性验算），查表得：

$\lambda = 76$ 时，$\phi = 0.744$

$$\delta = P/\phi A = 49534/(0.744 \times 4890) = 136.1 \text{N/mm}^2 < [\delta] = 175 \text{N/mm}^2$$

稳定性满足要求。

(6) 地基承载力验算（横梁处）

基础全范围用 30cm 厚炮渣石换填。压实度达到 96% 以上，地基承载力达到 250kPa 以上。其上用宽 25cm、厚 5cm 木板沿纵桥向按 0.9m 间距依次排开。木

板上承载支架底托。
$$A = 0.25 \times 0.9 = 0.225 \text{m}^2$$
$$\sigma = P/A = 49.534 \text{kN}/0.225 \text{m}^2 = 220 \text{kPa} < [\sigma_0] = 250 \text{kPa}(最低值)$$
地基承载力满足要求。

思 考 题 与 习 题

1. 对构件移运和堆放工作有哪些要求？
2. 装配式梁桥有何主要特点？
3. 装配式混凝土梁桥横向联结施工应注意哪些问题？
4. 叙述预制梁的出坑和安装的要求和步骤。
5. 叙述梁桥就地浇筑施工的特点。
6. 模板及支架在制作和安装时有哪些注意事项？
7. 支架的分类及搭设要求。
8. 支架预压的目的是什么？
9. 施工预拱度的设置有何规定？

教学单元 9 预应力混凝土梁桥施工

【教学目标】 通过学习预应力混凝土梁桥施工的具体内容，学生熟悉先张法、后张法施工程序和要点，熟悉挂篮施工的方法和要求，了解预应力连续梁顶推施工技术。

9.1 概　述

回顾预应力混凝土梁桥的发展，可以清楚地看到：施工技术的发展对桥梁的跨径、桥梁的线型、截面形式等方面起着重要的作用。初期的预应力混凝土梁桥施工以支架现浇为主，随着经济、科学技术的发展，大跨径，高桥墩的预应力梁桥越来越多，而支架现浇费工费时，满足不了我们"快速"的需求，预应力混凝土梁桥的施工方法很多，不同的施工方法所需机具设备、劳力不同，施工的组织、安排和工期也不一样，至于施工方法的选择，应根据桥梁的设计、施工的现场、环境、设备、经验等因素决定。施工方法的选择是否合理将影响整个工程的造价，涉及施工质量和完成工期。

本章先从梁体施加预应力的方法入手，介绍了先张和后张两种施加预应力的施工工艺和相关的施工要点。之后重点讲述了现在预应力梁桥常用的悬臂和顶推两种施工方法，从施工工序入手，介绍了施工中所用的设备及施工中的注意事项和操作要点。

9.2　先张法预应力施工

先张法的制梁工艺是在浇筑混凝土前张拉预应力筋，将其临时锚固在张拉台座上，然后立模浇筑混凝土，待混凝土达到规定强度（不得低于设计强度等级的75%）时，逐渐将预应力筋放松，这样就因预应力筋的弹性回缩通过其与混凝土之间的粘结作用，使混凝土获得预压应力。

先张法生产可采用台座法或机组流水法。采用台座法时，构件施工的各道工序全部在固定台座上进行。采用机组流水法时，构件在移动式的钢模中生产，钢模按流水方式通过张拉、浇筑、养护等各个固定机组完成每道工序。机组流水法可加快生产速度，但需要大量钢模和较高的机械化程度，且需配合蒸汽养护，因此只用于工厂内预制定型构件。台座法不需复杂机械设备，施工适用性强，故应用较广。

9.2.1　施工程序

下面着重介绍台座法施工，先张法生产示意如图 9-1 所示，台座法施工的施工工序如下：台座准备→安装预应力筋→预应力筋的张拉→钢筋绑扎与安放→模板安装→浇筑混凝土→养护→拆模→放松预应力筋。

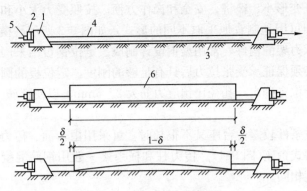

图 9-1 先张法生产示意图

1—台座承力结构；2—横梁；3—台座；4—预应力筋；
5—锚固夹具；6—混凝土构件

9.2.2 施工要点

1. 台座

台座是先张法生产中的主要设备之一，要求有足够的强度、刚度和稳定性，台座按构造形式不同，可分为墩式和槽式两类。

(1) 墩式台座

墩式台座(图 9-2)是靠自重和土压力来平衡张拉力所产生的倾覆力矩，并靠土壤的反力和摩擦力抵抗水平位移。其抗倾覆安全系数应不小于1.5，抗滑移系数应不小于1.3。在地质条件良好，台座张拉线较长的情况下，采用墩式台座可节约大量混凝土。

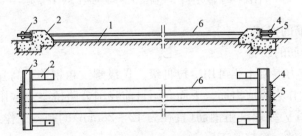

图 9-2 墩式台座构造示意图

1—台面；2—承力架；3—横梁；4—定位钢板；5—夹具；6—预应力筋

台座由台面、承力架、横梁和定位钢板等组成(见图 9-3)。台面有整体式混凝土台面和装配式台面两种，它是制梁的底模。承力架要承受全部的张拉力，设

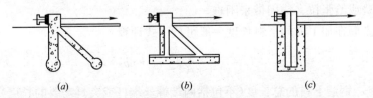

图 9-3 台座承力架

(a)爆扩桩式；(b)三角架式；(c)锚桩式

计建造时须保证变形小、经济、安全和操作方便。按照受力大小和现场地基条件的不同,承力架可因地制宜地采取不同的形式,如图 9-3 所示。横梁是将预应力筋张拉力传给承力架的构件,常用型钢设计制成。定位钢板用来固定预应力筋的位置,其厚度必须保证承受张拉力后具有足够的刚度。定位板的圆孔位置按梁体预应力筋的设计位置确定,孔径比预应力筋大 2~5mm,以便穿筋。

(2)槽式台座

当现场地质条件较差,台座又不很长时,可采用由台面、传力柱、横梁、横系梁等组成的槽式台座(图 9-4)。传力柱和横系梁一般用钢筋混凝土做成,其他部分与墩式台座相同。

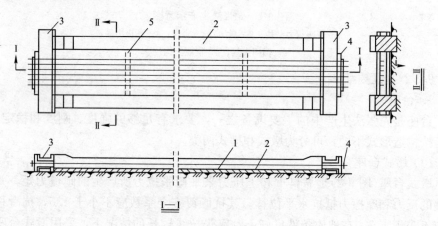

图 9-4 槽式台座

1—台面;2—传力柱;3—横梁;4—定位板;5—横系梁

2.预应力筋的安装

(1)预应力筋的制备

先张法预应力混凝土梁可用冷拉Ⅲ级、Ⅳ级螺纹粗钢筋、高强钢丝、钢绞线和冷拔低碳钢丝作为预应力筋。下面介绍目前我国公路桥梁上常用可焊性较好的 40 硅 2 矾冷拉Ⅳ级螺纹粗钢筋(直径为 12~28mm)的制备工作,它包括下料、对焊、镦粗或轧丝、冷拉等工序。

1)预应力筋下料

钢筋下料前应先做原材料检验和冷拉试验,以确定其冷拉伸长率和弹性回缩率等值。钢筋下料长度应根据台座长度、梁长、焊接接头压缩长度、冷拉伸长率、弹性回缩率等综合考虑决定。下料长度必须精确计算,以防止下料过长或过短造成浪费或给张拉、锚固带来困难。

预应力筋在加工前的下料长度一般可按下式计算

$$L=\frac{l_0}{(1+\gamma)(1-\delta)}+nb \qquad (9-1)$$

式中 L——钢筋下料的总长度(不包括两端螺丝端杆或夹具需要的长度);

l_0——预应力筋加工后需要的长度(即经对焊和冷拉后要求的长度);

b——每个对焊接头的压缩损耗量,一般为 3~4cm;

n——对焊接头数量(包括焊接两端螺丝端杆的接头);

γ——钢筋冷拉伸长率(%),由试验确定;

δ——钢筋冷拉后的弹性回缩率(‰),由试验确定。

在长线式台座上同时生产几片梁时,下料长度应包括梁与梁间连接器的长度。

2) 对焊

Ⅳ级螺纹粗钢筋的出厂长度为9~10m,因此需要对焊接长后才可应用。对焊一般应在冷拉前进行,以免冷拉钢筋高温回火后失去冷拉所提高的强度。对焊质量应严格控制,Ⅳ级钢筋的对焊一般在对焊机上进行。40硅2矾钢筋的可焊性较好,焊后可不进行热处理,但一般均采用闪光——预热——闪光焊工艺来改善接头性能。

3) 镦粗或轧丝

钢筋端的张拉和锚固,除了焊接螺丝端杆的方法外,也可采用镦头锚具或轧制螺纹锚具(或称轧丝锚具),以简化锚固方法和节约优质钢材。

采用镦头锚具时,对于直径在12mm以下的钢筋可采用液压冷镦机将钢筋端头镦粗成圆头,并利用开孔的钢垫板组成锚具。对于较粗的钢筋需要用热镦法来加工,即可利用对焊机将钢筋加热加压形成镦头。直径大于22mm的钢筋,因镦粗时需用较大的压力,则可采用锻压方法加工成镦头。Ⅳ级钢筋在镦制后一般尚应进行热处理,以消除其脆硬组织。镦头制成后要进行外观检查,不得有烧伤、歪斜及裂缝。

采用轧制螺纹锚具时,关键在于钢筋端部的螺纹加工(简称轧丝)。通常可利用特制的钢模通过压力机进行冷压轧丝,轧丝后钢筋的平均直径与原钢筋相差无几,而且还可以提高钢筋的强度。国外也有直接采用热轧螺纹钢筋作为预应力筋,在此情况下既避免了螺丝端杆的焊接问题,又不必进行轧丝,使施工更趋方便。

4) 冷拉

为了提高钢筋的强度和节约钢材,预应力粗钢筋在使用前一般需要进行冷拉(即在常温下,用超过钢筋屈服强度的拉力拉伸钢筋)。

钢筋冷拉按照控制方法可分为"单控"(即仅控制冷拉伸长率)和"双控"(即同时控制应力和冷拉伸长率)两种。目前由于受钢材质量的影响,即使同一种规格的钢筋,采用相同冷拉伸长率冷拉后所建立的屈服强度并不一致;或在同一控制应力下,伸长率又极不一致。因此单按哪一种控制都不能保证质量,最好能采用"双控"冷拉,这样既可保证质量,还可在设计上充分利用钢材强度。采用双控冷拉时应以应力控制为主,伸长率控制为辅。在没有测力设备的情况下,只能采用"单控冷拉"。

冷拉操作注意事项:

① 冷拉速度不宜过快,一般控制在0.3~0.4cm/s或每秒钟应力增长5000kPa左右。

② 当双控冷拉时,先张拉到千斤顶压力表读数为10%总拉力值时即停车,

此时作为测量伸长值的始点。为了核对钢筋的分段冷拉率与总冷率是否相符，可在同一根钢筋上，按一米为一段(至少取三段)用钢丝扎紧为标记。继续拉伸钢筋至总拉力值时，立即停车，并应静停 1~2min 后，测量伸长值。然后放松至初拉力值，再量出每一段钢丝之间的距离，测出弹性回缩率。

③ 当为单控冷拉时，先用不太大的力将钢筋拉直，放松冷拉力，作出总伸长值标记，再逐渐拉伸至达到标记处时，立即刹车，稍停 1~2 分钟后再放松全部冷拉力。

④ 冷拉完每一根钢筋要做标记、编号，并将各项数值记入冷拉记录，以作使用组编预应力筋的依据。鉴于冷拉时往往出现应力都达到，而冷拉率可能有大有小的现象，对此就可按照冷拉记录选用冷拉率比较接近(相差不超过 0.5%)的钢筋作为一组使用。冷拉率超过规定参数者不能用作预应力筋，或进行取样检验后只能降低强度使用。

预应力筋冷拉后宜经人工时效处理，如条件不够可经自然时效，即至少应在自然温度下(25~30℃)放置 24 小时，使钢筋的力学性能稳定后再使用。

(2) 预应力筋的安装

1) 预应力筋的安装顺序

预应力筋安装宜自下而上进行，先穿直线预应力筋，再通过转折器穿折线预应力筋。

2) 预应力筋的安装要点

预应力筋安装前应先在端横梁上安装预应力筋的定位钢板，同时检查其孔位和孔径是否符合设计要求。安装定位板时要保证最下层和最外侧预应力筋的混凝土保护层尺寸。进而在台座上安装预应力筋，将其穿过端横梁和定位板后用锚具固定在板上，穿筋时应注意不碰掉台面上的隔离剂和沾污预应力筋。

长线同时生产几根梁时，梁与梁间的钢筋可用连接器临时串联。

3. 预应力筋的张拉

预应力筋的张拉工作，必须严格按照设计要求和张拉操作规程进行。

粗钢筋在台座上主要利用各类液压拉伸机(由千斤顶、油泵、连接油管组成)进行张拉。张拉可分单根张拉和多根整批张拉两种。

张拉程序如下：为了减少预应力筋的应力松弛损失，通常采用超张拉的方法，按照表 9-1 规定的张拉程序进行张拉。其中应力由 105‰σ_k 退至 90‰σ_k，主要是为了设置预埋件、绑扎钢筋和支模时的安全。初应力值一般取 10‰σ_k，以保证成组张拉时每根钢筋应力均匀。

先张法预应力筋张拉程序　　　　　　　　　　　表 9-1

Ⅱ级、Ⅲ级、Ⅳ级钢筋	0→初应力 105‰σ_k(持荷 2min)→90‰σ_k→σ_k(锚固)
碳素钢丝、钢绞线	0→初应力 105‰σ_k(持荷 2min→σ_k 锚固)
冷拔低碳钢丝	0→105‰σ_k(持荷 2min)→σ_k 或 0→103‰σ_k(锚固)

为了避免台座承受过大的偏心力，应先张拉靠近台座截面重心处的预应力筋。

如遇钢筋的伸长值大于拉伸机油缸最大工作行程时，可采用重复张拉的办法来解决。

单根张拉和多根整批张拉的操作方法基本相同。通常在将预应力筋拉至初应力状态时，应检查钢筋保护层尺寸，如发现有偏差时就需调整定位板的位置。

图 9-5 示出多根预应力筋成批张拉的平面布置。在此情况下，为了使每根预应力筋受力均匀，就必须使它们的初始长度保持一致。为此，可在钢筋的一端选用螺栓端杆锚具，另一端选用镦头夹具与张拉千斤顶连接。这样就可以利用螺栓端杆上的螺帽来调整各根钢筋的初始长度。对于直径较小的钢筋，在保证精确下料长度的情况下，两端都可采用镦头夹具，张拉时，台座两端不得站人，操作人员要站在放在台座侧面的油泵外侧面进行工作，以保证安全。钢筋拉到张拉力后，要静停 2～3min，待稳定后再锚固。

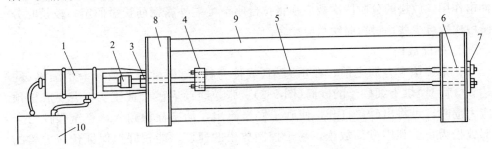

图 9-5　成批张拉的平面示意图

1—60t 拉杆式千斤顶；2—千斤顶套碗；3—固定螺帽；4—镦头夹具；5—预应力筋；
6—螺栓端杆锚具；7—定位板；8—横梁；9—承力压杆；10—高压油泵

4. 混凝土工作

预应力混凝土梁的混凝土工作，除了因所用强度等级较高而在配料、制备、浇筑、振捣和养护等方面更应严格要求外，基本操作与钢筋混凝土结构相同。此外，在台座内每条生产线上的构件，其混凝土必须一次连续浇筑完毕。振捣时，应避免碰击预应力筋。

5. 预应力筋张拉力的放松

预应力筋的放松是先张法生产中的一个重要工序，放松方法选择的好坏和操作是否正确，对构件的质量都将有直接的影响。

(1) 放张顺序

预应力筋的放松必须待混凝土养护达到设计规定的强度（一般为混凝土强度的 70%～80%）以后才可以进行。放松过早会造成较多的预应力损失（主要是收缩、徐变损失）或因混凝土与钢筋的粘结力不足而造成预应力筋弹性收缩滑动和在构件端部出现水平裂缝的质量事故；放松过迟，则影响台座和模板的周转。放松操作时速度不应过快，尽量使构件受力对称均匀。只有待预应力筋被放松后，才能切割每个构件端部的钢筋。

预应力筋的放张顺序，应符合设计要求；当设计无专门要求时，应符合下列规定：

1) 对承受轴心预压力的构件（如压杆、桩等），所有预应力筋应同时放张。

2) 对承受偏心预压力的构件,应先同时放张预压力较小区域的预应力筋,再同时放张预压力较大区域的预应力筋。

3) 当不能按上述规定放张时,应分阶段、对称、相互交错地放张。以防止在放张过程中,构件产生弯曲、裂纹及预应力筋断裂等现象。

4) 放张后预应力筋的切断顺序,宜由放张端开始,逐次切向另一端。

(2) 预应力筋的放松方法

1) 千斤顶放松

当混凝土达到规定强度后,再安装千斤顶重新将钢筋张拉至能够扭松固定螺帽时止(图9-5),随着固定螺帽的扭松,逐渐放松千斤顶,让钢筋慢慢回缩。

当逐根放松预应力筋时,应严格按有利于梁受力的次序分阶段地进行。通常自构件两侧对称地向中心放松,以免较后一根钢筋断裂时使梁承受大的水平弯曲冲击作用。放松的分阶段次数应视张拉台座至梁端外露钢筋长短而定,较长时分阶段次数可少些,过短时次数应增多。

2) 砂筒放松

在张拉预应力筋之前,在承力架(或传力柱)与横梁间各放置一个灌满(约达2/3筒身)烘干细砂子的砂筒(图9-6)。张拉时筒内砂子被压实,需要放松预应力筋时,可将出砂口打开,使砂子慢慢流出,活塞徐徐顶入,直至张拉力全部放松为止。利用砂筒放松,易于控制放松的速度,能较好地保证预应力梁的质量。

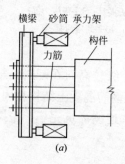 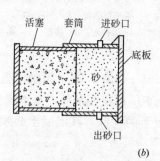 

图9-6 砂筒放松示意图
(a)砂筒布置;(b)砂筒构造

3) 滑楔放松

代替上述的砂筒,也可用图9-7所示的钢制滑楔来放松张拉力。滑楔由三块钢模块组成,中间一块上装有螺栓。将螺栓拧进螺杆就使三个楔块连成一体。需要放松时,将螺栓慢慢往上拧松,由于钢筋的回缩力,随着中间楔块的向上滑移,张拉力就被放松。

4) 螺杆、张拉架放松

在台座的固定端设置用来锚固预应力筋的螺杆和张拉架(图9-8)。放松时,拧松螺杆上的螺帽,钢筋慢慢回缩,张拉力即被放松。但由于作用在螺帽上的压力很大,拧松螺帽比较费力。

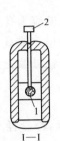
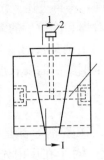

图 9-7 钢滑楔
1—螺杆;2—螺栓

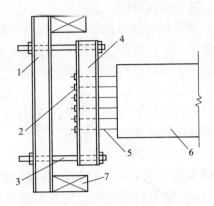

图 9-8 螺杆、张拉架放松示意图
1—横梁;2—夹具;3—螺杆;4—张拉架;
5—预应力筋;6—构件;7—承力架

（3）预应力筋放张后切断方式

钢筋放张后,可用乙炔—氧气切割,但应采取措施防止烧坏钢筋端部。钢丝放张后,可用切割、锯断或剪断;钢绞线放张后,可用砂轮锯切断。长线台座上预应力筋的切断顺序,应由放张端开始,逐次向另一端切断。

9.3 后张法预应力施工

后张法制梁的步骤是先制作留有预应力筋孔道的梁体,待其混凝土达到规定强度后,再在孔道内穿入预应力筋进行张拉并锚固,最后进行孔道压浆并浇灌梁端封头混凝土。

后张法工序较先张法复杂（例如需要预留孔道、穿筋、灌浆等）,且构件上耗用的锚具和埋设件等增加了用钢量和制作成本,但鉴于此法不需要强大的张拉台座,便于在现场施工,而且又适宜于配置曲线形预应力筋的大型和重型构件制作,因此目前在公路桥梁上得到广泛的应用。

制梁过程中有关模板和混凝土等工作与钢筋混凝土梁和先张法预应力梁的基本相同,不再赘述。下面介绍后张法制梁所特有的一些工序,工序示意图见图 9-9。

9.3.1 预应力筋的制备

后张法预应力混凝土桥梁常用高强碳素钢丝束、钢绞线和冷拉Ⅲ级、Ⅳ级粗钢筋作为预应力筋。对于跨径较小的 T 形梁桥,也可采用冷拔低碳钢丝作为预应力筋。

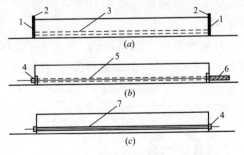

图 9-9 后张法施工工序示意图
(a)制作混凝土构件;(b)张拉预应力筋;
(c)孔道压浆、封锚
1—预埋钢板;2—模板;3—预留孔道;4—锚具;
5—预应力筋;6—张拉用千斤顶;7—孔道压浆

1. 粗钢筋的制备

后张法粗钢筋的制备,主要包括下料、对焊、镦粗(采用镦头锚具时)、冷拉等工序。对焊、镦粗、冷拉等工序与先张法相同,不再重述。

为了对钢筋进行张拉、锚固,预应力筋经对焊和冷拉后的需要长度应为孔道长度 L,加上必要的工作长度 L_1,它视构件端面上锚垫板的厚度与数量、锚具的类型、张拉设备类型和工作条件等而定。知道了钢筋的需要长度后,就可像先张法中所述一样计算出下料长度。

2. 碳素钢丝束的制备

碳素钢丝束的制作包括下料和编束工作。碳素钢丝都是圆盘,若盘径小于 1.5m,则下料前应先在钢丝调直机上调直。对于在厂内先经矫直回火处理且盘径为 1.7m 的高强钢丝,则一般不必整直就可下料。如发现局部存在波弯现象,可先在木制台座上用木锤整直后下料。下料前除应抽样试验钢丝的力学性能外,还要测量钢丝的圆度,对于直径为 5mm 的钢丝,其正负容许偏差为 +0.8mm 和 -0.4mm。

钢丝的下料长度应为:
$$L = L_0 + L_1 \tag{9-2}$$

式中 L_0——构件混凝土预留孔道长度;

L_1——固定端和张拉端(或两个张拉端)所需要的钢丝工作长度。

当构件的两端均采用锥形锚具、双作用或三作用千斤顶张拉钢丝时,其工作长度一般可取 140～160cm。当采用其他类型锚具及张拉设备时,应根据实际需要计算钢丝的工作长度。应力下料时,应加上钢丝的弹性伸长。

为了防止钢丝扭结,必须进行编束。编束时可将钢丝对齐后穿入特制的梳丝板(图 9-10)使其排列整齐,然后一边梳理钢丝一边每隔 1～1.5m 衬以长 3～4cm 的螺旋衬圈或短钢管,并在设衬圈处用 2 号钢丝缠绕 20～30 道捆扎成束。图 9-11 就表示用 24 根 φ5 钢丝配合锥形锚编制的钢丝束断面。这种制束工艺对防锈、压浆有利,但操作较麻烦。

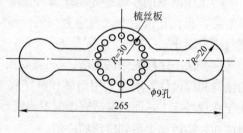

图 9-10 梳丝板

另一种编束方式是每隔 1～1.5m 先用 18～20 号钢丝编成帘子状,然后每隔 1～1.5m 设置一个螺旋衬圈并将编好的帘子绕衬圈围成圆束(图 9-12)。

图 9-11 钢丝束断面   图 9-12 钢丝编束

为了简化编束工序，有的工地上曾用无螺旋衬圈的所谓"一把抓"成束方法，不过钢丝仍应平行排列整齐，不使绞乱。这样编成的钢丝束管道截面可略减小，但对于弯道半径小的不宜采用。

对于镦头锚具，则可用与锚具锚孔相应的梳丝板，从一端拉至另一端，将钢丝理顺后绑扎成束。

3. 钢绞线的制备

钢绞线预应力筋是以盘条供应的，在使用前应进行预拉，以减少钢绞线的构造变形和应力松弛损失，并便于等长控制。预拉应力取标准抗拉强度的85%，拉至规定应力后应保持5～10min再放松。

钢绞线的下料长度亦由孔道长度和工作长度来定。下料时最好采用电弧熔割法，使切口绞线熔焊在一起。

成束使用的钢绞线也要用18～20号钢丝每隔1～1.5m绑扎一道形成束状。

9.3.2 预应力筋孔道成型

孔道的留设是预应力后张法构件制作中的关键工作之一。所留设的孔道尺寸与位置应正确，孔道要平顺，端部的预埋钢板应垂直于孔道中心线。孔道直径一般应比预应力筋的外径（包括钢筋对焊接头的外径或需穿入孔道的锚具外径）大10～15mm，以利于预应力筋的穿入。孔道的留设方法有抽管成孔法和预埋成孔法，现常用的是预埋成孔法。

1. 抽管成孔法

（1）钢管抽芯法

构件的模板和钢筋安装完成以后，在需要留设孔道的部位预埋钢管，在混凝土浇筑和养护过程中，每间隔一定时间要慢慢转动钢管一次，以防止混凝土与钢管粘结，待混凝土终凝前，抽出钢管，即在构件中形成孔道。这种方法适宜于留设直线孔道。为了保证预留孔道的质量，施工时应注意以下几点：

1) 钢管应平直、光滑，预埋前应除锈、刷油，安放位置要准确。钢管不直，则在转动和抽管时易将混凝土管壁挤裂。钢管位置的固定，一般采用钢筋井字架，钢筋井字架间距一般在1～2m左右，浇筑混凝土时，应防止振动器直接接触钢管，以免产生变形和位移。

2) 每根钢管长度一般不超过15m，以便于旋转和抽管，钢管两端应各伸出构件外500mm左右。较长的构件留孔可采用两根钢管，中间用套管连接，如图9-13所示。镀锌薄钢板套管直径不宜太大，长度不宜太短。直径太大则在混凝土浇筑时，水泥砂浆容易流进套管中，使转管和抽管困难；套管太短则在钢管旋转时，钢管接头容易脱出套管，严重者可能导致水泥砂浆堵塞孔道。

3) 恰当地掌握抽管时间。抽管过早，会造成塌孔；抽管太晚，混凝土与钢管粘结牢固，摩阻力增大，抽管困难，甚至严重时有抽不出钢管的可能。具体的抽管时间与混凝土的性质、气温

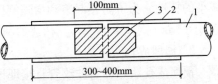

图9-13 钢管连接方式
1—钢管；2—镀锌薄钢板套管；3—硬木塞

和养护条件有关。一般是掌握在混凝土初凝以后终凝以前，手指按压混凝土表面不粘浆又无明显手指印痕时，即可抽管。在常温下，抽管时间约在混凝土浇筑后 3～6h。

4) 抽管顺序和方法。抽管顺序宜先下后上进行。抽管时，必须速度均匀，边抽边转，并与孔道保持在一条直线上。抽管后，应及时检查孔道，并做好孔道的清理工作。

(2) 胶管抽芯法

胶管有五层或七层夹布胶管及供预应力混凝土专用的钢丝网胶皮管两种。前者质软，必须在管内充气或充水后，才能使用。后者质硬，且有一定的弹性，预留孔道时与钢管一样使用，所不同的是浇筑混凝土后不需转动。抽管时可利用其有一定弹性的特点，在拉力作用下断面缩小，即可把管抽出。

安装胶管时，将其沿梁长方向顺序穿越各定位钢筋的"井"字网眼，定位钢筋的间距一般为 0.4～0.6m，曲线形管道应适当加密。采用橡胶管制孔时，可在管内插入衬管(软塑料管、纯橡胶管)或芯棒(圆钢筋)来加强其刚度，以利控制其位置和形状。

预应力混凝土 T 形梁的预留孔道长度一般在 25m 以上，而胶管的出厂长度却不到 25m。并且考虑到制孔器安装和抽拔的方便，故常采用两根胶管对接的构造形式。常用的胶管接头构造如图 9-14 所示。接头要牢固严密，防止浇筑混凝土时脱节或进浆堵塞。

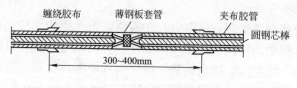

图 9-14 胶管接头构造

胶管内如利用充气或充水来增加刚度，管内压力不得低于 500kPa，充气(水)后胶管的外径应符合要求的孔道直径。

专为预应力混凝土施工特制的钢丝网胶管和夹布胶管的构造基本相同，但其本身刚度较大，一般可不用衬管只用芯棒进行加劲。胶管抽拔时先抽芯棒，后抽胶管；先拔下层胶管，后拔上层胶管；先拔早浇筑的半根梁，后拔晚浇筑的半根梁。

(3) 金属伸缩管制孔器

它是一种用金属丝编织成的可伸缩网套，具有压缩时直径增大而拉伸时直径减小的特性。为了防止漏浆和增强刚度，网套内可衬以普通橡胶的衬管和插入圆钢或 Φ5mm 钢丝束芯棒，其构造如图 9-15 所示。

2. 预埋成孔法

预埋成孔法，即将波纹管直接埋设在构件中而不再抽出。这种方法尤其适用于曲线孔道的留设。波纹管可采用金属或塑料制成，其中金属管道尽量采用镀锌材料制作，并具有良好的柔软性，一般情况下材料厚度不宜小于 0.3mm。塑料波

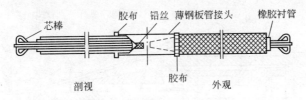

图 9-15 金属伸缩管制孔器

纹管的制作材料可采用高密度聚乙烯或聚丙烯,管道的环向刚度不小于 $6kN/m^2$,以使其在运输搬运和浇筑混凝土过程中保持一定的形状和完好。

9.3.3 预应力筋的张拉工艺

当梁体混凝土的强度达到设计强度的 75% 以上时,才可进行穿束张拉。穿束前,可用空压机吹风等方法清理孔道内的污物和积水,以确保孔道畅通。

预应力筋张拉时,应按顺序对称地进行,以防过大偏心压力导致梁体出现较大的侧弯现象。分批张拉时,先张拉的预应力筋应考虑后张拉其他预应力筋所引起弹性压缩的预应力损失。

预应力筋的具体张拉程序(见表 9-2)和操作方法与所用的预应力筋形式、锚具类型和张拉机具有关。

后张法预应力筋张拉程序　　　　　表 9-2

预应力筋		张拉程序
钢筋、钢筋束		0→初应力→$1.05\sigma_k$(持荷 2min)→σ_k(锚固)
对于夹片式等具有自锚性能的锚具	钢绞线束	普通松弛力筋 0→初应力→$1.03\sigma_k$(锚固)
	钢丝束	低松弛力筋 0→初应力→σ_k(持荷 2min 锚固)
其他锚具	钢绞线束	0→初应力→$1.05\sigma_k$(持荷 2min)→σ_k(锚固)
	钢丝束	0→初应力→$1.05\sigma_k$(持荷 2min)→0→σ_k(锚固)
精轧螺纹钢筋	直线配筋时	0→σ_k→初步锚固→0→σ_k(持荷 2min 锚固)
	曲线配筋时	0→σ_k(挂荷 2min)→0(可反复几次)→初应力→σ_k(持荷 2min 锚固)

后张法张拉预应力筋所用的液压千斤顶按其作用可分为单作用(张拉)、双作用(张拉和顶紧锚塞)和三作用(张拉、顶锚和退楔)等三种形式,按其构造特点则可分为锥锚式、拉杆式和穿心式等三种形式。下面分别说明它们的张拉工艺。

1. 锥锚式千斤顶张拉工艺

后张法预应力混凝土梁桥使用最广的是采用高强钢丝束、钢制锥形锚具并配合锥锚式千斤顶的张拉工艺。其张拉程序是 0→初应力(画线做标记)→105%σ_k;(持荷 5min)→σ_k→顶锚(测量钢丝伸长量及锚塞外露量)→大缸回油至初应力(测钢丝伸长量和锚塞外露量)→给油退楔。

图 9-16 表示 TD—60 型锥锚式三作用千斤顶的构造和张拉装置简图。其操作工序为:

(1) 张拉前准备工作。在支承钢板上画出锚圈轮廓的准确位置,随着放入锚塞而将钢丝均匀分布在锚塞周围,用手锤轻敲锚塞,使其不致脱出。

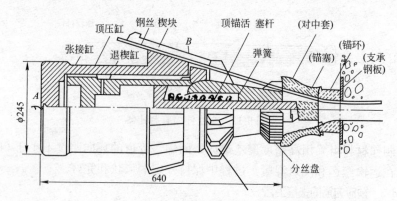

图 9-16　TD—60 型锥锚式三作用千斤顶张拉装置

(2) 装上对中套（即缺口垫圈，借此可测量钢丝伸长量和锚塞外露量等），并将钢丝用楔块楔在千斤顶夹盘内，先不要楔得太紧，待张拉到初应力时钢丝发生自动滑移而调整长度后再打紧楔块。

(3) 初始张拉。先从 A 油嘴进油入张拉缸，使钢丝束略微拉紧，并随时调整锚圈及千斤顶的位置，务必使孔道、锚具和千斤顶三者的轴线相吻合。进而两端同时张拉至钢丝束达到初应力（约为 $10‰\sigma_k$）时打紧夹丝楔块，并在分丝盘沟槽处的钢丝上标出测量伸长量的起点记号。在夹丝盘前端的钢丝上也标出用以辨认是否滑丝的记号。

(4) 正式张拉。A 油嘴进油，两端轮流分级加载张拉，每级加载值为油压表读数 5000kPa 的倍数，直至超张拉值后停息 5min，以消除预应力筋的部分松弛损失。再使 A 油嘴回油卸载至控制张拉力值，测量钢丝伸长量。

(5) 顶锚。完成上述张拉工序后先从一端使 B 油嘴进油顶紧锚塞（顶锚力约为控制张拉力的 50%～55%），测量钢丝伸长量及锚塞外露量后，再使张拉缸回油卸载至钢丝具有初应力的张拉力，继续测量钢丝伸长量及锚塞外露量。然后算出钢丝内缩量并作出记录。最后使千斤顶回油至零。

由于先从一端顶锚时钢丝因内缩而发生预应力损失，故此后在另一端顶锚前就能将张拉力补足。另一端的顶锚步骤与前相同。

必须注意，在顶锚时千斤顶张拉缸油压会上升，其原因主要是退楔缸油压迫使张拉缸套向前移动，从而使张拉缸缸室压缩。但此时油压的上升并不说明预应力筋内应力的增加。这时如果降低张拉缸油压，则张拉缸缸套继续前移，会使预应力筋内缩量增大而导致张拉力不足。因此在顶锚时，不应降低张拉缸油压。

(6) 退楔。顶锚完毕后，两端同时使 A 油嘴回油，张拉缸卸载前移；再从 B 油嘴进油，由于退楔缸室的液压作用，使张拉缸继续前移，直至夹丝楔块顶住退楔翼板，使楔块顶松而退出楔块为止。

(7) 千斤顶缸体复位。A、B 油嘴均回油，在弹簧力的作用下，使顶压活塞杆后移复位。

千斤顶减压撤除后，应检查有无断丝、滑丝现象。通常在一个断面上的断丝数量不得超过该断面钢丝总数的2%,每束中断丝数不得超过2根,每束钢丝滑移量总和不得大于该束伸长量的2%。如超过规定,应研究处理,甚至更换钢丝束,重新张拉并锚固。最后再在紧贴锚圈的钢丝根部刻画标记,以便观察以后有无滑丝现象。

在张拉工序中须特别注意安全,尤其在张拉或退楔时千斤顶后方不得站人,以防预应力筋拉断或锚具、楔块弹出伤人。高压油泵在有压情况下,不得随意拧动油泵或千斤顶各部位的螺栓。油管接头处应加防护套,以防喷油伤人。已张拉完而尚未压浆的梁,严禁剧烈振动,以防预应力筋裂断而酿成重大事故。钢束张拉时应按规定的记录表格做好详细记录。

2. 拉杆式千斤顶张拉工艺

拉杆式千斤顶构造简单,操作方便,适用于张拉带有螺杆式和镦头式锚、夹具的单根粗钢筋、钢筋束或碳素钢丝束。张拉吨位常用的有60t和80t两种。

图9-17为常用的GJ_2Y—60A型拉杆式千斤顶的构造示意图。其工作原理为:张拉时将预应力筋的螺栓端杆用连接器与千斤顶拉杆相连接,并使传力架支承在构件端部的预埋钢板上,然后开动油泵从主缸油嘴A进油,推动活塞张拉预应力筋。当拉伸到需要应力值时,就用扳手旋紧锚固螺母而将预应力筋锚固在构件端部。再从副缸的油嘴B进油,将主缸活塞及其拉杆推回原来的位置,旋下连接器,张拉即告完毕。张拉工序的某些细节与前述类似,这里不再赘述。

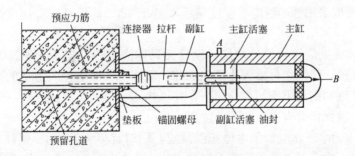

图9-17 GJ_2Y—60A型千斤顶构造示意图

3. 穿心式千斤顶张拉工艺

穿心式千斤顶的构造特点是沿千斤顶轴线有一穿过预应力筋的穿心孔道。这种千斤顶主要用于张拉带有夹片式锚、夹具的单根钢筋、钢绞线或钢筋束、钢绞线束。张拉吨位有18t、25t和60t等数种。

图9-18示出GJ_2Y—60型(即YC—60型)穿心式千斤顶的构造简图。这种千斤顶如配上特制的配件改装后,也可作拉杆式和锥锚式千斤顶使用。其工作原理为:张拉前先将预应力筋穿过千斤顶,在其后端用锥销式工具锚锚住。从主缸油嘴A进油而顶压油缸,并使其后移而带动工具锚并张拉预应力筋。在保持张拉力稳定的条件下,从顶压缸油嘴B进油,借顶压活塞顶压夹片锚塞锚固预应力筋。回程时使油嘴A回油、油嘴B进油,张拉油缸就前移复位;顶压活塞则在油嘴A和B同时回油下由弹簧回程。

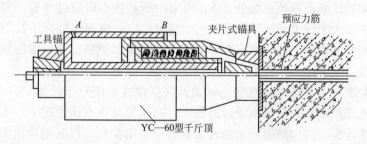

图 9-18　GJ_2Y-60 型穿心式千斤顶构造简图

9.3.4 孔道压浆

孔道压浆是为了保护预应力筋不致锈蚀，并使预应力筋与混凝土梁体粘结成整体，从而既能减轻锚具的受力，又能提高梁的承载能力、抗裂性能和耐久性。孔道压浆用专门的压浆泵进行，压浆时要求密实、饱满，并应在张拉后尽早完成，一般应在 24h 内完成。

1. 准备工作

压浆前烧割锚外钢丝时，应采取降温措施，以免锚具和预应力筋因过热而产生滑丝。用环氧砂浆或棉花和水泥浆填塞锚塞周围的钢丝间隙。用压力水冲洗孔道，排除孔内粉渣杂物，确保孔道畅通，并吹去孔内积水。

2. 水泥浆的制备

(1) 压浆材料应满足以下规定

1) 水泥应采用性能稳定、强度等级不低于 42.5 的低碱硅酸盐或低碱普通硅酸盐水泥。

2) 浆体强度应符合设计规定，设计无具体规定时，应不低于 30MPa。对截面较大的孔道，浆体中可掺入适量的细砂。浆体中一般应掺入适量的减水剂、缓凝剂、引气剂和钢筋阻锈剂等外加剂，并可掺入粉煤灰、微膨胀剂，但不得加入铝粉或含有氯化物等有害成分的外加剂。

3) 浆体的水胶比应低于本体积混凝土，同时宜不大于 0.4。浆体拌合后 3h，浆体泌水率不宜大于 2%，最终不超过 3%，泌水应在 24h 内重新全部被浆体吸收。浆体掺入适量膨胀剂后，其自由膨胀率应小于 10%。

(2) 水泥浆制备要点

水泥浆可用小型灰浆拌合机拌制。搅拌机的转速应不低于 1000r/min，每次拌量以不超过 40min 的使用量为宜。用于临时储存浆液的储料亦应具有搅拌功能，且应设置网格的尺寸不大于 3mm。

水泥浆的温度不宜过高或过低，夏季不宜超过 25℃，冬季不宜低于 5℃，不然则需要采取降温措施或采用冬季施工措施。

3. 压浆程序和操作方法

压浆工艺有 "一次压注法" 和 "二次压注法" 两种，前者用于不太长的直线形孔道，对于较长的孔道或曲线形孔道以 "二次压注法" 为好。

压浆压力以 500～600kPa 为宜，如压力过大，易胀裂孔壁。压浆顺序应先下孔道后上孔道，以免上孔道漏浆把下孔道堵塞。直线孔道压浆时，应从构件的一端压到另一端；曲线孔道压浆时，应从孔道最低处开始向两端进行。

二次压浆时，两次压浆的间隔时间宜为 30～45min，第一次从甲端压入直至乙端流出浓浆时将乙端的阀门关闭，待灰浆压力达到要求且各部分再无漏水现象时再将甲端的阀门关闭。待第一次压浆后 30min，打开甲、乙端的阀门，自乙端再进行第二次压浆，重复上述步骤，待第二次压浆完成经 30min 后，卸除压浆管，压浆工作便告完成。

在压浆操作中应当注意：

(1) 在冲洗孔道时如发现串孔，则应改成两孔同时压注。

(2) 每个孔道的压浆作业必须一次完成，不得中途停顿，如因故停顿时间超过 20min，则应用清水冲洗已压浆的孔道，重新压注。

(3) 水泥浆从拌制到压入孔道的间隔时间不得超过 40min，在此时间内，应不断地搅拌水泥浆。

(4) 输浆管的长度最多不得超过 40m。当超过 30m 时，就要提高压力 100～200kPa，以补偿输浆过程中的压力损失。

(5) 压浆工人应戴防护眼镜，以免灰浆喷出时射伤眼睛。

(6) 压浆完毕后应认真填写压浆记录。

(7) 压浆过程中及压浆后 48h 内，结构混凝土的温度不得低于 5℃，否则应采取保温措施。当气温高于 35℃时，压浆宜在夜间进行。

9.3.5 封端

孔道压浆后应立即将梁端水泥浆冲洗干净，并将端面混凝土凿毛。在绑扎端部钢筋网和安装封端模板时，要妥善固定，以免在灌筑混凝土时因模板移动而影响梁长。封端混凝土的强度应不低于梁体的强度。浇完封端混凝土并静置 1～2h 后，应按一般规定进行浇水养护。

9.4 预应力连续梁悬臂施工

悬臂施工法也称为分段施工法。悬臂施工法是以桥墩为中心向两岸对称的、逐节悬臂接长的施工方法。预应力混凝土桥梁采用悬臂施工法是从钢桥悬臂拼装发展而来。悬臂施工法最早主要用于修建预应力 T 形刚构桥，由于悬臂施工方法的优越性，后来被推广用于预应力混凝土悬臂梁桥、连续梁桥、斜腿刚构桥、桁架桥、拱桥及斜拉桥等。随着桥梁事业的发展，尤其近年来，悬臂施工法在国内外大跨径预应力混凝土桥梁中得到广泛采用。据资料统计，国内外 1952 年以来 100m 以上大跨径桥梁中，采用悬臂浇筑法施工占 80% 左右，采用悬臂拼装法施工占 20% 左右。本章主要介绍悬臂施工的施工特点。

(1) 施工预应力混凝土连续梁及悬臂梁桥采用悬臂施工时需进行体系转换，即在悬臂施工时，梁墩采取临时固结，结构为 T 形刚构，合龙前，撤销梁墩临时固结，结构呈悬臂梁受力状态，待结构合龙后形成连续梁体系。设计时应对施工状态进行配束验算。

(2) 桥跨间不需搭设支架，施工不影响桥下通航或行车。施工过程中，施工机具和人员等重力均全部由已建梁段承受，随着施工的进展，悬臂逐渐延伸，机具设备也逐步移至梁端，需用支架作为支撑。所以悬臂施工法可应用于通航河流及跨线立交大跨径桥梁。

（3）多孔桥跨结构可同时施工，加快施工进度。

（4）悬臂施工法充分利用预应力混凝土承受负弯矩能力强的特点，将跨中正弯矩转移为支点负弯矩，使桥梁跨越能力提高，并适合变截面桥梁的施工。

（5）悬臂施工用的悬拼吊机或挂篮设备可重复使用，施工费用较省，可降低工程造价。

9.4.1 悬臂浇筑法施工

悬臂浇筑（简称悬浇）采用移动式挂篮作为主要施工设备，以桥墩为中心，对称向两岸利用挂篮浇筑梁段混凝土，待混凝土达到要求强度后，张拉预应力束，再移动挂篮，进行下一节段的施工。悬臂浇筑每个节段长度一般2~6m，节段过长，将增加混凝土自重及挂篮结构重力，同时还要增加平衡重及挂篮后锚设施；节段过短，影响施工进度。所以施工时应根据设备情况及工期，选择合适的节段长度。悬臂浇筑法是桥梁施工中难度较大的施工工艺，需要一定的施工设备及一支熟悉悬臂浇筑工艺的技术队伍。由于80%左右的大跨径桥梁均采用悬臂浇筑法施工，通过大量实桥施工，使悬臂浇筑施工工艺日趋成熟。下面按悬浇施工程序、0号块施工、梁墩临时固结、施工挂篮、浇筑梁段混凝土、结构体系转换、合龙段施工及施工控制几个方面进行详细介绍。

1. 悬臂浇筑施工程序

悬臂浇筑施工时，梁体一般要分四部分浇筑，如图9-19所示。Ⅰ为墩顶梁段（又称0号块），Ⅱ为由0号块两侧对称分段悬臂浇筑部分，Ⅲ为边孔在支架上浇筑部分，Ⅳ为主梁在跨中合龙段。主梁各部分的长度视主梁形式和跨径、挂篮的形式及施工周期而定。0号块一般为5~10m，悬浇分段一般为3~5m，支架现浇段一般为2~3个悬臂浇筑分段长，合龙段一般为1~3m。

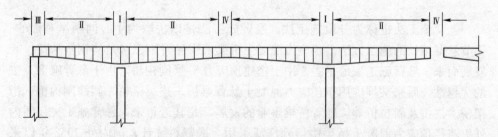

图9-19 悬臂浇筑分段示意图

Ⅰ-墩顶梁段；Ⅱ-0号块两侧对称分段悬臂浇筑；Ⅲ-支架浇筑梁段；Ⅳ-主梁跨中合龙段

施工程序一般如下：

（1）在墩顶托架上浇筑0号块并实施墩梁临时固结系统。

（2）在0号块上安装悬臂挂篮，向两侧依次对称地分段浇筑主梁至合龙段。

（3）在临时支架或梁端与边墩间临时托架上支模板浇筑现浇梁段。当现浇梁段较短时，可利用挂篮浇筑；当与现浇相接的连接桥是采用顶推施工时，可将现浇梁段锚固在顶推梁前端施工,并顶推到位。此法不需要支撑,省料省工。

(4) 主梁合龙段可在改装的简支挂篮托架上浇筑。多跨合龙段浇筑顺序按设计或施工要求进行。

2. 悬臂梁段 0 号块施工

0 号块结构复杂,预埋件、钢筋、各向预应力钢束及其孔道、锚具密集交错,梁面有纵、横坡度,端面与待浇段密切相连,务必精心施工。视其结构形式及高度,一般分 2～3 层浇筑:先底板,再腹板,后顶板。

施工程序如下:

安装墩顶托架平台——浇筑支座垫石及临时支座——安装永久盆式橡胶支座——安装底、侧钢梁及降落木楔或千斤顶——安装底板部分堵头模板——托架平台试压——调整模板位置及标高——绑扎底板和腹板的伸入钢筋——安装底板上的竖向预应力管道和预应力筋——监理工程师验收——浇筑底板第一层混凝土——混凝土养护——绑扎腹板、横隔梁钢筋——安装腹板纵向、横隔梁横向预应力管道和预应力筋——安装全套模板——监理工程师验收——浇筑腹板横隔板——混凝土养护——拆除部分内模后安装顶板模——安装顶板端模——绑扎顶板底层钢筋网及管道定位筋——安装顶板纵向预应力管道及横向预应力管道和预应力筋——安装顶板上层钢筋网——监理工程师验收——浇筑顶板混凝土——纵向胶管抽拔——管孔清理及混凝土养生——拆除顶、底板端模——两端混凝土连接面凿毛——混凝土强度达到设计要求强度后张拉竖、横向预应力筋——竖、横向预应力管道压浆——拆除内模、侧模和底模——拆除墩顶托架平台。

若墩梁刚性固结时,可省去第二、第三步施工程序。

现将以上主要程序施工和结构构造要点分述如下。

(1) 施工托架

采用悬臂浇筑法施工时,墩顶 0 号块梁段采用在托架上立模现浇,并在施工过程中设置临时梁墩锚固,使 0 号块梁段能承受两侧悬臂施工时产生的不平衡力矩。施工托架可根据承台形式、墩身高度和地形情况,分别支承在承台、墩身或地面上。它们可采用万能杆件、贝雷桁架(或装配式公路钢桁架)、六四军用桁架及型钢等组成,也可采用钢筋混凝土构件作为临时支撑。常用的施工托架有扇形托架(图 9-20)、高墩托架(图 9-21)、墩顶预埋牛腿托架平台(图 9-22)、临时墩及型钢结构支承平台(图 9-23)等。托架的顶面尺寸,视拼装挂篮的需要和拟浇梁段的长度而定,横桥间的宽度一般应比箱梁底板宽出 1.5～2.0m,以便设立箱梁边肋的外侧模板。托架顶面(或增设垫梁)应与箱梁底面纵向线形的变化一致。托架可在现场整体拼装,亦可分部在邻近场地或船上拼装再吊运就位整体组装。托架总长度视拼装挂篮的需要而决定。

由于考虑到在托架上浇筑梁段 0 号块混凝土,托架变形对梁体质量影响很大,在作托架设计时,除考虑托架强度要求外,还应考虑托架的刚度和整体性。由于托架弹性、杆件连接处有缝隙、地基有沉降等因素影响,可能使托架下沉,引起混凝土梁段出现裂缝,因此采用万能杆件、贝雷梁、板梁、型钢等做托架时,

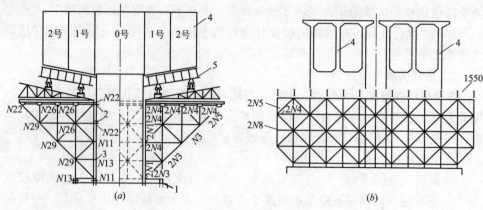

图 9-20 扇形托架(尺寸单位：mm)
(a)顺桥向；(b)横桥向
1—φ18 预埋螺栓；2—预埋钢筋；3—硬木；4—箱梁；5—底模垫梁

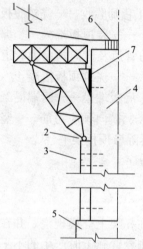

图 9-21 高墩托架

1—箱梁；2—圆柱形铰；3—承托槽钢；
4—墩身；5—承台；6—支座；7—预埋牛腿

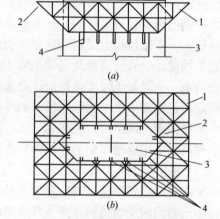

图 9-22 墩顶预埋牛腿托架平台
(a)顺桥向；(b)平面
1—万能杆件托架；2—平台面层结构；
3—桥墩；4—预埋牛腿支点

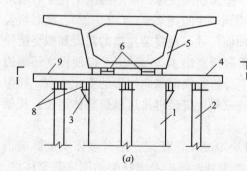

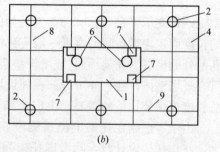

图 9-23 临时墩及型钢结构支承平台
(a)顺桥向；(b)Ⅰ—Ⅰ平面
1—墩柱；2—临时墩；3—牛腿；4—支承平台；5—箱梁；
6—支座；7—临时支座；8—平台纵梁；9—平台横梁

在混凝土浇筑以前,可采取预压、抛高或调整等措施,以减少托架变形,并检验托架是否安全。上海吴淞大桥采用扇形钢筋混凝土立柱作为托架支撑于承台上,并设置竖向预应力索作为梁墩临时锚固用,减少了托架变形。

(2) 支座

1) 支座垫石

垫石是永久支座的基石。由于支座安装平整度和对中精度要求高,因此垫石四角及平面高差应小于 1mm。为此垫石分两层浇筑:首层浇筑标高比设计标高低 15cm;第二层应利用带微调整平器的模板,控制浇筑标高比设计标高稍高,再利用整平器及精密水准仪量测,反复整平混凝土面。在安装支座前凿毛垫石,铺 2~3cm 厚与墩身等强的砂浆,砂浆浇筑标高较设计标高略高(3mm),然后安放支座就位,用锤振击,使其符合设计标高,偏差不得大于 1mm;水平位置偏差不得大于 2mm。

2) 临时支座

大跨径预应力混凝土桥梁采用悬臂施工法施工,如结构采用 T 形刚构,因墩身与梁本身采用刚性连接,所以不存在梁墩临时固结问题。悬臂梁桥及连续梁桥采用悬臂施工法时,为保证施工过程中结构的稳定可靠,必须采取 0 号块梁段与桥墩间临时固结或支承措施。临时支座的作用是在施工阶段临时固结墩、梁,承受施工时由墩两侧传来的悬浇梁段荷载,在梁体合龙后便于拆除和体系转换。

临时固结措施或支承措施有下列几种形式:

① 临时支座一般采用 C40 混凝土,并用塑料包裹的锚固钢筋穿过混凝土预埋梁底和墩顶中,其布置如图 9-24 所示。

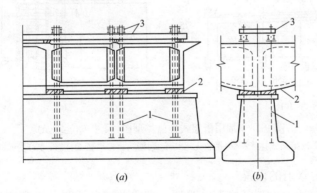

图 9-24 0 号块与桥墩的临时固结
1—预埋临时锚固用预应力筋;2—支座;3—工字钢

② 在桥墩一侧或两侧加临时支承或支墩。

③ 将 0 号块梁段临时支承在扇形或门式托架的两侧。

④ 临时支承可用 10~20cm 厚夹有电阻丝的硫磺砂浆层、砂筒或混凝土块等卸落设备,以使体系转换时,较方便地解除临时支承。

(3) 0 号块模板和支架

模板和支架是 0 号块施工的关键,其设计、施工的主要技术要求是:

1) 应有足够的刚度和强度。
2) 准确计算在浇筑过程中结构的弹性变形和非弹性变形。
3) 施工偏差和定位要求应符合有关规范的规定。
4) 便于操作,确保施工质量。

当墩身较低时,可采用在扇形托架或临时墩及型钢结构支承平台(图9-24)顶面上立模板、搭支架,浇筑0号块混凝土;当墩身较高时,可采用在高墩托架(图9-25)顶面上立模板、搭支架,浇筑0号块混凝土。也可由墩顶放置的型钢和墩身预埋的牛腿作为贝雷梁的支承形成0号块的施工托架,在托架上立模板、搭支架,浇筑混凝土。

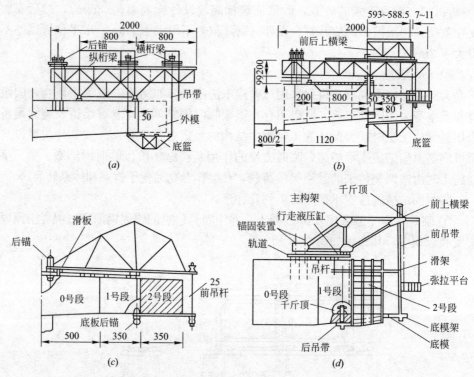

图9-25 常用桁架式挂篮类型图(尺寸单位:cm)
(a)平行桁架式挂篮;(b)平弦无平衡重式挂篮;(c)号弦式挂篮;(d)菱形挂篮

(4) 预应力管道的设置

为确保预应力筋布置、穿管、张拉、灌浆的施工质量,必须确保预应力管道的质量,一般采用预埋薄钢板管或薄钢板波纹管和橡胶抽拔管。三向预应力筋管孔薄钢板管和波纹管需由专用设备加工卷制,孔径按设计要求而定;橡胶抽拔管管壁用多层橡胶夹布在专业厂家制作,宜在混凝土浇筑150~200℃·h(混凝土全部埋设胶管时间与平均的温度乘积)内抽拔。拔时用尼龙绳锁住外露胶管,启动卷扬机拖拔,视设置管的长度和阻力一次可抽拔5~8根。为避免抽拔时塌孔,宜将波纹管与胶管相间布置,采用架立钢筋固定管道的坐标位置。浇筑后的薄钢板管和抽拔管后的管道,必须用小于内径10mm的梭形钢锤清孔,以便清除异物、补救塌孔,保证力筋穿孔畅通。

(5) 0 号块混凝土浇筑

墩顶梁段混凝土浇筑时，宜采用全断面一次浇筑完成，当梁段过高一次浇筑完成难以保证质量时，可沿高度方向分两次浇筑，但宜将两次浇筑混凝土的龄期差控制在 7d 以内。

9.4.2 挂篮施工

挂篮是悬臂浇筑施工的主要机具。挂篮是一个能沿着轨道行走的活动脚手架，挂篮悬挂在已经张拉锚固的箱梁梁段上，悬臂浇筑时箱梁梁段的模板安装、钢筋绑扎、管道安装、混凝土浇筑、预应力筋张拉、压浆等工作均在挂篮上进行。当一个梁段的施工程序完成后，挂篮解除后锚，移向下一梁段施工。所以挂篮既是空间的施工设备，又是预应力筋未张拉前梁段的承重结构。

1. 挂篮分类

作为施工梁段的承重结构，同时又是施工梁段的作业现场，随着施工技术的不断改进，挂篮已由过去的压重平衡式发展成现在通用的自锚平衡式。自锚式施工挂篮结构的形式主要有桁架式、斜拉式两类。

桁架式挂篮按其构成部件的不同，可分为万能杆件挂篮、贝雷梁或装配式公路钢桁梁组合式和挂篮、型钢组合桁架组合式等。按桁架构成形状的不同，又可分为平行桁架式、平弦无平衡重式、弓弦式、菱形式等多种，如图 9-25 所示。

斜拉式挂篮也叫轻型挂篮。随着桥梁跨径越来越大，为了减轻挂篮自重，以达到减少施工节段增加的临时钢丝束，在桁架式挂篮的基础上研制了斜拉式挂篮，如图 9-26 所示。

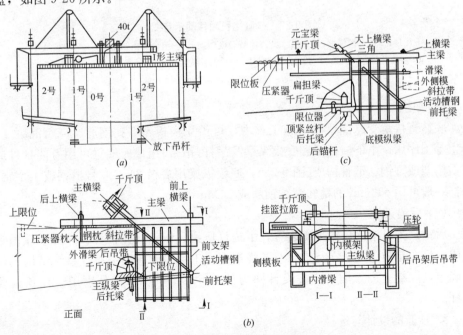

图 9-26 常用斜拉式挂篮类型图
(a)三角组合式常用挂篮；(b)滑动斜拉式常用挂篮；(c)滑动斜拉式挂篮

2. 挂篮的主要构造

挂篮主要构造如图 9-26 所示。

(1) 主纵桁梁

主纵桁梁是挂篮悬臂承重结构，可由万能杆件或贝雷桁架(或装配式公路钢桁架)组拼或采用钢板或大号型钢加工而成。

(2) 行走系统

行走系统包括支腿和滑道及拖移收紧设备。采用电动卷扬机牵引，通过圆棒滚动或在铺设的上、下滑道上移动，如图 9-27 所示。滑道要求平整光滑，摩阻力小，拆装方便，能反复使用。目前大多采用上滑道覆盖一层不锈钢薄板，下滑道用槽钢，内设聚四氟乙烯板，行走方便、安全、稳定性好。

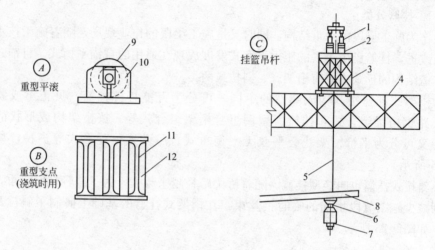

图 9-27 挂篮接长和移动示意图

1—千斤顶；2—型钢横梁；3—组合贝雷(型钢)横桁梁；4—组合贝雷纵桁梁；5—挂篮吊杆；
6—底篮模架活动铰；7—吊杆底端横梁；8—底篮纵梁；9—钢滚筒；10—滚筒支架；
11—工字钢；12—加劲板

(3) 底篮

底篮直接承受悬浇梁段的施工重力，可供立模板、绑扎钢筋、浇筑混凝土、养生等工序用，由下横桁梁和底模纵梁及吊杆(吊带)组成。横梁可用万能杆件或贝雷桁架或型钢、钢管构成(图 9-28)，底模纵梁用多根 24~30 号槽钢或工字钢；吊杆一般可用 $\phi 32mm$ 的精轧螺纹钢筋或 16Mn 钢带。

(4) 后锚系统

后锚是主纵桁梁自锚平衡装置，由锚杆压梁、压轮、连接件、升降千斤顶等组成，目的是防止挂篮在行走状态及浇筑混凝土梁段时倾覆失稳。系统结构按计算确定，混凝土浇筑前，应按设计锚力的 0.6，1.0，1.5 倍分别用千斤顶检验锚杆。

3. 挂篮的设计与选择

(1) 挂篮的设计

挂篮的合理设计是保证施工质量、加快施工进度的重要因素。在设计中要求

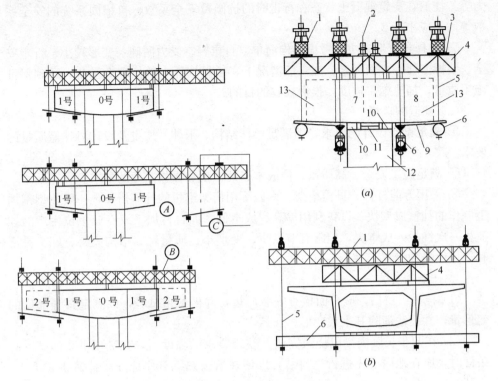

图 9-28 挂篮纵横桁梁系布置图
(a)挂篮施工纵断面；(b)挂篮施工正面
1—主横桁梁；2—后锚点；3—行走滑板；4—主纵桁梁；5—吊杆；6—底篮横梁(钢管)；7—后支点；
8—前支点；9—底模；10—临时固定支座；11—永久支座；12—桥墩；13—待浇梁段

挂篮的质量小、结构简单、受力明确、运行方便、坚固稳定、变形小、装拆方便，并尽量利用当地现有构件。

1) 设计时首先需确定悬浇的分段长度。分段长，节段数量少，挂篮周转次数少，施工速度加快，但结构庞大，需要的施工设备相应增多；分段短，节段多，挂篮周转次数多，施工速度较慢，但结构较轻，相应的施工设备较少。因此悬浇长度应根据施工条件权衡利弊综合考虑确定。我国近来修建 T 构的分段长度一般为 3~5m。

2) 设计时，应考虑各项实际可能发生的荷载情况，进行最不利的荷载组合。设计荷载大体种类有：①挂篮自重；②模板支架自重(包括侧模、内模、底模和端模等)；③振动器自重和振动力，千斤顶和油泵及其他有关设备自重；④施工人群荷载；⑤最大节段混凝土自重等。设计时，要保证挂篮与悬浇梁段混凝土的重量比不宜大于 0.5，且挂篮的最大变形(包括吊带变形的总和)应不大于 20mm。

3) 挂篮横断面布置，一般取决于桥梁宽度和箱梁横断面形式。当桥梁横断面为单箱时，全断面用一个挂篮施工；当桥梁横断面为双箱时，一般采用两个挂篮分别施工，最后在桥面板处用现浇混凝土连接；有时为了加速施工，如上海市金山大桥采用大型宽体桁架式挂篮，双箱一次浇筑施工。

4) 验算挂篮的抗倾覆稳定性能，确定结构整体的图式和尺寸以及后锚点的锚力等。挂篮在浇筑混凝土状态和行走时的抗倾覆安全系数、自锚固系统的安全系数等均不应小于2。

5）选择挂篮形式主要考虑结构简单、自重轻、受力明确、变形较小、行走安全、装拆方便等方面因素。在一般情况下，尽量选择本单位现有设备，达到保证施工质量，加速施工进度，投资较省的目的。

（2）挂篮的选择

① 满足梁段设计的要求，即满足梁体结构、形体、质量及设计对挂篮质量的要求。

② 满足施工安全、高质量、低成本、短工期和操作简便的要求。

③ 采用万能杆件、贝雷桁架、六四军用桁架组拼的挂篮桁架，一般比型钢加工制作的挂篮成型快、设备利用率高、成本低；而自行加工或专业单位生产的挂篮虽一次性投入成本大，但常有节点少、变形小、质量轻、结构完善、施工灵活和适用性强的优点。

4. 挂篮的安装

（1）挂篮组拼后，应全面检查安装质量，并做载重试验，以测定其各部位的变形量，并设法消除其永久变形。

（2）在起步长度内梁段浇筑完成并获得要求的强度后，在墩顶拼装挂篮。有条件时，应在地面上先进行试拼装，以便在墩顶熟练有序地开展挂篮拼装工作。拼装时应对称进行。

（3）挂篮模板的制作与安装应准确、牢固，后吊杆和下限位拉杆孔道应严格按设计尺寸准确预留。

（4）挂篮的操作平台下应设置安全网，防止物件坠落，以确保施工安全。挂篮应呈全封闭形式，四周设围护，上、下应有专用扶梯，方便施工人员上、下挂篮。

（5）挂篮行走时，须在挂篮尾部压平衡重，以防倾覆。浇筑混凝土梁段时，必须在挂篮尾部将挂篮与梁进行锚固。

5. 挂篮试压

为了检验挂篮的性能和安全，并消除结构的非弹性变形，应对挂篮试压。试压通常采用试验台加压法、水箱加压法等。

（1）试验台加压法

新加工的挂篮可用试验台加压法检测桁架受力性能和状况。试验台可利用桥台或承台和在岸边梁中预埋的拉力筋锚住主桁梁后端，前端按最大荷载计算值施力，并记录千斤顶逐级加压变化情况，测出挂篮弹性变形和非弹性变形参数，用作控制悬浇高程依据，如图9-29所示。

（2）水箱加压法

对就位待浇混凝土的挂篮，可用水箱试压

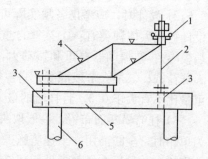

图9-29 菱形挂篮试验台试压示意图
1—压力表千斤顶；2—拉杆；3—预埋钢筋；
4—观测点；5—承台；6—桩段

法检查挂篮的性能和状况。加压的水箱一般设于前吊点处,后吊杆穿过紧靠墩顶梁段边的底篮和纵桁梁,锚固于横桁梁上,或穿过已浇箱梁中的预留孔,锚于梁体,在后吊杆的上端装设带压力表的千斤顶,反压挂篮上横桁梁,计算前后施加力后,分级分别进行灌水和顶压,记录全过程挂篮变化情况即可求得控制数据,如图9-30所示。

6. 挂篮浇筑混凝土时需注意的问题

(1) 挂篮就位后,吊架安装并校正模板,此时应对浇筑预留梁段混凝土进行抛高,以使施工完成的桥梁符合设计标高。抛高值包括施工期结构挠度、因挂篮重力和临时支承释放时支座产生的压缩变形等。

(2) 模板安装应核准中心位置及标高,模板与前一段混凝土面应平整密贴。如上一节段施工后出现中线或高程误差需要调整时,应在模板安装时予以调整。

(3) 安装预应力预留管道时,应与前一段预留管道接头严密对准,并用胶布包贴,防止灰浆渗入管道。管道四周应布置足够定位钢筋,确保预留管道位置正确,线形平顺。

(4) 浇筑混凝土时,可以从前端开始,应尽量对称平衡浇筑。浇筑时应加强振捣,并注意对预应力预留管道的保护。

(5) 为提高混凝土早期强度,以加快施工速度,在设计混凝土配合比时,一般加入早强剂或减水剂。上海地区一般采用SN—2减水剂。混凝土梁段浇筑一般5~7d一个周期。为防止混凝土出现过大的收缩、徐变,应在配合比设计时按规范要求控制水泥用量。

(6) 梁段拆模后,应对梁端的混凝土表面进行凿毛处理,以加强接头混凝土的连接。

(7) 箱梁梁段混凝土浇筑,一般采用一次浇筑法,在箱梁顶板中部留一窗口,混凝土由窗口注入箱内,再分布到底模上。当箱梁断面较大时,考虑梁段混凝土数量较多,每个节段可分二次浇筑,先浇筑底板到肋板倒角以上,待底板混凝土达一定强度后,再支内模,浇筑肋板上段和顶板。其接缝按施工缝要求进行处理。

(8) 箱梁梁段分次浇筑混凝土时,为了不使后浇混凝土的重力引起挂篮变形,导致先浇混凝土开裂,要有消除后浇混凝土引起挂篮变形的措施。

7. 浇筑混凝土时消除挂篮变形的措施

每个悬浇段的混凝土一般可二次或三次浇筑完成(混凝土数量少的也可采用一次浇筑完成),为了使后浇混凝土不引起先浇混凝土的开裂,需要消除后浇混凝土引起挂篮的变形。一般可采取如下的几种措施。

(1) 箱梁混凝土一次浇筑法

箱梁混凝土的浇筑采用一次浇筑,并在底板混凝土凝固前全部浇筑完毕。也就是要求挂篮的变形全部发生在混凝土塑性状态之间,避免裂纹的产生。但需在浇筑混凝土前预留准确的下沉量。

(2) 水箱法

水箱法的布置参见图 9-30。浇筑混凝土前先在水箱中注入相当于混凝土质量的水，在混凝土浇筑过程中，逐步放水使挂篮的负荷和挠度基本不变。

(3) 抬高挂篮的后支点法

浇筑混凝土前将模板前端设计标高抬高 10～30mm，预留第一次浇筑混凝土的下沉量，同时用螺旋式千斤顶顶起挂篮后支点，使之高于滑道或钢轨顶面（一般顶高 20～30mm）。在浇筑第一次混凝土时千斤顶不动，浇筑混凝土质量使挂篮的下沉量与

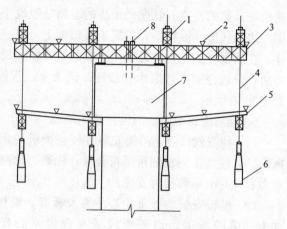

图 9-30 挂篮水箱法试压示意图
1—横桁梁；2—观测点；3—纵桁梁；4—吊杆；
5—底篮；6—水箱；7—墩顶梁段；8—后锚固

模板的抬高量相抵消。在浇筑第二次混凝土时，将千斤顶分次下降，并随即收紧后锚系的螺栓，使挂篮后支点逐步贴近滑道面或轨道面。随着后支点的下降，以前支点为轴的挂篮前端必然上升一数值，此数值应正好与第二次混凝土质量使挂篮所产生的挠度相抵消，保证箱梁模板不发生下沉变形。此法需用设备很少，较水箱法简单，但需顶起量合适。顶起量应由实测确定。

斜拉式挂篮因其总变形小，一般可在浇筑混凝土前预留下沉量，不必在浇筑过程中进行调整。也可试用某桥的施工实践，将挂篮底模承重横梁采用直径 1～1.2m 加劲钢管，管内与水泵及卸水管连通，使加卸载控制灵活。在梁段混凝土浇筑过程中，逐渐卸水，保持挂篮的负荷和挠度基本不变。

9.4.3 支架现浇梁段施工

施工边跨支架上的现浇梁段部分时，可在墩旁搭设临时墩支承平台，一般采用万能杆件、贝雷架等拼装，在其上分段浇筑。当与采用顶推法施工的连接桥相接时，可把现浇梁段临时固结在顶推梁上，到位后再进行梁的联结。其步骤如下：

设置临时桩基——浇筑钢筋混凝土承台——加宽边墩混凝土承台和设置预埋件——拼装扇形全幅万能杆件支架——搭设型钢平台——加载试压——安装现浇底模和侧模，底模下设木楔调整块——测量底板高程（包含预抬量）和位置——绑扎底腹板钢筋及竖向预应力筋——安装底板纵向预应力管道——装端模和腹板模——自检及监理工程师验收——浇筑底板和腹板混凝土——养生待强——装内顶模——绑扎顶板底钢筋——安装纵向及横向预应力管道——绑扎顶板顶层钢筋——自检及监理工程师验收——浇筑顶板混凝土——养生凿毛——拆除端头模板——张拉竖向预应力筋和顶板横向预应力筋——拖移外侧模——拆除箱内模板。

在桥梁合龙时，现浇梁段经预压后支架的变形已相对稳定，但悬臂端受气候影响在三个方向均可能产生较大变形。所以在预应力筋张拉之前，尤其是混凝土

浇筑初期，这些变形可能导致合龙段混凝土开裂，施工工艺应保证合龙段适应这些变形，避免裂缝出现。跟踪观测要点包括：①选择日间悬臂标高最高时（一般在一日之清晨）用支撑撑住悬臂端使其不能上翘（楔紧支撑时间是在标高最高时），也不能下挠（有支撑撑住），这样既避免了竖向相对位移又无需庞大的压重，支撑后再连续观测二日，确认稳定后再进行其余工序；②端部现浇段的支架下装滚轴，使其能纵向移动，再在合龙段设二片由型钢组成的桁架，构成刚性支承以抵抗悬臂端伸长变形产生的压应力；③支承桁架于合龙前一日清晨焊接完毕；④按开始进入日低温稳定区时混凝土初凝的原则确定混凝土开盘时间；⑤混凝土浇筑的次日，温度回落前，张拉部分顶板和底板预应力筋，使合龙段混凝土受到与其强度发展相适应的预压应力，以抵抗次日降温收缩应力。抵抗降温拉应力的力筋不在混凝土浇筑前而在浇筑次日温度回落前张拉；⑥混凝土强度达到设计强度80%时，再张拉与边跨合龙段体系转换相应的预应力筋。

9.4.4 合龙段施工及体系转换

1. 合龙段施工

连续梁的分段悬浇施工，常采用对称施工，但在一定条件下也可用不对称施工。全梁施工过程是从各墩顶0号段开始至该T构的完成，再将各T构拼接而形成整体连续梁。这种T构的拼接就是合龙。合龙是连续梁施工和体系转换的重要环节，合龙施工必须满足受力状态的设计要求和保持梁体线形，控制合龙段的施工误差。

（1）合龙前应对两端悬臂梁段的轴线高程和梁长受温度影响时的偏移值进行观测，并应根据实际观测值进行合龙的施工计算，确定准确的合龙温度、合龙时间及合龙程序。

（2）合龙时，宜采取措施将合龙口两侧的悬臂端予以临时刚性连接，再浇筑合龙段混凝土。合龙段混凝土宜在一天中气温最低且最稳定的时段浇筑，浇筑后应及时覆盖洒水养护。

（3）合龙时桥面上设置的全部临时施工荷载应符合施工控制的要求。对预应力混凝土连续梁桥，合龙后应在规定时间内尽快拆除墩梁临时固结装置，按设计规定的程序完成体系转换和支座反力的调整。

（4）通常多跨连续梁合龙段施工的顺序为：先各边跨，再各次边跨，最后为中跨。次边跨和中跨合龙段施工的原则和要求类似于边跨合龙施工，中跨合龙段因温差引起的变形变位大，由此产生的应力也大，对合龙临时连续约束的设施亦有更高要求。

2. 体系转换

利用连续梁成桥设计的负弯矩预应力筋为支承，是连续梁分段悬浇施工的受力特点。悬浇中各独立T构的梁体处于负弯矩受力状态，随着各T构的依次合龙，梁体也依次转化为成桥状态的正负弯矩交替分布形式，这一转化就是连续梁的体系转换。因此，连续梁悬浇施工的过程就是其应力体系转换的过程，也就是悬浇时实行支座临时固结、各T构的合龙、固结的适时解除、预应力的分配以及分批依次张拉的过程。

9.4.5 施工控制

不论悬浇还是悬拼,都是属于自架设方式施工,且已成结构的状态(包括受力、变形)具有不可调整性,所以施工控制主要采用预测控制法。主要体现在施工控制模拟结构分析、施工监测(包括结构变形与应力监测等)、施工误差分析以及后续施工状态预测几个方面。施工成败的关键在于临时锚固的可靠性,施工过程中的应力、变形与标高满足要求以及体系转换的实施。

对于分节段悬臂浇筑施工的桥梁来说,施工控制就是根据施工监测所得的结构参数真实值进行施工阶段计算,确定出每个悬浇节段的立模标高,并在施工过程中根据施工监测的成果对误差进行分析、预测和对下一立模标高进行调整,以此来保证成桥后桥面线形、合龙段两悬臂端标高的相对偏差不大于规定值以及结构内力状态符合设计要求。

悬臂浇筑的施工控制计算除了必须满足与实际施工方法相符合的基本要求外,还要考虑诸多相关的其他因素。

(1) 施工方案。由于施工桥梁的恒载内力与施工方法和架设程序密切相关,施工控制计算前应首先对施工方法和架设程序作一番较为深入的研究,并对主梁架设期间的施工荷载给出一个较为精确的数值。

(2) 计算图式。悬臂浇筑一般要经过墩梁固结——悬臂施工——合龙——解除墩梁固结——合龙的过程,在施工过程中结构体系不断地发生变化,因此在各个施工阶段应根据符合实际状况的结构体系和荷载状况选择正确的计算图式进行分析、计算。

(3) 非线性影响。非线性对中小跨连续梁桥、连续刚构桥的影响可以忽略不计,但对大跨径桥梁则有必要考虑非线性的影响。

(4) 预加应力影响。预加应力直接影响结构的受力与变形,施工控制中应在设计要求的基础上,充分考虑预应力的实际施加程度。

(5) 混凝土收缩、徐变的影响。连续梁桥、连续刚构桥必须计入混凝土收缩、徐变对变形的影响。

(6) 温度。温度对结构的影响是复杂的,通常的做法是对季节性温差在计算中予以考虑,对日照温差则在观测中采取一些措施予以消除,减小其影响。

(7) 施工进度。施工控制计算需按实际的施工进度以及确切的预计合龙时间分别考虑各个部分的混凝土徐变变形。

在主梁的悬臂浇筑过程中,梁段立模标高的合理确定,是关系到主梁线形是否平顺和设计是否合理的一个重要问题。如果在确定立模标高时考虑因素比较符合设计,而且加以正确的控制,则最终桥面线形较好;如果考虑的因素与实际情况不符合,控制不力,将会导致桥面与设计线形有较大的偏差。

众所周知,立模标高并不等于设计中桥梁建成后的标高,总要有一定的预拱度,以抵消施工中产生的各种变形。其计算公式如下:

$$H_{lmi} = H_{sji} + \Sigma f_{1i} + \Sigma f_{2i} + f_{3i} + f_{4i} + f_{5i} + f_{gl} \tag{9-3}$$

式中 H_{lmi} ——i 节段立模标高(节段上某确定位置);

H_{sji} ——i 节段设计标高;

Σf_{1i}——由各节段自重在 i 节段产生的挠度之和；

Σf_{2i}——由张拉各节段预应力在 i 节段产生的挠度之和；

f_{3i}——混凝土收缩、徐变在 i 节段引起的挠度；

f_{4i}——施工临时荷载在 i 节段引起的挠度；

f_{5i}——使用荷载在 i 节段引起的挠度；

f_{gi}——挂篮变形值。

其中挂篮变形值是根据挂篮加载试验，综合各测试结果，最后绘制出挂篮荷载—挠度曲线，进行内插而得。

预计标高的计算公式： $H_{yji} = H_{lmi} - f_{gi} - f_i$ (9-4)

式中　H_{yji}——i 节段预计标高值；

f_i——块件浇筑完成后，i 节段的下挠值。

悬臂浇筑必须对称进行，并确保轴线和挠度达到设计要求和在允许误差范围内。

1) 成桥后线形(标高)：±50mm。

2) 合龙相对高差：±30mm。

3) 轴线按《公路桥涵施工技术规范》JTG/TF 50—2011 执行。

在施工过程中，梁体不得出现受力裂缝。出现裂缝时，应查明原因，若缝宽超过 0.15mm，必须经过处理后方可继续施工。同时必须确保接头质量，线形平顺，梁顶面平整，每孔无明显折变。相邻块件的接缝平整密实，色泽一致，棱角分明，无明显错台。混凝土表面平整密实，蜂窝、麻面的面积不超过该面面积的 0.5%，深度不超过 10mm。箱室内的建筑垃圾必须清理。

9.4.6　悬臂拼装法施工

悬臂拼装法(简称悬拼)是悬臂施工法的一种，它是利用移动式悬拼吊机将预制梁段起吊至桥位，然后采用环氧树脂胶和预应力钢丝束连接成整体。采用逐段拼装，一个节段张拉锚固后，再拼装下一节段。悬臂拼装的分段，主要决定于悬拼吊机的起重能力，一般节段长 2~5m。节段过长则自重大，需要悬拼吊机起重能力大，节段过短则拼装接缝多，工期也延长。一般在悬臂根部，因截面积较大，预制长度比较短，以后逐渐增长。悬拼施工适用于预制场地及运吊条件好，特别是工程量大和工期较短的梁桥工程。

悬拼和悬浇均利用悬臂原理逐段完成全联梁体的施工，悬浇是以挂篮为支承进行主段浇筑，悬拼是以吊机逐段完成梁体拼装。实践表明，悬拼和悬浇、支架施工等施工方法相比除有许多共同优点外，悬拼还有以下特点：

(1) 进度快。传统的悬浇法灌筑一节段梁周期在天气好时也需要 1 个星期左右；而采用悬拼法，梁体节段的预制可与桥梁下部构造施工同时进行，平行作业缩短了施工工期，且拼装速度快。

(2) 制梁条件好，混凝土质量高。悬拼法将大跨度梁化整为零，在地面施工，预制场或工厂化的梁体节段预制有利于整体施工的质量，操作方便、安全。悬浇的混凝土有时会因达不到强度而造成事故，处理起来较麻烦，延误了工期，损失较大。采用悬拼法，节段梁在地面有足够的时间，可以想办法弥补工程施工中的不足。

（3）收缩、徐变变形小。预制梁段的混凝土龄期比悬浇成梁的长，从而减少了悬拼成梁后混凝土的收缩和徐变。

（4）线形好。节段预制采用长线法，长线法是在按梁底曲线制作的固定底模上分段浇筑混凝土的方法，能保证梁底线形。

（5）适合多跨梁施工。桥梁跨度越大、桥跨越多，则越能体现悬拼法的优越性，也就越经济。

悬拼按照起重吊装的方式不同可分为浮吊悬拼、牵引滑轮组悬拼、连续千斤顶悬拼、缆索起重机（缆吊）悬拼及移动支架悬拼等。悬拼的核心是梁的吊运与拼装，梁体节段的预制是悬拼的基础。

悬拼施工工序主要包括梁体节段的预制、移位、堆放、运输，梁段起吊拼装，悬拼梁体体系转换，合龙段施工。

1. 梁段预制

（1）预制方法

悬拼施工是将梁沿纵轴向根据起吊能力分成适当长度的节段，在工厂或桥位附近的预制场进行预制，然后运到桥位处用吊机进行拼装。节段预制的质量直接关系着梁段悬拼施工的质量和速度，因此预制时应严格控制梁段断面和形体的精确度，并充分注意预制场地的选择与布置，台座和模板支架的制作，工艺流程的拟订以及养护和储运的每一环节。梁段预制的方法通常有长线浇筑或短线浇筑的立式预制和卧式预制。

1）立式预制

① 长线预制

长线预制是在预制厂或施工现场按桥梁底缘曲线制作固定台座，在台座上安装底模进行节段混凝土浇筑工作。组成T构半悬臂或全悬臂的诸梁段均在固定台座上的活动模板内浇筑且相邻段的应相互贴合浇筑，缝面浇前涂抹隔离剂，以便脱模。长线预制需要较大的场地，台座两侧常设挡土墙，内填不沉降的砂石加20cm混凝土封顶并涂抹高强找平砂浆，其上加铺一层镀锌薄钢板，待砂浆未达到要求强度前用铁钉固定。其底座的最小长度应为桥孔跨径的一半。底座的形成有多种方法，它可以利用预制场的地形堆筑土胎，经加固夯实后铺砂石层并在其上面做混凝土底板；盛产石料的地区可用石砌圬工筑成所需的梁底缘的形状；在地质情况较差的预制场地，可采用打短桩基础，在桩基础上搭设排架形成梁底缘曲线。排架可用木材或型钢组成。如图9-31所示。

梁体节段的预制一般在底板上进行。模板常采用钢模，每段一块，以便于装拆使用。为加快施工进度，保证节段之间密贴，

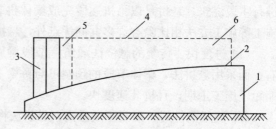

图9-31 长线预制台座的构件
1—长线台座；2—梁底线形；3—预制梁段；
4—梁顶线形；5—待浇梁段；6—待浇梁段位置

常采用先浇筑奇数节段，然后利用奇数节段混凝土的端面弥合浇筑偶数节段的方法。也可以采用分阶段的预制方法。当节段混凝土强度达到设计强度的70%以上后，可吊出预制场地(图9-32)。

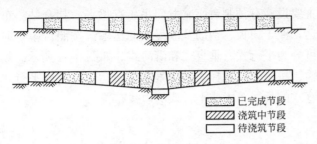

图9-32　长线法节段预制顺序

② 短线预制

短线预制是在固定台位且能纵移的模板内浇筑，由可调整内、外部模板的台座与端梁来完成。当第一节段混凝土浇筑完成后，在其相对位置上安装下一节段模板，并利用第一节段混凝土的端面作为第二节段的端模完成第二节段混凝土的浇筑工作。这种方法适合节段的工厂化生产预制，设备可周转使用，台座仅需3个梁段长，但节段的尺寸和相对位置的调整要复杂一些。短线台座除基础部分外，多采用钢料加工制作(图9-33)。

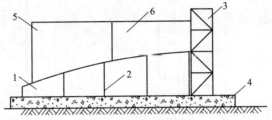

图9-33　短线法台座
1—短线台座；2—可调底模；3—封闭式端模；
4—基础；5—配筑梁段；6—待浇梁段

2) 卧式预制

当主梁为桁架梁时，具有较大的桁高和节段长度，且桁架的桁杆截面尺寸不大时，常采用卧式预制。卧式预制要有一个较大的地坪，地坪的高低要经过测量，并有足够的强度，不致产生不均匀沉陷。对相同尺寸的节段还可以在已预制完成的节段上安装模板进行平卧叠层预制，两层构件间常用塑料布或涂机油等方法分隔。桁架梁预制节段的起吊、翻身工作要求操作细致，并注意选择吊点和吊装机具。

可以看出：由于长线台座可靠，因而成桥后梁体线形较好。长线的台座使梁段存贮有较大余地，但占地较大，地基要求坚实，混凝土的浇筑和养护移动分散。短线预制场地相对较小，浇筑模板及设备基本不需移动，可调的底、侧模便于平、竖曲线梁段的预制；但要求精度高、施工严、周转不便，工期相对较长。

无论是立式预制还是卧式预制，都要求相邻节段之间接触紧密，故必须以前面浇筑完成的节段的端面作为后来浇筑节段的端模，同时必须采用隔离剂使节段出坑时相互容易从接缝处脱离。常用隔离剂可分为：①薄膜类，如塑料硬薄膜；②油脂类，如较好机油，可掺少量黄油以增加黏度，且浇筑后混凝土表面不能变黑；③皂类，如烷基苯磺酸钠，虽成本较高，但使用效果较好。这种构件预制方法，国外一般叫做"配合浇筑"法。

（2）预制和存放场地布置

预制场地主要设施有预制台座、龙门吊、存梁场、拌合站。布设时应便于梁段的移动和吊运，便于模板、钢筋及混凝土的运输。按照台座与河流及桥位的关系，场地布局可分为平行式、垂直式和沿河式。如图 9-34 所示。场内布置应综合梁段制作、运输、拼吊方式选择。用缆索起重机运输，宜做平行式布置；用驳船运输，宜做垂直式的长线布置或平行式的短线布置。

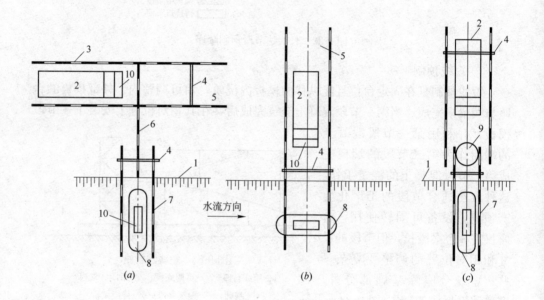

图 9-34　预制场平面布置图
(a)平行式；(b)垂直式；(c)垂直式附块件转向设施
1—河岸线；2—预制台座；3—轻便轨道；4—龙门吊机；5—存梁场；6—运梁轨道；
7—栈桥；8—运梁驳船；9—块件转向转盘；10—预制块件

梁段的拼装快于预制，因此梁段应尽早预制，与下部构造同步施工时，应布置足够的存梁区。区位宜设在待吊的一端。存梁台基础宜采用片石浆砌，上置枕木做支承，确保地基承载力。硬地基上可直接铺枕木支承。严防发生沉塌事故或支承不当损坏梁段。为了便于底板的检修，支承宜高于地面 50cm 以上。

（3）拼接接合

梁段拼接有全断面铰接、部分铰接与部分湿接及湿接三种形式。两梁段全横断面靠环氧树脂粘结构成全断面铰接，计算时假定为剪力铰。部分铰接与部分湿接是腹板为铰接，顶板及底板通过伸出钢筋连接再现浇混凝土。湿接是相邻梁段间浇筑一段 10~20cm 宽的混凝土作为接头的连接缝，用以调整随后梁段（基准梁段）的位置，以便准确地控制其后续梁段的安装精度。

全断面铰接与部分铰接二者特点见表 9-3。

全断面铰接与部分断面铰接比较表　　　　表 9-3

施工项目 \ 断面情况	全断面铰接	部分断面铰接
悬拼速度	快	较慢
施工工序	少	多
树脂用量	多	少
特种水泥用量	无	多
孔道串浆	易	不易
施工调整	难	易
成桥整体性	略差	较好

为了弥补湿接缝混凝土的收缩和早强，采用早强微膨胀混凝土浇筑，20℃左右温度，24h 可达到设计强度。

全断面铰接、部分铰接的接缝，拼装前应在接触面涂抹多功能环氧树脂，以保证连接面的水密性和利用树脂的厚度找平。

为了使预制节段在拼装时能准确而迅速地安装就位，在节段预制时于顶板均衡设置定位器(也称定位销)。有的定位器不仅能起到固定位置的作用，而且能承受剪力。这种定位装置称为抗剪楔或防滑楔。节段预制时，除注意预埋定位器装置外，尚须注意按正确位置预埋孔道形成器和吊点装置(吊环或竖向预应力粗钢筋)等。同时为了提高梁段拼接面的抗剪强度，拼接面做成齿合，即为剪力齿，如图 9-35 所示。

为了提高预制梁段拼接面的吻合度，一般宜在长线台座上将待浇梁段与已浇梁段拼接面密贴浇筑，中间用不带硬化剂的环氧树脂作为隔离层分隔，预应力束孔用金属波纹管分隔。也可用图示的分隔板分隔，拼合面的偏差应控制在以下范围：

模板厚度偏差　　±0.5mm
齿板尺寸偏差　　±1mm
前后凹凸齿相对位置偏差　　±0.5mm

（4）梁段模板、钢筋、预应力管道安装

1）模板。按底模支架的设计图式搭设支架，在支架顶上安装底模，再安装外模及框架，然后安装端模。为了保证梁段端面的平整及管道位置的准确，每个断面均应制作一块定型的钢端模板，最后安装内模。模板宜用大型钢模，便于周转安装。

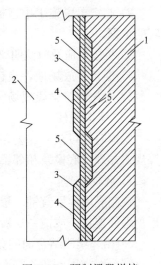

图 9-35　预制梁段拼接面剪力齿示意图
1—浇箱梁；2—待浇箱梁；
3—钢制或木制分隔板；
4—凹齿；5—凸齿

2）钢筋。钢筋应分块制作成型。对于腹板及齿板钢筋，先定位绑扎成骨架，用吊机吊运至预制台座上安装。底板及顶板钢筋采用现场绑扎。

3) 预应力管道。在底板、顶板钢筋布设好后,进行管道布置。先在底板钢筋上每隔 80cm 按管道高度焊一道钢筋支架,其后通过端模上预先开好的孔将波纹管穿入,调直后与支架绑扎固定。对于湿接缝的断面,相邻梁段需连接的管道,均应在端头接长度为 50cm 的连接管以便以后管道的连接。对于铰接缝的断面,需连通的两管道的内部加长度为 30cm、外径与管道内径相吻合的纺锤形的圆木连通管道,防止浇筑混凝土过程中水泥砂浆流入而堵塞管道。

对于设锚头的位置,需将锚垫板牢固地固定在端模上,并注意锚垫板面的角度符合设计要求,波纹管垂直于锚固平面。

对于竖向预应力钢筋的安设,应先将预应力钢筋按设计长度下好料后,套以波纹管,其后,安装好死锚端的螺旋筋,紧固小螺母、锚垫板及工作螺母后,按设计位置在腹板钢筋内安装固定。安装压浆管,并密封波纹管下端以免漏浆。最后在梁顶张拉端安装排气管,套以锚下螺旋筋,安装固定锚垫板。

关于梁段混凝土的浇筑,按悬浇的有关规定办理。

2. 梁段移运、存放和整修

梁段吊运除满足《公路桥涵施工技术规范》JTG/TF 50—2011 及设计规范有关要求外,还应满足悬拼施工的特殊要求。

(1) 移运前准备工作

1) 在梁段顶面标出纵轴线和测控点,便于悬拼时监控。

2) 测定梁段施工中顶板上测控点的标高,以作为悬拼时分析梁高、转角及扭转的依据。

3) 拆模后应及时注明梁段所属墩号、梁段编号、吊拼方向及混凝土浇筑日期。

4) 准备存放场地,检查吊运的机具设备。

5) 对与浇筑梁段现场同条件养护的试件试压,以确保梁段吊运强度。

(2) 梁段脱模

脱模时间可按照《公路桥涵施工技术规范》(JTG/TF 50—2011)中承重模板等规定办理。底模及相邻梁段结合面需作特殊处理。

1) 底模处理

预制底座面层宜铺一层厚 3~5mm 在全底座上连为整体的钢板,并与底座底板预埋件连接,或铺一层镀锌薄钢板,再在模板上涂刷隔离剂。

2) 相邻梁段结合面的分隔处理

结合面宜用不掺乙胺而掺丙酮稀释的环氧树脂涂抹,效果较好。

3) 梁段脱模

由于梁段的质量较大(一般最大可能达 70t 以上),且需消除梁段混凝土与底模和梁段之间的粘结,起吊前需在底板四角处设置 4 个起重能力 500kN 的千斤顶,将梁段顶起脱离底模,然后用起重机(或龙门吊)把脱离底模的梁段吊离预制台座。

(3) 梁段吊点设置

吊点一般设在腹板附近,以下 4 种方式可供参考。

1）如图 9-36(a)所示，在翼板下腹板两侧留孔，用钢丝绳与钢棒穿插起吊。

2）如图 9-36(b)所示，直接用钢丝绳捆绑。

3）如图 9-36(c)所示，在腹板上预留孔穿过底板，用精轧螺纹钢穿过底板锚固起吊。

4）如图 9-36(d)所示，在腹板上埋设吊环。

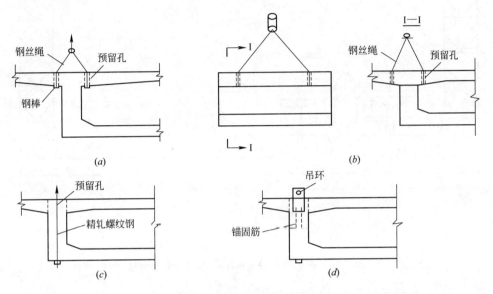

图 9-36　梁段布点设置方式
(a)钢丝绳与钢棒吊点；(b)钢丝绳捆绑吊点；(c)精轧螺纹钢吊点；(d)吊环吊点

吊点设置应绝对可靠，考虑动载和冲击安全系数宜大于 5。对图 9-36(a)、图 9-36(c)、图 9-36(d)三种设置方式，由于底板等自重经腹板传至吊点，腹板将承受拉力，应先张拉一部分腹板竖向预应力筋。为改善吊梁的受力状态，应尽量降低吊点的高度，宜采用如图 9-37 所示的连接吊具。

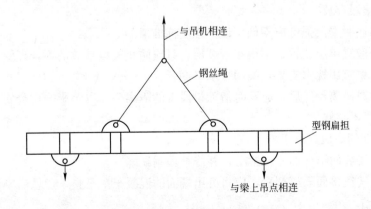

图 9-37　连接吊具示意图

(4) 龙门吊机设置

龙门吊机一般用万能杆件或贝雷架组拼，结构形式诸多，视起吊重力、跨径及设备等因素而定。现场布置如图9-38所示。

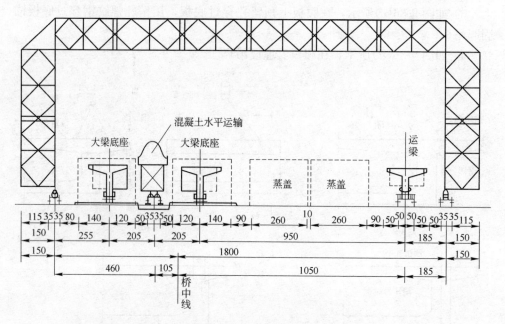

图9-38 预制场龙门吊布置图（尺寸单位：cm）

龙门吊机现场组拼设计应注意以下事项：

1) 计算荷载应考虑冲击力，取用最大荷载条件下的安全储备，确保设备及使用安全。

2) 龙门吊机为临时结构，为减少成本的投入，塔梁宜铰接；否则，因基础的沉降会使龙门结构严重扭曲以致损坏。

3) 考虑两塔柱因行走异步而产生差值，因此设计应控制允许偏差，一般应取同步电机并设异步发生时的可转装置。

(5) 梁段存放

1) 吊运时梁段强度应不低于设计强度标准值的75%。

2) 一般宜单层放置，不得多于2层，且应防止梁段堆放的不合理受力。

3) 存梁宜用枕木支垫，梁面呈水平搁置。

4) 梁段吊离台座后，应及时清除梁段上的隔离剂，以免影响拼合施工。

(6) 梁段整修

存放期间应做好以下准备：

1) 湿接缝两结合面必须凿毛，并修补预制缺陷。

2) 清洗铰接面隔离剂后，应将突出端面的混凝土凿平整，切忌沾染油污而影响树脂粘结。

3) 在铰接面涂上一层环氧浆液，浆液由A、B两种配料复合而成，A配料由6101树脂、丙酮和三丁酯组成，其配比为6.67∶6.67∶1；B配料由无水乙二胺、水泥(填料)和三丁酯组成,其配比为 0.53∶2∶1(A 配料和 B 配料均以三丁酯为 1 单位计算)。将分别调配好的 A 配料和 B 配料复合即成粘剂。

4) 检查各锚头垫板是否与预应力孔道垂直,否则应加焊楔形板纠正。

5) 检查相邻段孔道接头是否正位,错位超过允许偏差的要分别对两孔道各凿调 1/2 偏差,直至满足穿束要求。

6) 压水检查孔道有无串孔。若有串孔时,应对串孔进行有效补救。

① 串孔较为严重的应压浆处理,即将串孔附近管道穿入比孔道小 2~3mm 胶管,留有 1~2 个孔道穿入钢管,压到各孔道沿胶管壁出浆为止。抽拔胶管。待水泥浆凝固后需再压水检查,如仍有串孔,应再补压浆直至不串孔为止。

② 串孔不严重时,可用补孔专用工具沾环氧树脂浆液沿孔壁来回涂抹,直至环氧浆液将孔壁裂缝封闭。

③ 面积较大的串孔,可先凿开患处,再用高强度混凝土或高强度水泥砂浆或环氧树脂砂浆补浇,补浇时可用抽拔管或薄钢板管做模成孔。

3. 梁段运输

梁段运输有水、陆、栈桥及缆吊等各种形式。陆上运输、水上运输及栈桥运输和缆索起重机运输参见本书有关章节。缆吊运输应注意:

(1) 非垂直起吊时,应加横移索。横移索连于吊点,不可连在其他部位。吊离地面或障碍物后,放松横移索恢复正位再拆除横移索。

(2) 下坡时,应匀速放索,严禁飞车。

(3) 吊运时严防碰撞和触及它物。

(4) 应均匀下降,严禁放飞车和急落冲击损坏梁体。

(5) 及时检查起吊索、牵引索,发现隐患应及时处理。用慢速卷扬机控制拉索。

(6) 固定指挥、操作人员,指挥者应注视吊点,指挥及时、正确、果断,统一信号。严禁吊物下站人和随吊带人。

梁体节段自预制底座上出坑后,一般先存放于存梁场,拼装时节段由存梁场移至桥位处的运输方式,一般可分为场内运输、装船和浮运三个阶段。

(1) 场内运输

当存梁场或预制台座布置在岸边,又有大型悬臂浮吊时,可用浮吊直接从存梁场或预制台座将节段吊放到运梁驳船上浮运。当预制底座垂直于河岸时,存梁场往往设于底座轴线的延长线上,此时,节段的出坑和运输一般由预制场上的龙门吊机担任,节段上船也可用预制场的龙门吊机。当预制底座平行于河岸时,场内运输应另备运梁平车进行。栈桥上也必须另设起重吊机,供吊运节段上船。节段的运输,当预制场与栈桥距离较远时,应首先考虑采用平车运输。起运前要将节段安放平稳,底面坡度不同的节段要使用不同厚度的楔形木来调整。节段用带有花篮螺栓的缆索保险。

当采用无转向架的运梁平车时,运输轨道不得设平曲线,纵坡一般应为平坡。当地形条件限制时,最大纵坡也不得大于 1%。下坡运行时,平车后部要用钢丝绳牵引保险,不得溜放。节段的起吊应该配有起重扁担。每块箱梁四个吊点,使用两个横扁担用两个吊钩起吊。如用一个主钩以人字千斤顶起吊时,还必须配一根纵向扁担以平衡水平分力。

(2) 装船

梁段装船在专用码头上进行。码头的主要设施是施工栈桥和节段装船吊机。栈桥的长度应保证在最低施工水位时驳船能进港起运,栈桥的高度要考虑在最高施工水位时栈桥主梁不被水淹,栈桥宽度要考虑到运梁驳船两侧与栈桥之间需有不小于 0.5m 的安全距离。栈桥起重机的起重能力和主要尺寸(净高和跨度)应与预制场上的吊机相同。

(3) 浮运

浮运船只应根据节段重量和高度来选择,可采用铁驳船、坚固的木戽船、水泥驳船或用浮箱装配。为了保证浮运安全,应设法降低浮运重心。开口舱面的船应尽量将节段置于船舱底板。必须置放在甲板面上时,要在舱内压重。

节段的支垫应按底面坡度用碎石子堆成,满铺支垫或加设三角形垫木,以保证节段安放平稳。节段一般较大,还需以缆索将节段系紧固定。

4. 悬臂拼装

(1) 悬拼方法

预制节段的悬臂拼装可根据现场布置和设备条件采用不同的方法来实现。当靠岸边的桥跨不高且可在陆地或便桥上施工时,可采用自行式吊车、门式吊车来拼装。对于河中桥孔,也可采用水上浮吊进行安装。如果桥墩很高,或水流湍急而不便在陆上、水上施工时,就可利用各种吊机进行高空悬拼施工。

1) 浮吊拼装法

重型的起重机械装配在船舶上,全套设备在水上作业就位方便,40m 的吊高范围内起重力大,辅助设备少,相应的施工速度较快,但台班费用较高。一个对称干接悬拼的工作面,一天可完成 2~4 段的吊拼。其施工主要程序如图 9-39 所示。

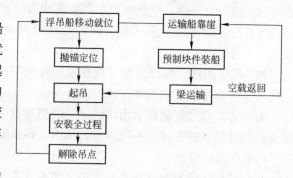

图 9-39 浮吊悬拼施工程序

2) 悬臂吊机拼装法

悬臂吊机由纵向主桁架、横向起重桁架、锚固装置、平衡重、起重系、行走系和工作吊篮等部分组成,如图 9-40 所示。

纵向主桁为吊机的主要承重结构,可由贝雷片、万能杆件、大型型钢等拼制。一般由若干桁片构成两组,用横向联结系联成整体,前后用两根横梁支承。

横向起重桁是供安装起重卷扬机直接起吊箱梁节段之用的构件,多采用贝雷架、万能杆件及型钢等拼配制作。纵向主桁的外荷载就是通过横向起重桁传递给它的。横向起重桁支承在轨道平车上,轨道平车搁置于铺设在纵向主桁上弦的轨道上,起重卷扬机安置在横向起重桁上弦。

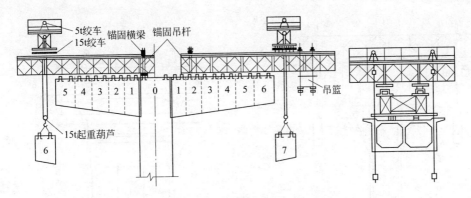

图 9-40 悬臂吊机构造图

图 9-41 为贝雷桁架拼装悬拼吊机悬拼梁段示意图，图 9-42 为贝雷桁架连续千斤顶拼装悬拼吊机悬拼梁段示意图，图 9-43 为梁段吊装正面示意图。连续千斤顶或卷扬机滑轮组作业设备简单，占用面积小、质量轻、适应性强，千斤顶起重力与吊重力之比约为 1∶100。当 0 号梁段顺桥向的长度不能满足起步长度或采用吊机悬吊 1 号梁段时，需在墩侧设立托架。

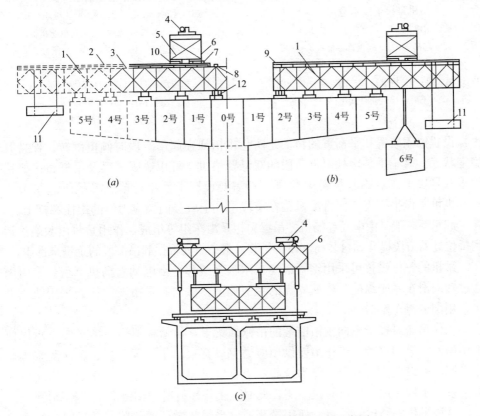

图 9-41 贝雷桁架拼装悬拼吊机悬拼梁段示意图
(a)吊拼 1～5 号梁段立面；(b)吊拼 6，9 号梁段立面；(c)侧面
1—吊机桁梁；2—钢轨；3—枕木；4—卷扬机；5—撑架；6—横向桁梁；7—平车；8—锚固吊环；
9—工字钢；10—平车之间用角钢联结成整体；11—工作吊篮；12—锚杆

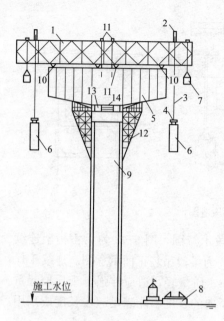
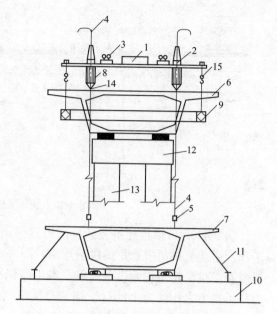

图 9-42 贝雷桁架连续千斤顶拼装悬拼吊机悬拼梁段示意图

1—贝雷纵梁;2—ZLD—100 连续千斤顶;3—起吊索;4—起重连接器;5—已安装定位梁段;6—待吊安装梁段;7—工作吊篮;8—运梁驳船;9—桥墩;10—前支点;11—锚筋;12—托架;13—临时支座;14—支座

图 9-43 梁段吊装正面示意图

1—提吊中心控制台;2—ZLD—100 连续千斤顶;3—油泵;4—9×15 钢绞线;5—起重连接器;6—已安装定位梁段;7—待吊安装梁段;8—贝雷主桁梁;9—贝雷梁组合工作吊篮;10—运梁段船只;11—梁段稳定风缆;12—墩帽;13—双柱式桥墩;14—悬梁前支点;15—升降手拉葫芦

设置锚固装置和平衡重的目的是防止主桁架在起吊节段时倾覆翻转,保持其稳定状态。对于拼装墩柱附近节段的双悬臂吊机,可用锚固横梁及吊杆将吊机锚固于 0 号块上。对称起吊箱梁节段,不需要设置平衡重。单悬臂吊机起吊节段时,也可不设平衡重,而将吊机锚在节段吊环上或竖向预应力筋的螺栓端杆上。

起重系一般是由电动卷扬机、吊梁扁担及滑车组等组成,作用是将由驳船浮运到桥位处的节段提升到拼装高度以备拼装。滑车组要根据起吊节段的重量来选用。

吊机的整体纵移可采用钢管滚筒在木板上滚移,由电动卷扬机牵引。牵引绳通过转向滑车系于纵向主桁前支点的牵引钩上。横向起重桁架的行走采用轨道平车,用倒链滑车牵引。

工作吊篮悬挂于纵向主桁前端的吊篮横梁上,吊篮横梁由轨道平车支承以便工作吊篮的纵向移动。工作吊篮供预应力钢丝穿束、千斤顶张拉、压注灰浆等操作之用,可设上、下两层,降手拉葫芦使上层供顶板钢束施工操作用,下层供肋板钢束施工操作用。也可只设一层,此时,工作吊篮可用倒链滑车调整高度。

这种吊机的结构较简单,使用最普遍。当吊装墩柱两侧附近节段时,往往采用双悬臂吊机,当节段拼装至一定长度后,将双悬臂吊机改装成两个独立的单悬臂吊机(图 9-40)。但在桥的跨径不太大,孔数也不多的情况下,有的工地就不拆开墩顶桁架而在吊机两端不断接长进行悬拼,以免每拼装一对节段就将对称的两个单悬臂吊机移动和锚固一次。

当河中水位较低——运输箱梁节段的驳船船底标高低于承台顶面标高,驳船无法靠近墩身时,双悬臂吊机的定位设计往往要受安装一号节段时的受力状态所控制。为了不增大主桁断面以节省用钢量,对这种情况下的双悬臂吊机必须采取特别措施,例如采用斜撑法和对拉法。

斜撑法即以临时斜撑增加纵向主桁的支点以改善主桁的受力状况。斜撑的下端支于墩身牛腿上,上端与主桁加强下弦杆铰接。当节段从驳船上吊起并内移至安全距离以后,将节段临时搁置于承台上的临时支架上,再以千斤顶顶起吊机,除去斜撑,继续起吊节段,内移就位。用这种方法起吊节段安全可靠,但增加了起吊工序和材料用量。

对拉法是将横向起重桁架放置于起吊安全距离内,将节段直接由船上斜向起吊,两横向起重桁架用钢丝绳互相拉住以平衡因斜向起吊而产生的水平分力,防止横向起重桁架向悬臂端滚移。对拉法不需附加任何构件,起吊程序简单,但必须确保节段与承台不致相撞。这个方法一般用在起吊钢丝绳的斜向角度很小的情况。

3)连续桁架(闸式吊机)拼装法

连续桁架悬拼施工可分移动式和固定式两类。移动式连续桁架的长度大于桥的最大跨径,桁架支承在已拼装完成的梁段和待拼墩顶上,由吊车在桁架上移运节段进行悬臂拼装。固定式连续桁架的支点均设在桥墩上,而不增加梁段的施工荷载。

图 9-44 表示移动式连续桁架,其长度大于两个跨度,有 3 个支点。这种吊机每移动一次可以同时拼装两孔桥跨结构。

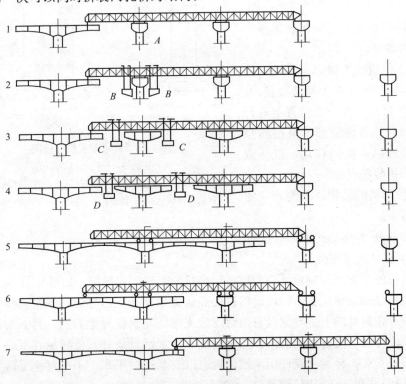

图 9-44 移动式连续桁架拼装示意图

4）缆索起重机（缆吊）拼装法

缆吊无须考虑桥位状况，且吊运结合，机动灵活，作业空间大，在一定设计范围内缆吊几乎可以负责从下部到上部、从此岸到彼岸的施工作业，因此缆吊的利用率和工作效率很高。其缺点是一次性投入大，设计跨度和起吊能力有限，一般起吊能力不宜大于500kN，而一般混凝土预制梁段的重力多达500kN。目前我国使用缆吊悬拼连续梁都是由两个独立单箱单室并列组合的桥型，为了充分利用缆吊的空间特性，特将预制场及存梁区布设在缆吊作用面内。缆吊进行拼合作业时增加风缆和临时手拉葫芦，以控制梁段到位的精度。缆机运吊结合的优势，大大缩短了采用其他运吊方式所需的转运时间，可以将梁段从预制场直接吊至悬拼结合面。施工速度可达日拼2个作业面4段，甚至可达3个作业面6段。

图9-45为缆索起重机塔柱图。缆吊悬拼可采用伸臂吊机、缆索吊机、龙门吊机、人字扒杆、汽车吊、履带吊、浮吊等起重机进行拼装。根据吊机的类型和桥孔处具体条件的不同，吊机可以支承在墩柱上、已拼好的梁段上或处在栈桥上、桥孔下。

不管是利用现有起重设备或专门制作，悬臂吊机需满足如下要求：

① 起重能力能满足起吊最大节段的需要。

② 吊机便于做纵向移动，移动后又能固定于一个拼装位置。

③ 吊机处在一个位置上进行拼装时，能方便地起吊节段做竖向提升和纵、横向移动，以便调整节段拼装位置。

④ 吊机的结构尽量简单，便于装拆。

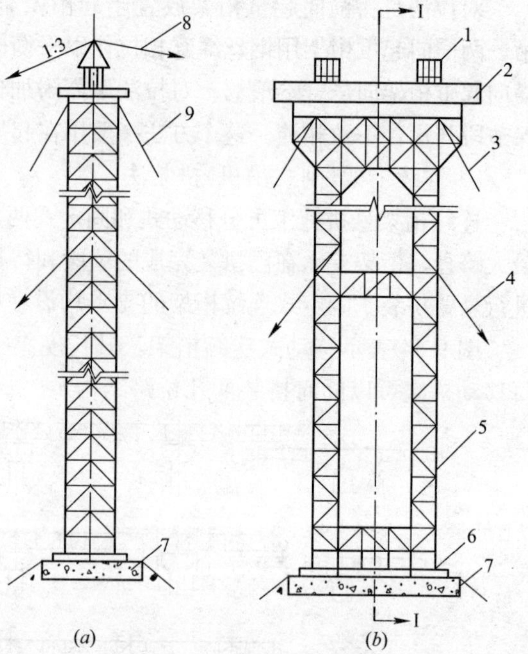

图9-46为移动式索鞍示意图。

5）移动式导梁悬拼

这种施工方法需要设计一套比桥跨略长的可移动式导梁，如图9-47所示。导梁安装在悬拼工作位置，梁段沿已拼梁面运抵导梁旁，由导梁运到拼装位置用预应力拼合在悬臂端上。导梁设有两对固定支架，一对在导梁后面，另一对设在中间，梁段可以从支柱中间通过。导梁前端有一个活动支柱，使导梁在下一个桥墩上能形成支点。导梁下弦杆用来铺设轨道以支承运梁平车。平车可使梁段水平和垂直移动，同时还能使其转动90°。施工可分三阶段进行。

图9-45 缆索起重机塔柱图
(a)正面图；(b)Ⅰ—Ⅰ剖面图
1—索鞍；2—型钢；3—八字风缆；4—八字腰风缆；
5—万能杆件墩柱；6—铰接；7—基础；8—主索；9—风缆

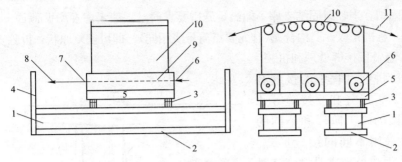

图 9-46 移动式索鞍示意图

1—移动纵梁；2—不锈钢板；3—固定圈；4—挡板；5—底座钢板；6—锚固点；
7—精轧螺纹钢筋；8—进千斤顶；9—型钢；10—索鞍；11—缆索

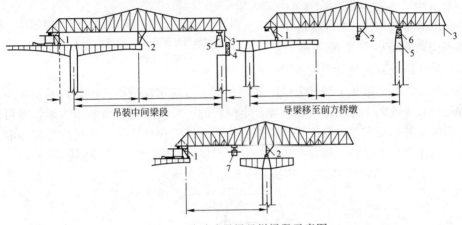

图 9-47 移动式导梁悬拼梁段示意图

1—后支架；2—中支架；3—临时前支架；4—支柱；5—墩顶梁段；6—临时支架；7—移梁段小车

① 吊装墩顶梁段

导梁放在3个支点上，即后支架上，靠近已悬拼端头的中支架和借助临时支柱而与装在下一桥前方的前支柱相接成第3支点。

② 导梁前移

通过后支架的滚动和前支架的滑轮装置，使导梁向前移动。

③ 吊装其他梁段

拼装其他梁段时，导梁由后支架和中间支架支承。中间支架锚固在墩顶梁段上，后支架锚固在已建成的悬臂梁端。

(2) 拼装施工

1) 墩顶梁段(0号块)施工

① 现浇施工

悬拼墩顶梁段现浇施工基本同前悬臂现浇施工中0号段的施工要求相同。

② 预制吊装

墩顶梁段采用预制吊装方案时，可采用大型浮吊或架桥机吊装。作为基准块的0号块安装时必须精确就位，可以采用能进行三向调整的滑移装置来实现。

为了确保连续梁分段悬拼施工的平衡和稳定，常与悬浇方法相同，将T构支座临时固结。当临时固结支座不能满足悬拼要求时，一般考虑在墩两侧或一侧加临时支架。悬拼完成，T构合龙(合龙要点与悬浇相同)，即可恢复原状，拆除支架。

2) 悬臂段接缝处理和拼装

梁段拼装过程中的接缝有湿接缝、干接缝和胶接缝等几种。不同的施工阶段和不同的部位常采用不同的接缝形式。图 9-48 为缆吊悬拼时设置临时支架示意图。

1号梁段即墩柱两侧的第一个节段，一般与墩柱上的0号块以湿接缝相接。1号块是T形刚构两侧悬臂箱梁的基准节段，是全跨安装质量的关键。T

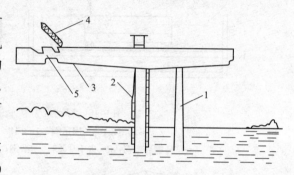

图 9-48　缆吊悬拼时设置临时支架示意图
1—临时钢管桩支墩；2—桥墩；3—已拼梁段；
4—缆吊横梁；5—待拼梁段

构悬拼施工时，防止上翘和下挠的关键在于1号块定位准确，因此，必须采用各种定位方法确保1号块定位的精度。定位后的1号块可由吊机悬吊支承，也可用下面的临时托架支承。为便于进行接缝处管道接头拼接、接头钢筋的焊接和混凝土振捣作业，湿接缝一般宽 0.1~0.2m。湿接缝混凝土宜采用微膨胀混凝土。

1号节段拼装和湿接缝处理的程序如图 9-49 所示。

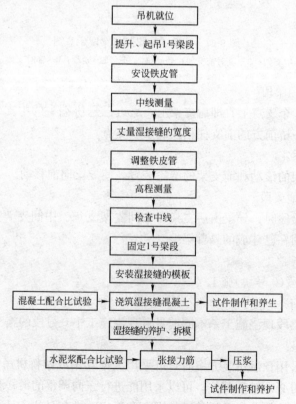

图 9-49　1号梁段湿接缝拼装程序

湿接缝薄钢板管的对接，是一项施工工艺很高且很复杂的技术，在对接中往往不易处理，常会出现薄钢板管长度、直径与接缝宽度不相称，预留管道位置不准确，管孔串浆、排气的三通薄钢板管错乱等现象，施工时应特别注意。

3）其他节段接缝处理与拼装

其他拼装节段的接缝通常用胶接缝或干接缝拼装，节段接缝一般不宜采用干接缝，干接缝节段密贴性差，接缝中水气浸入导致钢筋锈蚀。采用胶结缝拼装的块件，通常采用环氧树脂胶，厚度 1.0mm 左右。环氧树脂胶接缝可使节段连接密贴，可提高结构抗剪能力、整体刚度和不透水性。涂胶前应就位试拼，在梁段吊上并基本定位后（此时接缝宽约 10~15cm），先将临时预应力筋穿入，安好连接器，再开始涂抹试验合格的粘胶及合龙，张拉临时预应力筋，使固化前胶接缝的压应力不低于 0.3MPa，这时可解除吊钩。

胶接缝拼装梁段程序如图 9-50 所示。

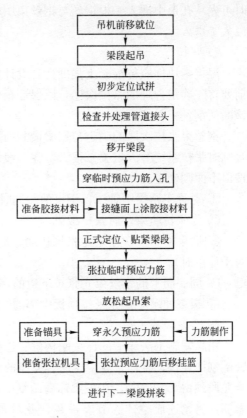

图 9-50 胶接缝拼装梁段程序

4）接缝施工注意事项

① 混凝土表面应尽量平整，疏松表面层及附着的水泥应清除干净，涂胶前表面应干燥或烘干。

② 粘胶剂使用过程中应继续搅拌以保证均匀，胶缝加压被挤出的胶粘料应及时刮干净。

③ 涂胶人员应有防护设施。

④ 安装调整标高位置应在 3h 内完成。

⑤ 胶接缝采用预施应力（挤压）0.2~0.3MPa，挤压应在 3 小时内完成。

(3) 穿束及张拉

1）穿束

明槽钢丝束通常为等间距排列，锚固在顶板加厚的部分（这种板俗称"锯齿板"）。加厚部分预制时留有管道（图9-51），穿束时先将钢丝束在明槽内摆放平顺，然后再分别将钢丝束穿入两端管道之内。钢丝束在管道两头伸出长度要相等。

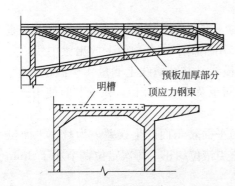

图 9-51 明槽钢丝束布置图

暗管穿束比明槽难度大。经验表明，60m以下的钢丝束穿束一般均可采用人工推送。较长钢丝束穿入端，可点焊成箭头状缠裹黑胶布。60m以上的长束穿束时可先从孔道中插入一根钢丝与钢丝束引丝连接，然后一端以卷扬机牵引，一端以人工送入。

2) 张拉

湿接缝块件应待混凝土强度达到设计要求后才能张拉预应力束。钢丝束张拉前要首先确定合理的张拉次序，以保证箱梁在张拉过程中每批张拉合力都接近于该断面钢丝束总拉力重心处。

钢丝束张拉次序的确定与箱梁横断面形式、同时工作的千斤顶数量、是否设置临时张拉系统等因素关系很大。在一般情况下，纵向预应力钢丝束的张拉次序按以下原则确定。

① 对称于箱梁中轴线，钢束两端同时成对张拉。

② 先张拉肋束，后张拉板束。

③ 肋束的张拉次序是先张拉边肋，后张拉中肋（若横断面为三根肋，仅有两对千斤顶时）。

④ 同一肋上的钢丝束先张拉下边的，后张拉上边的。

⑤ 板束的次序是先张拉顶板中部的，后张拉边部的。

5. 合龙段施工

用悬臂施工法建造的连续刚构桥、连续梁桥和悬臂桁架拱，则需在跨中将悬臂端刚性连接、整体合龙。这时合龙段的施工常采用现浇和拼装两种方法。现浇合龙段预留1.5~2m，在主梁标高调整后，现场浇筑混凝土合龙，再张拉预应力索筋，将梁连成整体。节段拼装合龙对预制和拼装的精度要求较高，但工序简单，施工速度快。箱梁T构在跨中合龙时初期常用剪力铰，使悬臂能相对位移和转动，但挠度连续。现在箱梁T构和桁架T构的跨中多用挂梁连接。预制挂梁的吊装方法与装配式简支梁的安装相同，但需注意安装过程中对两边悬臂加荷的均衡性问题，以免墩柱受到过大的不均衡力矩。有两种方法：①采用平衡重；②采用两悬臂端部分批交替架梁，以尽量减少墩柱所受的不平衡力矩。

6. 施工控制

(1) 悬拼质量控制

1) 预制场测量

建立基准三角网，选用平行于桥轴线的一直线作为控制中线，在预制场台座外控制中线放样。在梁段预制后、移运前，用控制中线在顶面上放出梁中线，并用最大的可能间距放出两条与中线垂直的横线，并在横线上测量4个固定点（每根横线取2个点）的标高，测定、记录横线间距及4点标高值，供安装时使用。

2) 中线控制

悬拼时梁段的中线可能因为平面位移与平面转角而产生误差，为减小平面位移误差的叠加和传递，安装时可通过中线适当错位纠正。每次错位调节小于3mm为宜。

转角误差因梁段一般较短，中线上难以反映，可通过测量两梁段上横线是否平行来判断。转角容许误差由合龙中线最大偏差确定。调整的办法是在一侧的腹板加垫金属板或刷厚环氧树脂。

3) 梁的标高控制

梁应按修正后的设计标高控制，修正后的标高已计入预制梁高误差（被测点梁的高度及混凝土的高低不平误差）。

施工时，影响梁标高的因素较多：预制梁高误差、梁自重误差、临时荷载、安装时立面转角及预应力筋张拉误差等。

梁自重误差一般在±4%内，可不计其影响。混凝土徐变因总的悬拼时间短，预制时间长，在施工期内亦可不计。临时荷载由施工控制。预应力筋张拉引起的标高变化可通过计算求得，根据影响的大小决定是否修正。

4) 悬拼的质量控制要点（表9-4）

悬拼质量控制要点　　　　　　　　　　　　　　　　表9-4

悬拼质量控制要点允许误差	允许误差值
湿接缝第一块箱梁中线允许误差	2mm
湿接缝第一块箱梁顶面标高允许误差	±2mm
悬臂合龙时箱梁中线允许误差	30mm
悬臂合龙时箱梁相对标高允许误差	±30mm

（2）悬拼线形控制

悬拼的各梁段连接后梁顶或梁底中心的连线称为梁顶或梁底的线形，相关的预拱度计算和施工控制测量工作即称为线形控制。桥梁的线形不顺，首先有损外观；如线形控制不严，合龙段有不允许的高差，将影响穿束工作，且增大钢束张拉阻力；桥中线误差，将增大梁的扭矩。桥的跨度越大，线形控制的重要性就越突出。

要控制好线形，应该把握好以下环节。

1) 节段预制

当采用长线法预制节段时，台座可按半个"T"或整个"T"制作。台座的基础须按一定的允许承载力设计，避免制梁时台座的沉降影响预制节段线形。台座的底模标高应是可调的，以便制梁时进行必要的高程（梁底线形）调整。应对台座标高进行精确测量。

2) 正确计算线形高程

根据设计图、施工组织设计及预制线形，可以得到预计的各种计算参数值，并提前进行预拱度及挠度的理论计算，得到各节段制造与施工安装高程。节段预制完以后，需称重，比较实际重量与设计重量，确定梁体自重误差对悬拼线形的影响。在计算标高时，要注意连续梁一般是逐孔逐跨推进式施工，在确定后一节段的施工安装高程前，须考虑前一节段的标高，因其标高会受到相邻节段张拉合龙跨底板束等的影响，张拉底板束时，悬臂前端标高会减小。

3) 正确测量、总结规律

在每一节段梁定位前后都要对线形（高程、中线）等进行精确测量，及时汇集监控数据并进行分析,总结规律,为下一节段悬拼控制提供参数,以便调整其控制高程。测量最好定时进行(以早晨为好),以减少温度影响。因为箱梁受日照影响,沿梁高或上、下游的温度梯度是非线性的,若不定时、适时测量,致使测量时的温差太大,会引起悬臂的温差变形,测量数据可能会对施工产生误导作用。

4) 控制 1 号块线形

悬拼法施工的 0 号块一般是在墩顶浇筑,1 号块以后的节段是在地面上用长线法预制。1 号块位于悬臂的根部,其他块在其延长线上,1 号块的安装精度对以后的悬拼线形影响极大。0 号块与 1 号块之间采用湿接头是十分必要的,有利于精确控制 1 号块的线形。安装中主要通过调整 1 号块的安装线形进行线形的调整,必须严格控制其高程、中线的位置,尽量减少悬拼时的纠偏工作。

5) 线形调整

由于各种原因,实际线形总是偏离设计线形,要求安装时随时调整。调整分两种,一种是根据已安装 T 构实测资料,修正 1 号块的安装高程;另一种是 1 号块以后的纠偏。纠偏工作必须及时进行,因为对采用长线法预制的拼装块只能作微量纠偏,且若不及时纠偏,线形误差会越来越大,造成纠偏困难,且不易保证接合面的质量。纠偏可采用以下措施:

① 垫铜片或石棉网,使节段块向有利方向偏转。石棉网经环氧树脂净浆浸透,以便粘贴。宽度在 10cm 左右,厚度可根据计算求得,以控制最大预留缝的胶量和厚度的均匀性。一次调整石棉网厚度不宜大于 5mm。

② 利用临时张拉束。临时张拉可采取张拉一部分力筋,或在箱梁内壁设置临时张拉齿块。在各临时张拉束上施加不同的力,挤出匹配面上多余的环氧树脂胶泥,也可以达到纠偏的目的。实践证明,其操作相对方便,效果也较明显。纠偏时,一次不宜太多,不仅要注意安装块的中心线与高程,更要注意其倾斜度,使纠偏工作顺利进行,避免反复纠偏,以确保合龙段的中心线与高程的精确性。

9.5 预应力连续梁顶推施工

预应力混凝土连续梁桥采用顶推法施工在世界各地颇为盛行。顶推法的施工原理是沿桥纵轴方向的台后开辟预制场地,分节段预制混凝土梁身,并用纵向预应力筋连成整体,然后通过水平液压千斤顶施力,借助不锈钢板与聚四氟乙烯模压板特制的滑动装置,将梁逐段向对岸顶进,就位后落架,更换正式支座完成桥梁施工。

我国于 1974 年首先在狄家河铁路桥采用顶推法施工,该桥为 4×40m 预应力混凝土连续梁桥;1977 年修建了广东东莞市的 40m+54m+40m 三跨一联的万江桥;之后湖南望城沩水河桥使用柔性墩多点顶推连续梁桥的施工为我国采用顶推法施工创造了成功的经验,有力地推动了我国预应力混凝土连续梁桥的发展,至今又有多座连续梁桥采用顶推法施工完成。

顶推法施工不仅用于连续梁桥(包括钢桥),同时也可用于其他桥型。如简支梁桥,也可先连续顶推施工,就位后解除梁跨间的连系;拱桥的拱上纵梁,可在立柱间顶推施工;斜拉桥的主梁采用顶推法等。顶推法施工可分为单向顶推和双向顶推施工。双向顶推需要从两岸同时预制，因此要有两个预制场，两套设备，施工费用要高。同时，边跨顶推数段后，主梁的倾覆稳定需要得到保证，常采用临时支柱、梁后压重、加临时支点等措施解决。双向顶推常用于连续梁中孔跨径较大而不宜设置临时墩的三跨桥梁。此外，在 $L>600m$ 时，为缩短工期，也可采用双向顶推施工。顶推法有根据顶推装置设置的位置不同，可分为单点顶推和多点顶推。

顶推施工具有如下特点：由于作业场所限定在一定范围内，可在作业场上方设置顶棚，施工时不受外界天气影响，且在顶推时主要用千斤顶来顶推，其施工设备简单，施工时较平稳，噪声低，施工质量好。

预应力混凝土连续梁桥的上部结构采用顶推法施工的顺序可大致用图 9-52 表示，这一施工框图主要反映我国目前采用顶推法施工的主要工序。

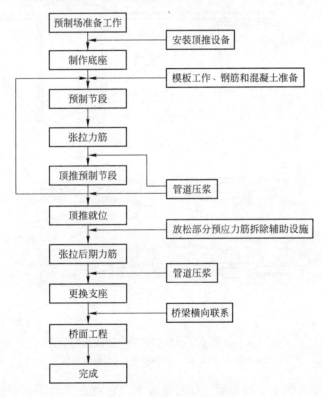

图 9-52 顶推施工程序图

连续梁桥的主梁采用顶推法施工的概貌见图 9-53。

顶推法施工中的关键有：设置预制场地，预制块件确定，选择顶推方式，确定导梁和临时墩、梁段顶推、滑动和导向装置等内容。

9.5.1 单点顶推

单点顶推的装置集中在主梁预制场附近的桥台或桥墩上，前方墩各支点上设置滑动支承。顶推装置又可分为两种：一种是由水平千斤顶通过沿箱梁两侧的牵动钢杆给预制梁一个顶推力；另一种是由水平千斤顶与竖直千斤顶联合使用，顶推预制梁前进，如图 9-54 所示。它的施工程序为顶梁、推移、落下竖直千斤顶和收回水平千斤顶的活塞杆。

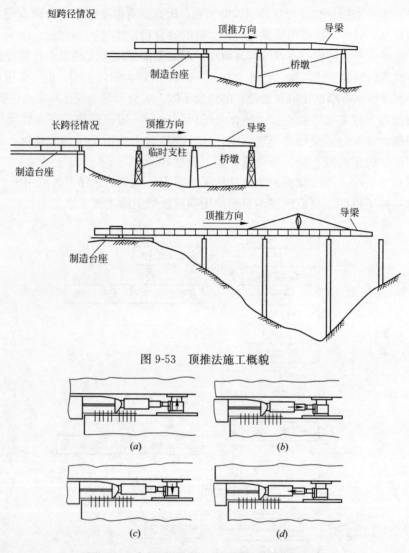

图 9-53 顶推法施工概貌

图 9-54 水平千斤顶与竖直千斤顶联用的装置
(a)顶梁；(b)推移；(c)落竖顶；(d)收水平顶

滑道支承设置在墩上的混凝土临时垫块上，它由光滑的不锈钢板与组合的聚四氟乙烯滑块组成，其中的滑块由四氟板与具有加劲钢板的橡胶块构成，外形尺寸有 420mm×420mm，200mm×400mm，500mm×200mm 等数种，厚度也有 40mm，31mm，21mm 之分。顶推时，组合的聚四氟乙烯滑块在不锈钢板上滑动，并在前方滑出，通过在滑道后方不断喂入滑块，带动梁身前进，如图 9-55 所示。

我国狄家河桥、万江桥均采用单点顶推法施工，将水平千斤顶与竖直千斤顶联用。顶推时，升起竖直顶活塞，使临时支承卸

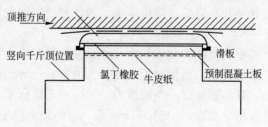

图 9-55 顶推使用的滑道装置

载,开动水平千斤顶去顶推竖直顶,由于竖直顶下面设有滑道,顶的上端装有一块橡胶板,即竖直千斤顶在前进过程中带动梁体向前移动。当水平千斤顶达到最大行程时,降下竖直顶活塞,带动竖直顶后移,回到原来位置,如此反复不断地将梁顶推到设计位置。

1991年建成的杭州钱塘江二桥,是一座公铁两用并列桥。主桥两侧的铁路引桥均为三联预应力混凝土连续梁桥,每联分别为 $7\times32m$、$8\times32m$ 及 $9\times32m$,最大联长288m,采用单点顶推法施工。顶推设备采用4台大行程水平穿心式千斤顶,设置在牵引墩的前侧托架上,顶推是通过梁体顶、底板预留孔内插入强劲的钢锚柱,由钢横梁锚住4根拉杆,牵引梁体前进,如图9-56所示,当千斤顶回油时,需拧紧拉杆上的止退螺母,为保证施工安全,在牵引墩的后侧安装2个专供防止梁体滑移的制动架。

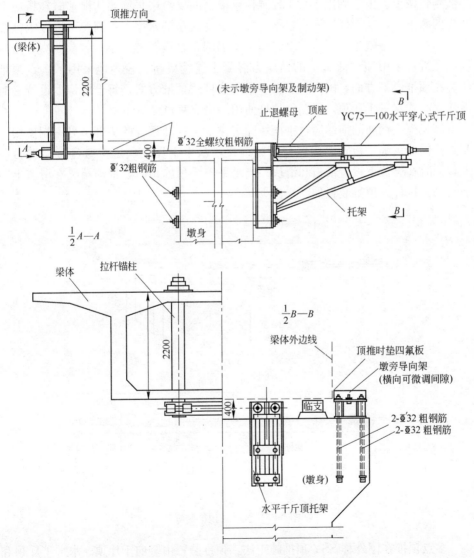

图 9-56 单点顶推设备(尺寸单位:mm)

国外单点顶推法称 TL 顶推施工法，是由德国的 Taktshiebe Verba 中的 Taktshiebe 和 Leon-hardt 的两个首写字母组成。用 TL 施工的桥梁取得不少成果，如著名的卡罗尼河桥，全长在 500m 左右，上部结构顶推重力约为 98100kN，采用 2 台 2943kN 水平千斤顶单点顶推最大顶力为 3924kN。在苏联，已普遍采用连续滑动装置来代替人工喂入滑块，这种装置具有固定的聚四氟乙烯板连续滑动，其构造似坦克的履带，同时在梁下设置钢板，每块钢板的滑动面为不锈钢板，另一面则带动主梁前进，这样的滑动装置施工十分方便。我国在西延线刘家沟车站的三线桥上，于 1991 年也曾使用履带式滑块、空腹式滑道，实现了不间断顶推施工法，顶推速度为 1.2m/d。

9.5.2 多点顶推

在每个墩台上设置一对小吨位(400~800kN)的水平千斤顶，将集中的顶推力分散到各墩上。由于利用水平千斤顶传给墩台的反力来平衡梁体滑移时在桥墩上产生的摩阻力，从而使桥墩在顶推过程中承受较小的水平力，因此可以在柔性墩上采用多点顶推施工。同时，多点顶推所需的顶推设备吨位小，容易获得，所以我国在近年来用顶推法施工的预应力混凝土连续梁桥，较多地采用了多点顶推法。在顶推设备方面，国内一般较多采用拉杆式顶推方案，每个墩位上设置一对液压穿心式水平千斤顶，每侧的拉杆使用一根或两根(ϕ25mm)。

高强螺纹钢筋的前端通过锥楔块固定在水平顶活塞杆的头部，另一端使用特制的拉锚器、锚定板等连接器与箱梁连接，水平千斤顶固定在墩身特制的台座上，同时在梁位下设置滑板和滑块。当水平千斤顶施顶时，带动箱梁在滑道上向前滑动，拉杆式顶推装置如图 9-57 所示。

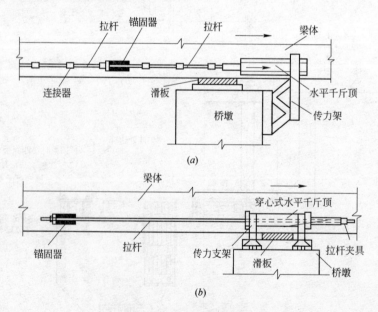

图 9-57 拉杆式顶推装置

多点顶推在国外称 SSY 顶推施工法，顶推装置由竖向千斤顶、水平千斤顶和滑移支承组成。施工程序为落梁、顶推、升梁和收回水平千斤顶的活塞、拉回支承块,如此反复作业。

多点顶推施工的关键在于同步。因为顶推水平力是分散在各桥墩上,一般均需通过中心控制室控制各千斤顶的出力等级,保证同时启动,同步前进,同时停止和同时换向。为保证在意外情况下,及时改变全桥的运动状态,各机组和观测点上需装置急停按钮。对于在柔性墩上的多点顶推,为尽量减小对桥墩的水平推力及控制桥墩的水平位移,千斤顶的出力按摩擦力的变化幅度分为几个等级通过计算确定。由于摩擦力的变化引起顶推力与摩擦力的差值变化,每个墩在顶推时可能向前或向后位移,为了达到箱梁匀速前进,应控制水平差值及桥墩位移,施工时在控制室随时调整顶力的级数,控制千斤顶的出力大小。由于千斤顶传力时间差的影响,将不可避免地引起桥墩沿桥纵向摆动,同时箱梁的悬出部分可能上、下振动,这些因素对施工极其不利,要尽量减少其影响,做到分级调压,集中控制,差值限定。

多点顶推法与集中单点顶推法比较,可以免去大规模的顶推设备,能有效地控制顶推梁的偏离,顶推时对桥墩的水平推力可以减到很小,便于结构采用柔性墩。在弯桥采用多点顶推时,由各墩均匀施加顶力,同时能顺利施工。采用拉杆式顶推系统,免去在每一循环顶推过程中用竖向千斤顶将梁顶起使水平千斤顶复位,简化了工艺流程,加快顶推速度。但多点顶推需要较多的设备,操作要求也比较高。

多联桥的顶推,可以分联顶推,通联就位,也可联在一起顶推,两联间的结合面可用牛皮纸或塑料布隔离层隔开,也可采用隔离剂隔开。对于多联一并顶推时,多联顶推就位后,可根据具体情况设计解联、落梁及形成伸缩缝的施工方案,如两联顶推,第二联就位后解联,然后第一联再向前顶推就位,形成两联间的伸缩缝。

9.5.3 施工要点

1. 预制场地

(1) 预制场地设置要点

预制场地应设在桥台桥轴线上的引道(或引桥)上,当为多联顶推时,可在桥两端均设预制场地,从两端相对顶推。其长度应考虑梁段悬出时反压段的长度、梁段底板与腹板预制长度、导梁拼装长度和机具设备材料进入预制作业线的长度。预制场地宽度,应满足梁段两侧施工作业的需要。

预制场地上空宜搭设固定或活动的作业棚,其长度宜大于 2 倍预制梁段长度,使梁段预制作业不受天气影响。且预制场地应有足够的强度、刚度和稳定性。

(2) 台座设置要点

预制场地上台座的轴线应与桥梁轴线延长线相重合,台座的纵坡应与桥梁纵坡一致,其施工误差应满足规范要求。在荷载作用下。台座顶面变形不应超过2mm。

2. 梁段预制(顶推段)

梁段预制块件,可根据箱梁结构(单箱单室或单箱双室)及全截面顶进还是分段顶进来确定预制方案。若预制块在排架上制作,必须在制作前消除排架的非弹性变形值。预制块件尽可能采用机械化装拆模板,底模板宜采用升降式,侧模板宜采用旋转式,芯模板宜采用易于拆卸和移动取出的构造方式,预制块件应尽量标准化,预制块件应保证其尺寸误差在规范容许范围内,预制顺序要先河内后岸边,按其顶进段先后次序定之。梁段混凝土浇筑时,可采取全断面整段教筑或采用两次浇筑,分两次浇筑时,第一次浇筑箱梁底板及腹板根部,第二次浇筑其他部分。支座位置处的隔板,在整联顶推到位并完成解联后,进行浇筑,振捣时避免碰撞预应力筋管道、预埋件。

节段预制的模板构造与施工方法有关,一种方法是节段在预制场浇筑完成后,张拉预应力筋并顶推出预制场;另一种是在预制场先完成底板浇筑,张拉部分预应力筋后即推出预制场,而箱梁的腹板、顶板的施工是在过渡孔上完成,或底板和腹板第一次预制,顶板部分第二次预制。二次预制的模板构造见图 9-58 所示。

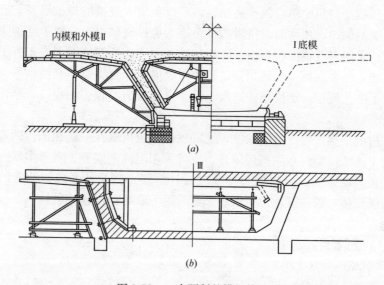

图 9-58　二次预制的模板构造

3. 梁段施加预应力

梁段施加预应力分两步,第一步在顶推前先将顶推梁段施加临时预应力,此部分预应力在张拉后不应灌浆,锚具外露多余预应力钢材不必切除。在顶推就位后,此部分预应力需拆除。第二步当梁段顶推就位后施加的永久预应力,在施加此步的预应力时,应在两梁段间留出适当空间,用预应力束连接器连接,张拉后用混凝土填塞。

4. 梁段顶推

(1) 滑动装置

1) 水平—竖向千斤顶顶推方式的滑动装置,一般由摩擦垫、滑块(支承块)、滑板和滑道组成。摩擦垫用氯丁橡胶与钢板夹层制成后,粘附在滑块顶面,其尺寸大小应根据墩顶反力和橡胶板容许承载力计算决定。滑块可用铸钢或高强度混凝土块制成,其高度不宜小于正式支座的高度,其尺寸不宜小于摩擦垫和滑板的尺寸；滑板有多种构造，一般宜用硬木板、钢板夹橡胶板等粘聚四氟乙烯板（四氟板）组成。四氟板面积由最大反力计算决定，对无侧限的容许应力可按5MPa计算，对有侧限的可按15MPa计算。

滑道一般可用不锈钢或镀铬钢带包卷在铸钢底层上，铸钢底层应用螺栓固定在支座垫石上。滑道顺桥向长度应大于水平千斤顶行程加滑块顺桥向长度；其宽度应为滑板宽度的1.2～1.5倍。相邻墩（包括主墩与临时墩）滑道顶面标高的允许偏差为±2mm；同墩两滑道标高的允许偏差为±1mm。

2）拉杆顶推方式的滑动装置由滑板与滑道组成。其构造、技术要求及滑道的宽度应按照本章的规定办理，但滑道长度应大于3块滑板的长度。

3）滑动装置的摩擦系数宜由滑板和滑道的材料进行试验确定。一般在选用水平千斤顶顶力时，对四氟滑板与不锈钢或镀铬钢滑道面，启动摩擦系数（静摩擦系数）可按0.07～0.08，动摩擦系数可按0.04～0.05考虑。

4）当主梁底部与滑板接触时，随着梁段的顶推前进，滑道上的滑板从前面滑出后，应立即自后面插入补充，补充的滑块应涂以润滑剂，并端正插入。在任何情况下，每条顶推线各墩顶滑道上的滑板不得少于两块。滑板的磨损较大，应按顶推梁的长短和滑板损耗率准备足够的滑板，滑板磨损过多时应及时更换。

（2）导向装置

为了使顶推能正确就位，施工中的横向导向是不可少的。横向导向装置主要有：楔形导向板、千斤顶。横向导向装置应具有足够的承载力，防止纠偏时损坏。

1）楔形导向板：其构造与滑板基本相同，但导向板系楔形，横向设在梁段两侧的反力架间，梁段通过时，利用楔形板的横向分力来纠偏。

2）千斤顶：通常在桥墩台上主梁的两侧各安置一个横向水平千斤顶，千斤顶的高度与主梁的底板位置平齐，由墩（台）上的支架固定千斤顶位置。在千斤顶的顶杆与主梁侧面外缘之间放置滑块，顶推时千斤顶的顶杆与滑块的聚四氟乙烯板形成滑动面，顶推时由专人负责不断更换滑块。横向导向千斤顶在顶推施工中一般只控制两个位置，一个是在预制梁段刚刚离开预制场的部位，另一个设置在顶推施工最前端的桥墩上，因此梁前端的导向位置将随着顶推梁的前端不断更换位置。施工中发现梁的横向位置有误而需要纠偏时，开动一侧的千斤顶使梁横移。对于曲线桥，由于超高而形成单面横坡，横向导向装置应比直线处强劲，且数量要增加，同时应注意在顶推时，内外弧两侧前进的距离不同，要加强控制和观测。顶推时的横向导向装置如图9-59所示。

（3）梁段顶推时注意事项

1）顶推施工前，应根据主梁长度、设计顶推跨度、桥墩能承受的水平推力、顶推设备和滑动装置等条件，选择适宜的顶推方式。

2）顶推前对顶推设备如千斤顶、高压油泵、控制装置等进行检验，并做好各项准备工作。

3）采用单点或多点水平—竖直千斤顶方式顶推时，应满足以下规定：

① 水平千斤顶的实际总顶推力不应小于计算顶推力的2倍。

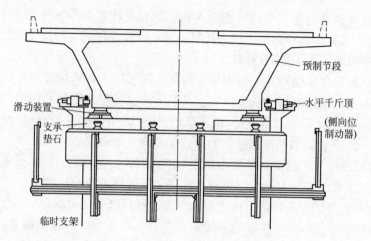

图 9-59 顶准施工的横向导向设施

② 墩、台顶上水平千斤顶的台背必须坚固，应经过计算确认能抵抗顶推时的总反力；在顶推过程中各桥墩的纵向位移不超过设计规定。

③ 单点或多点顶推时，左右两条顶推线应横向同步运行；多点顶推时，各墩台的水平千斤顶均应沿纵向同步运行，保证主梁纵向轴线在设计容许偏差内。

④ 主梁被顶推过程中，如中线出现偏移，则需启动横向导向装置进行纠偏。

⑤ 在顶推过程中，导梁与梁段间连接或梁段间的预应力连接装置有松动，应立即停止顶推，在解决好相关问题后，方可重新开始。

⑥ 顶推时至少两个桥墩上设置保险千斤顶，如遇滑移故障用千斤顶处理时，起顶的反力值不得大于计算反力的 1.1 倍，起顶高度不得大于 5～10mm。

(4) 落梁

全梁顶推到设计位置后，需将梁落到正式支座上，这个过程称之为落梁。落梁前应对梁体进行正式张拉，并拆除梁间的临时约束应力，拆除墩、台上的滑动装置，滑动装置拆除时，各支点宜均匀顶起，其顶力应按设计支点反力大小进行控制。相邻各墩高差不得大于 5mm；同一桥墩两侧底梁顶起高差不得大于 1mm；落梁时，应根据设计规定的顺序和每次下落量进行，同一墩台的千斤顶应同步运行。

9.5.4 临时设施

通过计算机得知，连续梁顶推施工的弯矩包络图与营运状态的弯矩包络图相差较大，为了减少施工中的内力，扩大顶推法施工的使用范围，同时也从安全施工(特别在施工初期，不致发生倾覆失稳)和方便施工出发，在施工过程中使用一些临时设施，如导梁(鼻梁)、临时墩、接索、托架及斜拉索等结构。

1. 导梁

导梁设置在主梁的前端，为等截面或变截面的钢桁梁或钢板梁，主梁前端装有预埋件与钢导梁栓接。导梁在外形上，其底缘与箱梁底应在同一平面上，前端底缘呈向上的圆弧形，以便顶推时顺利通过桥墩。

导梁的结构需要进行受力状态分析和内力计算，导梁的控制内力是位于导梁与箱梁连接处的最大正、负弯矩和下弦杆（或下缘）承受的最大支点反力。国内外的实践经验表明：导梁的长度一般取用顶推跨径的 0.6～0.7 倍，较长的导梁可以减小主梁悬臂负弯矩，但过长的导梁也会导致导梁与箱梁接头处负弯矩和支反力的相应增加；导梁过短（0.4L），则要增大主梁的施工负弯矩值。合理的导梁长度应使主梁最大悬臂负弯矩与营运阶段的支点负弯矩基本相近。

导梁的抗弯刚度和重量，必须在容许应力（强度）范围内使架设时作用在主梁上的应力最小，通过计算和分析表明：当导梁长度为顶推跨径的 2/3 时，设导梁的抗弯刚度不变，如果顶推梁悬臂伸出长度在跨中位置时，则在支点位置的主梁出现最大负弯矩，其值与主梁的抗弯刚度和导梁的抗弯刚度比 $\dfrac{E_c I_c}{E_c' I_c'}$ 有关，与主梁重力和导梁重力比 $\dfrac{q_c}{q_c'}$ 有关，当两者抗弯刚度比在 5～20 范围内，重力比在 2.5～5.8 范围内变化时，顶推梁中的弯矩在 10％ 范围内变化。如导梁的刚度过小，主梁内就会引起多余应力；刚度过大，则支点处主梁负弯矩将剧增。图 9-60 示出在顶推过程中，主梁与导梁不同的刚度比下，主梁顶推经过墩 B 点时主梁对应截面的弯矩变化。为使导梁前端到达支点 C 之前的弯矩 M_s 与导梁前端达到 X_{max} 支点 B 处的 M_{max} 比较接近，则主梁刚度与导梁刚度的最佳比值在 9～15 之间。此外，在设计中要考虑动力系数，使结构有足够的安全储备。

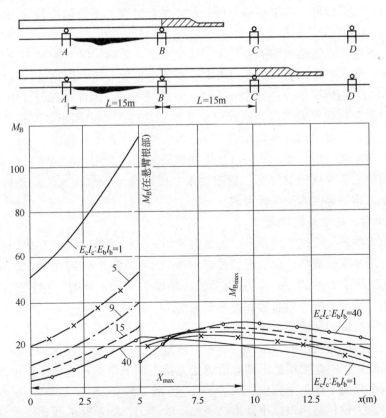

图 9-60　经过桥墩 B 点顶推梁在该截面弯矩的变化

由于导梁在施工中正、负弯矩反复出现,边接螺栓易松动,在顶推中每经历一次均需反复检查和重新拧紧。施工时要随时观测导梁的挠度。根据施工经验,实测挠度往往大于计算挠度,有的甚至大到一倍,主要原因是受如滑块压缩量不一致、螺栓松动、混凝土收缩及温度变化等影响。这样将会影响导梁顶推进墩,解决的办法是在导梁的前端设置一个竖向千斤顶,通过不断地将导梁端头顶起进墩,这一措施被认为是行之有效的。

顶推施工通常均设置前导梁,也可增设尾导梁。对于大桥引桥采用顶推施工时,导梁在处于主桥相接的位置时,需不断拆除部分导梁,完成顶推就位;也可在即将就位时,将导梁移至箱梁顶,然后继续顶推到位。

曲线桥顶推施工也可设置导梁,其导梁的平面线形沿圆曲线的切线方向;当曲线半径较小时,也可采用折线形导梁。

2. 临时墩

临时墩由于仅在施工中使用,因此在符合要求的前提下,要造价低,便于拆装。钢制临时墩因在荷载作用和温度变化下变形较大而较少采用,目前用得较多的是用滑升模板浇筑的混凝土薄壁空心墩、混凝土预制板或预制板拼砌的空心墩或混凝土板和轻便钢架组成的框架临时墩。临时墩的基础依地质和水深诸情况决定,可采用桩基础等。为了减小临时墩承受的水平力和增加临时墩的稳定性,在顶推前将临时墩与永久墩用钢丝绳拉紧。也可采用在每墩上、下游各设一束钢索进行张拉,效果较好,施工也很方便。通常在临时墩上不设顶推装置而仅设置滑移装置。

施工时是否设置临时墩需在总体设计中考虑,要确定桥梁跨径与顶推跨径之间的关系。如卡罗尼河桥,分孔时考虑在中孔内设置一个临时墩。该桥的顶推跨径选用45m,而桥梁的跨径为48m+(2×96)m+48m,因此,在设计中可以通过设置临时墩来调整顶推跨径,从而突破了顶推法施工一定用于等跨径桥的范围。但顶推法施工绝大多数为等截面梁,过分加大跨径将是不经济的,目前在大跨径内最多设两个临时墩。使用临时墩要增加桥梁的施工费用,但是可以节省上部结构材料用量,需要从桥梁分跨、通航要求、桥墩高度、水深、地质条件、造价、工期和施工难易等因素来综合考虑。

3. 拉索、托架及斜拉索

用拉索加劲主梁以抵消顶推时的悬臂弯矩,这样的临时设施在法国和意大利建桥中使用并获得成功。如法国的波里佛桥,$L=286.4m$,跨径为 $35.7m+(5×43)m+35.7m$,$B=13.34m$,采用单箱,导梁长25m,同时采用拉索,无临时墩。采用拉索加劲的一般布置如图9-61所示。

拉索系统由钢制塔架、连接构件、竖向千斤顶和钢索组成,设置在主梁的前端。拉索的范围为两倍的顶推跨径左右,塔架集中竖向力。在顶推过程中,箱梁内力不断变化,因此要根据不同阶段的受力状态调节索力,这项工作由设在塔架下端的两个竖向千斤顶来完成。

在桥墩上设托架用以减小顶推跨径和梁的受力。如苏联的西德维纳河桥,桥长 $L=231m$,分跨为 $33m+51m+63m+51m+33m$,导梁长30m。该桥在主墩的

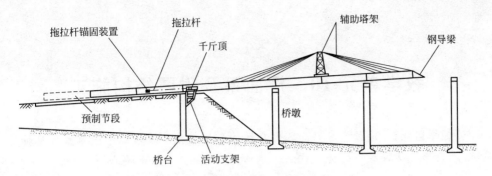

图 9-61 用拉索加劲的顶推法施工

每侧设有 10.4m 的托架,使顶推跨径减小为 42.2m,施工后托架与主梁连成整体,形成连续撑架桥。

斜拉索在顶推时用于加固桥墩,特别对于具有较大纵坡和较高桥墩的情况下,采用斜拉索可以减小桥墩的水平力,增加稳定性。这种加固方法宜在水不太深或跨山谷的桥梁上采用。

顶推法施工适合于中等跨径的多跨桥梁,近年来采用楔推法施工的桥梁跨径达 50m,可不设临时墩。实践表明:当采用单向顶推时,桥梁的总长在 500~600m 比较适当。推荐的顶推跨径为 42m。

思 考 题 与 习 题

1. 预应力钢筋的制备有哪些工序?
2. 预应力先张法及后张法的区别?各自的施工工序?
3. 什么叫悬臂法施工?悬臂施工法的种类?各自的施工工序?
4. 顶推法施工的定义?顶推施工的工序?所用的施工设备有哪些?

教学单元 10 桥面系及附属结构施工

【教学目标】 通过学习桥面各部分结构类型与施工技术，学生熟悉常见伸缩缝、人行道、防撞护栏的施工方法，熟悉支座的施工方法和要求。

10.1 概　　述

桥面系又称为桥面构造，它直接与车辆、行人接触，对桥梁的主要结构既能传力又能起保护作用。其构造合理性、施工质量和养护质量，直接影响到桥梁的使用功能。因此，必须对桥面构造做到足够的重视。

桥面构造的内容包括：桥面铺装、排水和防水系统、人行道（或安全带）、缘石、栏杆、灯柱、安全护栏和伸缩缝等，如图 10-1 所示。

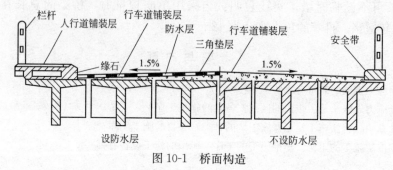

图 10-1　桥面构造

10.2 桥面构造

10.2.1 桥面铺装

桥面铺装又称为行车道铺装或桥面保护层，其作用是保护属于主梁整体部分的行车道板不受车辆轮胎的直接磨耗，防止主梁遭受雨水的侵蚀，并对车辆轮重的集中荷载起一定的分布作用。因此，要求桥面铺装具有耐磨、抗滑、不透水、足够的强度和良好的平整度。

钢筋混凝土和预应力混凝土梁桥的桥面铺装，常用以下几种形式：

1. 普通水泥混凝土或沥青混凝土铺装

适用于非严寒地区的小跨径桥上，通常桥内可不做专门的防水层，而直接在桥面上铺筑 5~8cm 的普通水泥混凝土或沥青混凝土铺装层。其强度等级不低于行车道板混凝土的强度等级，铺筑时要求有较好的密实度。普通水泥混凝土铺装的特点是造价低、耐磨性好，适合于重载交通，但养护期长，沥青混凝土铺装的特点是重量轻，维修养护方便，通车快。

2. 防水混凝土铺装

适用于非冰冻地区防水的桥梁上，可在桥面板上铺筑8～10cm厚的防水混凝土作为铺装层，防水混凝土的强度等级不低于行车道板混凝土的强度等级，为了延长桥面使用年限，可设2cm厚的沥青表面处治作为磨耗层，如图10-2所示。

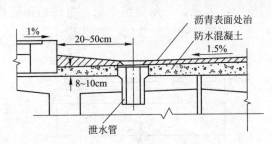

图10-2 防水混凝土铺装

3. 具有贴式防水层的水泥混凝土或沥青混凝土铺装

适用于防水要求高，或桥面板位于受拉区可能开裂的桥梁上。贴式防水层设在低强度等级混凝土三角垫层上面，做法是：先做三角垫层，垫层用水泥砂浆找平，硬化后涂一层热沥青底层，贴一层油毛毡（或麻袋布、玻璃纤维织物等），再涂一层沥青胶砂，贴一层油毛毡，最后再涂一层沥青胶砂，通常将这种做法的防水层称作"三油二毡"防水层，总厚度为1～2cm。防水层在桥面伸缩缝处应连续铺设，不可切断；桥面纵向应铺过桥台背；桥面横向两侧应伸过缘石地面，从人行道与缘石砌缝里向上叠起0.10m。上述卷材防水层一般还需做4cm细石混凝土的保护层，最后再按要求铺设沥青混凝土或水泥混凝土路面，如图10-3所示。显然，该种做法费料、费时，要在技术、经济上充分考虑后再采用。

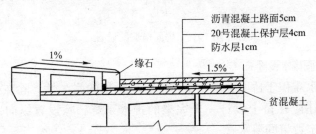

图10-3 具有贴式防水层的沥青混凝土铺装

桥面铺装一般不作受力计算，但如在施工中能确保铺装层与行车道板紧密结合成整体则铺装层的混凝土（除去作为车轮磨耗部可取0.01～0.02m厚外）还可以计算在行车道的厚度内和行车道板共同受力。为使铺装层具有足够的强度和良好的整体性（能起连接各主梁的作用），一般要在混凝土中设置直径为4～6mm的钢筋网。

10.2.2 桥面横坡的设置

为了快速排除雨水，桥梁除设纵坡外，还应将桥面铺装沿横向设双向的桥面横坡，坡度为1.5%～3.0%。

桥面横坡通常有三种设置形式：

(1) 对于板桥或现场浇筑的肋板式桥梁,可将横坡直接设在墩台顶部而做成倾斜的桥面板,铺装层是等厚的,如图 10-4(a)所示。

(2) 对于装配式肋梁桥,横坡直接做在行车道板上,先铺混凝土三角垫层,形成双向倾斜,再铺设等厚的混凝土铺装层,如图 10-4(b)所示。

(3) 在宽度大的桥中,为减轻三角垫层重量,可将行车道板做成斜面,形成横坡,这样会使梁的施工和构造趋向复杂化,如图 10-4(c)所示。

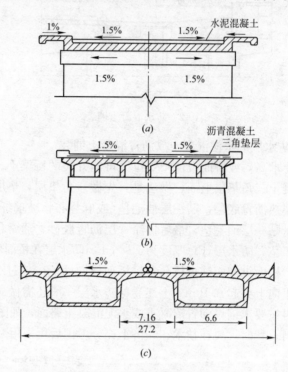

图 10-4 桥面横坡的设置

10.2.3 桥面排水设施

为防止雨水滞积于桥面并渗入梁体而影响桥梁的耐久性,除在桥面铺装内设置防水层外,还应在桥上设计一个完整的排水系统。除设置纵向、横向排水坡外,常需要一定数量的泄水管。

当公路桥桥面纵坡大于 2%,而桥长小于 50m 时,一般能保证通过桥头引道排水,桥上可不设泄水管。可在引道两侧设置流水槽,以免雨水冲刷引道路基。

当公路桥桥面纵坡大于 2%,而桥长大于 50m 时,为防止雨水滞积于桥面,就需设置泄水管,一般每隔 12~15m 长度设置一个。当桥面纵坡小于 2% 时,泄水管就需要设置更密一些,一般每隔 6~8m 设置一个。要求泄水管的过水面积不小于 $2\sim3cm^2/m^2$,左右对称或交错排列,距缘石 20~50cm,如图 10-2 所示,也可在人行道下设置,如图 10-5 所示。

目前,梁式桥上常用的泄水管道有金属泄水管、钢筋混凝土泄水管和横向排水孔道等几种形式。

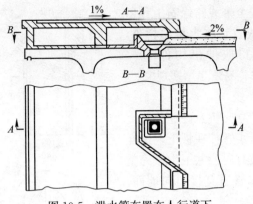

图 10-5　泄水管布置在人行道下

1. 金属泄水管

适用于具有贴式防水层的铺装结构，内径一般为 10~15cm，管下端伸出行车道板底面 15~20cm 以上。安装泄水管时，与防水层的结合处要做的特别仔细，防水层的边缘要紧夹在管子的顶缘与泄水漏斗之间，以便防水层上的渗水能通过漏斗上的过水孔流入管内，如图 10-6 所示，为一种构造比较完备的铸铁泄水管，这种铁泄水管使用效果好，但构造较复杂。

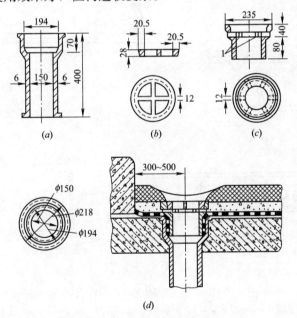

图 10-6　铸铁泄水管（单位：mm）

2. 钢筋混凝土泄水管

适用于不设专门的防水层而采用防水混凝土的铺装结构，布置如图 10-7 所示。在制作时可将金属栅板直接作为钢筋混凝土管的端模板使用，使焊于金属栅板上的短钢筋锚固于混凝土中。此种泄水管构造简单，节约钢材。

3. 横向排水孔道

为了简化构造和节省材料，对于一些跨径不大、不设人行道的小桥，也可以直接在行车道两侧的安全带或路缘石上预留横向孔道，用铁管或竹管将水排出桥外，为了便于排水，管口应伸出构件 20～30cm。此法构造简单，易发生堵塞现象。

4. 封闭式排水系统

对于城市桥梁、立交桥及高速公路上的桥梁，应该避免泄水管挂在板下，这样既影响桥的外观，又有碍公共卫生。完整的排水系统应将排水管道直接引向地面。如图 10-8 所示。

小跨径桥，纵向排水管中的水在箱梁中或在主梁腹板内侧通往桥台，并用管道引向地面。在活动支座处，竖向管道的连接应使桥梁的纵向活动不受影响。在长桥中，纵向排水管可通向一个设在台帽上的大漏斗中排水。

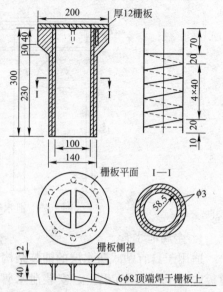

图 10-7 钢筋混凝土泄水管（单位：mm）

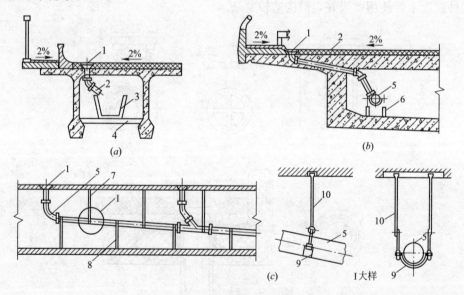

图 10-8 封闭式排水系统

1—泄水漏斗；2—泄水管；3—钢筋混凝土斜槽；4—横梁；5—纵向排水管；
6—支撑结构；7—悬吊结构；8—支柱；9—弧形箍；10—吊杆

如果需要在桥墩上布置排水管道，应尽可能布置在墩壁的槽中或者最好布置在桥墩内部的箱式中。当桥墩很高时，排水管道应每隔 20～30m 设置伸缩缝，并且管道要有良好的固定装置，在墩脚处要有一个盆以消除下落的能量装置。

排水管道原则上不许浇筑在混凝土内，因为在冬天水管的堵塞可能冻裂混凝土，而应采用在混凝土中预留孔道或埋入直径较大的套管，然后再设置排水管道，一旦有损可以及时更换。当管道通过截面高度较小的行车道悬臂板时，管道可以做成扁平形状。

在箱梁或箱墩中设置的排水管道系统,要在箱孔的深处预先考虑 2～3 个排水线路,以免一路受阻或爆裂而影响排水功能。

10.3 伸　缩　缝

桥跨结构在气温变化、活载作用、混凝土收缩和徐变等影响下将会发生变形。为了满足桥面按设计的计算图示自由变形,同时又保证车辆能平顺通过,就要在相邻两梁端之间、或梁端与桥台之间或桥梁的铰接位置上预留伸缩缝。

10.3.1 伸缩缝构造要求

桥梁在气温变化时,桥面有膨胀或收缩的纵向变形,车辆荷载也将引起梁端的转动和纵向位移。为使车辆平稳通过桥面并满足桥面变形,需要在桥面伸缩缝处设置伸缩装置。对桥面伸缩缝的设计与施工,应全面考虑下述要求:

(1) 能够适应桥梁温度变化所引起的伸缩。除了考虑年最高温差变化所引起的伸缩外,还必须考虑施工时温度变化所需调整的量,以便在全部的预期温度范围内都能可靠地工作。

(2) 桥面平坦,行驶性良好的构造。伸缩缝装置与前后桥面必须取平,包括伸缩缝装置在内的前后桥面平整度,在 3m 长范围内,必须保证误差在±3mm 内。在桥墩、桥台与桥头引道沉降结束后,上述误差应在±8mm 以内。所谓行驶性,不仅对汽车而言,而且包括自行车在内。

(3) 施工安装方便,且与桥梁结构连为整体。如果在主梁上只需预留钢筋头,预埋件均敷设在铺装层内,且无复杂工艺的话,那么,这种装置无疑是比较受欢迎的。

(4) 具有能够安全排水和防水的构造。钢制伸缩缝装置本身大部分缺乏排水功能,这就会产生支座生锈与雨水下漏等弊病。因此,各种桥面伸缩缝装置均应采取有效措施,保证具有良好的防水性能。

(5) 承担各种车辆荷载的作用。伸缩缝装置之所以易于破损和寿命短,一般认为不全是由于交通量引起的,而往往是由重型车辆引起的。因此重型车交通量大的道路,应选择耐久性好的伸缩缝装置。

(6) 养护、修理与更换方便。修理与更换的难易首先取决于损坏的部位,是橡胶件还是桥面混凝土或钢件。前者容易更换,后者取决于桥面破坏程度。伸缩缝装置大修的周期最好至少与面层的大修周期一样长。

(7) 经济价廉。经济性问题,不仅只就各种伸缩缝建筑投资来比较,还要尽量使伸缩缝装置的寿命与桥面寿命相等。

10.3.2 伸缩缝分类

目前国内公路桥梁和城市桥梁工程上使用的伸缩缝种类很多。根据桥梁伸缩缝的传力方式和构造的特点,伸缩缝大体可分成 5 大类:对接式、钢制支承式、橡胶组合剪切式、模数支承式和无缝式,详见表 10-1。

桥面伸缩缝装置分类表 表 10-1

类别	形式	种类	说明
对接式	填塞对接型	沥青、木板填塞型	以沥青、木板、麻絮、橡胶等材料填塞缝隙的构造（在任何状态下，都处于压缩状态）
		U形镀锌铁皮型	
		矩形橡胶条型	
		组合式橡胶条型	
		管形橡胶条型	
	嵌固对接型	W 型	采用不同形状的钢构件将不同形状橡胶条（带）嵌固，以橡胶条（带）的拉压变形吸收梁变位的构造
		SW 型	
		M 型	
		SDⅡ型	
		PG 型	
		FV 型	
		GNB 型	
		GQF-C 型	
钢制支承式	钢制型	钢梳齿板型	采用面层钢板或梳齿钢板的构造
		钢板叠合型	
橡胶组合剪切板式	板式橡胶型	BF、JB、JH、SC、SB、SG、SEG 型	将橡胶材料与钢件组合，以橡胶的剪切变形吸收梁的伸缩变位，桥面板缝隙支承车轮荷载的构造
		SEJ 型	
		UG 型	
		BSL 型	
		CD 型	
模数支承式	模数式	TS 型	采用异型钢材与橡胶密封带组合的支承式构造
		J-75 型	
		SSF 型	
		SG 型	
		XF 斜向型	
		GQF-MZL 型	
无缝式	暗缝型	GP 型（桥面连续）	路面施工前安装的伸缩结构
		TST 弹塑体	以路面等变形吸收梁变位的构造
		EPBC 弹塑体	

在选择伸缩缝的类型时，主要取决于桥梁的伸缩量，它的大小由计算确定，并考虑留有一定的附加量。除此之外还应注意构造措施。

1. 对接式伸缩缝

对接式伸缩缝就是根据其构造形式和受力特点的不同，可分为填塞对接型和嵌固对接型两种。填塞对接型伸缩装置是以沥青、木板、麻絮、橡胶等材料填塞缝隙，伸缩体在任何情况下都处于受压状态。该类伸缩装置一般用于伸缩量在40mm 以下的常规桥梁工程上，但目前已不多见；嵌固式对接伸缩缝装置（图 10-9）

利用不同形态的钢构件将不同形状的橡胶条(带)嵌牢固定,并以橡胶条(带)的拉压变形来吸收梁体的变形,其伸缩体可以处于受压状态,也可以处于受拉状态,被广泛应用于伸缩量在80mm及其以下的桥梁工程上。

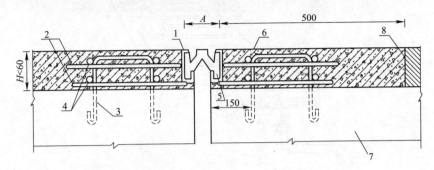

图10-9　W形嵌固式对接伸缩缝端面图(尺寸单位:mm)
1—钢板弯制的L钢;2—锚固筋;3—预埋筋;4—水平加强筋;
5—W形橡胶条;6—现浇混凝土;7—行车道板;8—桥面铺装

2. 钢制支承式伸缩缝

钢制支承式伸缩缝是用钢材装配制成的,能直接承受车轮荷载的一种构造。当桥梁的伸缩变形量超过50mm时,常采用钢制伸缩装置。该伸缩装置当车辆驶过时往往由于梁端转动或挠曲变形而产生拍击作用,噪声大,而且容易使结构损坏。因此,需采用设有螺栓弹簧的装置来固定滑动钢板,以减少拍击和噪声,该伸缩缝的构造相对复杂。以前这种伸缩装置多用于钢桥,现也用于混凝土梁。如图10-10所示。

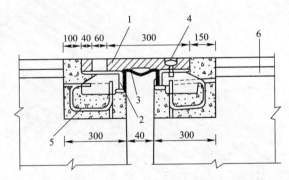

图10-10　钢板叠合型伸缩缝构造示意图(尺寸单位:mm)
1—钢板;2—角钢;3—排水导槽;4—沉头螺钉;5—锚固钢筋;6—桥面铺装

3. 橡胶组合剪切式(板式)伸缩缝

板式橡胶伸缩缝是一种具有刚柔结合的伸缩装置,利用各种不同断面形状的橡胶带作为填嵌材料,由于橡胶富有弹性,易于粘贴,又能满足变形要求且具备防水功能,如图10-11所示。因此,目前在国内、外桥梁工程中已获得广泛应用。

4. 模数支承式伸缩缝

板式橡胶制品这一类伸缩装置,很难满足大位移量的要求;钢制型的伸缩装

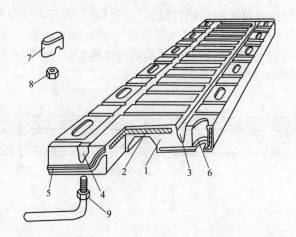

图 10-11 板式橡胶伸缩缝一般构造
1—橡胶；2—加强钢板；3—伸缩用槽；4—止水块；5—嵌合部；
6—螺帽垫板；7—腰形盖帽；8—螺帽；9—螺栓

置，很难做到密封不透水，而且容易造成对车辆的冲击，影响车辆的行驶性。因此，出现了利用吸震缓冲性能好又容易做到密封的橡胶材料，与强度高性能好的异型钢材组合的，在大位移量情况下能承受车辆荷载的各类型模数支承式（模数式）桥梁伸缩装置系列。模数支承式伸缩缝就是利用吸震缓冲性能好又容易做到密封的橡胶材料，与强度高、刚性好的异型钢材组合的，在大位移量情况下能承受车辆荷载。

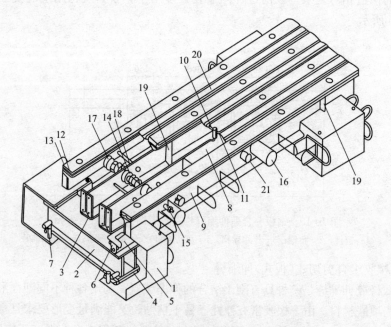

图 10-12 SG 型模数支承式伸缩缝构造图
1—横梁支承箱；2—活动横梁；3—滑板；4—四氟板橡胶支承垫；5—橡胶滚轴；6—滚轴支架；7—限位栓；
8—工字型中间梁；9—工字型边梁；10—弹簧；11—下盖板；12—边上盖板；13—边下盖板；14—弹簧；
15—刚穿心杆；16—套筒；17—弹簧插座；18—限位栓；19—腹板加劲；20—橡胶伸缩带；21—限位栓

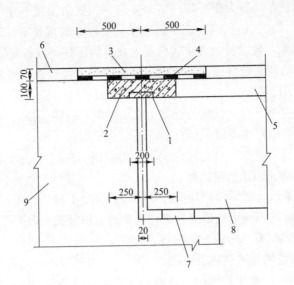

图 10-13　无缝式——GP 型(桥面连续)伸缩缝(尺寸单位：mm)
1—钢板；2—Ⅰ型改性沥青混凝土；3—Ⅱ型改性沥青混凝土；4—编织布；
5—桥面现浇混凝土层；6—沥青混凝土铺装；7—板式橡胶支座；8—预制板；9—背墙

5. 无缝式伸缩缝

无缝式伸缩缝是一种接缝构造不伸出桥面的伸缩缝，在桥梁端部的伸缩间隙中填入弹性材料并铺上防水材料，然后在桥面铺装层铺筑黏弹性复合材料，使伸缩接缝处的桥面铺装与其他铺装部分形成一连续体，以连接缝的沥青混凝土等材料的变形承受伸缩的一种构造。

10.3.3　伸缩缝的施工

1. 施工前准备

在进行桥梁伸缩缝施工前，需要进行一系列的施工准备工作。对于桥面的准备，目前为了保证施工控制简单又能达到高质量，一般要求伸缩缝的施工都在桥面黑色铺装连续摊铺完成以后进行；针对伸缩缝，在施工前必须对伸缩缝的质量进行检查，严格按照生产厂家要求的方法进行装卸、放置和运输，对于产生弯曲、扭转的伸缩缝不能使用；针对桥梁伸缩缝施工用的混凝土，必须选用优质水泥和骨料，并且经过各项指标试验合格的，一般情况下混凝土的强度要比梁体的高一个等级，需要时可以掺加一定的外加剂；针对安装定位值在不同气温条件下可能产生不同的值，要求安装定位值必须满足在最高气温时伸缩缝还剩有最小的工作宽度和一定的富余，在最低气温时不能超过行车要求的最大缝隙。机械设备、小型机具配备齐全。尤其是提供施工车辆过往的过桥必须质量坚固、数量充足，以保证施工顺利进行。配齐备足防止污染路面的帆布、塑料布、胶带等材料。配齐备足养护用的塑料薄膜、草苫子、运水工具等。

2. 施工的基本要求

(1) 伸缩缝安装采用开槽法。即先进行桥面铺装施工，后开槽安装伸缩缝，以沥青混凝土铺装层来控制伸缩范围内混凝土及伸缩缝本身的平整度和标高。

(2) 伸缩缝宜在气温为年平均气温时安装。当安装温度与年平均温度相差较大以致影响伸缩缝正常使用时，应在制造厂家工程师的指导下，卸掉夹具，用千斤顶调整伸缩间隙，使之符合要求，再安上夹具固定好，以备安装。

(3) 安装后的伸缩缝缝面必须平整，纵横的坡度符合设计要求，并与两侧沥青混凝土路面平顺衔接。

(4) 严禁将伸缩缝边梁直接与混凝土中预埋钢筋施焊连接。

(5) 安装前必须对伸缩缝妥善存放，不得有变形和污染。

(6) 施工中严禁将空压机、发电机等动力设备直接置于路面上，所有机械必须采取有效措施防止漏油污染路面。

(7) 安装结束后，必须保证伸缩缝周围沥青混凝土清洁、无污染、无损坏。

(8) 安装伸缩缝不能影响道路畅通，需要提前做好提示，不能出现安全事故。设置的过桥宽度要具有一定的过车宽度。

3. 桥梁伸缩缝的施工过程及方法

在做好桥梁伸缩缝施工前相关的准备工作后，下面就是桥梁伸缩缝的施工了。一般而言，桥梁伸缩缝的施工分为四个步骤：开槽、安装、浇筑混凝土以及养护。

(1) 开槽

桥面沥青混凝土铺装层完成(覆盖伸缩缝连续铺筑)并验收合格后，根据施工图的要求确定开槽宽度，准确放样，打上线后用切割机锯缝、顺直，锯缝线以外的沥青混凝土路面，必须仔细用塑料布覆盖并用胶带纸封好，以防锯缝时产生的石粉污染路面。锯缝应整齐、顺直，并注意把沥青混凝土切透，以免开槽时缝外混凝土松动。用风镐开槽。开槽深度不得小于12cm，应将槽内的沥青混凝土、松动的水泥混凝土凿除干净，应凿毛至坚硬层，并用强力吹风机或高压水枪清除浮尘和杂物。开槽后应禁止车辆通行，严禁施工人员踩踏槽两侧边缘，以免槽两侧沥青混凝土受损。梁端间隙内的杂物，尤其是混凝土块必须清理干净，然后用泡沫塑料填塞密实。如有梁板顶至背墙情形，须将梁端部分凿除。理顺、调整槽内预埋筋，对漏埋或折断的预埋筋应进行修复，统一采用植筋胶或环氧树脂进行钢筋补植，补植深度不小于15cm，补植后的钢筋须请业主代表、监理人员共同验看。开槽后产生的所有弃料必须及时清理干净，确保施工现场整洁。

(2) 安装

伸缩缝安装之前，安装时的实际气温与出厂时的温度有较大出入时，须调整组装定位空隙值，伸缩缝定位宽度误差为±2mm，要求误差为同一符号，不允许一条缝不同位置上同时出现正负误差。安装时伸缩缝的中心线与梁端中心线相重合。如果伸缩缝较长，需将伸缩缝分段运输，到现场后再对接，对接时，应将两段伸缩缝上平面置于同一水平面上，使两段伸缩缝接口处紧密靠拢，并校直调整。用高质量的焊条，逐条焊接，焊接时宜先焊接顶面，再焊侧面，最后焊底面，要分层焊接，确保质量，并及时清除焊渣。焊接结束后用手提砂轮机磨平顶面。

伸缩缝的标高控制与固定：采用龙门吊架和10×10角钢做定位角钢，使伸缩缝上顶面比两侧沥青混凝土面层的标高低约 2~3mm，控制伸缩缝的标高，然后对伸缩缝的纵向直线度也进行调整。伸缩缝的标高与直线度调整到符合设计要求后，可进行临时固定，固定时应沿桥宽的一端向另一端依次将伸缩缝边梁上的锚固装置与预留槽内的预埋钢筋每隔 2~3 个锚固筋焊一个焊点，两侧对称施焊，以保证抄平后的伸缩缝不再发生变位，严禁从一端平移施焊，造成伸缩缝翘曲。绑扎钢筋用钢筋头垫好。

伸缩缝的焊接：固定后应对伸缩缝的标高再复测一遍，确认在临时固定过程中未出现任何变形、偏差后，把异型钢梁上的锚固钢筋与预埋钢筋在两侧同时焊牢，最好一次全部焊牢。如有困难，可先将一侧焊牢，待达到预定的安装气温时，再将另一侧全部焊牢。注意焊点与型钢距离不小于 5cm，以免型钢变形。在焊接的同时，应随时用三米直尺、塞尺检测异型钢的平整度，平整度应控制在 0~2mm 范围，否则很容易出现跳车现象。在固定焊接时，对经常出现的预留槽内预埋筋与异型钢梁锚固筋不相符现象，要采用 U 形、L 形、S 形钢筋进行加固连接，以确保缝体与梁体的牢固连接。连接处焊缝长度应不小于 10cm，应按照规范要求，采用浅接触，保证焊接长度。严禁出现点焊、跳焊、漏焊等现象。伸缩缝焊接牢固后，应尽快将预先设定的临时固定卡具、定位角钢用气割枪割去，使其自由伸缩，此时应严格保护现场，防止车辆误压。

模板安装：模板多采用泡沫板、纤维板、薄铁皮等，模板应做的牢固、严密，能在混凝土振捣时而不出现移动，并能防止砂浆流入伸缩缝内，以免影响伸缩。为防止混凝土从上部缝口进入型钢内侧沟槽内，型钢的上面必须要用胶布封好。

桥梁伸缩缝混凝土的施工会截断桥梁两侧盲沟内的水的排出，造成桥面铺装出现水损坏，宜通过塑料软管将桥梁盲沟内的水排出桥面外，在浇筑混凝土时将排水软管埋设到位。

(3) 浇筑混凝土

浇筑前应在缝两侧铺上塑料布，保证混凝土不污染路面。混凝土振捣时应两侧同时进行，为保证混凝土密实，特别是型钢下混凝土的密实，用振捣棒振至不再有气泡为止。混凝土振捣密实后，用抹板搓出水泥浆，分 4~5 次按常规抹压平整为止。这道工序应特别注意平整度，混凝土面比沥青路面的顶面略低 1~2mm 为宜，过高或过低都会造成跳车现象。

(4) 养护

混凝土浇筑完成后，应覆盖麻袋、草苫子等，并洒水养护，养生期不少于 7d，养护期间严禁车辆通行。在混凝土的强度达到设计强度的 50% 以上时，可以安装橡胶密封条，安装前必须把缝内充当模板的泡沫板、纤维板、漏浆的混凝土硬块全部掏干净后，嵌入橡胶条。并且必须在混凝土强度达到设计强度后方允许通行。

10.4 人行道及其他

桥面其他附属工程包括人行道、桥面防护（栏杆、防撞护栏）、泄水管、灯柱、桥面防水、桥头搭板等。高等级公路以及位于一、二、三级公路上的桥梁通常采用防撞护栏，而城市立交桥、城镇公路桥及低等级公路桥往往要考虑人群通行而设人行道。灯柱一般只在城镇内桥梁上设置。

10.4.1 防撞护栏施工

边板（梁）预制时应在翼板上按设计位置预埋防撞护栏锚固钢筋，支设护栏模板时应先进行测量放样，确保位置准确。特别是位于曲线上的桥梁，应首先计算出护栏各控制点坐标，用全站仪逐点放样控制，使其满足曲线线形要求。绑扎钢筋时注意预埋防护钢管支撑钢板的固定螺栓，保证其牢固可靠。在有伸缩缝处，防撞护栏应断开，依据选用的伸缩缝形式，安装相应的伸缩装置。混凝土浇筑及养生与其他构件相同。

10.4.2 人行道、栏杆施工

1. 人行道施工

安装人行道应满足下列要求：

（1）悬臂式人行道构件必须与主梁横向联结或拱上建筑完成后才可安装。

（2）人行道梁必须安放在未凝固的 M2 稠水泥砂浆上，并以此来形成人行道顶面设计的横向排水坡。

（3）人行道板必须在人行道梁锚固后才可铺设，对设计无锚固的人行道梁、人行道板的铺设应按照由里向外的次序。

（4）在安装有锚固的人行道梁时，应对焊缝认真检查，必须注意施工安全。

2. 栏杆施工

栏杆的形式很多，一般由立柱、扶手及横档（或栏杆板）组成，扶手支撑于立柱上。公路桥梁的栏杆要求简洁明快，其所用材料尺寸与比例与主体工程配合，常采用上扶手、下扶手和栏杆柱组成给行驶的车辆有一个广阔的视野。

栏杆块件必须在人行道板铺设完毕后才可安装，安装栏杆柱时，必须全桥对直、校平（弯桥、坡桥要求平顺），竖直后用水泥砂浆填缝固定。桥上灯柱应按设计位置安装，必须牢固、线条顺直、整齐美观。灯柱线路必须安全可靠。

10.4.3 灯柱安装

城市及市郊行人和车辆较多的桥梁上需要设置照明设施，一般采用灯柱在桥面上照明设备，照明灯柱一般高出桥面 5m 左右，灯柱的设计要经济合理，造型要与周围环境相协调。

灯柱的位置可以设置在人行道上，也可以设置在栏杆立柱上。在人行道上的设置方式较为简单，在人行道下布埋管线，按设计位置预设灯柱基座，在基座上安装灯柱、灯饰，连接好线路即可。这种布设方法大方、美观、灯光效果好，适合于人行道较宽（大于 1m）时采用。但灯柱会减小人行道的宽度，影响行人通过，灯柱应布置稍高一些，不影响行车净空。在栏杆立柱上的设置方式稍复杂一些，电线预埋在人行道下，在立柱内布设线管至顶部，立柱承受的重量包括栏杆上传来的也包括灯柱的重量，因此带灯柱的立柱要特殊设计和制作。在立柱顶部还要预设灯柱基座，保证其连接牢固。这种布设方法只适用于安置单注灯柱，顶部可向桥面内侧弯曲延伸一部分，以保证照明效果，优点是灯柱不占人行道空间，桥面开阔，但施工、维修较为困难。

规范要求桥上灯柱应按设计位置安装，必须牢固，线条顺直，整齐美观，灯柱电路必须安全可靠。大型桥梁须配置照明控制配电箱，固定在桥头附近安全场所。

检查验收标准：灯柱顺桥向位置偏差不能超过 100mm，横桥向偏差不能超过 20mm，竖直度在顺桥向、横桥向均不能超过 10mm。

10.5 桥梁支座

钢筋混凝土和预应力混凝土梁桥支座设置在桥梁的上部结构与墩台之间，它的作用是：

（1）传递上部结构的支承反力，包括恒载和活载引起的竖向力和水平力；

（2）保证结构在活载、温度变化、混凝土收缩和徐变等因素作用下能自由变形，以使上、下部结构的实际受力情况符合结构的静力图式（如图 10-14 所示）。

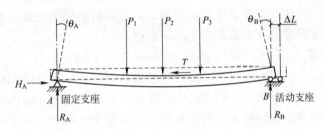

图 10-14 简支梁的静力图示

梁式桥的支座按受力特性一般分为固定支座和活动支座两种。固定支座固定主梁在墩台上的位置，传递竖向力和水平力，允许上部结构在支座处能自由转动但不能水平移动；活动支座则只传递竖向力，允许上部结构在支座处既能自由转动又能水平移动。活动支座又可分为多向活动支座（纵向、横向均可自由移动）和单向活动支座（仅一个方向可自由移动）。

固定支座和活动支座的布置，应以有利于墩台传递纵向水平力为原则。

简支梁桥一般一端采用固定支座，一端采用活动支座。对于多跨的简支梁桥，相邻两跨简支梁的固定支座不宜集中布置在一个桥墩上，若个别桥墩较高，其上应布置相邻两跨的活动支座。公路 T 形梁桥由于桥面较宽，因而要考虑支座横桥向移动的可能性、支座布置如图 10-15 所示。即在固定墩上设置一个固定支座，相邻的支座设置为横向可动、纵向固定的单向活动支座，而在活动墩上设置一个纵向活动支座（与固定支座相对应），其余均设置多向活动支座。

对于有坡桥跨结构，易将固定支座布置在标高低的墩台上。

对于连续梁桥每联只设一个固定支座，为使全梁的纵向变形分散在梁的两端，宜将固定支座设置在靠近桥跨中心；但若中间支点的桥墩较高或因地基受力等原因，对承受水平力十分不利时，可根据具体情况将固定支座布置在靠边的其他墩台上。其支座布置如图 10-16 所示。

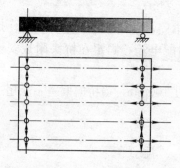
图 10-15 公路 T 形梁桥支座布置

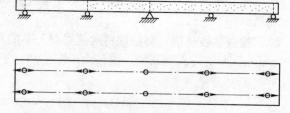
图 10-16 连续梁支座布置

对于弯桥则应考虑活动支座沿弧线方向移动的可能性。对于处在地震地区的梁桥,其支座构造还应考虑桥梁防震的设施,通常应确保由多个桥墩分担水平力。

10.5.1 支座的类型和构造

支座通常用钢、橡胶等材料来制造,主要类型有:简易支座、弧形钢板支座、钢筋混凝土摆柱式支座、橡胶支座等。应根据桥梁结构的跨径、支点反力的大小、梁体的变形程度等因素来选取支座类型。

1. 简易支座

简易支座是指在梁底和墩台顶面之间设置垫层来支承上部结构。垫层可用油毛毡、石棉板或铅板等做成,利用这些材料比较柔软又具有一定强度的特性来适应梁端比较微小的转动与伸缩变形的要求,并承受支点荷载。固定的一端,加设套在铁管中的锚钉锚固。锚钉预埋在墩台帽内。由于这种支座自由伸缩性差,为避免主梁端部和墩台混凝土拉裂,宜在支座部位的梁端和墩台顶面布设钢筋网加强。简易支座仅适用于跨度 10m 以下的公路桥中。

2. 弧形钢板支座

弧形钢板支座由上下垫板所组成,下垫板顶面切剥成圆柱体。固定支座需在上垫板上做齿槽(或销孔),在下垫板上焊以齿板(或销钉),安装后使齿板嵌入齿槽(或销钉伸入销孔),以保证上下垫板之间不发生相对水平位移。弧形钢板支座适用于跨径 10~20m,支反力不超过 600kN 的简支梁桥中。

3. 钢筋混凝土摆柱式支座

钢筋混凝土摆柱放在梁底与支承垫石之间,它的上下两端各放弧形固定钢支座一座。摆柱由 40~50 号混凝土制成,柱体内一般按含筋率约为 0.5% 左右配置竖向钢筋,同时要配置水平钢筋网,以承受支座受竖向压力时所产生的横向拉力。

钢筋混凝土摆柱式支座可用于跨径大于或等于 20m 的公路梁桥,或跨径大于 13m 的公路悬臂梁桥的挂孔。它的水平位移量较大,承载力为 5500kN 左右,摩阻系数为 0.05。

4. 橡胶支座

橡胶支座与其他金属刚性支座相比,具有构造简单、加工方便、省钢材、造价低、结构高度小、安装方便等一系列优点。此外,鉴于橡胶支座能方便地适应任意方向的变形，故对于宽桥、曲线桥和斜交桥具有特别的适应性。橡胶的弹性还能消减上、下部结构所受的动力作用，这对于抗震也十分有利。

在桥梁工程中使用的橡胶支座大体上可分为两类，即板式橡胶支座和盆式橡胶支座。

(1) 板式橡胶支座

板式橡胶支座有矩形和圆形，如图 10-17 所示。支座的橡胶材料以氯丁橡胶为主，也可采用天然橡胶。氯丁橡胶一般用于最低气温不超过－25℃的地区，天然橡胶用于－30～－40℃的地区。它的活动机理是：利用橡胶的不均匀弹性压缩实现转角，利用其剪切变形实现水平位移。板式橡胶支座无固定和活动支座之分，所有水平力由各个支座均匀分担，必要时也可采用不等高的橡胶板来调节各支座传递的水平力。

图 10-17　板式橡胶支座

常用的板式橡胶支座都用几层薄钢板或钢丝网作为加劲层。无加劲层的纯橡胶支座由于其容许压应力甚小，约为 3000kPa，故只适合于小跨径桥梁。加劲板式橡胶支座的承载能力可达 2000～8000kN，目前已广泛用于中、小跨度的公路及铁路桥梁。

因橡胶与钢或混凝土之间有足够大的摩阻力(摩擦系数 0.25～0.40)，橡胶板与梁底和墩台顶之间一般无须连接。在墩台顶部，需铺设一层砂浆，以保证支座放置平稳。

(2) 盆式橡胶支座

盆式橡胶支座是钢构件与橡胶组合而成的新型桥梁支座，如图 10-18 所示。具有承载能力大、水平位移量大、转动灵活等特点，适用于支座承载力为 1000kN 以上的大跨径桥梁。盆式橡胶支座分固定支座与活动支座。活动盆式橡胶支座由上支座板、聚四氟乙烯板、承压橡胶块、橡胶密封圈、中间支座板、钢紧箍圈、下支座板以及上下支座连接板组成，如图 10-19 所示。组合上、中支座板构造或利用上下支座连接板即可形成固定支座。

10.5.2　支座的施工

目前国内桥梁上使用较多的是橡胶支座，有板式橡胶支座、聚四氟乙烯板式橡胶支座和盆式橡胶支座三种。前两种用于反力较小的中、小跨径桥梁，后一种用于反力较大的大跨径桥梁。

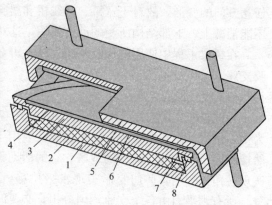

图 10-18　盆式橡胶支座实物照片

图 10-19　盆式橡胶支座的一般构造
1—钢盆；2—承压橡胶块；3—钢衬板；
4—聚四氟乙烯板；5—上支座板；6—不锈钢滑板；
7—钢紧箍圈；8—密封胶圈

1. 板式橡胶支座的安设

板式橡胶支座在安装前的全面检查和力学性能检验，包括支座长、宽、厚、硬度(邵氏)、容许荷载、容许最大温差以及外观检查等，如不符合设计要求，不得使用。如设计未规定，其力学性能可参考下列数值：硬度 HRC＝55°～60°，压缩弹性模量 $E=6×10^2$ MPa，允许压应力 $[\delta]=10$ MPa，剪切弹性模量 $G=1.5$ MPa，允许剪切角 $\tan\gamma=0.2～0.3$。支座安装时，支座中心尽可能对准梁的计算支点，必须使整个橡胶支座的承压面上受力均匀。为此，应注意几点：

(1) 安装前应将墩、台支座支垫处和梁底面清洗干净，除去油垢，用水灰比不大于 0.5 的 1∶3 水泥砂浆仔细抹平，使其顶面标高符合设计要求。

(2) 支座安装尽可能安排在接近年平均气温的季节里进行，以减小由于温差变化过大而引起的剪切变形。

(3) 梁、板安放时，必须细致稳妥，使梁、板就位准确且与支座密贴，勿使支座产生剪切变形；就位不准时，必须吊起重放，不得用撬杠移动梁、板。

(4) 当墩、台两端标高不同、顺桥向或横桥向有坡度时，支座安装必须严格按设计规定办理。

(5) 支座周围应设排水坡，防止积水，并注意及时清除支座附近的尘土、油脂与污垢等。

2. 盆式橡胶支座的安设

盆式橡胶支座顶、底面积大，支座下埋设在桥墩顶的钢垫板面积亦较大，浇筑墩顶混凝土时，必须有特殊设施，使垫板下混凝土能浇筑密实。盆式橡胶支座主要部分是聚四氟乙烯板与不锈钢板的滑动面，以及密封在钢盆内的橡胶垫块，两者都不能有污物和损伤，否则容易降低使用寿命，增大摩擦系数。盆式橡胶支座各部件的组装应满足的要求是：在支座底面和顶面(埋置于墩顶和梁底面)的钢垫板必须埋置牢固，垫板与支座间平整密贴，支座四周探测不得有 0.3mm 以上的缝隙；支座中线、水平、位置偏差不大于 2mm；活动支座的聚四氟乙烯板不得有刮伤、撞伤；氯丁橡胶板块密封在钢盆内，安装时应排除空气、保持密封；支座组拼要保持清洁。施工时注意下列事项：

(1) 安装前应将支座的各相对滑移面和其他部分用丙酮或酒精擦拭干净。

(2) 支座的顶板和底板可用焊接或锚固螺栓栓接在梁体底面和墩、台顶面的预埋钢板上。采用焊接时，应防止烧坏混凝土。安装锚固螺栓时，其外露螺杆不得大于螺母的厚度。上、下支座安装顺序，宜先将上座板固定在大梁上，然后据其位置确定底盆在墩、台的位置，最后予以固定。

(3) 安装支座的标高应符合设计要求，平面纵、横两个方向水平，支座承压≤5000kN 时，其四角高差不得大于 1mm；支座承压＞5000kN 时，不得大于 2mm。

(4) 安装固定支座时，其上、下各个部件纵轴线必须对正；安装纵向活动支座时，上、下各部件纵轴线必须对正，横轴线应根据安装时的温度与年平均的最高、最底温差，由计算确定其错位的距离。支座上、下导向挡块必须平行，最大偏差的交叉角不得大于 5°。

另外，桥梁施工期间，混凝土将由于预应力和温差引起弹性压缩、徐变和伸缩而产生位移量，因此，要在安装活动支座时，对上、下板预留偏移量，使桥梁建成后的支座位置能符合设计要求。

3. 其他支座安设

对于跨径较小(10m 左右)的钢筋混凝土梁(板)桥，可采用油毡、石棉垫或铅板支座。安设这类支座时，应先检查墩、台支承面的平整度和横向坡度是否符合设计要求，否则应修凿平整并以水泥砂浆抹平，再铺垫油毡、石棉垫或铅板。梁(板)就位后梁(板)与支承间不得有空隙和翘动现象，否则将发生局部应力集中，使梁(板)受损，也不利于梁(板)的伸缩与滑动。考虑活动支座沿弧线方向移动的可能性。对于处在地震地区的梁桥，其支座构造尚应考虑桥梁防震和减震的设施。

思 考 题 与 习 题

1. 桥面构造包括哪些部分？
2. 桥面铺装的作用和常见类型。
3. 桥梁中常用的防水层主要有哪几种类型？
4. 简述"三油二毡"防水层的做法？
5. 桥面横坡设置形式有哪几种？
6. 桥梁设计时如何解决桥面排水问题？
7. 为何要设置桥面伸缩缝？
8. 常用的伸缩缝有哪几种？主要依据什么加以选择？
9. 桥梁伸缩缝的施工过程有哪几个步骤？
10. 桥面附属结构包括哪几个部分？
11. 桥梁支座的作用是什么？支座布置时应注意哪些问题？
12. 桥梁支座有哪几种类型？各自的适用范围是什么？

教学单元 11　其他体系桥梁

【教学目标】　通过学习拱桥、悬索桥、斜拉桥、刚构桥、城市立交桥的分类和结构特点，学生熟悉各类桥梁的施工过程及工艺要求。

11.1　拱　桥

11.1.1　概述

拱桥是我国使用广泛且历史悠久的一种桥型。它外形美观，经济耐用。拱桥在竖向荷载作用下，拱的两端支承处除有竖向反力外，还有水平推力，正是由于这个水平推力的作用，使拱内弯矩大大减小，故拱的跨越能力比一般的钢筋混凝土梁要大得多。

1. 主拱圈结构

主拱圈是拱桥的重要承重结构，沿拱轴线可以做成等截面或变截面的形式。根据主拱圈截面形式不同可分为板拱、肋拱、双曲拱和箱形拱等。

（1）板拱桥

主拱圈采用矩形实体截面的拱桥称为板拱桥（图 11-1a）。这种矩形实体截面的板拱通常只在地基条件较好的中、小跨径圬工拱桥中才采用。如果在较薄的拱板上增加几条纵向肋，以提高拱圈的抗弯刚度，就构成板拱的另外一种形式，即板肋拱（图 11-1b），它的拱圈截面由板和肋组成。

（2）肋拱桥

肋拱桥是在板拱桥的基础上发展形成的，它是将板拱划分成两条或多条分离的、高度较大的拱肋，肋与肋间用横系梁相连（图 11-1c），因此多用于大、中跨径的拱桥。

（3）箱形拱桥

这类拱桥外形与板拱相似，由于截面挖空，使箱形拱的截面抵抗矩较相同材料用量的板拱大很多（图 11-1e），所以能节省材料，减轻自重，相应也减少了下部结构材料用量。对于大跨径拱桥则效果更为显著。又因为这种闭口箱形截面抗扭刚度大，横向整体性和结构稳定性均较好，故特别适用于无支架施工。

（4）双曲拱桥

双曲拱桥是中国独创的一种拱桥桥型。双曲拱桥主拱圈通常由拱肋、拱波、拱板和横向联系等几部分组成，其外形在纵、横两个方向均呈弧形曲线，如图 11-1d 所示。双曲拱桥是我国于 20 世纪 70 年代提出的，适应了当时的政治经济形势。目前，相当一部分的双曲拱桥出现了一些病害现象，需要进行加固处理，因此目前这种桥型较少采用。

(5) 钢管混凝土拱桥

钢管混凝土拱桥是我国近年来兴起的一种拱桥桥型，它是指以内灌混凝土的钢管作为拱肋的拱桥(图 11-1f)。管内混凝土由于受到钢管的约束，在承受轴向压力时发生的侧向膨胀受到限制而处于三向受力状态，从而具有比普通钢筋混凝土大得多的承载能力和变形能力。1990 年，四川旺苍东河大桥是我国首次采用钢管混凝土作为拱肋的桥梁，随后这种桥型在各地得到了广泛的应用。

(6) 劲性骨架混凝土拱桥

劲性骨架混凝土拱桥与普通钢筋混凝土拱桥的区别在于它是以钢骨拱桁架作为受力筋(图 11-1g)，钢骨拱桁架可以是型钢，也可以是钢管。采用钢管做劲性骨架的混凝土拱又可称为内填外包型钢管混凝土拱。它主要用在大跨度拱桥中。目前，世界最大跨径的钢筋混凝土拱桥——万县长江大桥即为用钢管做劲性骨架的拱桥。

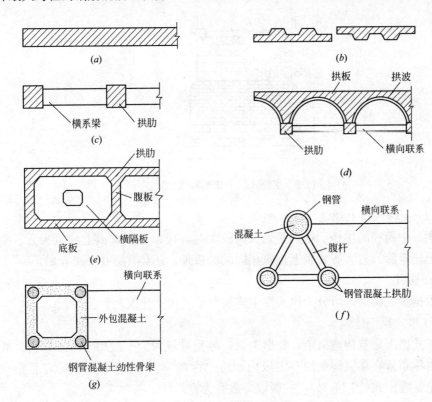

图 11-1 主拱圈截面形式

(a)板拱；(b)板肋拱；(c)肋拱；(d)双曲拱；(e)箱形拱；(f)钢管混凝土拱；(g)劲性骨架混凝土拱

2. 拱上建筑构造

拱上建筑是拱桥的一部分，按照拱上建筑采用的不同构造方式，可将拱桥分为实腹式和空腹式两种。

(1) 实腹式拱上建筑

实腹式拱上建筑构造简单，施工方便，填料数量较多，恒载较重，所以一般用于小跨径的拱桥。实腹式拱上建筑由拱腹填料、侧墙、护拱、变形缝、防水层、泄水管以及桥面系组成(图 11-2)。

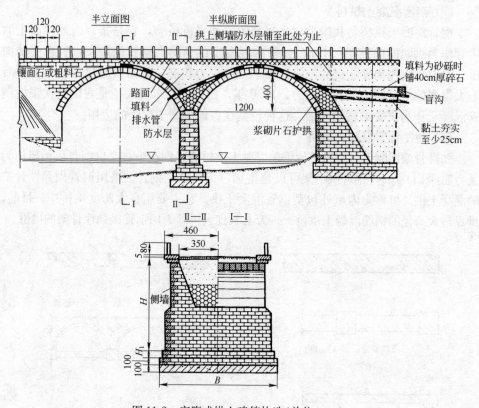

图 11-2 实腹式拱上建筑构造(单位：cm)

(2) 空腹式拱上建筑

大、中跨径的拱桥，特别是当矢高较大时，应以空腹式拱上建筑为宜。空腹式拱上建筑除具有实腹式拱上建筑相同的构造外，还具有腹孔和腹孔墩。

1) 腹孔

根据腹孔构造，可分为拱式拱上建筑和梁式拱上建筑两种。

① 拱式拱上建筑。

拱式拱上建筑构造简单，外形美观，但重量较大、一般用于圬工拱桥。腹孔一般对称布置在靠拱脚侧的一定段内，跨中存在一实腹段(图 11-3a)，目前也有采用全空腹形式(图 11-3b)，一般以奇数孔为宜。

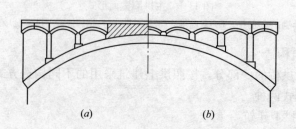

图 11-3 拱式拱上建筑
(a) 带实腹段的空腹拱；(b) 全空腹拱

② 梁式拱上建筑。

梁式腹孔拱上建筑可减轻拱上重量，改善拱圈在施工过程中的受力状况，获得更好的经济效果。结构有简支腹孔（图11-4a）、连续腹孔（图11-4b）和框架式腹孔（图11-4c）等多种形式。

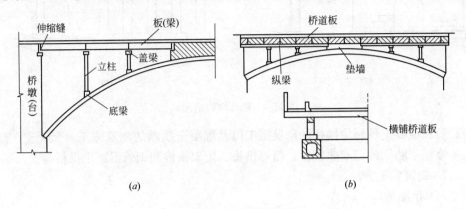

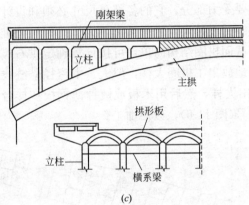

图 11-4　梁式空腹式拱上建筑
(a) 简支腹孔；(b) 连续腹孔；(c) 框架式腹孔

2) 腹孔墩

腹孔墩可分为横墙式和排架式两种。

① 横墙式（图11-5a）。

这种腹孔墩采用横墙式墩身，一般用圬工材料砌筑或现浇混凝土形成，施工简便。为了便于维修，减轻重量，可在横向挖一个或几个孔。横墙式腹孔墩，自重较大，但节省钢材，多用于砖、石拱桥中。

② 排架式（图11-5b）。

排架式腹孔墩是由立柱和盖梁组成的钢筋混凝土排架结构，为了使立柱传递给主拱圈的压力不至于过分集中，通常在立柱下面设置底梁。立柱和盖梁常采用矩形截面。腹孔墩的侧面一般做成竖直的，以方便施工。

11.1.2　拱桥施工

拱桥施工总体上可分为有支架施工和无支架施工两大类，有支架施工常用于

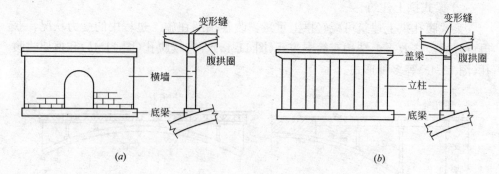

图 11-5　腹孔墩构造形式

砖、石和混凝土预制块拱桥的砌筑施工以及混凝土拱圈的浇筑施工，而无支架施工主要用于肋拱桥、双曲拱桥、箱形拱桥、桁架拱桥和钢管混凝土拱桥等。

1. 砌筑施工方法

（1）拱圈放样

拱圈是拱桥的主要受力部分，它的各部分尺寸必须和设计图纸严密吻合。石拱桥的拱石要按照拱圈的设计尺寸进行加工，为了确保尺寸准确，就要制作拱石样板。小跨径圆弧等截面拱圈结构简单，可按计算确定拱石尺寸后，用木板制作样板，一般不需要实地放出主拱圈大样，但大、中跨径悬链线拱圈则需要在样台上按 1∶1 的比例放出大样，然后用木板或镀锌薄钢板在样台上按分块大小制成样板，并注明拱石编号（图 11-6），以便加工。

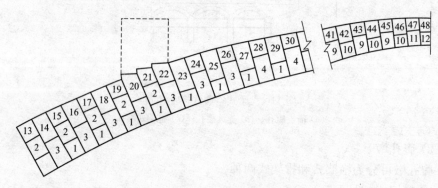

图 11-6　拱石编号

针对拱圈的不同类型，放样的方法也有所不同，下面简述圆弧拱圈的坐标法放样。

1) 如图 11-7 所示，以拱顶为原点，用经纬仪放出 X-X、Y-Y 两坐标基线及 A-A、B-B、C-C、D-D 等辅助线，并用对角线法校核。

2) 由计算用表查出拱圈上各点的纵、横坐标设计值。

3) 以坐标基线和各辅助线为基准，放出各定点，并量出加预拱度值后的各点。

4) 用特制曲线板联结各点，则可绘出拱圈的设计弧线和预加拱度后的弧线。如图 11-8 所示。

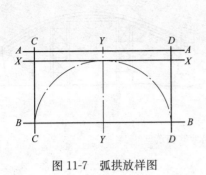

图 11-7 弧拱放样图

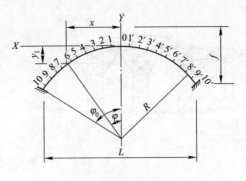

图 11-8 圆弧拱线
R—圆弧拱半径；L—圆弧拱跨度；
f—已包括预拱度的矢高

(2) 拱架

拱架的形式很多，按使用材料分有木、钢、竹及钢木、竹木混合等；按应用结构形式分有满堂式、斜撑式、排架式、拱架式、混合式等。

1) 拱架形式

① 木拱架。

根据拱架的结构形式，木拱架一般可分为满布式拱架和墩架式拱架。

满布式拱架一般由拱架、支架和拱架卸落设备等组成（图 11-9）。拱架是直接支撑拱圈重量的部分，支架是支撑拱架的部分，其构造同一般脚手架。

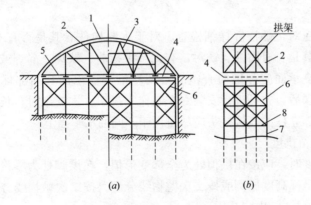

图 11-9 满布式拱架的构造
1—弓形木；2—立柱；3—斜撑；4—落拱设备；5—水平拉杆；6—斜夹木；7—桩木；8—水平夹木

木质满布式拱架，目前仅用于拱涵和个别小桥的施工中，对于大中跨度拱桥，可采用碗扣式、扣件式钢管拱等。

墩架式拱架（图 11-10）用具有一定间距的少数框架代替数目众多的立柱，既能减少支架材料，又能在拱下留有适当的空间，方便交通。

② 钢拱架。

钢拱架通常采用工字钢制作，也有的采用桁架式拱架。工字钢拱架（图 11-11）由工字钢基本节（分成几种不同长度）、楔形插节、拱顶铰及拱脚铰等基本构件组

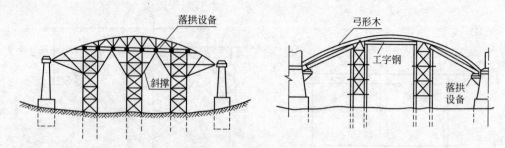

图 11-10　墩架式拱架的构造

成,其构造简单,拼装方便,可重复使用。

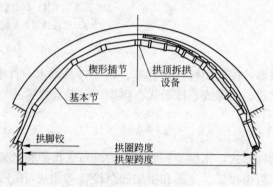

图 11-11　工字钢拱架

2) 拱架的安装

安装前,应对全部杆件详细检查。对于木制构件看其是否有节疤、蛀孔等;钢制构件要看其是否有腐蚀、锈污,有无严重扭曲、缺焊、漏焊或少焊处;对拱架立柱和拱架支承面应详细检查,准备调整拱架支承面和顶部标高,并复测跨度,当确认无误后,方可进行安装。在制作木拱架、木支架时,长杆件接头应尽量减少,两相邻立柱的连接接头应尽量设于不同的水平面上。

3) 施工预留拱度

设置预拱度时,应按在拱顶处为全部变形值,在拱脚处为零设置,其余各点可按拱轴线纵坐标高度比例或按二次抛物线分配。按二次抛物线分配时的计算方法可参考公式(11-1)和图 11-12。

$$\delta_x = \delta\left(1 - \frac{4x^2}{L^2}\right) \tag{11-1}$$

式中　δ_x——任意点(距离为 x)的预加高度;

　　　δ——拱顶总预加高度;

　　　L——拱圈跨径;

　　　x——跨中至任意点的水平距离。

4) 拱架的卸落

拱架卸落时应先小后大,并逐渐增大;纵向应对称、均衡卸落;横向应同时一起卸落,防止拱架、支架受力不均发生事故。

浆砌砖、石拱桥须待砂浆强度达到设计要求，如设计无要求则须达到砂浆强度的70%。跨径小于10m的小拱桥，宜在拱上建筑全部完成后卸架；中等跨径实腹式拱，宜在护拱砌完后卸架；大跨径空腹式拱，宜在拱上小拱横墙砌好（未砌小拱圈）时卸架；

拱架卸落时常用的卸落设备有木楔（有单木楔和组合木楔），单木楔在满布式拱架上常用，如图11-13(a)所示，组合木楔由三块楔木和一根拉紧螺栓组成(图11-13b)。工字钢拱架卸拱时，拱顶可采用组合木楔，拱脚可采用砂筒(砂箱)(图11-13c)。为使拱体逐渐均匀地降落和受力，各点卸落量应分几次和几个循环逐步地完成。各次和各循环应有一定的间歇时间，从拱顶开始，同时向两端对称地进行。

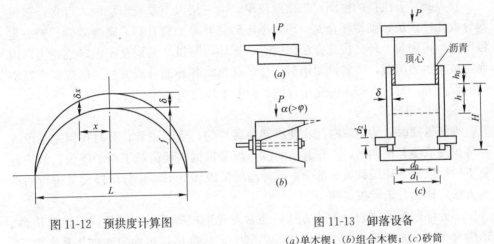

图11-12　预拱度计算图　　　图11-13　卸落设备
(a)单木楔；(b)组合木楔；(c)砂筒

(3) 砖石(混凝土块)拱圈的砌筑

1) 拱圈按顺序对称砌筑

跨径16m以下的拱圈，采用满布式拱架施工时，可以从拱脚至拱顶依顺序对称地砌筑，在拱顶合龙；当采用拱式拱架时，对跨径10m以下的拱圈，应在砌筑拱脚的同时，预压拱顶以及拱跨1/4处。

2) 拱圈三分法砌筑

① 分段砌筑。

采用满布式拱架砌筑的跨径在16m以上、25m以下的拱圈和采用拱式拱架砌筑的跨径在10m以上、25m以下的拱圈，可采取每半跨分成三段的分段对称砌筑方法。每段长度不宜超过6m，分段位置一般在拱跨1/4点及拱顶附近。当为满布式拱架时，分段位置宜在拱架节点上。跨径大于25m时，应按跨径大小及拱架类型等情况，在两半跨各分成若干段，均匀对称地砌筑。每段长度一般不超过8m。具体分段方法应按设计规定，无规定时应通过验算确定。分段砌筑时应预留空缝，以防拱圈开裂(由于拱架变形而产生的)并起部分预压作用。空缝数量视分段长度而定，一般在拱脚、1/4点、拱顶及满布式拱架的节点处必须设置空缝。如预计拱架变形较小，可不设空缝，而采取分段间隔浇筑，如图11-14所示。

② 分环砌筑。

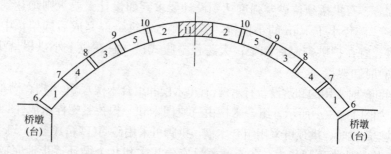

图 11-14　拱圈浇筑顺序

较大跨径石拱桥的拱圈,当拱圈较厚,由三层以上拱石组成时,可将全部拱圈分成几环砌筑,砌一环合龙一环,小环砌完并养护数日后,砌缝砂浆达到一定强度时,再砌筑上环。按此方法砌筑时,下环可与拱架共同负担上环之重力,因而可减轻拱架荷载,节省拱架用料。分环砌筑时各环的分段方法、砌筑程序及空缝的设置等,与一次砌筑时完全相同,但上下环间应犬牙相接。

③ 分阶段砌筑

砌筑拱圈时,为争取时间和使拱架荷载均匀,变形正常,有时在砌完一段或一环拱圈后的养护期间,工作并不间歇,而是根据拱架荷载平衡的需要,紧接着将下一拱段或下环层砌筑一部分。此种前后拱段和上下环层分阶段交叉进行的砌筑方法,称为分阶段砌筑法。

不分环砌筑拱圈的分阶段方法,通常是先砌拱脚几排,然后同时砌筑拱顶、拱脚及 1/4 点等拱段,上述三个拱段砌到一定程度后,再均匀地砌筑其余拱段,如图 11-15 所示。

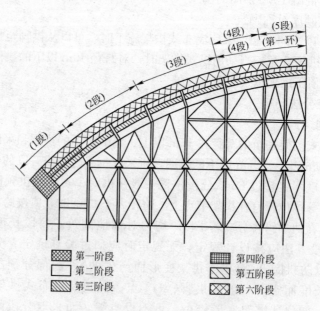

图 11-15　拱圈分阶段砌筑示意图

分环砌筑的拱圈,可先将拱架各环砌筑几排,然后分段分次砌筑其余环层。

在砌完一层后,利用其养护期,砌筑次一环拱脚之一段,然后砌筑其他环段。

3) 拱圈合龙

砌筑拱圈时,常在拱顶留一龙口,在各拱段砌筑完成后安砌拱顶石合龙。分段较多的拱圈和分环砌筑的拱圈,为使拱架受力对称和均匀,可在拱圈两半跨的 1/4 处或在几处同时砌筑合龙。为防止拱圈因温度变化而产生过大的附加应力,拱圈合龙应在设计规定的温度下进行。设计无规定时,宜选择在接近当地年平均温度或昼夜平均温度(一般为 10～15℃)时进行。

2. 现浇施工方法

拱圈的浇筑一般可分成三个阶段进行:第一阶段浇筑拱圈及拱上立柱的柱脚,第二阶段浇筑拱上立柱、联结系及横梁等,第三阶段浇筑桥面系。后一阶段的混凝土应在前一阶段混凝土具有一定强度后才能浇筑。拱圈的拱架,可在拱圈混凝土强度达到设计值的 70% 以上后,在第二阶段或第三阶段开始前拆除,但应事先对拆除拱架后拱圈的稳定性进行验算。

浇筑方法可采用连续浇筑和分段浇筑。

(1) 连续浇筑

跨径 15m 以内的拱圈混凝土,应自两侧拱脚向拱顶对称连续浇筑,并在拱脚处混凝土初凝以前完成。如预计不能在限定的时间内完成,则须在拱脚处留一间隔缝于最后浇筑。薄壳拱的壳体混凝土,一般从四周向中央进行浇筑。

(2) 分段浇筑

跨度大于 15m 的拱圈,为减少混凝土的收缩应力和避免因拱架变形而产生裂缝,应采取分段浇筑,拱段的长度一般为 6～15m。划分拱段时,必须使拱顶两侧保持均匀和对称。在拱架挠曲线为折线的拱架支点、节点等处,一般宜设置分段点并适当预留间隔缝。如预计变形较小且采取分段间隔浇筑时,也可减少或不设间隔缝。间隔缝的位置应避开横撑、隔板、吊杆及刚架节点等处。间隔缝的宽度以便于施工操作和钢筋连接为准,一般为 3～11cm。为防止延迟拱圈合龙和拱架拆除时间,间隔缝内的混凝土可采用比拱圈强度等级高一级的半干硬性混凝土。

拱段的浇筑程序应符合设计规定,在拱顶两侧对称地进行,以使拱架变形保持均匀和最小。

拱圈填充间隔缝合龙时,应由两拱脚向拱顶对称进行。间隔缝与拱段的接触面应事先按工作缝进行处理。

3. 无支架施工方法

拱桥的无支架施工有很多方法,常见的有缆索吊装施工、转体施工、悬臂施工、劲性骨架施工等。

(1) 缆索吊装施工

拱桥的缆索吊装系统由主索、天线滑车、起重索、牵引索、起重及牵引绞车、主索地锚、塔架、风缆、扣索、扣索排架、扣索地锚等部件组成。其布置形式可参见图 11-16。

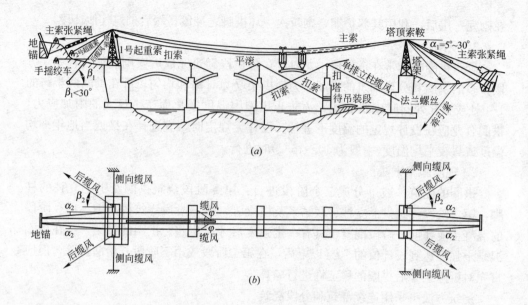

图 11-16 拱桥缆索吊装施工布置示意
(a)立面；(b)平面

1) 拱箱(肋)预制

预制拱箱(肋)首先要按设计图的要求，在样台上用直角坐标法放出拱箱(肋)的大样。在大样上按设计要求分出拱箱(肋)的吊装节段，然后以每段拱箱(肋)的内弧下弦为 x 轴，在此 x 轴上作垂线为 y 轴，在 x 轴上每隔 1m 左右量出内、外弧的 y 坐标，作为拱箱(肋)分节放样的依据。放样时应注意各接头的位置力求准确，以减少安装困难。

拱箱(肋)的预制一般多采用立式预制，便于拱箱(肋)的起吊及移运。预制场多用砂砾石填筑拱胎，其上浇筑 50mm 厚的混凝土面层。在混凝土内顺横隔板及两横隔板之间中点位置埋入 80mm×60mm 木条，以便与拱箱横隔板相连接。

拱箱预制均采用组装预制。通常将拱箱分成底板、侧板、横隔板及顶板几个部分，首先预制侧板与横隔板块件，侧板块件长为两横隔板之间距[一般可将侧板上缘短 50mm，下缘短 90mm 左右，便于组装为折(曲)线形]；随后在拱胎上铺设底板钢筋，并绑扎好接头钢筋，浇底板混凝土及侧板与横隔板接头混凝土，组成开口箱；然后在开口箱内立顶板的底模，绑扎顶板钢筋，浇筑顶板混凝土，组成闭口箱。待达到设计强度后即可移运拱箱，进行下一段拱箱的预制工作。

2) 吊装方法

拱桥的构件一般在河滩上桥头岸边预制和预拼后，送至缆索下面，由起重机起吊牵引至预定位置安装。为了使端段基肋在合龙前保持一定位置，在其上用扣索临时系住后才能松开，吊装应自一孔桥的两端向中间对称进行。其最后一节构件吊装就位，并将各接头位置调整到规定标高以后，才能放松吊索，从而合龙。最后才将所有扣索撤去。

基肋(指拱箱、拱肋或桁架拱片)吊装合龙要拟定正确的施工程序和施工细则，并坚决遵照执行。

拱桥跨径较大时,最好采用双肋或多肋合龙。基肋和基肋之间必须紧随拱段的拼装及时焊接或临时连接。端段拱箱(肋)就位后,除上端用扣索拉住外,并应在左右两侧用一对称风缆索牵住,以免左右摇摆。中段拱箱(肋)就位时,宜缓慢地松吊索,务必使各接头顶紧,尽量避免简支搁置和冲击作用。

3) 加载设计

当拱箱(肋)吊装合龙成拱后,对后续各工序的施工,如拱箱之间的纵缝混凝土和拱上建筑等,如何合理安排这些工序,对保证工程质量和施工安全都有重大影响。

施工加载程序设计的目的是要在裸拱上加载时,使拱圈各个截面在整个施工过程中,能满足强度和稳定的要求。并在保证施工安全和工程质量的前提下,尽量减少施工工序,便于操作,以加快桥梁建设速度。

施工加载程序设计的一般原则为:

对于中、小跨径拱桥,当拱圈的截面尺寸满足一定的要求时,可不作施工加载程序设计,按有支架施工方法对拱桥上部结构做对称、均衡的施工。

对大、中跨径的箱形拱桥或箱肋拱桥,一般多按对称、均衡、多工作面加载的总原则进行设计。对于坡拱桥,必须注意其特点,一般应使低拱脚半跨的加载量稍大于高拱脚半跨的加载量。

在多孔拱桥的两个邻孔之间,两孔的施工进度不能相差太远,以免桥墩承受过大的单向推力而产生过大的位移,造成施工进度快的一孔的拱顶下沉,邻孔的拱顶上冒,从而导致拱圈开裂。

(2) 转体施工

转体施工法的特点是将主拱圈从拱顶截面分开,把主拱圈混凝土高空浇筑作业改为放在桥孔下面或者两岸进行,并预先设置好转动装置,待主拱圈混凝土达到设计强度后,再将它就地旋转就成为拱。拱桥的转体施工通常可分为平面转体、竖向转体以及平竖转体结合的方法。

平面转体施工就是按照拱桥设计标高在岸边预制半拱,当结构混凝土达到设计强度后,借助设置于桥台底部的转动设备和动力装置在水平面内将其转动至桥位中线处合龙成拱。由于是平面转动,因此,半拱的预制标高要准确。通常需要在岸边适当位置先做模架,模架可以是简单支架,也可做成土牛胎模。图 11-17 为巫山龙门大桥平面转体施工图。

图 11-17 巫山龙门大桥平面转体施工图

平面转体施工又分为有平衡重转体(图 11-18a)和无平衡重转体(图 11-18b)。有平衡重转体以桥台背墙作为平衡和拱体转体用拉杆(或拉索)的锚施反力墙,通过平衡重稳定转动体系和调整其重心位置。平衡重大小由转动体的质量大小决定。由于平衡重过大不经济,也增加转体困难,所以,采用本法施工的拱桥跨径不宜过大，一般适用于跨径100m以内的整体转体。无平衡重转体以两岸山体岩石锚锭作为锚锭来锚固半跨拱桥悬臂状态平衡时所产生的水平拉力，借助拱脚处立柱下端转盘和上端转轴使拱体作平面转动；由于取消了平衡重，可大大减轻转动体系质量和圬工数量，本法适用于地质条件好的V形河床上的大跨径拱桥转体施工。因无平衡重转体施工是把有平衡重转体施工中的拱圈扣索锚在两岸岩体中，从而节省了庞大的平衡重。锚锭拉力是由尾索预加应力给引桥桥面板（或轴向、斜向平撑）以压力形式储备，桥面板的压力随着拱体所处方位不同而不同。

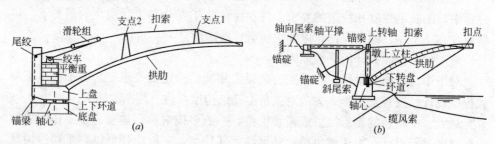

图11-18 转动体系的一般构造

竖向转体施工是在桥台处先竖向预制半拱，然后在桥位平面内绕拱脚将其转动合龙成拱。受到河岸地形条件的限制，如有既不能按设计标高预制半拱也不能在桥位竖平面预制半拱的情况，拱体只能在适当位置预制后既需平转又需竖转才能就位，这种平竖结合的方式与前述相类似，但其转轴构造较为复杂。

（3）悬臂施工

拱桥悬臂施工法就是指拱圈、拱上立柱和预应力混凝土桥面板等齐头并进，边浇筑边构成流架的悬臂浇筑法。施工时，用预应力钢筋临时作为桁架的斜拉杆和桥面板的临时明索，将桁架锚固在后面桥台上。悬臂施工可分为悬臂拼装和悬臂浇筑施工。

悬臂浇筑施工的拱桥在我国桥例很少，经验缺乏，存在着许多尚待解决的问题。非洲的Bloukrans拱桥就是采用悬臂浇筑施工。拱桥采用悬浇法施工时，可结合顶推法共同作业，引桥用顶推法施工，主跨用悬浇法，可加快建桥速度。

拱桥的悬臂拼装施工是将拱圈的各个组成部分（侧板、上下底板等）事先预制，然后将整孔桥跨的拱肋和上弦拉杆组成桥架拱片，沿桥跨分作几段（一般3～7段）再用横系梁和临时风构将两个桥架拱片组装成框构，每节框构整体运至桥孔，由两端向跨中逐段悬臂拼装合龙。悬伸出去的拱体通过上弦拉杆和锚固装置固定于墩、台上。也可以是将拱圈的各个组成部分分别在拱圈上悬臂组拼成拱圈，然后利用立柱与临时斜杆和上拉杆组成桁架体系，逐节拼装，直至合龙。拱桥悬臂拼装施工常用于桁架式拱桥的施工，我国贵州省江界河大桥就是采用悬臂拼装施工的典型桥例（图11-19）。

（4）劲性骨架施工

劲性骨架法是目前特大跨径混凝土拱桥施工的主要方法，它以钢管混凝土骨架代替钢筋骨架，又将钢管混凝土骨架当作浇筑混凝土的钢支架，直接在它的外面包上一定厚度的混凝土，因此，它的钢管拱本身的安装和向钢管中压注混凝土的方法与钢管混凝土拱肋相同。首先用缆索起重机或者其他的起重设备分节段地安装拱肋，待合龙并连接好两肋之间的K形撑之后，再向钢管内泵送微胀混凝土，以形成承重结构。图11-20为我国采用劲性骨架施工的万县长江大桥的施工示意图。

图11-19　贵州江界河拱桥悬臂拼装施工图

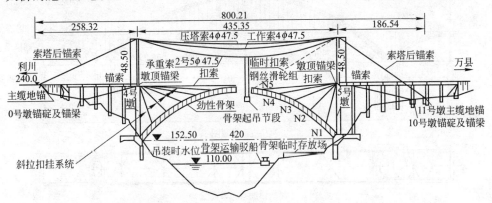

图11-20　拱桥的劲性骨架施工(尺寸单位：m)

11.1.3　典型桥例（广州丫髻沙大桥）

钢管混凝土拱桥真正的发展是在20世纪90年代。我国第一座钢管混凝土拱桥是1990年建成的四川旺苍东河大桥，跨径110m，据不完全统计，十多年来在我国已建的和在建的钢管混凝土拱桥约有200多座，其中跨径超过200m的有30多座。1995年，广东三山西大桥是第一座跨径超过200m的钢管混凝土拱桥，也是第一座飞燕式拱桥。飞燕式钢管混凝土拱桥通过张拉系杆来平衡主拱所产生的大部分水平推力，大大降低了平原或软基地区拱桥下部与基础的工程量与造价，且造型美观在我国得到了迅速发展，广州丫髻沙大桥就是其中的佼佼者。

1. 工程概况

丫髻沙大桥是广州市环城高速公路西南环上跨越珠江南航道的一座特大桥。跨越主航道采用76m+360m+76m三跨连续自锚中承式钢管混凝土拱桥，跨越副航道采用86m+160m+86m三跨连续预应力混凝土刚构桥，其余部分为6孔40m预应力混凝土简支梁。大桥全长1084m，其主跨跨度位居世界同类型桥梁第一，它以抗压能力强的钢管混凝土作为拱肋、以抗拉能力强的钢绞线作为系杆，随着结构重量的增加逐步张拉系杆以平衡主拱所产生的巨大水平推力，最终形成对拱座只有较小推力的拱桥，为在平原地区的大江、大河上修建大跨度拱桥提供了可资借鉴的实践经验。

2. 总体设计

(1) 上部结构设计

1) 结构体系

根据航道的要求,拱桥跨度布置为76m+360m+76m,边跨与主跨跨度比为0.211,边跨、主跨拱脚均固结于拱座,边跨曲梁与边墩之间设置轴向活动盆式橡胶支座,在两边跨端部之间设置钢绞线系杆,通过边拱拱肋平衡主拱拱肋所产生的水平推力,系杆总长约520m。这种有系杆带悬臂半孔(即边拱)的自锚式拱桥,又叫飞燕式拱桥(见图11-21)。

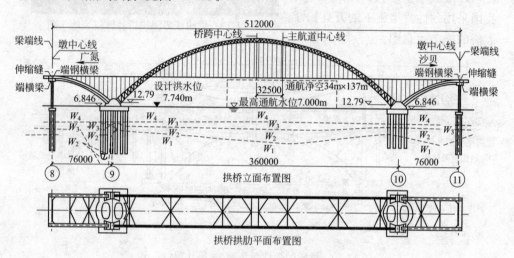

图11-21 丫髻沙大桥拱桥平、立面布置图(单位:mm)

2) 主拱拱肋

采用中承式双肋悬链线无铰拱,计算跨度344m,图11-22为拱桥横截面图,矢高76.45m,矢跨比1/4.5,拱轴系数 $m=2$,$k=1.317$。本桥在国际上首次选用6管式拱肋截面,每肋由6ϕ750钢管混凝土组成,由横向平联板、腹杆连接成为钢管混凝土桁架。其中外侧、内侧钢管为 $\phi750\times18$mm,中间钢管为 $\phi750\times20$mm,钢管间的横向平联板总厚500mm,内、中、外3根钢管通过平联板形成了能共同受力的类似肋板式的结构,上、下排钢管间通过 $\phi450\times12$ 及 $\phi351\times10$ 的腹杆组成稳定的空间结构。沿拱轴采用变高度(拱脚钢管中心距8.039m,拱顶钢管中心距4.00m)、等宽度(3.45m)截面,两肋中心距35.95m,共设置6组"米"字、2组"K"字横撑。

在拱肋的弦管和平联板内灌注50号高强混凝土,腹杆和横撑钢管内则不灌混凝土。为了便于转体施工,2组"K"撑置于拱顶。

3) 边拱拱肋

采用上承式双肋悬链线半拱,计算跨径71.0m,矢高27.3m,矢跨比为1/5.2,拱轴系数 $m=2$,$k=1.317$。每肋由高4.5m、宽3.45m的50号钢筋混凝土箱梁组成,两肋间设有1组"K"字和一组"米"字钢管桁架式横撑,它们与边拱端部固结的预应力混凝土端横梁一起,组成了一个稳定的空间梁系结构。为了便于传递水平力,将主拱拱肋、边拱拱肋的轴线置于同一直线上,且拱肋宽度相等。

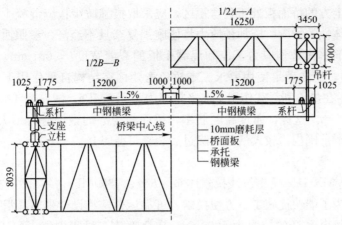

图 11-22 拱桥横截面布置图（单位：mm）

为使主桥能采用转体法施工，将边拱设计为劲性骨架结构，在转体施工时，边拱拱肋为钢管混凝土结构。

4) 拱上建筑与桥面结构

立柱除拱座上及与之相邻的边拱共两组采用 $\phi1300$ 钢筋混凝土立柱外，其余立柱均为 $\phi1000$ 的钢管混凝土构件，同一组立柱间设置横系梁。

吊杆采用镀锌高强低松弛 $91\phi7$ 钢丝束，$R_y^b = 1670\text{MPa}$，OVM-LZM 型冷铸镦头锚。

钢横梁长约 38m，计算跨径 35.95m，工字形截面上翼板宽 800mm、厚 20mm，下翼板宽 1000mm、厚 16～50mm，腹板厚 16mm，梁高 1719～1974mm，每片横梁约重 30.0t。

桥面板由预制的 50 号钢筋混凝土 II 形板和现浇桥面铺装层构成，如图 11-23 所示，板厚 22cm。预制板全高 36cm，肋宽 23～25cm，翼板厚 10cm，边板宽 300cm，中板宽 260cm。预制板间纵向接缝宽 60cm，横向接缝宽 50cm，接缝混凝土采用补偿收缩混凝土。桥面铺装厚 12cm，其中铣削钢纤维混凝土厚 8cm，中粒式改性沥青混凝土厚 4cm，并将 8cm 厚现浇钢纤维混凝土计入桥面板的受力截面中。

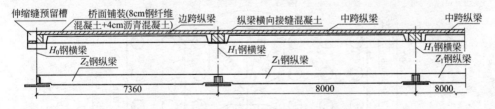

图 11-23 桥面板与钢梁关系图（单位：mm）

桥面结构由钢横梁、钢纵梁、桥面板组成，桥面荷载直接由钢横梁与桥面板组成的联合梁承担。荷载由联合梁传递给立柱（吊杆），最后传递给拱肋。钢纵梁采用热轧 H 型钢，全桥共设置了 4 组钢纵梁，用于增强桥面的整体性、支承钢梁检查车的轨道。这样，钢横梁、钢纵梁、桥面板组成了长约 512m、宽 32.4m 的连续板结构。钢横梁与立柱间以双向活动抗震球形钢支座相连，以释放弯矩及温度应力。

钢横梁上方的桥面板处于负弯矩区,应采取措施减少接缝混凝土裂缝对结构耐久性、整体性的影响。施加预应力将使施工复杂且不经济,参照西欧国家的经验采取高配筋率代替预应力,控制混凝土板的裂缝宽度(<0.1mm)及钢筋应力(<0.6 [σ]),使之满足使用要求。本桥负弯矩区在结构自重作用下名义拉应力为 0.6MPa、在最不利活载作用下名义拉应力为 4.2MPa,配筋率 4.3%,计算裂缝宽度 0.06mm。这样,通过高配筋率,桥面板中心的钢筋应力不大于 90MPa,处于弹性变形范围内,较大活载卸除过后裂缝将会闭合。

5)系杆

采用 OVMXG15-37 钢绞线拉索体系,$Ry^b=1860$MPa,系杆外包双层 PE 热挤塑护套。为了能快捷施工、方便换索、可靠运营,特设计带简易滑动轴承的系杆支撑架。每束系杆的拉力为 5000kN,在全部施工过程中每索只需张拉 1 次,成桥后再集中调整 1 次索力。

(2)拱座承台及基础设计

1)基础选型

丫髻沙大桥址处江面宽广,江中水位、水深及流速均受珠江口海水潮汐的控制。丫髻沙岛将珠江江面分隔成两条航道,南侧为主航道、北侧为副航道,在岛的南岸有次级断裂构造,根据广东省工程防震研究院的报告,该断裂不会影响桥址地基的稳定性。基岩岩性组合复杂,风化层厚,弱风化岩面起伏很大。拱座基础处水文计算冲刷未及岩面,采用高桩承台结构及钻(挖)孔桩基础,避免了在风化岩及破碎带上大面积清基,并能排除潮汐的不利影响。

2)基础选型

为了能让由边拱拱肋、拱座、半主拱拱肋及施工用索塔组成的体系在承台上平转,将拱座承台设计成图 11-24 的样子,其下共有 ϕ3.0m 桩 24 个、ϕ2.0m 桩 10 个,承台及滑道均能承受重达 136000kN 的施工荷载。为了能让主拱拱肋竖转施工,还在主拱拱肋与拱座间设置了竖转铰(见图 11-25),其中铰座为钢结构、铰轴为钢管混凝土结构,二者均经过机械加工。

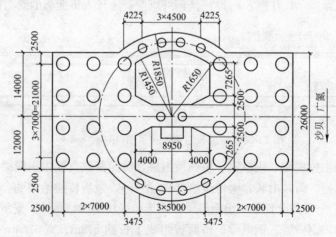

图 11-24 南岸拱座承台、桩基图(单位:mm)

3. 转体施工概况

（1）竖转施工

竖转施工是先在两岸岸边顺河堤卧拼半跨主拱桁架，拼装边拱劲性骨架，浇注边拱钢管混凝土和配重节段混凝土，在拱座上拼装临时索塔，然后布设扣索和平衡索，利用液压同步提升技术，通过安装在边跨尾部同步液压千斤顶连续张拉扣索，使主拱脱架，然后连续竖转（提升）至设计高程，施工示意见图11-26。在整个竖转过程中实行索力和高程双控，既保证同一条主拱肋的两束扣索索

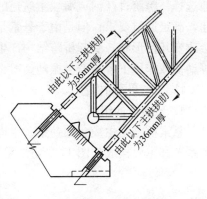

图11-25 竖转铰简图

力的合理比例关系，又保证两条主拱肋的实际高程和相对高差均控制在允许范围内。

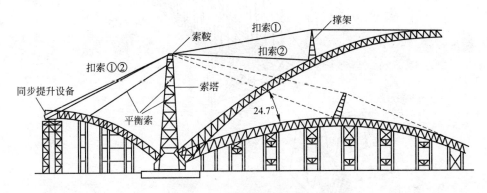

图11-26 竖转体系示意图

（2）平转施工

平转施工是在主拱竖转到位后，解除边拱竖向约束，边拱脱离支架，通过扣索和平衡索使半跨主拱与边拱形成前后平衡的自平衡体系。然后张拉平面转动牵引索使上转盘（拱座及其横系梁）沿转轴中心旋转，带动设置在上转盘上的主拱和边拱自平衡体系，平面转动到桥轴线位置合龙，最后封固转盘，主拱肋合龙成拱。

本桥单个竖转结构重2058t，平转结构重量13685t，一侧岸平转角度117.11°，另一侧岸平转角度92.23°。转动体几何尺寸为257.71m×39.4m×86.3m，转盘环道直径33m。

11.2 悬索桥

11.2.1 概述

悬索桥是一种适合于特大跨度的桥型，它以主缆、锚碇和桥塔为主要承重构件，以加劲梁、吊索、鞍座为辅助构件。悬索桥由于跨越能力大，常可因地制宜

地选择一跨跨过江河或海峡主航道的布置方案,这样可以避免水中深水桥墩的修建,满足通航要求;但是由于悬索是柔性结构,刚度较小,当活载作用时,悬索会改变几何形状,引起桥跨结构产生较大的挠曲变形;在风荷载、车辆冲击荷载等动荷载作用下容易产生振动。

11.2.2 悬索桥构造

1. 悬索桥的组成

悬索桥是由主缆、加劲梁、主塔、鞍座、锚碇、吊索等构件构成的柔性悬吊体系,其主要构成如图11-27所示。

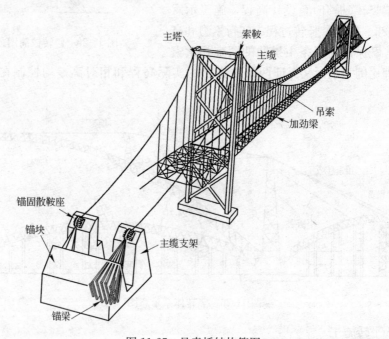

图 11-27 悬索桥结构简图

2. 悬索桥的构造

悬索桥上部结构的主要构件为桥塔、主缆和加劲梁,其次还有吊索、鞍座、索夹等。

（1）主缆

主缆是通过塔顶鞍座悬挂在主塔上并锚固于两端锚固体中的柔性承重构件,主缆本身又通过索夹和吊索承受活载和加劲梁(包括桥面)的恒载。除此之外,它还分担一部分横向风荷载并将它直接传递到塔顶。

悬索桥的主缆形式一般是全桥设有两根,平行布置。主缆一般在跨度范围内通过吊索与加劲梁相连。悬索桥的主缆一般采用平行钢丝束,有的中、小跨径的悬索桥也采用钢丝绳主缆。现代大跨度的悬索桥主缆截面组成一般都是先由 $\phi 5mm$ 左右的钢丝组成钢丝束股,然后再由若干根钢丝束股组成一根主缆。

（2）桥塔

桥塔也称主塔,它是支撑主缆的重要构件。悬索桥的荷载,包括桥面、加劲梁、吊索、主缆及其附属构件（如塔顶鞍座和索夹)等重量,通过主塔传递到下部的塔墩和基础。悬索桥的桥塔按其材料可分为圬工桥塔、钢桥塔和钢筋混凝土桥塔。早期的悬索桥多采用由石料砌筑的门架形圬工桥塔结构。在20世纪修建的大部分悬索桥(特别是美国和日本的)的桥塔采用钢结构。钢桥塔在桥梁横向的结构形式可分为带斜腹杆的桁架式、只带横杆的刚构式和以上两者混合的构架式(图11-28)。一般说来，桁架式主塔无论在塔顶横向水平位移、用钢量、功能性及经济性方面均较有利。但在外观上一般以刚构式比较简洁悦目。近几十年来随着混凝土技术的发展，特别是爬升式活动模板问世以来，大跨度悬索桥塔开始采用混凝土结构。混凝土塔的横向结构为只有带横杆的刚构形式。

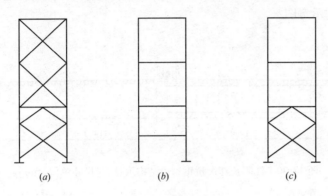

图 11-28 悬索桥桥塔的形式
(a)桁架式；(b)刚构式；(c)混合式

(3) 锚碇

锚碇是对锚块基础(有扩大基础、地下连续墙、沉井基础、桩基础等多种形式)、锚块、主缆锚固系统及防护结构等的总称。它是固定主缆的端头，防止其走动的巨大构件。悬索桥主缆两端的锚固方式有地锚与自锚两种形式。绝大部分悬索桥是地锚。地锚分为重力式(图11-29a)和隧洞式(或岩洞式)(图11-29b)两种。重力式地锚是凭借混凝土锚块的重量(再加锚碇上的土重或配重)来固定主缆的两端。由于锚碇承受的竖向(向上)分力和水平分力很大，所需要的重力式锚块尺寸也很大。隧洞式地锚的工程数量较小，但前提则是在锚碇处有坚实山体岩层可加以利用。

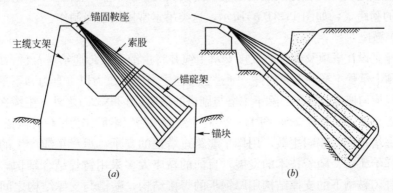

图 11-29 锚碇的形式
(a)重力式；(b)隧洞式

(4) 加劲梁

加劲梁的主要功能是提供桥面和防止桥面发生过大的挠曲变形和扭曲变形。桥面上的活载及加劲梁的恒载通过吊索和索夹传至主缆。加劲梁是悬索桥承受风荷载和其他横向水平力的主要构件。

现已建成的悬索桥的加劲梁大都采用钢结构，沿桥纵向等高度，一般采用桁架梁或钢箱梁。钢桁梁在双层桥面的适应性方面具有优越性，钢箱加劲梁建筑高度小，自重较桁架梁轻，用钢量省，结构抗风性能好，因此用得比较广泛。我国的虎门大桥、江阴长江大桥等悬索桥都是采用的钢箱梁。图 11-30 为江阴长江大桥钢箱梁结构示意图。

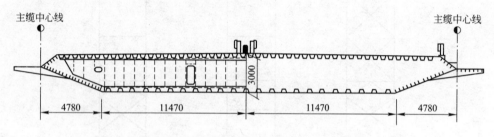

图 11-30 江阴长江大桥钢箱梁结构示意图(尺寸单位：mm)

(5) 索夹及吊索

索夹位于每根吊索和主缆的连接节点上，它是主缆和吊索的连接件。索夹以套箍的形式紧固在主缆上，它在主缆上夹紧后产生一定的摩阻力来抵抗滑移，从而固定了吊索与主缆的节点位置。同时，也是固定主缆外形的主要措施。

吊索是将活载和加劲梁(包括桥面)的恒载通过索夹传递到主缆的构件，它的上端与索夹相连，下端与加劲梁相连。索夹由铸钢制作，分成左、右两半或上、下两半，安装之后，用高强螺杆将两半拉紧，吊索可用钢丝绳、平行钢丝束或钢绞线等材料制作。吊索的下端与加劲梁连接。上端和主缆连接有两种方式，一种方式是目前用得较多的采用销钉连接的销铰式(图 11-31b)，在索夹(此时为上、下两半)下半的下垂板(又称吊耳)上设置销钉孔眼，吊索上端设开口套筒，两者通过销钉相连；另一种方式是让吊索绕过索夹(此时为左、右两半)，让吊索骑在索夹上的骑跨式，如图 11-31(a)所示，这类吊索常用钢丝绳制作。

(6) 鞍座

鞍座是设在塔顶及桥台上直接支承主缆并将主缆荷载传递给塔及桥台的装置，它是塔顶上承受主缆的重要构件，通过它可使主缆中的拉力以垂直力和不平衡水平力的方式均匀地传给塔顶。除了主塔与副塔的鞍座(图 11-32a)之外，主缆在进入锚固之前还必须通过散索鞍座(图 11-32b)将主缆分散后以索股作为单位分散锚固。

设在塔顶的鞍座叫主鞍，用作主缆跨过塔顶的支承，承受主缆产生的巨大压力并传递给桥塔。随着技术的发展，目前的鞍座大多采用铸焊结合结构。鞍槽采用铸钢件，鞍槽下的支撑结构用厚钢板的焊接结构，鞍槽与支撑结构之间也用焊接。为方便吊装，往往将主鞍座在纵向分为两段或三段，吊装到塔顶后用高强度螺栓连接成一体。

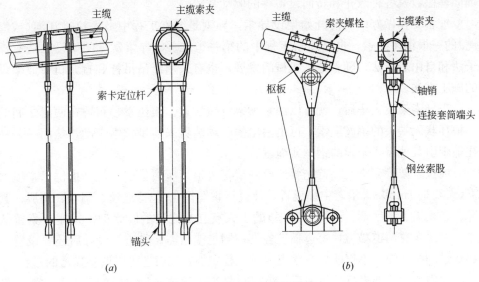

图 11-31 索夹与主缆的连接

(a)骑跨式；(b)销铰式

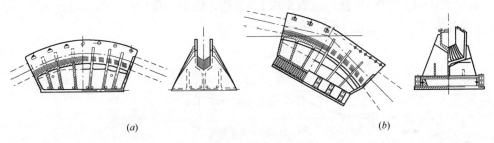

图 11-32 鞍座

(a)塔顶主鞍座；(b)锚固散索鞍座

11.2.3 悬索桥施工

悬索桥的基本施工步骤是先修建基础、锚碇、桥塔，然后利用桥塔架设施工便道(称为猫道)，利用猫道来架设主缆，随后安装吊索并拼装加劲梁。悬索桥基础及索塔的施工与斜拉桥相似，可参照斜拉桥部分，这里重点介绍悬索桥锚碇、主缆和加劲梁的施工。

1. 锚碇的施工

锚碇是支撑主缆的重要结构之一。大跨度悬索桥的锚碇由锚块、锚块基础、主缆的锚碇架及固定装置、遮棚等组成。锚块分为重力式和隧洞式。重力式锚块混凝土的浇筑应按大体积混凝土浇筑的注意事项进行。锚块与基础应形成整体。对于隧洞式锚块，在开挖岩石过程中不应采用大药量的爆破，尽量保护岩石的整体性。锚板混凝土浇筑应注意水化热影响，防止产生裂缝。隧洞式锚块应注意岩洞中排水与防水措施，对于岩洞周围裂缝较多的岩石应加以处理。

2. 主缆的施工

主缆架设之前的准备工作有安装塔顶吊机，塔顶主鞍座、支架副鞍座、展束锚固鞍座以及各种绞车和转向设备等的驱动装置。

准备工作做好以后便开始架设导索，导索是缆索工程中最先拉过江河（或海湾）的一根钢丝绳索，也是缆索工程中的第一道难关。导索常见的架设方法有浮子法和自由悬挂法，随着施工机械的发展，也有采用浮吊吊杆和直升机牵渡架设的施工方法。

当导索架设完毕后，就可以用它来架设拽拉索。拽拉索是布置在两岸之间的一根环状无端头的钢丝绳索，可由两岸的驱动装置来使曳拉索走动，从而一来一往地牵引其他需要架设的钢丝或绳索。

拽拉索架设完毕后，首先要架设的就是猫道。所谓猫道，就是指位于主缆之下（大约是1m多），沿着主缆设置，让进行主缆作业（包括送丝、调丝、调股、紧缆、装索夹、装吊索、缠缆等工序）的工人有立足之处的脚手架。每座悬索桥的施工一般布置两道猫道，每道猫道各供一侧主缆所需。猫道架设好后还要设置一定数量的抗风绳，不仅能提高猫道的抗风稳定性，同时还可以调整猫道的形状。

在猫道之下架设好抗风绳后，就可在猫道上正式开始主缆的架设。主缆架设目前有空中送丝法（即 Air Spinning，简称 AS 法）和预制平行丝股法（即 Prefabricated Strand，简称 PS 法；也有简称 PWS 法，即 Parallel Wire Strand 之意）。悬索桥悬索施工顺序如图 11-33 所示。

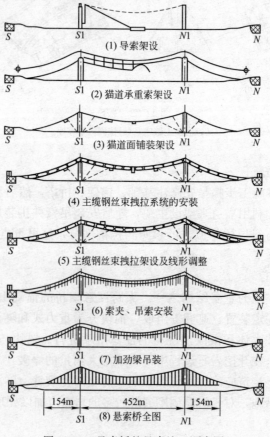

图 11-33 悬索桥的悬索施工顺序图

(1) 空中送丝法

空中送丝法是美国人 J·A·罗伯林在 1844 年提出的。其工作原理为：沿着主缆设计位置，从锚到锚，布置一根无端牵引绳（即长绳圈），将送丝轮扣牢在牵引绳某处。从卷筒抽出一钢丝头，套过送丝轮，并暂时固定在某靴根（可编号为 A）处。用动力机驱动牵引绳，送丝轮就带着钢丝套圈送至对岸，取下套圈，将其套在对应的靴根（可编号为 A′）。随着牵引绳的驱动，送丝轮就被带回对岸。在将钢丝绕过编号为 A 的靴根后，就可继续抽钢丝，形成下一个套圈并套在送丝轮上。如此反复进行，当套在两岸对应靴根（A，A′）上的丝数达到一根丝股的设计数目时，将钢丝剪断，用钢丝连接器将其两端头连起来。这样，一根丝股的空中编制就完成了。图 11-34 是美国韦拉扎诺桥的送丝工艺示意图。

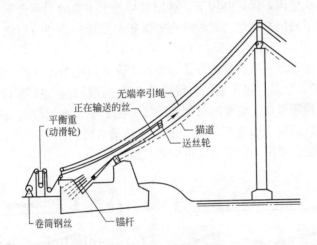

图 11-34 空中送丝法示意图

为使主缆各钢丝受力均匀，必须对钢丝长度和丝股长度分别进行调整，这就叫调丝和调股。调丝的目的是使同一丝股内的各丝长度相等，而调股是为了使每根丝股的计算长度符合设计要求。

为使主缆有妥善的防护，还应及时进行紧缆和缠缆等工序。紧缆指在主缆各丝股全部落位之后，立即用紧缆机将主缆截面挤压成圆形。紧缆机能沿主缆移动。继压紧之后，为避免丝股松散，要立即用钢丝或扁钢每隔 0.7～0.9m 捆扎一道。随后，就可以安装索夹和吊索。

主缆会因其拉应力的增加而将主缆缠紧，应当在恒载的大部分已作用于主缆之后，再进行缠缆。缠缆就是指用缠丝机将软钢丝缠紧，缠在主缆之外。缠丝之前，应清洗主缆表面，并涂防锈材料（过去用铅丹膏，现常用锌粉膏等）。缠丝过程中，应随时清除被挤出的膏，最后在缠丝之外进行油漆。

(2) 预制平行丝股法

1) 平行丝股的制造

预制平行丝股主缆的构造是：主缆由若干两端带锚头的丝股组成，每丝股含丝若干。这种方法的优点是避免了由钢丝编成钢丝束股的作业从而加快主缆的施工进度，但它要求有大吨位的起重运输设备和拽拉设备来搬运钢丝束股。

2）用预制平行丝股架缆

采用预制平行丝股架设主缆时，也需要先架设导索和猫道，也设无端牵引绳（或叫拽拉索）及丝股输放机。但在猫道之上，要设置若干导向滚轮，以支承丝股。这套拽拉系统把各丝股拽拉到位，丝股两端分别连接于锚杆。

3. 加劲梁架设

在完成主缆架设并调整好主缆线形后，就可安装索夹和吊索，开始加劲梁的架设工作了。当加劲梁是桁架式时，以往采用的方法类似于桁架梁桥的悬臂安装法，即利用能沿着桁架上弦行走的吊机作为架梁机具，所不同的是，将架设好的梁段立即与对应的吊索相连，把梁段自重传给主缆，这样，先架设的梁段并不承受后架设梁段的自重。在旧金山海湾桥施工中，第一次采用梁段提升法架梁。先将加劲梁预制成梁段，浮运到桥下，利用可行驶于主缆的起重台车，借助滑轮组及钢丝绳，将梁段提升到位。对梭状扁平钢箱加劲梁，合理的架梁方法也是梁段提升法。

加劲梁的架设方法按其推进方式分为：①先从跨中节段开始向两侧主塔方向推进(图 11-35)；②从主塔附近的节段开始向跨中及桥台推进(图 11-36)。无论采用哪种方法，均须考虑主缆变形对加劲梁线形的影响，在架设的过程当中，为使加劲梁的线形能适应主缆变形，架上的各加劲梁节段之间不应马上作刚性连接，待某一区段或加劲梁吊装完毕后，再作永久性连接。

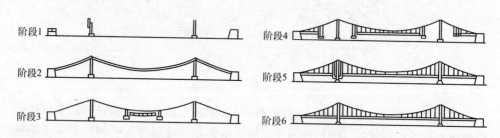

图 11-35 加劲梁从跨中向两侧主塔推进图

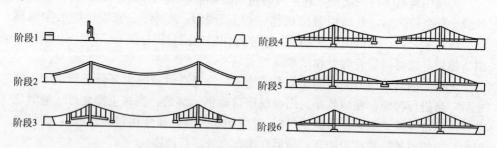

图 11-36 加劲梁从主塔向跨中推进图

11.2.4 典型桥例(润扬大桥悬索桥简介)

1. 工程概况

润扬长江公路大桥工程全长 35.66km，分为北岸接线工程、主桥工程、南岸接线工程和南岸接线延伸段 4 个部分，其中，跨江主桥工程全长 7.4km，由北汊主桥、南汊主桥等 5 个部分组成。南汊为长江的主河槽,采用主跨 1 490m 的单跨双铰钢箱梁悬索桥(图 11-37)。

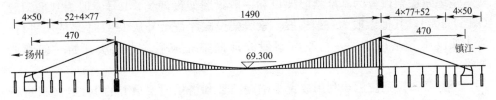

图 11-37 润扬大桥悬索桥总体布置图(尺寸单位:m)

2. 主缆架设

全桥主缆共 2 根,每根长 2580.8m,重约 10444t。单根主缆由 184 股平行钢丝索股组成。索股横截面呈正六边形,每股含 127 丝 ϕ5.3mm 的镀锌高强钢丝,如图 11-38(a)所示。索股单位长度重为 22.06kg/m。每根主缆紧缆前竖向排列成尖顶的近似正六边形,如图 11-38(a)所示。紧缆后主缆横截面形状为圆形,其直径在索夹内为 895mm,索夹外 906mm,如图 11-38(c)所示。索股两端为热铸式锚头,锚头由锚板、锚杯和盖板组成,每束索股经主索鞍、散索鞍后,通过锚头用拉杆与锚固系统连接,形成主缆系统。

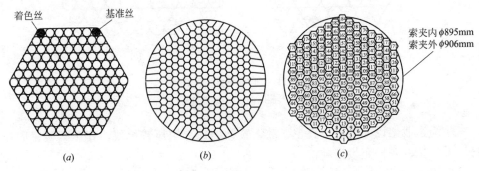

图 11-38 主缆横截面图
(a)索股截面;(b)紧缆后主缆截面;(c)紧缆前主缆截面及索股编号

主缆架设阶段采用双线往复式牵引系统,全桥共布置 2 套,双线往复式牵引系统如图 11-39 所示。

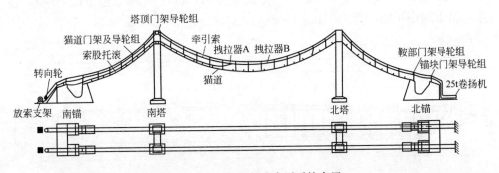

图 11-39 双线往复式牵引系统布置

JKB25牵引卷扬机布置在北岸锚后的地面上，放索机构布置在南岸锚后的地面上。在放索支架和后锚块之间搭设斜向贝雷支架作为索股上锚通道。

主缆索股架设分为基准索股架设和一般索股架设两类，1号索股为基准索股（图11-40a），其他索股为一般索股。索股架设顺序按编号从1～184号依次进行。首先架设1号基准索股，待基准索股线形调整完成后，再依次开始一般索股架设。

当索股牵拉到位后，利用放置于锚碇门架和塔顶门架顶上的10t卷扬机进行索股的上提、横移和整形入鞍工作。由于索鞍的鞍槽为矩形，宽度为59mm，而索股断面为六边形，入鞍前须将该部分索股断面整形为58.3mm×56.5mm的矩形，如图11-40(b)所示。

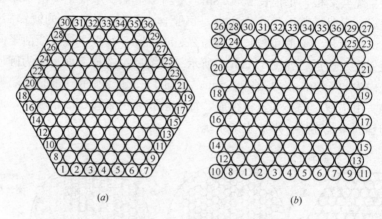

图11-40 索股整形断面
(a)索股整形前断面；(b)索股整形后断面

主缆索股架设完毕后，在主、散索鞍鞍槽顶部填压锌填块，安装索鞍紧固拉杆，并将拉杆张拉至设计吨位。

3. 钢箱梁吊装

(1) 概况

主桥采用扁平流线型全焊接式钢箱梁，全宽38.7m，梁高3.0m，梁段全长1485.23m（图11-41）。钢箱梁制造以节段为单元，共计93个制造节段。跨中节段1个，长度为18.4m；端部节段2个，长度为8.915m；标准制造节段90个，长度与吊索间距相同，为16.1m。

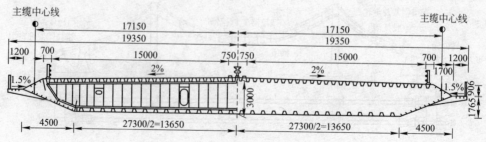

图11-41 标准钢箱梁断面（尺寸单位：mm）

根据吊装能力、架设工期等因素，钢箱梁分为 47 个吊装梁段，即除跨中梁段单独吊装外，其余相邻的 2 个制造节段在工厂焊接成 1 个吊装梁段。其中 32.2m 的标准吊装梁段 42 个，吊装重量约为 492.6t；长 18.4m 的跨中梁段 1 个，吊装重量约 321.3t；25m 长的端部梁段 2 个，吊装重量约 434.3t；与跨中梁段相连的 N_1，S_1 跨中梁段相邻段长 32.2m，其吊装重量约 505.6t，总重量约 23000t。

(2) 钢箱梁吊装

润扬大桥南汊悬索桥钢箱梁总体吊装顺序是从跨中开始，先吊装跨中梁段，然后自跨中向两塔方向对称吊装。

1) 中央扣及 0 号块钢箱梁吊装。

跨中梁段采用四点四孔垂直起吊方法吊装。跨中梁段设计采用刚性中央扣与中央扣索夹用螺栓连接固定，跨中梁段吊装到位后，在中央扣索夹设计吊装孔与其正上方主缆上增设的临时索夹吊点间的吊杆先将钢箱梁临时吊挂，待钢箱梁吊装完成一定梁段，箱梁线形基本形成后，进行中央索夹上半部的安装及螺栓的紧固。

2) 跨中梁段相邻梁段的吊装。

0 号块钢箱梁吊装完成后，依次吊装跨中梁段的相邻梁段。在跨中梁段之后的梁段垂直起吊中，原则上起吊梁段不得与已架设的梁段相干涉。因此起吊梁段端头与已吊装端头需要离开 200mm 以上，依此确定跨缆吊机的位置。梁段提升至稍高于桥面标高，用水平牵引设备使梁段就位，安装吊索与箱梁永久吊点钢销，然后安装箱梁顶面临时连接件，最后放松跨缆吊机吊具，使吊索受力，从而完成此段钢箱梁的吊装。

3) 标准梁段吊装。

钢箱梁标准梁段均采用垂直起吊方法吊装。吊装主要分两部分：一是直接在水中垂直起吊；二是合龙段和南岸陆上梁段的垂直吊装，梁段垂直吊装方法同跨中梁段。

4) 端部梁段及南岸陆上梁段吊装。

南塔处的端部梁段部分位于索塔横梁上，无法垂直起吊就位，其吊装采用空中荡移方式进行。吊装前先将钢箱梁竖向支座按照设计要求安装到下横梁支座垫石上。

5) 合龙段的吊装。

其他梁段吊装完成后，对南北两侧的合龙梁段进行垂直吊装。由于合龙梁段靠索塔侧的钢箱梁已经有预偏空间，合龙梁段很容易吊装就位。合龙梁段的永久吊点及跨中侧端面的临时连接件连接完成后，释放辅助牵拉卷扬机，将已经预偏的钢箱梁逐渐推拉回到原来的位置，再将合龙梁段向塔侧端面的临时连接件连接好，完成整个钢箱梁的吊装工作。图 11-42 为润扬长江大桥钢箱梁吊装施工图。

图 11-42 施工中的润扬长江大桥

6) 临时连接件安装。

钢箱梁吊装就位后，梁段和梁段间通过临时连接件相连接。用以承担在梁段架设过程中的轴力和剪力，并保护连接处箱梁顶板不受损坏。临时连接件安装是由已吊装梁段上布置的牵引设备进行位置调整及由跨缆吊机进行钢箱梁高度调整，在无负荷状态下进行螺栓的紧固。梁段上部拉杆式的临时连接件的安装在梁段吊装完成，梁段上缘顶紧间隙闭合后，用手动扳手等进行紧固拉杆螺栓。

7) 索鞍顶推。

在钢箱梁吊装期间，根据对索塔允许偏位计算结果，以及对索塔偏位进行的定期监测，通过与索塔允许偏位比较，以索塔偏位为主控目标，经过 5 次顶推完成索鞍顶推施工，确保了结构物施工期间的安全要求。

11.3 斜 拉 桥

11.3.1 概述

斜拉桥旧称斜张桥，属于组合体系桥梁，它的上部结构由主梁、拉索和索塔三种构件组成。它是一种桥面体系以主梁受轴力或受弯为主、支承体系以拉索受拉和索塔受压为主的桥梁。

与悬索桥相比，斜拉桥不需要笨重的锚固装置，抗风性能又优于悬索桥。由调整拉索的预拉力可以调整主梁的内力，使分布更均匀合理。斜拉桥利用主梁、拉索、索塔三者的不同组合，形成不同的结构体系以适应不同的地形和地质条件。

11.3.2 斜拉桥构造

1. 斜拉桥的总体布置

(1) 孔跨布置

当代斜拉桥最典型的孔跨布置为双塔三跨式(图 11-43a)，独塔双跨式(图 11-43b)也较多，在特殊情况下，斜拉桥也可以布置成为独塔单跨式及多塔多跨式，甚至是混合式。

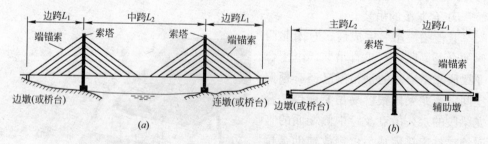

图 11-43 斜拉桥简图
(a)双塔三跨式；(b)独塔双跨式

双塔三跨式是一种最常见的斜拉桥孔跨布置方式。由于它的主孔跨度较大，一般可适用于跨越较大的河流、河口和海面。独塔双跨式斜拉桥也是一种常见的孔跨布置方式，由于它的主孔跨径一般比双塔三跨式的主孔跨径小，故特别适用于跨越中小河流、谷地及交通道路，当然也可用于跨越较大河流的主航道部分。

（2）主梁的支承体系

斜拉桥在塔处及墩（含辅助墩）处的支承形式对主梁的受力以及结构的使用性能影响较大。图11-44为双塔三跨式和独塔双跨式斜拉桥的几种典型支承形式示意图。

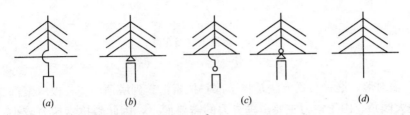

图 11-44　主塔的支承体系
(a)塔墩固结、塔梁分离；(b)塔梁固结、墩梁分离；
(c)塔墩(或塔梁)铰接；(d)塔、梁、墩固结

按主梁支承条件不同，它可分为连续梁和连续刚架等。连续梁式如图 11-44(a)、(b)所示，这类构造往往在墩台支承处仅用一个固定铰支座，其余为活动支座，梁的温度变位、水平变位等则由斜索予以约束。主梁采用连续梁式可以获得连续梁桥的主要优点，如行车顺畅，伸缩缝少，便于采用连续梁桥的各种施工方法等。若将中间支点的支承改为吊索，就形成漂浮体系，它可以减少索塔支点处梁的负弯矩，但在横向应加以约束。图 11-44(c)则为连续刚架式，它与一般刚架不同之处在于梁、墩与塔在支点处连成整体，形成十字固结，此处要抵抗很大的负弯矩，因此主梁截面要足够坚固，构造也较复杂。这类形式便于平衡对称施工，且抵抗中跨变形的刚度较大。

（3）斜拉索的布置

1）斜拉索的索面位置

斜拉索按其所组成的平面，通常分为单索面（图 11-45a）和双索面，而双索面又可分为双平行索面（图 11-45b）和双斜索面（图 11-45c）。

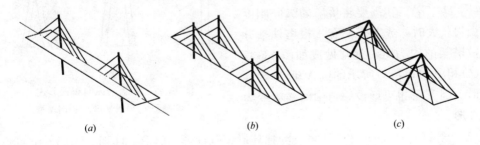

图 11-45　索面布置
(a)单索面；(b)双平行索面；(c)双斜向索面

2）斜拉索的索面形状

根据斜拉索在索面内的布置，可以主要分为图 11-46 所示的三种形式。

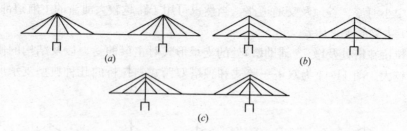

图 11-46　斜拉索立面布置方式
(a)辐射形；(b)竖琴形；(c)扇形

① 辐射形。这种布置方法是将全部斜拉索汇集到塔顶，使各根斜索都具有可能的最大倾角。由于索力主要由垂直力的需要而定，因此斜拉索拉力较小；而且辐射索使结构形成几何不变体系，对变形及内力分布都有利。这种做法的缺点是：有较多数量的斜拉索汇集到塔顶，将使锚头拥挤，构造处理较困难；塔身从顶到底都受到最大压力，自由长度较大，塔身刚度要保证压曲稳定的要求。

② 竖琴形。这种形式中各斜拉索彼此平行，因此各索倾角相同。各对斜拉索分别连接在塔的不同高度上。由于倾角相同，各索的锚固设备构造相同，塔中压力逐段向下加大，有利于塔的稳定性。但是由于这种形式索的用钢量大，而且由于各对索拉力的差别，将在塔身各段产生较大的弯矩。

③ 扇形。扇形是介于辐射形和竖琴形之间的形式，一般在塔上和梁上分别按等间距布置，兼顾了以上两种形式的优点而减少其缺点，因此有较多的斜拉桥采用这种形式。

另外，还有星形(索在梁上汇集于一点)、混合形(边跨为平行形，中跨为扇形)等。

(4) 索塔的布置

斜拉桥索塔的布置形式分为沿桥纵向的布置形式和沿桥横向的布置形式，其中后者又因索面的布置位置不同而有所差异。桥塔的纵向形式一般为单柱形(图 11-47a)。在需要将桥塔的纵向刚度做得较大时，或者需要有 4 根塔柱来分散塔架的内力时，常常做成如图 11-47(b)和图 11-47(c)所示的倒 V 形与倒 Y 形。倒 V 形也可增设一道中间横梁变为 A 形。

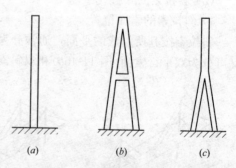

图 11-47　索塔的纵向布置形式
(a)单柱形；(b)倒 V 形；(c)倒 Y 形

索塔横桥向的布置方式可分为独柱形、双柱形、门形、H 形、A 形、宝石形或倒 Y 形等，如图 11-48 所示。索塔纵、横向布置均成独柱形的索塔，仅适用于单索面斜拉桥。当需要加强横桥向抗风刚度时，则可以配合使用如图 11-48(h)所示的形式；图 11-48(g)及图 11-48(b)～图11-48(d)一般适用于双平面索的情况；图 11-48(e)、图 11-48(f)和图 11-48(i)一般适用于双斜拉索面的斜拉桥。在斜拉桥的总体布置中，索塔高度的选取也是涉及工程技术经济指标的一个重要参数。塔的有效高度 H 一般应从桥面算起，因为它与斜拉索的倾角有关。桥塔越高，斜拉索的倾角越大，斜拉索垂直分力对主梁的支承效果也越好，但索塔与斜拉索的材料用量也要增加。因此，桥塔的适宜高度 H 要由经济比较来决定。根据已有斜拉桥的实有资料来分析，对于双塔斜拉桥，塔高与主跨之比为 1/4～1/7，其中钢斜拉桥多为 1/5，对于独塔斜拉桥为 1/2.7～1/4.7。

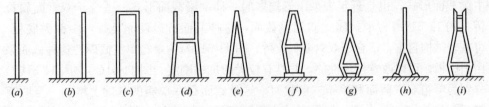

图 11-48　索塔的横向布置形式

2. 斜拉索构造

（1）斜拉索种类与构造

斜拉索在构造上可分为刚性索和柔性索两大类。刚性索是由钢索外包预应力混凝土而形成的刚性构件，拉索数少而集中，这样可以提高主梁刚度，减少钢材的用量；柔性索施工、安装方便，目前已广泛采用，其钢索早期采用的有平行钢筋索、卷制钢绞线索、卷制钢丝索等，随着科技的发展，目前多采用钢丝索和钢绞线索，其构造如图 11-49。

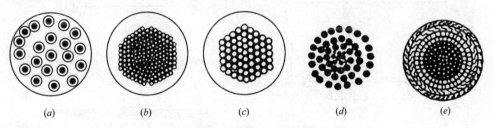

图 11-49　斜拉索的截面构造

（2）斜拉索端部的锚具

锚具是斜拉桥的极其重要的部件，它的质量和性能对整个斜拉桥结构的可靠性有着直接影响。常用的斜拉索锚具有热铸锚（图 11-50）、墩头锚、冷铸锚及夹片群锚等几种。前三种是拉锚式锚具，可以事先装固在钢索两端。配装夹片式群锚的拉索，张拉时千斤顶直接拉钢索，张拉结束后锚具才发挥作用，所以夹片式群锚又称为拉丝式锚具。

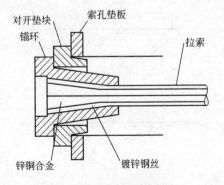

图 11-50　热铸锚构造图

锚具的主要构造为锚环、锚圈、锚垫板、填充固化料、防漏板及夹片等。为便于穿索、张拉，在锚具尾部须设置张拉连接器及引出杆连接等附属构造。

3. 主梁的构造

斜拉桥的主梁截面形式根据主梁使用材料和索面的布置有所不同,其形式多种多样,图 11-51 中列举了常见的混凝土主梁的截面形式。

图 11-51(a)为板式截面,这种截面构造简单,抗风性能也好,但抗扭性能较差,截面效率较低,适合于双面密索且跨度不大的桥。图 11-51(b)为双主梁截面,两个分离的主梁之间由混凝土桥面板及横梁连接,这是一种较简单的混凝土主梁截面形式,也是近年来采用得较多的一种主梁截面形式。适合于双索面斜拉桥。图 11-51(c)为半封闭式双箱梁截面,这种截面抗风性能良好,中部无底板,可减轻结构自重,适合于双索面斜拉桥。图 11-51(d)为单箱单室截面,这种截面采用斜腹板,可以改善抗风性能,并具有较大的抗扭刚度。图 11-51(e)、图 11-51(f)分别为单箱双室截面和单箱三室截面,这类截面是在单箱的基础上增加一至两道腹板,虽然增加了自重,但可以减小桥面板的计算跨径。图 11-51(g)和图 11-51(h)为三角形箱形截面,中腹如果有间距,间距较小,有利于单索面的传力,边腹板倾角更小,对抗风有利。单箱和三角形截面适合于单索面斜拉桥。

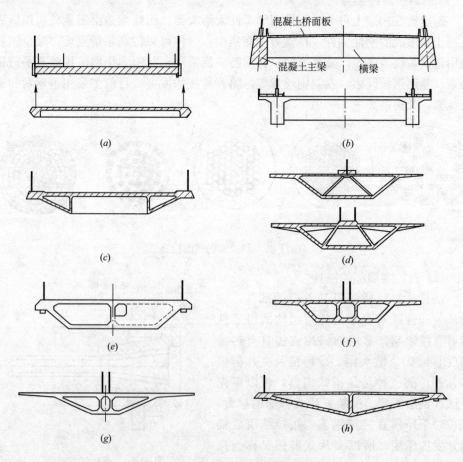

图 11-51 常见斜拉桥主梁截面形式
(a)板式截面;(b)双主梁截面;(c)半封闭式双箱梁;(d)单箱单室截面;(e)单箱双室截面;
(f)单箱三室截面;(g)准三角形三室箱形截面;(h)三角形箱形截面

当主梁采用钢梁时,常用的截面形式主要有双主梁、钢箱梁和桁架梁。双主梁一般采用两根工字钢主梁,上置钢桥面板,主梁之间用钢横梁连接。钢箱梁截面形式多样,有单箱单室、多箱单室、多箱多室等布置。为提高抗风稳定性,大跨度钢斜拉桥往往采用扁平钢箱梁。当桥梁为双层桥面时,主梁一般都采用钢桁梁的截面形式。

4. 索塔的构造

塔柱是索塔的主要构件,塔柱之间设有横梁或其他连接构件,如图11-52所示。塔顶横梁及竖直塔柱之间的中间横梁是非承重横梁,只承受自身重力引起的内力。设有主梁支座的受弯横梁、竖塔柱与斜塔柱相交点处的压杆横梁及反向斜塔柱相交点处的拉杆横梁是承重横梁,除承受自身重力作用外,还承受其他轴向力和弯矩。在设计横梁时务必要区分对待。所有的塔柱、横梁作为索塔面内的组成构件共同参与抵抗风力、地震力及偏心荷载。

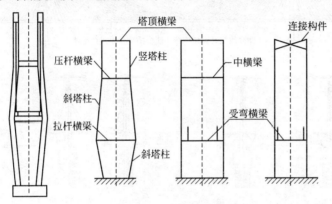

图11-52 索塔的构造

11.3.3 斜拉桥施工

斜拉桥的主要施工内容包括基础、墩柱、桥跨、斜拉索和索塔等,其中基础、墩柱以及索塔的施工基本和悬索桥相似。

1. 架设方案

(1) 主梁施工

斜拉桥的主梁制作与安装方法与梁桥的施工方法类似,包括支架法、悬臂法、顶推法等。

1) 支架法施工

支架法施工主梁就是在桥孔位置搭设满布式支架,在临时支墩之间设置托架或劲性骨架,然后立模现浇主梁,或者在临时支墩上拼装预制梁段的施工方法。

支架法施工的优点是:施工简单方便,且能确保主梁结构满足设计形状要求,但只能用于桥下净空低、搭设支架方便且不影响桥下交通的情况,或跨径和规模较小的斜拉桥主梁的施工,如城市立交桥和净高较低的斜拉桥主梁施工。例如,德国在莱茵河上的麦克萨桥、日本丰里斜拉桥以及我国天津永和桥主梁都是采用支架法施工的。

2) 悬臂法施工

悬臂施工法是斜拉桥普遍采用的施工方法,它可以是在支架(或支墩)上建造边跨,然后中跨采用悬臂施工的单悬臂法,也可以是从塔往两侧对称平衡施工的双悬臂法。悬臂法施工的工序可以大致分为：修建索塔，吊装主梁节段（悬臂拼装法）或现浇混凝土主梁节段（悬臂浇筑法），安装并张拉斜拉索，两者交替进行直至合龙。

悬臂拼装法（图 11-53）一般先在塔柱区段现浇一段起始梁段以放置起吊设备，然后用起吊设备从塔柱两侧依次对称安装预制梁段，使悬臂不断伸长直至合龙；悬臂浇筑法（图 11-54）是从塔柱两侧用挂篮对称逐段就地浇筑混凝土直至合龙。对于中小跨径的斜拉桥，当预制梁段重力不大时，可利用已施工完成的索塔作为安装索塔，采用缆索吊机进行主梁悬臂拼装施工。采用浮吊或缆索吊装，施工荷载较小，一般施工内力不控制设计。

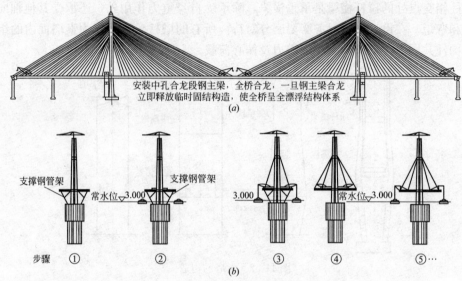

图 11-53 悬臂拼装程序

①利用塔上塔吊搭设 0 号、1 号块件临时用的支架钢管架；②利用塔吊安装好 0 号及 1 号块件；③安装好 1 号块件的斜拉索，并在其上架设主梁悬臂吊机，拆除塔上塔吊和临时支撑架；④利用悬臂吊机安装两侧的 2 号块的钢主梁，并挂相应的两侧斜拉索；⑤重复上一循环直至全桥合龙

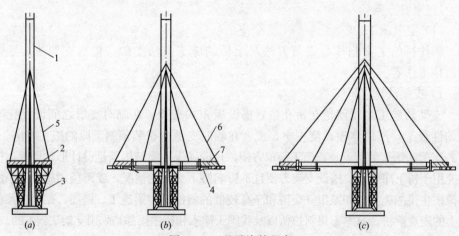

图 11-54 悬臂浇筑程序

(a)支架现浇 0 号及 1 号块并挂索；(b)拼装挂篮，对称悬浇梁段；(c)挂篮前移，依次悬浇梁段
1—索塔；2—现浇梁段；3—现拼支架；4—前支点挂篮；5—斜拉索；6—前支点斜拉索；7—悬浇梁段

3) 顶推法、平转法施工

顶推法进行混凝土斜拉桥主梁的施工，需在跨内设置若干临时支墩，且在顶推过程中，主梁要反复承受正、负弯矩。为了满足施工阶段内力要求，有时主梁需配置临时预应力束筋。因此，顶推法只适用于桥下净空较低、修建临时支墩造价不高且不影响桥下交通、抗拉和抗压能力相同、能承受反复弯矩的钢斜拉桥主梁施工。

平转法是将斜拉桥上部结构分别在两岸或一岸顺河流方向的支架上现浇，并在岸上完成落架、张拉、调索等所有安装工作，然后以墩、塔为圆心，整体旋转到桥位合龙。仅适合一些特殊情况下斜拉桥的架设。我国四川的金川桥是采用平转法施工的独塔双跨式混凝土斜拉桥，结构体系为刚构，跨径布置为68m+37m，塔高25m，主跨为空心箱梁，边跨为实心箱梁。

(2) 索塔施工

1) 索塔施工顺序

混凝土斜拉桥可先施工墩、塔，然后施工主梁和安装拉索，也可索塔、拉索、主梁三者同时并进。典型的塔墩固结混凝土索塔的施工可按图11-55中所示的施工顺序进行。

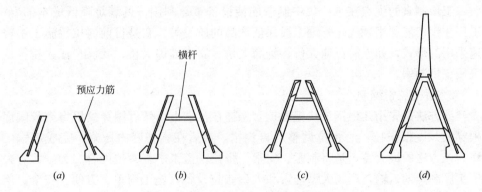

图 11-55　混凝土索塔的施工顺序
(a)施工阶段1；(b)施工阶段2；(c)施工阶段3；(d)施工完成后

2) 塔柱的施工

塔柱混凝土施工一般采用就地浇筑，模板和脚手平台的做法常用支架法、滑模法、爬模法或大型模板构件法等。

为保证塔柱混凝土的浇筑达到一定的精度，必须控制模板的变形，特别是当塔柱为倾斜的内倾或外倾布置时，应考虑每隔一定高度在塔柱内设受压支架(塔柱内倾)或受拉拉条(塔柱外侧)，以保证斜塔柱的受力、变形和稳定性。另外，应保证斜拉索锚固点预埋件位置的精度，特别在高空作业条件下，施工有一定的难度，为此，可将锚固各斜拉索用的预埋件，事先在地面或工厂内组装成一个整体的骨架，然后整体吊装预埋，这样可确保斜拉索锚固位置的精度。施工中除了应保证各部位的几何尺寸正确之外，还应进行索塔局部测量系统的控制，并与全桥总体测量系统接轨，以便根据实际施工情况及时进行调整，避免误差累计过大。

3) 横梁的施工

一般横梁采用支架法就地浇筑混凝土，但在高空中进行大跨径、大断面、高等级预应力混凝土的施工，难度较大。

2. 斜拉索的施工

斜拉桥斜拉索的施工技术包括：制索、运索、穿索、张拉及调索等几个部分。

(1) 斜拉索的制作

斜拉桥的制索一般有三种方式：工地地面制索、工厂制索和桥上索位编制索。

1) 工地制索

工地制索的工序为：下料→编束→防护套→浇锚头→超张拉。因为工地制索需要制索场地、张拉台座和浇锚头设备等，故一次性投入较高，现在国内较少采用。20世纪70~80年代我国的斜拉桥工程如重庆石门大桥、广东西樵山大桥等多为工地地面制索。

2) 工厂制索

工厂制索的优点在于：集中制造能使设备重复利用，可满足降低成本需要；工厂化生产能利用现代化管理手段保证产品的质量等。它是目前斜拉桥施工中普遍采用的形式，如上海黄浦大桥、杨浦大桥、安徽蚌埠大桥、武汉长江大桥等均采用工厂制索。

3) 桥上拉索编制

该方法是先用几根钢绞线把索护套悬挂在拉索上，然后用穿索机将钢绞线逐根穿入并逐根张拉，经张拉调整后再浇锚，最后在索护套内压浆，完成编索工作。该方法的最大特点是将制索、安索、张拉三道工序在索位处合二为一，省去了工厂制索的运输，现场大型挂索和大型张拉设备，施工简单、方便、安全，但每根索的施工工期较长。我国广西柳江四桥、湖南浏阳河桥、香港汀九大桥等斜拉索的施工采用了此法。

(2) 挂索

挂索就是将拉索架设到索塔锚固点和主梁锚固点之间的位置上。由于斜拉桥的结构特性，挂索总是从短索进行到长索。

斜拉桥所用拉索，根据设计要求，可能是成品索或现制索，挂索的方式也各不相同。

1) 成品索挂索

成品索无论是在专门工厂制造后成盘运输到工地，还是在工地附近制成的，都可以直接利用吊机将拉索起吊，借助卷扬机将拉索两端分别穿入主梁上和索塔上的预留索孔，并初步固定在索孔端面的锚板上完成挂索，或者设置临时钢索作为导向缆绳，并用滑轮牵引完成挂索。

2) 现制索挂索

现制索即拉索是在挂索过程中完成制索的。现场制作索的安装方法一般有单点吊法、多点吊法、导索法等。

单点吊法是将索运至桥面后，先将固定端头穿入箱梁索孔内固定，然后由塔柱上伸出一个吊点，将索张拉端吊起，吊至塔柱索孔处，由连接杆拧紧锚固螺栓，再由千斤顶顶出索孔，如图11-56所示。

多点吊法是从塔上牵引一根斜向导索，其上每隔一定距离拴上一组动滑轮，上、下之间由白棕绳串起来，用人工将索吊至所需位置，然后由卷扬机或通过探杆或连接器由千斤顶完成牵引索入孔内。

导索法是先在拉索上方设置一根粗大的钢缆作为导索，将拉索的聚乙烯防护套管（或其他拉索防护套管）悬挂在导索上，然

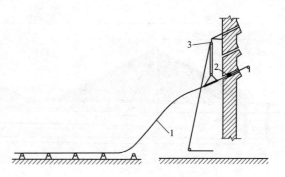

图11-56 单点吊法安装拉索
1—索；2—索孔；3—滑轮

后逐根穿入钢绞线（或高强钢筋），用单根张拉的小型千斤顶调整好每根钢绞线（或高强钢筋）的初应力，最后用群锚千斤顶整体张拉，完成制索、挂索和张拉全过程。

(3) 张拉及调索

拉索的张拉是拉索完成挂索施工后导入一定的拉力，使拉索开始受拉而参与工作。通过对拉索的张拉，可以对索力及桥面标高进行调整。所以拉索的张拉工艺、索力及标高的控制是斜拉桥施工的关键，应按设计单位的要求进行。

拉索的张拉包括悬臂架设时最外一根拉索的初次张拉、内侧紧邻一根拉索的二次张拉、主梁合龙后的最终张拉，以及施工中间的调整张拉等。工作平台等的设置，要适应以上各种张拉情况。如在主梁一侧张拉时，则需要有能够在主梁下面自由移动的吊篮式工作平台。

通过张拉对索力进行调整，索力的大小由设计单位根据各个不同的工况，经过计算后给出，张拉拉索时应准确控制索力。对于长索的非线性影响，大伸长量及相应的各种因素的影响，在设计与施工时都应充分考虑，并采取有效的技术措施。

(4) 索力测量

为了施工中准确控制、调整索力，必须掌握测定索力的方法。由于测量数据会有一定的误差，要求反复多次进行测定。测定索力的方法很多，如千斤顶油压表、测力盒、应变仪等。

11.3.4 典型桥例（南京长江二桥）

南京长江二桥南汊主桥为双索面五孔连续钢箱梁斜拉桥，全长1238m，如图11-57所示，桥跨布置为(58.5＋246.5＋628＋246.5＋58.5)m，两边跨各设一辅助墩。主梁为扁平钢箱梁，梁高3.5m，梁宽38.2m(含风嘴)；斜拉索索面按扇形布置，每一扇面由20对斜拉索组成，标准索距15m，索塔为钢筋混凝土分

离式倒Y形结构，塔高195.41m，索塔基础为直径36m、高65.5m的双壁钢围堰，内设21根直径3.0m钻孔桩；桥面铺装采用5cm环氧沥青混凝土。为克服过渡墩和辅助墩负反力，在辅助跨压重为1500t，压重沿桥纵向呈梯形分布。为保证施工过程中抗风安全，在边跨距塔160m处设置临时墩。

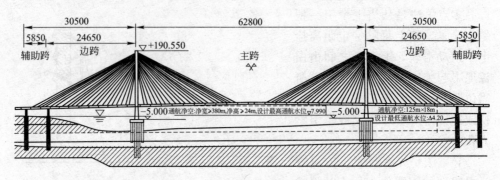

图11-57 主桥立面布置(尺寸单位：cm)

1. 索塔

索塔为钢筋混凝土结构，塔高195.41m。桥面以上塔高宽比为0.23，采用上塔柱平行分离的倒Y形结构，如图11-58所示，通过三道横梁将两塔柱连为一体。

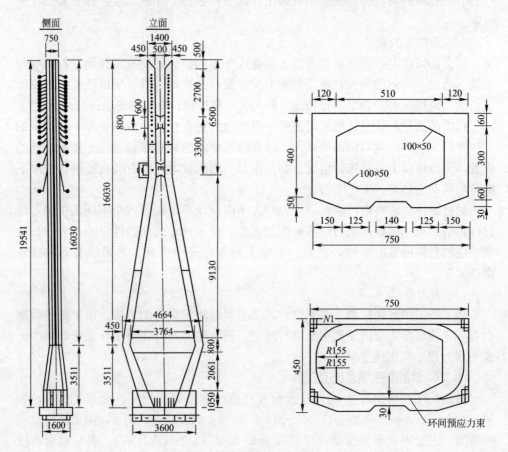

图11-58 索塔构造(尺寸单位：cm)

下塔柱外轮廓尺寸由(12.0×7.0)m向上渐变至(7.5×4.5)m，中、上塔柱为(7.5×4.5)m。下塔柱在最高通航水位以下为单箱六室断面，以上为单箱单室断面，壁厚为1.0m；中、上塔柱为单箱单室断面，短边壁厚为1.0～1.2m，长边壁厚0.7～0.8m。

塔柱采用爬升模板逐段连续施工，每段高4.5m，内控制自重引起的塔柱水平位移，下塔柱施工时加设了水平拉杆；中塔柱设置4道水平横撑。索塔预应力体系孔道采用真空吸浆工艺，以有效保护预应力束不受腐蚀，延长结构寿命。

2. 主梁

本桥主梁采用了总宽度38.2m、高3.5m的扁平钢箱梁，如图11-59所示，其上翼缘为正交异性板结构，标准节段长15m(辅助跨为12m)。

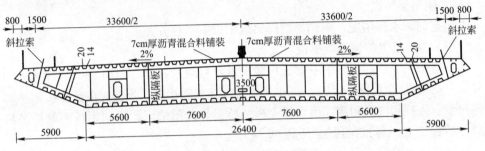

图11-59 主梁构造(尺寸单位：mm)

全桥梁段共93块，最大块件吊装重274t，用钢量为23000t。钢箱梁主要结构尺寸：箱梁高(中心线处，内轮廓)为3500mm，总宽38.200m(含风嘴)，顶板厚14～20mm，下斜腹板和底板厚12～16mm，上斜腹板厚30mm。顶板U形加劲肋300mm×280mm×8mm，间距600mm；底板U形加劲肋400mm×260mm×6mm，间距800mm。箱梁每隔3750mm设一道横隔板，板厚10mm(局部部位加厚)；横桥向设两道纵隔板，间距15200mm。纵隔板在辅助跨及索塔下无索区为实体式纵隔板，其余均为桁架式(有利于节省钢材，并便于通风)，桁架式纵隔板上、下弦杆为T形截面，斜杆为ϕ203mm钢管。

3. 斜拉索

斜拉索采用外裹高密度PE防腐材料的高强度、低松弛7mm镀锌平行钢丝成品索，共160根，其中最大斜拉索钢丝根数265丝，长330m，重达30t，全桥共用高强镀锌钢丝为2100t。

根据结构受力、施工吊装重量和施工周期等因素，主梁上标准索距为15m(辅助跨12m)。斜拉索采用在塔上设减振橡胶块，在梁上设液压减振器来减小振动。

斜拉索初始索力的确定以施工阶段梁体挠度小、应力及应力变化幅度小，成桥后梁体不偏离理论基准线且各组组合应力满足设计规范要求为目标，使桥梁结构无论是在施工过程中还是在运营环境下均处于较理想状态。通过反复调试斜拉索索力，逐步逼近目标。为简化施工，缩短工期，每根斜拉索的张拉仅在与该根斜拉索对应的梁段的架设过程中进行，锚固后不再作任何索力调整。本桥初始索力最大为4000kN，最小为1700kN。

4. 钢箱梁制造

南京长江二桥南汊桥的钢箱梁首先分成底板、斜底板、顶板、横隔板、纵隔板和风嘴等单元在工厂制造，然后运到组装现场进行组装和预总拼。

钢箱梁段组装是以组装胎架为外胎，工艺隔板、横隔板为内胎，采用弹性、半刚性马板约束正位组装，以控制钢箱梁段组装中的焊接变形及外形尺寸。首先进行底板和斜底板的组装，然后组装纵、横隔板，再组装顶板，最后安装风嘴。

钢箱梁段组装完成后，就进行预总拼。首先以一端钢箱梁段为基准起拱就位，相邻的梁段按设计拱度曲线与之相匹配，并保证梁段间焊接间隙。

5. 钢箱梁架设

根据河床水深情况，钢箱梁架设采取了以下三种方式。

(1) 边跨及主跨钢箱梁架设

索塔施工完成后，于下横梁处拼装支承 0 号块的托架，利用 350t 浮吊起吊 0 号块 7 块梁段(全桥共 14 块)，并在托架上焊接梁间接头；焊接完成后张拉第一对斜拉索，张拉到位后利用浮吊在梁上拼装桥面悬拼吊机。此后利用桥面悬拼吊机对称吊装长 15m 标准梁段(全桥共 66 块)。

重复以上架设工序，直至第 12 号索对应梁段吊装，将边跨钢箱梁与临时墩连接。重复前述工序，至边跨合龙。边跨合龙后，再按前述工序施工至跨中合龙。

南汊桥采用的桥面悬拼吊机为 VSL 重型起重系统，曾在法国诺曼底大桥成功使用。该系统采用 2 台 SLU 千斤顶顶抬钢绞线为起吊设备，受力主构架为钢桁架结构，总重约 115t。本桥采用垂直起吊方式，起吊速度为 19.5m/h，起吊时可通过扁担梁吊点的移动来调整块件的倾斜度，通过撬座的纵向移动来实现块件的纵向位置调整，以满足吊梁的需要。

(2) 辅助跨架设

在辅助墩与过渡墩跨间设置放钢箱梁用支架，并将支架向江中延伸 84m，与临时墩相连。利用 350t 浮吊起吊辅助跨 5 块梁段(全桥共 10 块)至支架上，然后将梁段向过渡墩侧移动，调整就位后将辅助跨 5 块梁段焊接完成；随后将包括边跨合龙段在内的另 6 块梁段(全桥共 12 块)置放于辅助墩与临时墩间的支架上，待以后用桥面悬拼吊机起吊。

(3) 合龙段架设

边跨合龙：待 15 号索第一次张拉完成后，将桥面悬拼吊机前移就位。起吊边跨合龙段(全桥共 2 块)，精确定位后，将已焊接为一体的辅助跨向江侧顶推靠近，焊接合龙。

主跨合龙：待江侧 20 号索第一次张拉完成后，将桥面悬拼吊机前移就位后，对两合龙梁端位移进行 24h 或 48h 测量，根据测量结果确定合龙段长度、吊装及连接时间，以便顺利合龙。

11.4 刚构桥

11.4.1 概述

刚构桥也称为刚架桥,这种桥型桥跨结构(主梁)和墩台(支柱)整体相连。由于两者之间是刚性连接,在竖向荷载作用下,将在主梁端部产生负弯矩,因而减少了跨中的正弯矩,跨中截面尺寸也相应得以减小。刚构桥的主梁高度一般可以较梁桥为小。因此,刚构桥通常适用于需要较大的桥下净空和建筑高度受到限制的情况,如立交桥、高架桥等。

刚构桥在竖向荷载作用下,支柱除承受压力外,还承受弯矩。支柱一般也用混凝土构件做成。刚构桥在竖向荷载作用下,一般都产生水平推力。为此,必须要有良好的地基条件,或用较深的基础和用特殊的构造措施来抵抗推力的作用。

刚构桥的主要优点是:外形尺寸小,桥下净空大,桥下视野开阔,混凝土用量少,但钢筋的用量较大,基础的造价也较高。所以,目前常用于中小跨度桥梁。近年来,随着预应力混凝土技术的发展和悬臂施工方法的广泛应用,刚构桥也得到了进一步的发展。

11.4.2 刚构桥分类与构造

1. 刚构桥分类

刚构桥类型主要有门式刚构桥、T形刚构桥、连续刚构桥、斜腿刚构桥等。

(1) 门式刚构桥

当单跨刚构桥的支柱做成直柱形时便形成门式刚构桥。如图 11-60 所示。

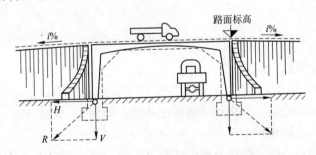

图 11-60 门式刚构桥

这种桥型的主要特点是将桥台台身与主梁固结,既省掉了桥台处的伸缩缝,改善了桥头行车的平顺性,又提高了结构的刚度。在城市中遇到路线立体交叉或需要跨越不太宽的河流时,采用这种桥型,能降低路线标高,改善纵坡和减少路堤的土方量,当桥面标高已经确定时,采用这种桥型能增大桥下净空。

但这种桥型在基脚处会产生水平推力,因此要求有良好的地基条件,基脚无论是固结或是铰接,都会因预应力、徐变、温度变化及基础变形等因素产生较大的次应力,因而这种桥型在目前也较少采用。

(2) T形刚构桥

在刚构桥主梁跨中设铰或悬挂简支梁,形成所谓T形刚构或带挂梁的T形刚构，如图11-61(a)所示，由于T形刚构长悬臂处于一种不受约束的自由变形状态，在车辆荷载作用下，悬臂内的弯、扭矩应力较大，因而容易产生裂缝；此外，由于混凝土的徐变，会使悬臂端产生一定的下挠，从而在悬臂端和挂梁的结合处形成一个折角，不仅会损坏伸缩缝，还能引起跳车现象，给悬臂以附加冲击力，对桥梁受力不利。目前，这是一种淘汰型的桥型，在建设中已很少采用。

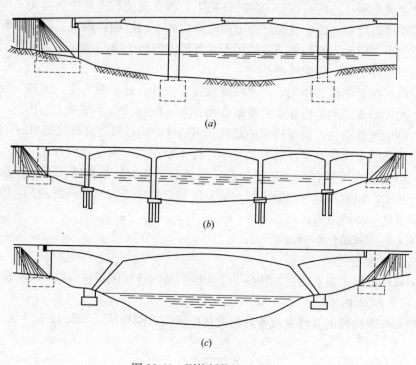

图11-61 刚构桥构造示意图

(3) 连续刚构桥

随着T形刚构的发展，又出现了将T形刚构粗厚桥墩减薄，形成柔性桥墩，使墩梁固结、主梁连续，从而形成连续刚构桥，如图11-61(b)所示。这种桥型又称为墩梁固结的连续梁桥。

在受力方面，连续刚构桥在施工状态下的受力模式和合龙后体系转换的整个结构受力状态也能够很好地吻合，这是其他桥型难于比拟的优点，这种桥型也是城市高架桥所普遍采用的一种桥型。连续刚构桥也常运用于大跨度桥梁上。由于整个结构连接成一个整体，属于多次超静定结构，因而由预应力、混凝土收缩、徐变和温度变化所引起的结构的纵向位移将在结构中产生较大的内力。

典型的连续刚构桥与T形刚构桥一样，一般对称布置并采用悬臂施工方法修建。随着墩高的增加，桥墩对上部结构的嵌固作用越来越小，逐步转化为柔性墩的作用。

中小跨度的连续式刚构桥通常做成等跨，以利于施工。跨度较大时，为了减少边跨的弯矩，使之与中跨相近，利于设计和构造，也可使边跨跨度小于中跨。有时，当连续刚构边跨的跨度远小于中跨时，可能导致主梁端支座承受很大的上拔力，需要进行特殊的处理。通常可将边跨主梁截面改成实体的，或加平衡重，以使端支座获得正的反力（压力）。

多跨连续刚构桥发展很快，由于它具有无需大型支座、线形匀称等一系列优点，故在技术经济比较时，常胜于连续梁桥。目前，有一种名叫全无缝式连续刚构桥正在兴起，这种刚构桥与普通连续刚构桥的区别在于，它除了将所有的桥墩与主梁固结之外，还将两端的桥台与主梁固结，形成一座在全桥范围内没有伸缩缝装置的桥梁。全无缝式刚构桥对于温度引起的变形量依靠桥台台后的特殊构造和在一定范围内的路面来吸收，故其跨径和桥梁全长不能太长，一般全长100m以内为宜。它省掉了支座和伸缩缝装置的设置和维护以及更换的麻烦，同时又能解决桥头跳车的弊端。

(4) 斜腿刚构桥

由一对斜置的撑杆与梁体固结后来承担车辆荷载的桥梁称之为斜腿刚构桥，如图11-61(c)。这种桥型可以克服门式刚构桥的某些缺点。

斜腿刚构桥的压力线和拱桥相近，故其所受的弯矩比门式刚架要小，主梁跨度缩短了，但支承反力却有所增加，而且斜柱的长度也较大。因此，当桥下净空要求为梯形时，采用斜腿刚架是有利的，它可用较小的主梁跨度来跨越深谷或同其他线路立交。因此，国外有不少跨线桥均采用斜腿刚架，它不仅造型轻巧美观，施工也较拱桥来得简单。当然，斜腿刚构桥也存在和门式刚构桥某些类似的缺点，而且斜腿的施工具有一定的难度。

(5) V形墩刚构桥

为减小斜腿肩部的负弯矩峰值，可将支柱做成V形墩形式，如图11-62所示。

为了减小跨中的正弯矩和挠度，并有利于采用悬臂法施工，也可做成两端带斜拉杆的形式，如图11-63所示。

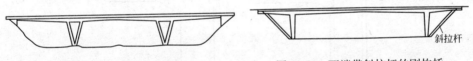

图11-62　V形墩身刚构桥　　　图11-63　两端带斜拉杆的刚构桥

2. 刚构桥构造

(1) 一般构造特点

刚构桥的桥面构造和梁式桥没有什么区别。

主梁截面形状与梁桥相同，可做成图11-64所示的各种形式。主梁在纵方向的变化可做成等截面、等高变截面和变高度三种。有时，还可把主梁做成几种不同的截面形式，以适应内力的变化和方便施工。例如，主梁跨中段做成肋式，支承段做成箱形。对小跨度宜采用等高度主梁，以便施工，变高度主梁的底缘形状可以是曲线形、折线形、曲线加直线形等，这主要应根据主梁内力的分布情况，按等强度原则选定。在下缘转折处，为保证底板的刚度，一般均宜设置横隔墙。

支柱有薄壁式和立柱式，如图11-64所示。立柱式中又可分为多柱式和单柱

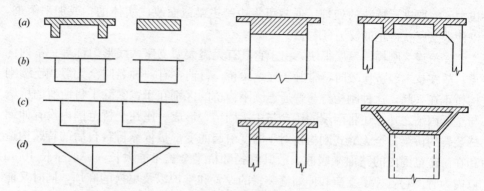

图 11-64　刚构桥主梁截面形式及支柱形式

式。多柱式的柱顶通常都用横梁相连，形成横向框架，以承受侧向作用力。当立柱较高时，应在其中部用横撑将各柱连接起来。当桥梁很高时，为了增加其横向刚度，还可做成斜向立柱，如图 11-64 所示。支柱的横截面可以做成实体矩形、I字形或箱形等。对于单柱式，其截面要与主梁截面相配合，腹板要尽可能与主梁腹板布置一致，以便传力。

(2) 刚构桥的节点构造

刚构桥的节点系指立柱与主梁相连接的地方，又称角隅节点。该节点必须具有强大的刚度，以保证主梁和立柱的刚性连接。角隅节点和主梁（或立柱）相连接的截面受有很大的负弯矩，因此在节点内缘，混凝土受有很高的压应力。节点外缘的拉力由钢筋承担。对于板式刚架，可在节点内缘加梗腋（图 11-65）以改善其受力情况，而且可以减少配筋，以便施工。角隅节点的外缘钢筋必须连续绕过角隅之后加以锚固。

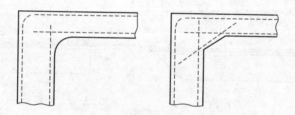

图 11-65　板式刚架角隅节点处梗腋图

对于主梁为肋式的刚架，其角隅节点可以用图 11-66 所示的方法加设梗腋：(a)式仅在桥面板加设梗腋，(b)式则仅梁肋加设梗腋，(c)式则两者都加设梗腋。必要时还可以在主梁底缘加设底板，使角隅节点附近的主梁成为箱形截面。对于立柱也可照此办理，这样就可大大增加受压区的混凝土面积，改善受力情况。

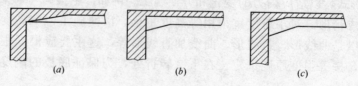

图 11-66　加梗腋的肋式主梁

斜腿刚构桥的斜支柱与主梁相交的节点，根据截面形式的不同，可以做成图 11-67 所示的两种形式。

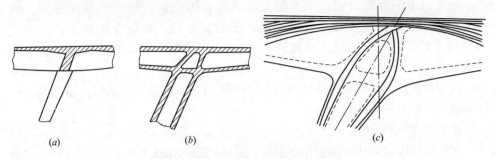

图 11-67　斜腿与主梁相交节点构造
(a)，(b)横隔板形式；(c)节点预应力钢筋

关于角隅节点的配筋，当采用普通钢筋混凝土时，一定要有足够的连续钢筋绕过角隅节点外缘(图 11-68)，否则，外缘混凝土由于受拉会产生裂缝。对于受力较大的节点，在对角力的方向要设置受压钢筋，在和对角力相垂直的方向要设置防劈钢筋，如图 11-68 所示。如果是预应力混凝土刚构桥，与角隅节点相邻截面的预应力钢筋宜贯穿角隅节点，并在隅角内交叉后锚固在梁顶和端头上。预应力钢筋锚头下面的局部应力区段内尚应设置箍筋或钢筋网，用以承受局部拉应力。对于加设梗腋的角隅节点，要设置与梗腋外缘相平行的钢筋。

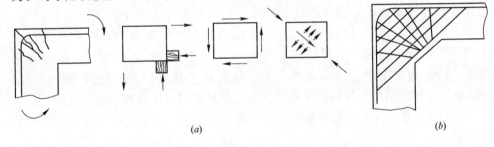

图 11-68　角隅节点受力与防劈钢筋构造
(a)角隅节点受力图；(b)角隅节点普通钢筋的设置

(3) 铰的构造

刚构桥的铰支座，按所用的材料分有：铅板铰、钢铰和混凝土铰。

铅板铰就是在支柱底面与基础顶面之间垫的铅板，中设销钉，销钉的上半截伸入柱内，下半截伸入基础内，利用铅材容易产生变形的特点形成铰的转动作用；钢铰支座一般为铸钢制成，其构造与梁桥固定支座和拱桥支座相同；混凝土铰(图 11-69)就是在需要设置铰的位置将混

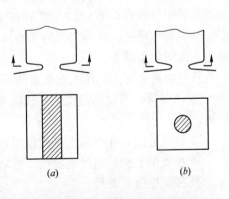

图 11-69　混凝土铰的类型

凝土截面骤然减小（称为颈缩），使截面刚度大大减小，因而该处的抗弯能力很低，可产生结构所需要的转动，这样就形成了铰的作用。

由于截面的骤然颈缩，压力流受到挤缩，因此相应地产生横向压力。该横向压力对铰颈混凝土起一套箍作用，使混凝土处于多轴受压状态，从而大大提高了铰颈混凝土的抗压强度，故此铰颈截面的尺寸可以很小而却能承受高的压力。

铰颈截面可不设钢筋，或仅设置直径较细的纵向钢筋。钢筋穿过铰颈截面的转动轴，这样对转动的阻碍最小。

11.4.3 刚构桥的施工

刚构桥的施工方法主要包括支架法、悬臂法和转体施工法等。

1. 支架法

支架法是搭设支架，安装模板、钢筋，就地浇筑梁体混凝土的一种古老的施工方法。虽然支架法施工需要大量的支架和模板，但在采用其他施工方法比较困难和费用较高时，特别是在修建城市高架的弯、坡、斜桥和连续刚构桥时，支架法经常被采用。其施工工艺和梁桥的支架法类似，主要的施工作业顺序包括基础施工、墩台施工、梁支架和模板施工、梁体钢筋施工、梁体混凝土浇筑、拆模养护、桥面系施工等工序，具体施工工艺可参考第五章第三节的内容。

2. 悬臂施工法

目前，大跨径预应力混凝土连续刚构桥的施工大多采用悬臂施工法，这和预应力连续梁桥的悬臂施工法大同小异，可参考本书第七章第三节的内容。悬臂施工概括地讲，其操作方法是：首先由墩顶开始向两边采用平衡悬臂施工法逐节段施工结构的上部梁体，形成一个T字形的双悬臂结构，接着合龙边跨，最后合龙中跨，形成最终体系。悬臂施工法可以多孔桥跨结构同时施工，施工中所用的悬拼吊机或挂篮设备均可重复使用，从而加快施工进度，且施工费用较省，使得工程总造价降低。悬臂施工法又可分为悬臂浇筑法和悬臂拼装法两类。

（1）悬臂浇筑法。

悬臂浇筑法是在墩顶两侧对称、逐段悬臂现场浇筑混凝土，待混凝土达到一定强度后张拉预应力索（筋），然后移动机具、模板（挂篮）至下一节段，重复操作，继续悬臂施工。预应力混凝土连续刚构桥采用悬臂浇筑法施工时，大多以挂篮为主要的施工设备。

悬臂浇筑法施工顺序大致可分为以下几个主要步骤。

① 在墩顶处搭设临时支架，现浇0号块及必要的几个梁段，作为拼装挂篮的场地。

② 拼装挂篮，在挂篮上架设模板，悬臂浇筑其余各梁段，逐段进行。

③ 在支架上浇筑边跨现浇段，然后浇筑边跨合龙段。

④ 浇筑中跨合龙段。

采用悬臂浇筑施工法进行施工时的一大优点就是桥跨间不需搭设支架，施工时既不占用河道也不影响桥下交通，同时使用的施工机具设备也较少，施工简便且结构整体性能好,而且在施工过程中可以比较方便地根据具体需要来调整主梁标高。在整个施工过程中,施工机具和人员等重量均全部由已建梁段承受,随着施工的进度,悬臂逐渐延伸,机具设备也逐步移至梁端,不需要支架支撑。所以悬臂浇筑施工法可以应用于通航河流或跨线立交的大跨径桥梁。

(2) 悬臂拼装法。

所谓悬臂拼装施工法,就是首先在预制场地将主梁分节段预制好,待梁段混凝土达到规定强度要求后,再将预制好的梁段依次运至吊装现场;随后逐节段地用吊机将预制块件在桥墩两侧对称起吊、安装就位后,张拉预应力筋;如此重复操作,使主梁悬臂不断接长,直至合龙。概括地讲,悬臂拼装施工的基本工序是:梁段分段预制、移位、堆放和运输,梁段依次起吊、拼装,穿预应力束、施加预应力。

3. 转体施工法

转体施工和拱桥的转体施工类似,也可分为平面转体、竖向转体以及平竖结合三种方式。相对于拱桥来说,刚构桥转体构件更为简单。施工时利用地形,先在两岸用支架浇筑转体结构,然后将两个半桥结构作竖向或平面转动就位后,绑扎接头钢筋和浇筑接头混凝土,待达到设计强度后再进行桥面板结构的施工。具体的施工工艺可参考第八章第一节的相关内容。

11.4.4 典型桥例(广州洛溪大桥主桥)

1. 工程概况

广东洛溪大桥是跨越珠江下游主航道的一座四车道公路桥,全桥长1916.04m,主桥梁用 65+125+180+110m 的不对称四跨连续刚构,桥面宽15.5m。1986年1月正式开工,1988年8月建成通车,工期32个月,提前125天完成。

全桥全长480m,除两端与引桥连接处设置了伸缩缝外,在主桥全长范围内的上部结构与墩身的连接全部采用了整体结构。主桥上部采用单箱单室结构,箱高在主墩支承处为10m,在各跨合龙截面处为3m。主墩采用钢筋混凝土空心双柱墩,每个柱的外形尺寸为 2.2m×8m×26.7m。承台尺寸为 14.2m×15m×4m。桩基用1.5m直径的嵌岩桩,两个主墩分别由桩长47.3和27.1m的24根桩组成。为了避免主墩因船舶撞击而造成损坏,在主墩外围设置了顶部直径为28m底部直径为23m的双层钢围堰作为人工防撞结构。

下部采用钢筋混凝土结构,上部采用后张预应力混凝土结构,在主桥两端的边墩上设置了允许纵向位移和转动的盆式橡胶支座。

本桥主跨180m当时居亚洲第一、世界第六位。而不对称连续刚构、根部梁高采用 $L/18$、跨中采用 $L/60$、仅0.5m厚的柔性隔板、上顶板采用S形的平面布索则处于国际领先地位。主跨180m、双柱式柔性墩、预张力4275kN,多用途人工防撞岛为国内首次应用。主桥总体布置见图11-70。

2. 总体设计

(1) 采用有效的人工岛结构防止船舶的撞击

船舶的撞击曾经造成了许多严重事故,有效的解决办法是围绕墩身修建保护

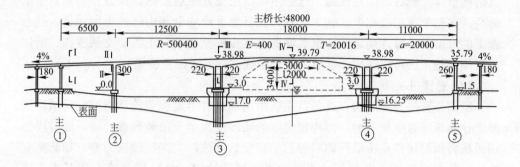

图 11-70 主桥总体布置

性的人工岛。设计者全面研究了河流的冲刷、水深、覆盖层厚度与土类、基岩的深度等情况后，认为本桥具备了采用人工岛的条件，因为：

1）在考虑通航水位及冲刷深度后作为人工岛外围结构的双层钢围堰总高度仅 20m 左右；

2）4 号主墩基岩深度较浅，19.25m 的双层钢围堰可直接下到基岩上，基岩上的覆盖层又有利于钢围堰下沉的中细沙。3 号主墩基岩虽然较深，但基岩之上有一层黏土层，钢围堰可设置在此层一定深度的位置上，黏土层之上也为中细沙；

3）最高及最低水位差仅 3m。

(2) 基础形式

由于 3 号主墩处有一层较厚的黏土层，必须采用桩基础，根据施工单位现有钻孔设备和施工经验，桩基直径采用 1.5m。

(3) 主墩形式

为了加大顺桥向抗弯刚度和平面抗扭刚度，以适应悬臂施工期间由不平衡施工荷载产生的顺桥向弯矩和横向风载产生的平面扭矩，采用了双柱式薄壁空心墩，不仅较实心墩节约混凝土 40%，同时在相同面积条件下较单柱式墩具有较大的抗弯刚度和抗扭刚度，但又具有较小的抗推刚度以减小因温度、收缩徐变产生的内力。

(4) 上部结构截面形式和主要尺寸

考虑到根部截面由自重产生的弯矩为根部总弯矩的 84%，合龙段截面的总弯矩仅为根部总弯矩的 5%，因而在拟定上部结构截面形式和主要尺寸时的一个主导思想，在于减轻自重，增加截面的有效承载力，为此：

1）为了减轻自重，避免因布束需要而增加上下底板面积，在国内首次采用大吨位的 VSL 预应力体系，张拉吨位达 4275kN。实践表明，采用大吨位预应力体系后，上下底板尺寸完全由受力特性控制，如与现有 24 丝弗氏锚比较，减少了上下底板面积约 60% 以上，经济效果极为显著，同时也方便了设计和施工，缩短了施工周期。

2）采用单箱单室薄壁截面，提高单位面积的惯性矩。

3）在保证必需的刚度前提下，取 $L/60$ 的较小的合龙段梁高，以充分减轻自重。

4)由于采用闭口单箱单室截面,其抗扭刚度比同尺寸的开口截面大了约60倍,通过精确分析知扭转对内力的影响极微。由此设计者除在墩顶设置了横隔板以外,其余截面均无横隔板,这样既减轻了自重也方便了施工。

将本桥的构造、尺寸与国内已有的同类型桥梁相比,可明显看到有较大的发展与突破,而且构造简单。

桥面竖向设置了4‰的纵坡,在180m主跨两侧各200m为半径等于500m的竖曲线。

高跨比在跨中为$L/6$,在2号墩根部为$L/16.25$,在3、4号墩根部为$L/18$,箱梁下底边及上底边均采用二次抛物线曲线。

拟定桥面板的几何尺寸主要是根据受力要求,其次是根据布束的构造要求。

腹板厚度,3、4号主墩在开始节段为70cm,第9梁段以后为50cm,2号墩在根部为70cm,第3梁段以后为50cm。

底板厚度,3、4号主墩由根部120cm到合龙段为32cm,中间各段厚度按二次抛物线变化;2号墩由根部60cm到合龙段为32cm,中间各段厚度按二次抛物线变化。

各部尺寸及横截面见图11-71。

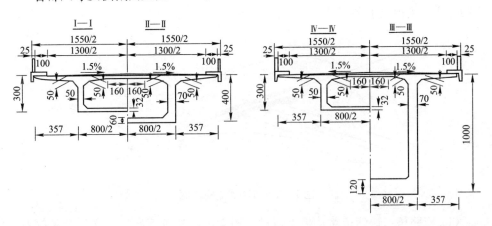

图11-71 横截面图(尺寸单位:cm)

3. 施工概述

本桥悬臂施工长度达88.5m,是迄今国内最大的悬臂施工长度同时又处于强台风和7度抗震烈度地区,因而施工期间的安全度是设计者首先重视的一个问题。

作为3、4号主墩的人工岛采用的双层钢围堰、3号主墩采用吹沙下沉至设计标高后再回填筑成人工岛,在人工岛上进行桩基和承台的施工。4号主墩采用抽水明挖下沉至设计标高后进行桩基施工,然后回填再施工承台。2号墩采用提升模板施工。3、4号主墩采用落地支架施工。

上部结构零号块和1、2号块分别在支架和托架上进行浇筑,然后利用两对挂篮同时进行3、4号墩各梁段的对称悬臂浇筑施工,每一挂篮自重为1088kN,

需要承受的最大重量为784kN。3、4号主梁各需进行24对梁段的浇筑,在工艺熟练之后,每6天可浇筑二个梁段。两边跨20m和30m的现浇段在落地支架上进行浇筑。

11.5 城市立交桥

11.5.1 概述

立体交叉(简称立交)是利用跨线构造物使两条(或多条)道路在不同标高处相互交叉的连接方式。立交桥是为解决道路与道路相交引起的交通冲突而修建的桥梁,它可以是铁路、公路、城市道路不同组合方式的交叉。世界上最早的立交桥出现在法国,我国自20世纪50年代中期以来,先后在北京、上海、广州等城市的主要干道网以及新建的高速公路上建成了一批立交桥,这些立交桥对于提高公路通行能力、缓解道路交通拥塞、提高车辆运行速度、减少交通事故和污染、提高运输效率等方面,起到了重要作用,取得了良好的效益。

11.5.2 立交桥的分类及总体布置

1. 立交桥的主要组成

立交桥的交通组织方式不同,其交叉形式和组成部分也不尽相同,但一般常用的立体交叉由以下各部分组成(图11-72)。

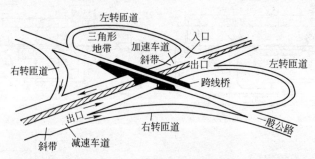

图11-72 互通式立交组成

(1)跨路桥:快速道路从桥上通过,相交道路从桥下通过,这种形式称为上跨式,反之称为下穿式。跨路桥可以是直线,也可以是曲线。

(2)匝道:为连接两相交道路设置的互通式交换道,匝道同相交道的交点称为匝道的终点。匝道分单向匝道、双向匝道和有分隔带的双向匝道三种,一般情况采用前两种匝道,如果两相交道路交通量都很大时,可采用第三种形式。

(3)入口与出口:由高速道路驶出,进入匝道的道口称为出口,由匝道驶出、进入高速道路的道口称为入口。"出"和"入"均是针对高速道路本身而言。

(4)引道:为立交桥交叉口前后道路上起坡点到终坡点之间的一段线路。

2. 立交桥的分类

立交桥的形式很多,立交桥形式的选择,要从城市交通规划、交通性质、交通流量、交通流向、经济合理、环境协调等全面优化确定。

按照相交道路跨越方式划分,立交桥可分为上跨式和下穿式两种。上跨式

(图 11-73a)是用跨线桥从相交道路上方跨过的立交方式,下穿式(图 11-73b)是用地道(或隧道)从相交道路下方穿过的交叉方式。

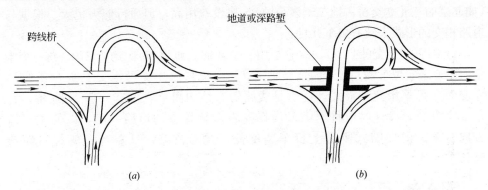

图 11-73　上跨式和下穿式立体交叉

按照交通的功能划分,立交桥可分为分离式与互通式立体交叉两种。

分离式立交桥上、下道路之间不设连接匝道,上、下道路上行驶的车辆不能互相转换,这种立交桥不另占土地,设计简单,除了用于铁路、公路和城市道路相交外,一般用于主要道路与次要道路交叉处,可以减少对干道行车的影响,保证干道的畅通。

互通式立体交叉,相交道路上行驶的车辆可以互相转换。在交叉处设跨路桥或隧道,并在上、下道路之间设连接匝道供车辆转换用。互通式立交占地多、设计复杂,但城市道路一般要求行车能互相转换,故多采用这种形式。在互通式立交中,根据交叉口的立交完善程度和几何形式不同,又可分为部分互通式、完全互通式和定向式三种。

(1) 部分互通式立交

在立体交叉中,不一定每个方向都采用立体交叉,而至少仍保留一个以上的平面交叉时,称为部分互通式立交。常见部分互通式立交形式有菱形立交、十字形立交、部分苜蓿叶式立交等。

1) 菱形立交。这种交叉口的交通组织方式为直行车辆立交,右转弯车辆在匝道上行驶,左转弯车辆通过右行匝道在跨路桥下面通过。这种立交方式在匝道两端有平面交叉产生的局部交通冲突,但造型简单,占地较少,造价也较低,行车速度较高,为城市立交中常用的一种形式,如图 11-74 所示。

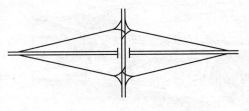

图 11-74　菱形立体交叉

2) 十字形立交。相交两条道路中可以沿交通量较大的方向修建跨路桥或隧道,如两个方向交通量都大,也可以都修成桥或隧道,使直行方向立交,而左转弯车辆采用平交方式,这种立交形式占地少,适于城市道路立交。

3) 部分苜蓿叶式立交。此种形式在高速道路上的出入口为立交,但在相交的次要道路上的出入口则为平交。适用于高速道路与次要道路相交。

(2) 完全互通式立交

完全互通式立交为立交桥的基本形式，每个方向都用立体交叉，占地面积大（如北京的三元立交桥占地二十多公顷），建设费用高，但通行能力也大，根据与道路相交的形式大致有以下几种：

1) 喇叭形立交（图11-75）。它是用一个环圈式匝道（转向约为270°）和一个半定向匝道来实现车辆左转弯的全互通式立交。喇叭形立交当相交道路为T字形立交时，可采用此种形式，优点是线路短、结构简单，仅有一座跨路桥，行车安全方便，设计时应将喇叭口设在左转车辆较多的道路一侧，以便主车流方向行车。但环圈式匝道上行车速度低，线形较差，且左弯车辆绕行距离较长。

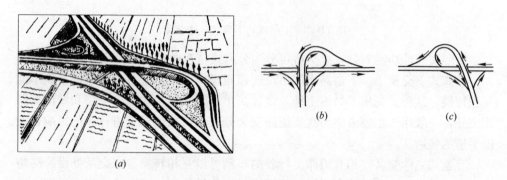

图11-75 喇叭形立交

2) 苜蓿叶式立交（图11-76）。这是一种比较完备的立交系统，两条相交道路与各匝道的交点均为立交，这种立交道口所有需要左转弯的车辆一律改为右转弯行驶，车流没有任何冲突点，可以安全地连接通过，因而通行能力高，但占地多、投资大，适用于市郊高速道路与主要干道的连接。同时由于苜蓿叶式立交左转车辆都是向右转270°后才能到达所需要的转弯方向，不仅使行驶距离增长，而且驾驶人员容易弄错，所以必须设置指示路标。

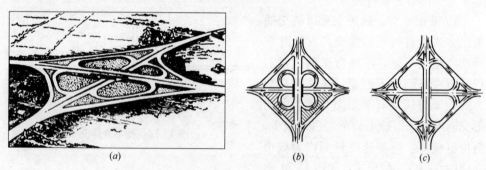

图11-76 苜蓿叶式立交
(a)，(b) 八条单向匝道；(c) 四条双向匝道

3) 环形立交（图11-77）。在交叉口修一座或两座环行桥，形成两层或三层环行道，并设引桥与各向道路连接，使快、慢车在不同的环上行驶。这种形式的直行车和右行车行驶直接，但左转弯车辆需要绕环道行驶才能转向，除环道上还有

平面交织外,其他部位完全消灭了平交冲突。适用于两条高速道路相交,占地也较少,对于四周建筑物不能大量拆迁,交叉口用地受到限制时,可采用此种形式。

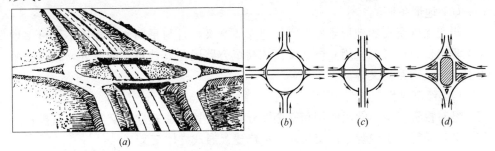

图 11-77　环形立体交叉
(a),(d)椭圆形；(b)二桥式；(c)五桥式

由于环行交叉的通行能力受到环道断面上交织能力的限制,环道上行车速度取决于环道半径的大小和环道的宽度,因此必须校核环道的车速和流量能否满足远期交通发展的需要。

(3) 定向式立交

定向式立交桥系每个方向的转弯车辆均行驶在专用的单向转弯车道上,与其他方向的车道相交时均设立体交叉,从而确保了几个主要流向或全部流向的交通不受干扰。该桥型行驶路线短捷,避免了苜蓿叶式绕弯的缺点,无交织段,占地少。但缺点是修建的立体交叉较多、交叉点重叠,层次多,结构复杂,投资大。

3. 立交桥的总体布置

(1) 相交道路的等级

高速道路同其他各级道路相交,应采用立体交叉；一级公路与交通量大的其他道路相交,宜采用立体交叉；其他各级道路间的交叉,在交通条件需要或有条件的地点,可用立体交叉。立体交叉类型的选用可根据道路的等级、功能、路网密度和结点分布情况、转向交通量、交通管理方式和交叉点处的场地条件等因素综合确定,采用互通式立体交叉或分离式立体交叉。

(2) 相交道路的性质

高速道路间及其同一级公路相交处,以及高速道路和一级公路与交通繁忙的一般公路相交时,均应设置互通式立体交叉。

(3) 相交道路的任务

高速道路、一级公路与通往大城市、重要政治或经济中心、重点工矿区、重要港口、机场、车站和游览胜地及重要交通源的公路相交处,应设置互通式立体交叉。

(4) 相交道路的交通量

一级公路为干线公路且被交叉公路为四车道,按各种车辆折合成小客车的年平均昼夜交通量达到 10000 辆以上；城市道路当进入交叉口的交通量达(4000~6000)辆/h(小客车),相交道路为四车道以上,且对平面交叉口采取交通管理及交通组织措施均难以改善交通状况,可设置互通式立体交叉。

(5) 人口数量

在人口超过 3 万人的城市附近或互通式立体交叉影响范围的人口超过 5 万时，可设置互通式立体交叉。

(6) 地形条件

当交叉处所在的地形条件适宜修建立体交叉，且与平面交叉相比不会过多增加工程造价时可考虑采用立体交叉。如高填方路段与其他道路交叉处，较高的桥头引道与滨河路交叉等。

(7) 经济条件

经对投资成本、营运费用和安全性分析，设置互通式立体交叉的效益投资比和社会效益等大于设置平面交叉时，可修建互通式立体交叉。

11.5.3 弯、斜桥施工

弯、斜桥在桥位控制、标高控制等方面比直桥更加麻烦。

在发展城市立交桥和高架桥时因受地形、地物的限制需修筑成弯、斜桥的形式。对此类桥型的传统施工方法是"弯桥直作、斜桥正作、坡桥平作"，"遇到弯、坡、斜桥绕道免作"。实践证明，这样做与客观实际不符。应该面对实际情况，掌握好弯、斜桥的施工技术。

1. 弯桥施工

弯桥施工除可就地浇筑外，也可采用支架拼装、悬臂拼装、缆索吊装、顶推法和拖拉法等多种架设法。在施工中常会遇到操作场地狭窄、作业时间短促等困难。虽然梁段可近似做成折线，但其架设时，对折线梁段的位置要求严格控制。在结构受力状况和施工要求上，不宜将弯桥做成简支梁。最好采用连续梁或其他桥型。由于弯桥施工的复杂性与特殊性，在制定施工方案时要因地制宜。现将架设弯桥的主要方法简介如下：

(1) 支架法

此法包括搭设满堂支架和其他各种形式支架。此种方法架设弯桥最为安全合适。支架材料可采用钢材如角钢、型钢、钢管及木材和毛竹等其他适合搭架用的材料。而用此法在城市中架桥，对市内交通、通航影响很大，在遇到桥下水深、洪水期水流汹涌、桥高等条件下不宜采用。

(2) 悬臂法

用此法架设弯桥基本与直桥相似。因考虑施工荷载对弯桥产生的扭矩较大，对结构应做特殊处理。例如对箱弯桥，应在箱梁内增加隔墙，以克服悬臂施工产生的扭矩。

(3) 顶推法

要用水平千斤顶多点控制梁体的位置，使之按预期的目的顶推，曲梁在被顶推过程中存在着结构体系的变化，例如主曲梁有由悬臂梁转换成连续梁的特点。因此顶推时，要对梁体的方向随时予以修正。为此，可用刚体运动法增减水平力的大小予以调整（即以控制各水平千斤顶来达到水平力的增减）或用横向顶推移动法来修正（即在梁体被顶推前后，在主梁与各支座间插入四氟板和不锈钢板，用安装在桥墩上的横向导向滑轮，控制液压千斤顶，横移主梁实现修正方向）。

(4) 缆索法

用此法架设弯桥可不受城市交通、桥下净空尺寸，及通航等各方面的影响，但仍受曲梁的形状影响。它不能像修建一般直桥那样将悬索装置设在一条直线段，而是将梁划分为若干区段后，将索道搭设成若干段分别架设桥跨。由于在各区段之间带有折角的悬吊缆索使塔顶在节点处产生巨大的水平力并作用在横桥方向的一侧，而另一侧必须设置控制索以牵制此水平力对桥跨的作用。但主索和控制索的锚固工作较难处理，加上索道为适应桥跨变化分成若干段后，也给施工运输增加了一些困难。

(5) 拖拉法

此法可弥补用支架法、悬臂法、缆索法中的不足。它与顶推法架弯桥有共同之处，是一种较为普遍的架梁方法。在施工时，将曲梁处理成直梁，即在两曲梁之间嵌入架设施工用的楔形垫块，使梁变为近似直线形，然后再通过传进装置或电动自行平板车拖梁架设，使之大致就位，最后拆去楔块，将主梁转动至预定位置上。

2. 斜桥施工

(1) 斜桥施工概况

斜桥有多种结构形式，其中以斜板桥的适应性最强。因为它能做成各种可能的形状，斜交与正交布置桥跨的比较以满足所需的立柱间距，相对于桥纵轴的倾角，任意的超高、坡度及曲率等。

(2) 斜桥正做的施工方法

斜桥正做主要是采取切正桥台的方法，这样可以使桥台的上部构造平面正交，从而使斜桥按正交桥设计。这样不仅简化了桥梁结构，而且使钢筋位置、接缝和浇筑等大部分工序从简，特别是对于拼装预应力节段箱梁时更为有利。在斜桥正做时切正桥台和摆正桥端的基本情况如图 11-78 所示。斜桥桥台一般有一个长前墙并平行于桥下路线。此前墙与桥台的一边墙或翼墙相交成锐角，但在构造上难以给锐角部分配筋，若采取切正桥台的方法，则可取消长前墙和锐角，此时把锐角的顶角用一个垂直于桥中线的前墙切正，使桥台平面呈梯形。被切正的桥座端约占桥宽的一半，桥面的缺三角形补以悬出在斜台前墙上的板或梁的结构，悬臂板延伸至前墙后形成箱形。施工时，为了承担斜桥纵梁的荷载并把其传至桥台支座，可采用重型的端横梁。其形式可参考图 11-79，两端用铸铁支座支承桥跨。

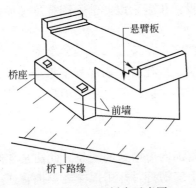

图 11-78 切正桥台示意图

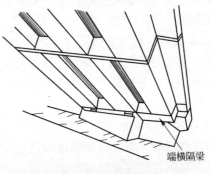

图 11-79 斜桥的端横梁

(3) 顶推法架设斜桥的情况

用顶推法架设斜桥，基本情况与架设正交桥一样。不同之处在于顶推施工的内力计算时需考虑桥梁斜度对顶推力的影响，此时较简单的方法是按杠杆原理算出的值乘以一个按格子构造解析求得的比例系数，作为设计时的断面内力。施工的主要问题在于将斜梁块件划分若干块，然后进行断面内力的推算，确定预加应力值的大小、导梁的架设、顶推架的安置等。如日本的岩切线铁路桥为预应力钢筋混凝土单室箱三跨连续梁桥［跨间布置为(27.655＋280＋27.655)m］，以 55°斜交角横跨 7 条铁路线。通过对工期、施工性、预制场地长度、模板周转次数、设计条件等的研究，把 1/2 跨长作为标准块件长度，在有中横隔板、栏杆托梁的杆件中，前后长度略有变位。预推施工时，在 35m 的施工阶段求出断面内力，并进行应力验算。对临时墩的弹性下沉按弹性支承考虑，顶推施工时的交替应力，采用先期预应力，对于顶推终了产生的应力采用后期预应力。顶、底板上布置先期预应力粗钢筋，后期预应力采用钢索。当全部作为连续钢束布置时，因中跨有较富余的地段，可把一部分钢束超过中支点后，使用固定锚头作为单侧张拉力束。把有两根主梁构造的导梁安装在箱梁的腹板处，导梁长度为架设梁段跨长的 2/3 左右。为适应运输及周转时长度变化的要求分为三个节段，以两台 200t 级穿心式千斤顶固定在桥墩上，并用受拉粗钢筋把它连接在梁的锚固装置上，将梁体不断推出。对顶推架设的控制，一方面是确定方向和高度；另一方面是在梁和滑动支承之间插入滑板，与梁共同向前滑动，逐次反复插入进行架设。

(4) 钢梁斜桥的施工

钢梁斜桥的主梁与横梁的联结方式，第一种情况为桥轴线与支承线交角大于 70°时，采用斜交格子梁形式；第二种为桥轴线与支承线交角小于 70°时，采用正交格子梁形式(但此形式既不降低荷载分配，又能使主、横梁的联结部位结构简化)。若采用拼装预制件架设钢斜梁，因斜度影响，主梁挠度差距很大，横向联结系在与主梁垂直联结片浇筑桥面板混凝土后会使梁倾斜，而中横梁是按竣工后的受力状态制作的，主梁倾斜后会使螺栓孔错位而产生较大附加应力，从而对结构受力不利。因此，要采取如下措施，避免主梁倾斜。

1) 千斤顶顶升回落法

在架梁时，为了消除横梁左右的挠度差，在其相反方向支点处用千斤顶顶升抬高钢梁。待桥面混凝土浇筑后，再回落至设计位置，以此消除因挠度差而造成的主梁倾斜。

2) 水袋或砂袋压重法

钢斜梁架好后在其上搁置一些水袋或砂袋，以代替桥面混凝土重量。一边安装横梁和浇筑桥面混凝土，一边取掉相应重量的水袋。但此法受地形、环境等多方因素的限制。

3) 铰接构造法

当梁倾斜较大时，可用铰接构造法克服附加内力增大的现象。此法是在倾斜较大处予以斜撑，完全做成桁架构造。在其上安铆钉，并用螺栓之类把它连接成局部构造。这是一种有挠度变化而无应力出现的处理办法。但铰接部分因受到限制太大，会使相邻部分的斜撑也产生约束变形应力；而主梁挠度也不会按计算值降低，会使铰接部分的铆钉孔有移位现象，给施工造成危险。为了确保安全，应充分予以重视。

4）长孔法

此法是把主梁的挠度差值全部考虑分布在可能的长孔中，让差值被孔吸收。但长孔的孔径应控制在允许的铆钉孔径内，并对斜梁的斜角有一定的限制。使用的铰接铆钉为高强螺栓时，要进行两次连接，以防螺栓松脱而造成事故。

5）预先扭转法

利用主梁各横断面上的预拱度差是一个定值这一特点，将此预拱度值倒过来，以倒过来的状态把此定值考虑在梁的相反方向上。桥面板浇筑后，使梁回到设计的竖直状态。

11.5.4 人行天桥

1. 人行天桥的构造与分类

城市人行天桥，能使行人与车辆分别在两个平面上活动，互不干扰，避免了彼此直接冲撞，从而达到改善交通管理状况、保障行人安全的显著效果。由于荷载小，人行天桥的主梁可以建造得非常轻巧雅致，梁的宽度较窄，对街道的覆盖面不大，在美化市容方面，与车行立交桥相比，更易获得较好的景观效果。

（1）人行天桥的构造

天桥的主结构可用钢筋混凝土或钢结构建造，从已建成的人行天桥来看，主结构多采用钢结构，其制作、架设均方便，减少了桥面的建筑高度，使立面造型轻盈明快，在经济和美观方面都有较大的优越性。钢结构人行天桥断面一般为钢箱梁结构形式，常采用抛物线形，厂内分段或整跨预制，现场拼装后焊接或高强螺栓连接，材质多为Q235。现场安装时，可以在不影响正常交通的情况下，利用夜间架梁。一旦将来道路拓宽，钢梁拆除也无大的困难。

钢筋混凝土人行天桥具有混凝土坚固耐用的特性，由于它结构形式比较简单，施工起来也较方便，从工程造价来讲，所需要的建筑材料来源广泛，价格相应比较低，工程的成本低也使得工程造价随着降低。

人行天桥一般都位于人口稠密地区、交通繁忙的主干道上，它除了具有疏导交通、保证行人安全的功能外，还应该具有一定的观赏价值，最好能为城市的建设增添一道亮丽的风景线。因而，人行天桥的造型选择显得尤为重要。用得较多的人行天桥的桥型结构有变截面连续板桥、斜腿刚构，及中承式系杆拱桥、单塔板拉桥、刚性吊桥等。图11-80为长安大学人行天桥，为中承式钢管拱桥，1996年建成，跨径100m，形似弯月，成为校园一景。

目前还有的人行天桥还采用空间球网架结构，螺栓球节点空间钢网架结构由螺栓球和连接杆连接而成，螺栓球上带有螺栓孔，杆件两端设高强螺栓。

（2）人行天桥的分类

天桥跨越城市道路一般可以分为两大类：跨越路口及跨越道路。跨越路口一般有十字交叉口、三岔路口、复合（畸形）交叉口等。

天桥平面布置主要有"U"形、"Y"形、"X"形、圆形、八边形和工字形等形式，跨越道路则多采用"一"字形布置。人行天桥平面布置应遵循"简单、对称"的原则，争取与周围建筑物协调统一、曲线过渡自然圆顺。图11-81为合肥市范巷口人行天桥，平面采用"X"形布置。

图11-80　长安大学人行天桥

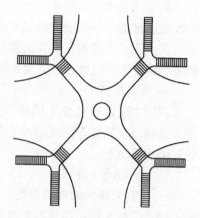

图11-81　合肥市范巷口人行天桥

人行天桥按照大梁的断面形式来分，可分为箱形梁、T形梁和门形梁；按照结构形式来分，可分为简支梁式、连续梁式、拱形、斜拉式人行天桥。

2. 人行天桥的施工

这里主要介绍钢结构人行天桥的施工。

(1) 工厂预制

目前，人行天桥由于受到工期、施工场地、地理环境、交通量、净空等限制，一般采用钢梁作为人行天桥的上部结构的主梁。而主梁由于制作场地的限制，常由造船厂或钢厂就地进行制作。

(2) 细部构造的施工

人行天桥细部构造，必须注意下列事项。

1) 采用桥面薄板焊接时容易变形，应采用断续焊接，一般均采用手工焊接；半自动焊接由于在角隅处保护气体的飞散与大气中不纯物混合使焊性恶化，容易产生缺陷，有些构件施焊前需进行预热，以防焊接变形。

2) 雨水、垃圾的堆积会产生酸性物质，是引起钢桥生锈的主要原因，施工时应注意桥面的纵、横坡，以免桥面积水，并使用一定厚度的钢板以防锈蚀。

3) 排水设备应适用于垃圾不易堆积的构造，尤其是主梁下部有横梁、联结系、支座等，为便于在狭小的空间安装金属管，必须充分研究它的细部。

4) 如果扶梯表面砌瓷砖，在瓷砖与砂浆、踏步板之间有浸水和积水，则会引起瓷砖与砂浆剥落，因此要用环氧树脂砂浆防水或制成泄水坡。

(3) 下部构造的施工

人行天桥多建于城市内，其下部构造与一般桥梁比要轻便、简单得多，因为上部荷载小，受土压力影响不大，施工应满足下列要求。

1) 测量工作

放线前首先对设计院交给的桩位及水准点进行复验。复验无误后方可进行施放。根据平面图纸的要求,精确测放出每个墩的中心位置,并按设计要求测放出每个墩的基础桩位置,经复核无误后,方可开始基础桩的施工。

2) 开挖样洞

在正式进行基础施工前,须对墩中心位置开挖一个样洞,一方面可挖除地下较大的障碍物,又可探明地下公用管线的确切位置。

3) 基础施工

天桥基础开槽施工中容易遇到地下管线,此时应根据管线重要性考虑改迁或加固管线,常见加固的措施有临时支架、采用钢筋混凝土包封加固、做盖板沟保护等,在条件许可时,可采用局部改线的办法;若采用钻孔灌注桩,需注意泥浆的排放场地;采用打入桩时,可采用静压力桩或振动锤桩,以免造成噪声污染。

4) 承台制作

承台除钢筋、混凝土浇筑应符合设计规定外,其与立柱对接的地脚螺栓一定要正确,以防止预埋地脚螺栓浮起和移动,在浇筑承台混凝土前,再一次核对设计图纸,将立柱的对接预留螺栓校对正确,最好使用角钢等固定框架将地脚螺栓固定,方法是加长地脚螺栓的切削螺纹,用螺母在固定框架和模板上下紧紧锚固。

5) 立柱安装

待承台混凝土强度达到设计强度的70%以上时,便可进行立柱安装。立柱是由钢管(筒)或型钢制成,安装时应将立柱的法兰盘螺孔对准承台的长脚螺栓,并由经纬仪校核立柱的垂直度,用水准仪测出立柱的高程,并用小楔块将立柱垫实整平并拧紧螺栓。立柱安装完毕后,即可在柱顶精确测放出墩柱中心位置,并用钢尺精确丈量柱间跨径,安排并焊接柱靴,以便安装上部钢梁。

(4) 钢梁的运输与架设

当下部构造施工完毕后,根据施工进度要求进行上部构造架设,用运输车将各节钢箱梁运至桥位后进行现场安装,采用吊车安装。先装支腿,测量定位后焊接;然后安装与支腿连接的各节钢梁,调整好各项数据后焊接钢梁与支腿的对接焊缝;最后安装、焊接中间合龙段。对接处每道顶板、底板及腹板的对接焊缝均错开规定距离,防止环形焊缝。因为定位支腿和与支腿连接的钢梁涉及中间合龙段能否顺利安装,因此该部位安装定位最重要,施工时尤应注意。运输与安装宜选在晚上施工,既便于大件运输又有利于断路安装。

(5) 桥上构筑物施工

桥上构筑物包括桥面铺装、扶梯的铺装、油漆施工及照明等附属设备的施工。

适合于人行天桥的桥面的材料有混凝土、彩色混凝土、沥青预制砌块等。如果采用预制块,钢板上应先铺砂浆,然后再砌筑预制块。

扶梯的接触面要用不易打滑、耐磨耗、吸声性能好的混凝土、沥青混凝土、聚氨酯、防滑瓷砖等材料按照一定的顺序进行铺设。

钢梁和其杆件在表面涂漆作业前,应进行除锈、打毛和喷涂防锈层,表面清净度达到要求后方可进行涂漆作业。涂漆的施工方法、顺序及材料的使用规格与公路桥大致相同，运输与架设过程中发生的油漆损伤亦可在施工现场补漆。另外，主梁与扶梯的连接等在现场不能涂饰的部分可在加工厂内预先涂漆。扶梯在踏步表面、侧板下部等易脏、易锈蚀的地方，宜采用环氧树脂防锈涂料。钢桥涂装层数和涂膜总厚度，应按设计办理。

附属设备有照明、居民住宅的窗外防护栏栅、挡板、用于防治积雪的防雪栅、高压线下的静电保护栅、桥面加热融雪器等。尤其是确保行人安全，夜间放心行走的照明设备。为保护沿桥居民利益，在扶梯和通道靠近居民住宅一侧，应根据具体情况设置防护栏栅或挡板。一些大、中城市将人行天桥用不锈钢材料修建后，并装上自动扶梯或残疾人专用垂直电梯，大大方便了行人上桥。

思 考 题 与 习 题

1. 拱桥的主拱圈都有哪些形式？各有何特点？
2. 拱桥施工的拱架有哪些结构形式？在选择时，应考虑哪些条件？
3. 拱桥的无支架施工方法都包括哪些？
4. 悬索桥的构成要素都包括哪些？各有何作用？
5. 简述悬索桥主缆的施工方法。
6. 简述斜拉桥拉索的构造特点。
7. 常见刚构桥有哪几种类型？各自特点是什么？
8. 城市立交桥的类型有哪些？其设置原则是什么？

教学单元 12 涵 洞 工 程

【教学目标】 通过学习涵洞的分类与构造，学生熟悉管涵、拱涵、盖板涵和箱涵的施工过程，掌握管涵、盖板涵和箱涵的施工技术要求。

12.1 概 述

涵洞是修建在路基当中，用来沟通两侧水流的人工构筑物。按《公路工程技术标准》JTG B01—2003，当单孔跨径小于 5m，多孔跨径总长小于 8m 时，统称为涵洞(整体性的圆管涵或箱涵，则不论管径或跨径大小、孔数多少，均称为涵洞)。但单从孔径的大小说明涵洞的概念或区分什么是涵洞和小桥，这只是从工程统计以及投资的角度来考虑的，实际上涵洞与桥梁是有根本区别的，其主要区别如下：

(1) 涵洞修在路基当中，它是路基的一个组成部分，它保持路基的连续性，路基不中断(如图 12-1 所示)；而小桥则中断路基，自成一体，不保持路基的完整性。

(2) 路基越高，涵洞洞身越长，即路基高度与涵洞洞身长度成正比；小桥则不随路基的高度而加宽桥面。

图 12-1 涵洞

(3) 涵洞的孔径比较小，洞身高度和孔径大小有一定比例关系，而小桥的桥高与孔径则没有一定的比例关系。

(4) 涵洞比小桥更能承受超量洪水的侵袭，涵洞实际通过的流量能超过设计流量的 50%，小桥一般只能承受超过设计流量的 25%。涵洞排水的潜在能力大，工程造价低，因此在可建桥又可建涵洞时尽量修建涵洞。

涵洞的主要作用是使水流或洪水能顺利穿过路基，保持路基的完整和连续，不使路基冲毁或掩没，保证车辆正常通行。

涵洞是公路工程中的小型构造物，虽然在总造价中仅占很小比例，但涵洞施工质量的好坏，直接影响到公路工程的整体质量及其使用性能，以及周围农田的灌溉、排水等。因此，对涵洞施工同样不可忽视，应在施工前做好充分准备，周密安排，施工过程中严格控制施工质量，确保其质量达到设计及规范要求。

12.2 涵洞分类与构造

12.2.1 涵洞分类

1. 按建筑材料分类

(1) 石涵：包括石盖板涵和石拱涵。石涵造价、养护费用低，节省钢材和水泥，在产石地区应优先考虑采用石涵。

(2) 混凝土涵：可现场浇筑或预制成拱涵、圆管涵和小跨径盖板涵。该种涵洞节省钢材，便于预制，但损坏后修理和养护较困难。

(3) 钢筋混凝土涵：可用于管涵、盖板涵、拱涵和箱涵。钢筋混凝土涵涵身坚固，经久耐用，养护费用少。管涵、盖板涵安装运输便利，但耗钢量较多，预制工序多，造价较高。

(4) 砖涵：主要指砖拱涵。砖涵便于就地取材，但强度较低，在水流含碱量大或冰冻地区不宜采用。

(5) 其他材料涵洞：有陶瓷管涵、铸铁管涵、波纹管涵、石灰三合土拱涵等。

2. 按构造形式分类

(1) 管涵：受力性能和对地基的适应性能较好，不需墩台，圬工数量少，造价低，适用于有足够填土高度的小跨径暗涵。

(2) 盖板涵：构造简单，易于维修，有利于在低路堤上修建，还可以做成明涵。跨径较小时可用石盖板，跨径较大时可用钢筋混凝土盖板。

(3) 拱涵：适宜于跨越深沟或高路堤时采用。拱涵承载能力大，砌筑技术容易掌握，但自重引起的恒载也较大，施工工序繁多。

(4) 箱涵：整体性强，适宜于软土地基。但用钢量多，造价高，施工较困难。

3. 按洞顶填土情况分类

(1) 明涵：洞顶不填土，适用于低路堤、浅沟渠。

(2) 暗涵：洞顶填土大于50cm，适用于高路堤、深沟渠。

4. 按水力性能分类

(1) 无压力式涵洞：进口水流深度小于洞口高度，水流流经全涵保持自由水面，适用于涵前不允许壅水或壅水不高时。

(2) 半压力式涵洞：进口水流深度大于洞口高度，但水流仅在进口处充满洞口，在涵洞其他部分都是自由水面。

(3) 有压力式涵洞：涵前壅水较高，全涵内充满水流，无自由水面，适用于深沟、高路堤。

(4) 倒虹吸管：路线两侧水深都大于涵洞进出水口高度，进出水口设置竖井，水流充满全涵身，适用于横穿路线的沟渠水面标高基本等于或略高于路基标高。

12.2.2 洞身和洞口构造

涵洞是由基础、洞身及洞口建筑组成的排水构造物，如图 12-2 所示。在地面以下，防止沉降和冲刷的部分称作基础；在基础之上，挡住路基填土，形成流水孔洞的部分称作洞身；洞身承受活载压力和土压力并将其传递给地基，应具有保证设计流量通过

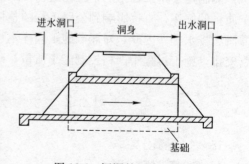

图 12-2 涵洞的组成示意图

的必要孔径,同时本身要坚固而稳定。在洞身两端,用以集散水流,保护洞身和路基,使之不被水流破坏,这部分称作洞口。洞口建筑连接着洞身及路基边坡,应与洞身较好地衔接并形成良好的泄水条件。位于涵洞上游的洞口称为进水口,位于涵洞下游的洞口称为出水口。上游洞口是把面积较大地面水流,汇集于一定的孔径之内,使之顺利通过涵洞,下游洞口是把汇集于一定孔径之内的水流扩散开去,使之顺畅离开涵洞。所以,上游洞口的作用是束水导流,下游洞口的作用是疏水防冲。对洞口的要求是:保证水流顺畅进出洞身,提高涵洞的过水能力;防止水流对洞口附近路基边坡及洞口基础的冲刷;确保涵洞安全,保证道路正常通车。

1. 洞身构造

(1) 管涵

圆管涵主要由管身、基础、接缝及防水层组成,各组成部分名称如图12-3所示。圆管涵洞管节和支承管节的基础垫层如图12-4所示。当整节钢筋混凝土圆管涵无铰时,称为刚性管涵。刚性管涵在横断面上是一个刚性圆环。管壁内钢筋有内、外两层,钢筋可加工成一个个的圆圈或螺旋筋(图12-5)。

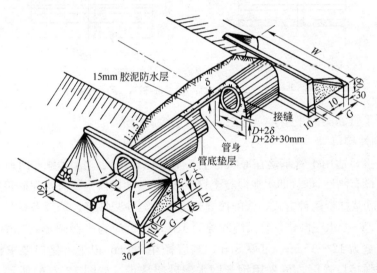

图12-3 圆管涵各组成部分(尺寸单位:cm)

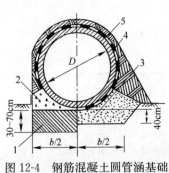

图12-4 钢筋混凝土圆管涵基础

1—浆砌片石;2—混凝土;
3—砂垫层;4—防水层;5—黏土

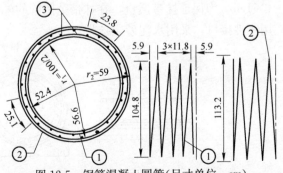

图12-5 钢筋混凝土圆管(尺寸单位:cm)

圆管涵常用孔径 D 为 50cm，75cm，100cm，125cm，150cm，对应的管壁厚度 δ 分别为 6cm，8cm，10cm，12cm，14cm。基础垫层厚度 t 根据基底土质确定，当为卵石、砾石、粗中砂及整体岩石地基时，$t=0$；当为亚砂土、黏土及破碎岩层地基时，$t=15$cm；当为干燥地区的黏土、亚黏土、亚砂土及细砂的地基时，$t=30$cm。

钢筋混凝土管管头接口有平接、企口接、套接三种方式，各种接口如图 12-6 所示。

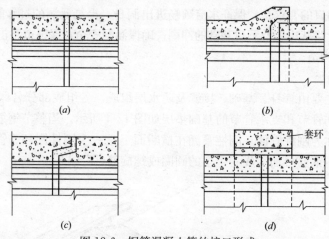

图 12-6　钢筋混凝土管的接口形式
(a)平接口；(b)套管接口；(c)企口接口；(d)套环接口

适用于管涵的为平接，以下主要介绍平接的构造。

1) 刚性接口

刚性接口适用于管基落在原状土上，土基比较密实，沿管身方向地基土质比较均匀且设有刚性管座(即水泥混凝土管座)时。刚性接口主要有水泥砂浆抹带及钢丝网水泥砂浆抹带两种方式，管的接缝处均用水泥砂浆填缝，填缝及抹带砂浆一般采用 1:2.5~3 水泥砂浆，管接缝间隙为 1cm，抹带应为半椭圆形，如图 12-7(a) 所示，带宽为 12~15cm，带厚 3cm。当管径在 180cm 以上，接口要求标准较高时，为加强接口强度，可采用钢丝网水泥砂浆抹带，如图 12-7(b) 所示。钢丝网水泥砂浆抹带宽一般为 20cm，厚 2.5cm，钢丝网宽 18cm，钢丝网规格为 20 号 1×1cm，为保证抹带质量，在抹带范围管的外壁应凿毛。城市郊区道路的涵管多用刚性接口，采用水泥砂浆抹带。

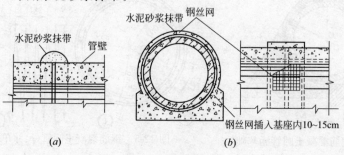

图 12-7　刚性接口
(a)水泥砂浆抹带接口；(b)钢丝网水泥砂浆抹带接口

2）半刚性接口

如图 12-8 所示，预制钢筋混凝土套环石棉水泥接口属于半刚性接口。这种接口在一定程度上可以防止由于管身纵向不均匀沉陷而产生的纵向弯曲或错口，是一种比较可靠的接口形式，一般用在地基较弱的情况下。施工时应先做好接口，然后再浇筑水泥混凝土管座。

3）柔性接口

处于填方上的管涵、地基不均匀或虽经处理仍可能产生不均匀沉陷的管涵，以及采用砂或石灰土做的弧形地基，均应设置柔性接口。

柔性接口的做法是：以热沥青浸麻筋，填满接缝，缝宽 0.5～1cm，管外顺接线贴热沥青浸防水纸八层，宽 15～20cm，在现场以热沥青逐层粘合于管外壁上，也可用两层油毡以沥青粘合包于管外壁上以代替防水纸，如图 12-9 所示。

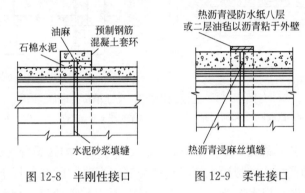

图 12-8　半刚性接口　　　图 12-9　柔性接口

（2）盖板涵

盖板涵主要由盖板、涵台、基础、洞身铺底、伸缩缝及防水层等部分组成，如图 12-10 所示，盖板涵洞身由涵台（墩）、基础和盖板组成（图 12-11）。

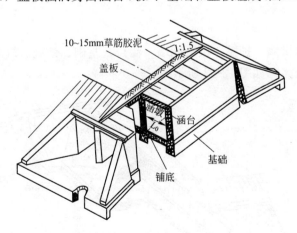

图 12-10　盖板涵各组成部分

钢筋混凝土盖板涵跨径 L_0 为 150cm，200cm，250cm，300cm，400cm，相应的盖板厚度 d 在 15～22cm 之间。

圬工涵台（墩）的临水面一般采用垂直面，背面采用垂直或斜坡面，涵台（墩）顶

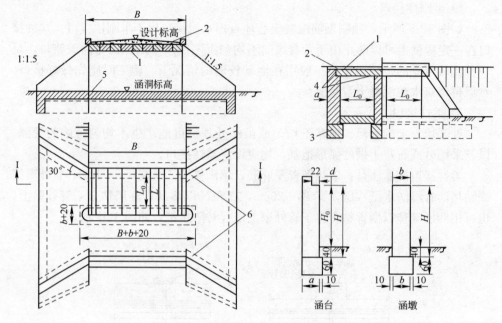

图 12-11 盖板涵构造图(尺寸单位：cm)
1—盖板；2—路面；3—基础；4—砂浆填平；5—铺砌；6—八字墙

面可做成平面，也可做成 L 形，借助盖板的支撑作用来加强涵台的稳定。为了增加整体稳定性和抗震性，当跨径大于 2m 且涵洞较高时，可在盖板下或盖板间，沿涵长每隔 2m 增设一根支撑梁。同时在台(墩)帽内预埋栓钉，使盖板与台(墩)加强连接。

基础有分离式和整体式两种，前者适用于地基较好的情况，后者适用于地基较差的情况。

(3) 拱涵

拱涵主要由拱圈、护拱、拱上侧墙、涵台、基础、铺底、沉降缝及排水设施等组成，各部分名称如图 12-12 所示。

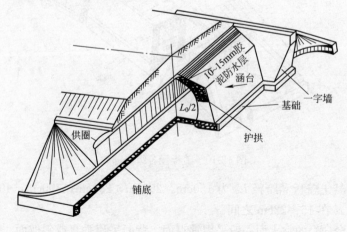

图 12-12 石拱涵各组成部分

拱圈是拱涵的承重部分，可由石料、混凝土、砖等材料构成。拱圈一般采用等截面圆弧拱。跨径 L_0 为 100cm，150cm，200cm，250cm，300cm，400cm，500cm，相应拱圈厚度 d 为 25～35cm。涵台（墩）临水面为竖直面，背面为斜坡，以适应拱脚较大水平推力的要求。基础有整体式和分离式两种。整体式基础主要用于小跨径涵洞。对于松软地基上的涵洞，为了分散压力，也可用整体式基础。对于跨径大于2～3m的涵洞，宜采用分离式基础。

（4）箱涵

箱涵主要由钢筋混凝土涵身、翼墙、基础、变形缝等部分组成，如图 12-13 所示。因箱涵为整体闭合式钢筋混凝土框架结构，所以具有良好的整体性及抗震性能。但由于箱涵造价高，一般仅在软土地基上采用。

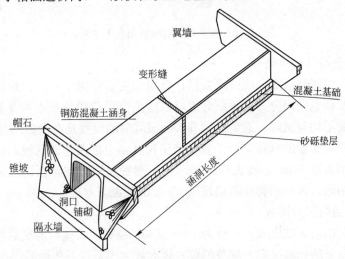

图 12-13　钢筋混凝土箱涵各组成部分

箱涵又称矩形涵，箱涵洞身可采用钢筋混凝土封闭薄壁结构，根据需要做成长方形断面或正方形断面（图 12-14）。箱涵的上下顶板、底板与左右墙身是刚性结构，适于在软土地基上采用。

箱涵的常用跨径 L_0 为 200cm、250cm、300cm、400cm、500cm，单孔箱涵顶板和侧墙的厚度一般取其跨径的 1/9～1/12，双孔箱涵顶板及侧板的厚度可取跨径的 1/12～1/13。箱涵壁厚 δ 一般为 22～35cm，垫层厚度 t 为 40～70cm，箱涵内壁面四个角处往往做成45°的斜面，其尺寸为5cm×5cm。底板厚度一般取等于或略大于顶板的厚度。

箱涵的配筋需经结构计算确定。

（5）倒虹吸管

它是管涵的一种，将管涵埋设在路基下，使高于路基的水流，借水本身的压力

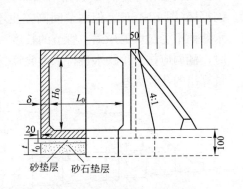

图 12-14　箱涵洞身（尺寸单位：cm）

L_0—跨径；H_0—净高；δ—箱涵壁厚；

t_0—砂石垫层厚度；t—垫层厚度

通过路基。倒虹吸管在道路与灌溉渠道交叉时用，按进出水井的形式分为直井式和斜井式两类，如图 12-15 所示为直井式倒虹吸管剖面示意图。

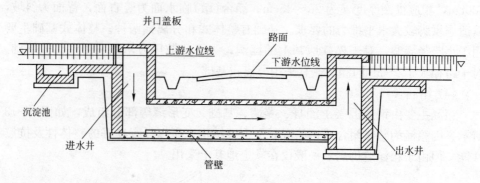

图 12-15　直井式倒虹吸管剖面示意图

2. 洞身分段及接头处理

洞身较长的涵洞沿纵向应分成数段，分段长度一般为 3～6m，每段之间用沉降缝分开，基础也同时分开。涵洞分段可以防止由于荷载分布不均及基底土壤性质不同引起的不均匀沉降，避免涵洞开裂。沉降缝的设置是在缝隙间填塞浸涂沥青的木板或浸以沥青的麻絮。对于盖板暗涵和拱涵应再在全部盖板和拱圈顶面及涵台背坡均填筑厚 15cm 的胶泥防水层。对于圆管涵则应在外面用涂满热沥青的油毛毡圈裹两道，再在圆管外圈填筑厚 15cm 的胶泥防水层。

3. 山坡涵洞洞身构造

山坡涵洞的洞底坡度大，一般为 10%～20% 或更大一些，洞底纵坡主要由进水口和出水口处的标高决定。洞身的布置视底坡大小有以下几种形式。

(1) 跌水式底槽（适用于底坡小于 12.5%）

底槽的总坡度等于河槽或山坡的总坡度。洞身由垂直缝分开的管节组成，每节有独立的底面水平的基础（图 12-16）。后一节比前一节垂直降低一定高度，使涵洞得到稳定。为了防止因管节错台在拱圈或盖板间产生缝隙，错台厚度不得大于拱圈或盖板厚度的 3/4（图 12-16a）。当相邻两节的高差大于涵顶厚度时，需加砌挡墙（图 12-16b），但两节间高差也不应大于 0.7m 或 1/3 涵洞净高，以保证泄水断面不受过大的压缩。管节的长度一般不小于台阶高度的 10 倍；若小于 10 倍时，涵洞应按台阶跌水进行水力验算。做成台阶形的涵洞，其孔径应比按设计流量算出的孔径大些。

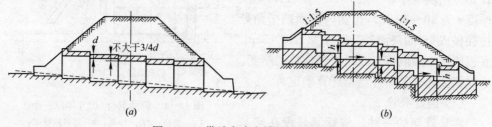

图 12-16　带跌水式底槽的涵洞纵断面

(2) 急流坡式底槽(适用于坡度大于12.5%)

当跌水式底槽每一管节的跌水高度太大,不能适应台阶长度的要求时,可建造急流坡式底槽。急流坡式底槽坡度应等于或接近于天然坡度(图12-17)。涵洞的稳定性主要靠加深管节基础深度来保证,其形式一般为齿形或台阶形。

(3) 小坡度底槽

如果地质情况不好,不允许修建坡度较大的涵洞时,应改为小坡度底槽,在进出水口设置有消能设备的涵洞(图12-18)。

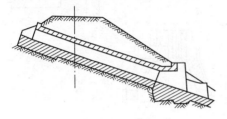
图12-17 带急流坡式底槽的涵洞纵断面

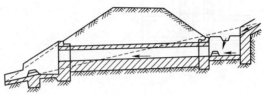
图12-18 小坡度底槽的涵洞纵断面

4. 洞口建筑

洞口建筑是由进水口和出水口两部分组成。洞口应与洞身、路基衔接平顺,并起到调节水流和形成良好流线的作用,同时使洞身、洞口(包括基础)、两侧路基以及上下游附近河床免受冲刷。另外,洞口形式的选定,还直接影响着涵洞的宣泄能力和河床加固类型的选用。

常用的洞口形式有端墙式、八字式、走廊式和平头式四种。无论采用何种形式,洞口进出水口河床必须铺砌。

(1) 正交涵洞的洞口建筑

1) 端墙式

端墙式洞口由一道垂直于涵洞轴线的竖直端墙以及盖于其上的帽石和设在其下的基础组成(图12-19)。这种洞口构造简单,但泄水能力小,适用于流速较小的人工渠道或不易受冲刷影响的岩石河沟上。为了保证端墙稳定及改善排水效果,防止水流对填土边坡的冲刷,一般应设锥形护坡,这种形式因锥坡需铺砌,圬工体积较大,施工复杂,不够经济,一般多用于路基两侧地形平坦的宽浅河流或孔径压缩较大的河沟,由于此种形式的稳定性较好,当涵洞较高时常被采用。

2) 八字式

在洞口两侧设张开成八字形的翼墙(图12-20)。为缩短翼墙长度并便于施工,可将其端部建成平行于路线的矮墙。八字翼墙与涵洞轴线的夹角,按水力条件最适宜的角度设置,进水口为13°左右,出水口为10°左右,但习惯上都按30°设置。这种洞口工程数量小,水力性能好,施工简单,造价较低,因而是最常用的洞口形式。

3) 走廊式

走廊式洞口建筑是由两道平行的翼墙在前端展开成八字形或曲线形构成的(图12-21)。这种洞口使涵前壅水水位在洞口部分提前收缩跌落,可以降低涵洞的设计高度,提高了涵洞的宣泄能力。但是由于施工困难,目前较少采用。

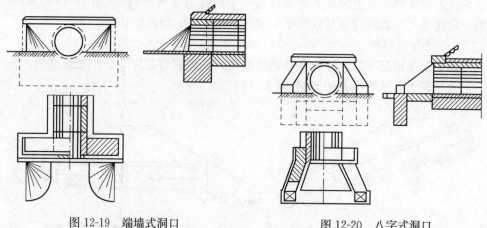

图 12-19　端墙式洞口　　　　图 12-20　八字式洞口

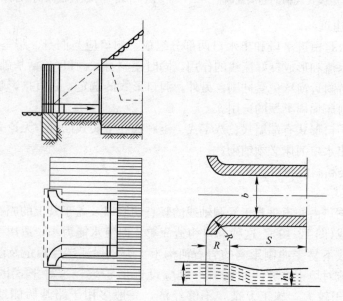

图 12-21　走廊式洞口

(2) 斜交涵洞的洞口建筑

1) 斜交斜做(图 12-22)

涵洞洞身端部与路线平行,此种做法称斜交斜做。此法费工较多,但外形美观且适应水流,较常采用。对于盖板涵和箱涵,运用斜交斜做法比较普遍。在这种情况下,除洞口建筑外,还须对盖板或箱涵涵身的两端另行设计,以适应斜边的需要。

2) 斜交正做(图 12-23)

涵洞洞口与涵洞纵轴线垂直,即与正交时完全相同。此做法构造简单。在圆管涵或拱涵中,为避免两端圆管或拱的施工困难,可采用斜脚正做法处理洞口。

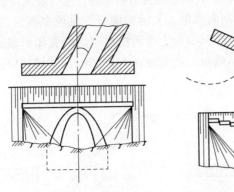
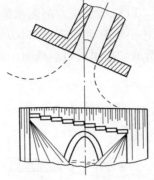

图 12-22　斜交斜做涵洞　　　图 12-23　斜交正做涵洞

12.2.3　进出水口沟床加固处理方法

洞口设施视地形、地质和水文条件的不同而有所差异，进出水口沟床加固处理是与涵洞本身设置的坡度和涵洞上下游河沟的纵向坡度有关，凡涵洞设置坡度小于临界坡度，上下游河沟纵向坡度也较小时，称为缓坡涵洞；反之，称为陡坡涵洞。

1. 缓坡涵洞进水口沟床加固

（1）当水流挟带泥沙较多时，可在进水口处设深约 0.5m 的沉沙池，既能沉淀泥沙，又可以起到消能作用。

（2）在河沟纵坡小于 10% 且河沟顺直时，涵洞顺河沟纵向设置，此时涵前河沟纵坡有时稍作开挖与涵洞衔接，开挖后纵坡可略大于 1：10。新开挖部分是否需要加固，视土质和流速而定。

（3）涵前天然河沟纵坡为 10%～40% 时，涵洞仍按缓坡设置，此时涵前河沟开挖的纵坡可取 1：4～1：10。除岩石地基外，新开挖的沟底和沟槽侧向边坡均须采取人工加固，加固类型主要根据水流流速确定（图 12-24）。由于涵前沟底纵坡较大，水流在进口处产生水跃，故在进口前应设置一段缓坡，其水平距离约为 $(1～2)l_0$（l_0 为涵洞孔径，以 m 计）。

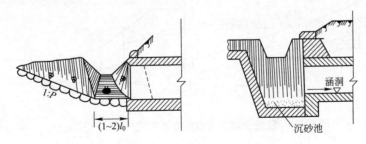

图 12-24　缓坡涵洞进水口沟底及沟槽边坡加固

2. 陡坡涵洞进水口沟床加固

（1）涵前河沟纵坡较陡，但小于 50% 时，涵洞可按陡坡设置，涵底坡度与涵前沟底纵坡可直接平顺衔接。除了人工铺砌外，无须采取其他措施。

(2) 当涵前河沟纵坡大于50%，且水流流速很高时，进口处须设置跌水或消力池、消力槛等，以减缓水流，削弱水能。上游沟槽开挖纵坡率视河沟地质情况确定，以保证土体不致滑动。图12-25(a)为上游沟槽铺砌加固成梯形截面；图12-25(b)为上游沟槽铺砌加固成矩形截面，槽底每隔1.5～2m设防滑墙一道。

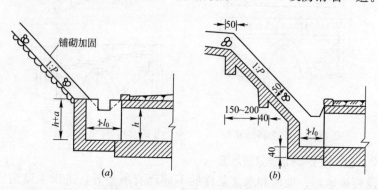

图 12-25　陡坡涵洞进水口的跌水措施(尺寸单位：cm)

3. 缓坡涵洞出水口处理

坡度 i 小于或等于15%的天然河沟上设置缓坡涵底（洞底坡度小于5%），出水口流速不大，下游洞口河床可采用一般铺砌形式，在铺砌末端设置截水墙。无压力式涵底下游，为了减小水流速度，可视情况与涵底出水口铺砌相结合，分别设置一级、二级或三级挑坎。

4. 陡坡涵洞出水口处理

当天然沟槽纵坡大于15%时，须设置陡坡涵洞。陡坡涵洞出水口一般可采用八字翼墙，同时视地形、地质和水力条件，采用急流槽、跌水、消力池、消力槛、人工加糙等消能设施。具体形式和彼此衔接方式根据水力计算确定。图12-26为两种出水口布置形式。

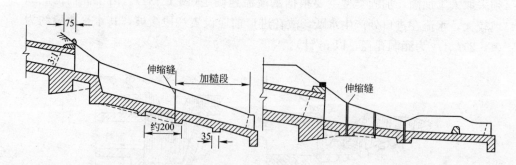

图 12-26　陡坡涵洞出水口的布置形式(尺寸单位：cm)

12.3　涵洞设计

涵洞设计步骤：

(1) 根据线路的位置和地形图上排洪沟渠、灌溉渠、农村道路等的位置，结合野外勘测，确定涵洞的位置；

（2）对于排洪涵洞，应在地形图上勾绘分水线，划出汇水区域，并计算汇水面积。然后根据汇水面积、汇水区形状、当地植被情况和有关水文、气象等资料，用小流域暴雨径流计算的方法计算出涵洞的设计流量；

（3）根据设计流量和路基填土高度及地形、地质情况选择涵洞类型；

（4）根据流量大小、沟床坡度计算确定涵洞的孔径。对于灌溉涵和交通涵，则根据实际需要，经与有关部门协商确定；

（5）根据地形情况进行涵洞的平面和纵断面布置；

（6）根据涵洞类型、孔径、路基高度等套用标准图，确定涵洞出入口类型、尺寸和洞身结构尺寸；

（7）计算涵洞长度；

（8）涵洞基础设计；

（9）进行涵洞出入口的铺砌防护设计。

具体设计内容如下：

12.3.1 涵洞的野外勘测

1. 涵洞位置的确定

小桥涵位置原则上应服从路线走向。桥涵中心桩号可根据已定的路线走向及水流流向确定，同时用方向架或有度盘的水准仪，测量桥涵与路线的夹角。

下列位置一般应设置桥涵。

（1）一沟一涵

凡路线跨越明显的干沟、小溪时，原则上均应设涵。

（2）农田灌溉涵

路线经过农田，跨越灌溉用渠，为了不致因修路而影响农田灌溉，必须设置灌溉涵。

（3）路基边沟排水涵

山区公路的傍山线，为了排除路基内侧边沟的流水，通常每隔 200～400m 应设置一道涵洞，其具体位置可根据路线纵、横断面及实际地形情况设置。如在设置截水沟的地段，截水沟排水出口处应设置涵洞；路线的转角较大（大于 90°），曲线半径又比较小，进入弯道前的纵坡大于 4%，坡长在 200m 内又无别的排水涵洞，在弯道地点附近应设置涵洞；由路线的陡坡段过渡到缓坡段，在此 200m 内又无其他涵洞，在变坡点附近应设置涵洞。

（4）路线交叉涵

当路线与铁路、公路、机耕道平面交叉时，为了不使边沟流水受阻，同时不致冲坏相交路线的路基，一般应设排水涵。

（5）其他情况

路线通过积水洼地、池塘、泥沼地带时，为沟通两侧水位，应设置涵洞；路线穿越村镇时，应保证地面排水畅通，也可设置涵洞。

2. 水文资料调查

小桥涵水文资料调查的目的是为确定设计流量和孔径计算提供所需的资料，

具体调查内容根据所采用的水文计算方法来确定。公路小桥涵常采用的水文计算方法有形态调查法、径流形成法和直接类比法。

(1) 形态调查法

形态调查法是通过调查河槽形态断面、平均流速及洪水频率等资料来确定设计流量的方法。主要调查内容有：通过访问当地居民，确定涵址附近不同年代较大洪水位及其频率；河槽比降测定；形态断面布设及其测量，形态断面测量可用水准仪沿垂直河流方向施测，施测范围应测至洪水痕迹或高程特征点以上1～2m。天然流速可用流速仪测定或用天然流速公式计算。形态断面布设及天然流速计算详见《桥涵水力水文》教材。

(2) 直接类比法

直接类比法是从河流上、下游原有小桥涵的使用情况来拟定新建小桥涵的设计流量和孔径的方法。主要调查的内容有：原有桥涵的形式、孔径、墩台和进出口的类型，涵底纵坡，涵洞修建年月、目前使用情况、有无冲刷和淤积现象等。另外尚须了解新建桥涵与原桥涵之间的距离，地质上有无明显差异，两涵汇水面积的差值等，据此拟定新建桥涵的设计流量和孔径。

(3) 径流形成法

径流形成法是通过调查汇水面积等资料来确定设计流量的方法。在公路测设前应首先搜集公路沿线1：10000～1：50000的地形图，在外业勘测期间勾绘出较大构造物的汇水面积。无地形图时，可利用平板仪实地测绘。在深入汇水区进行勘测时，应将汇水区土壤的类属、植被情况以及水力化设施等情况进行测记，以供计算流量之用。

3. 河沟横断面测量

一般应沿路线方向测量涵址中线横断面。当河沟与路线斜交时，还应在涵位附近测量垂直河沟的断面，测绘范围一般在调查历史洪水位以上1.0m，或水面宽度以外2～10m。当沟形复杂，地形起伏较大，不宜布置洞口时，可在河沟上、下游纵断面起伏较大处增测几个横断面，将这些断面套绘在一张米格纸上，以便检查涵位及路线夹角是否合适，涵身与翼墙基础有无不良地质现象等。

4. 河沟纵断面及河沟比降测量

测量河沟纵断面主要是了解涵址附近河沟的纵坡情况，以便于计算流量、水位及考虑构造物的纵向布置。河沟纵断面测量应自涵位中桩沿涵洞中线方向分别向上、下游施测，施测范围为上、下游洞口外20m。遇有改沟、筑坝或设缓流设备等附属工程时，应适当延长。当采用形态调查法时，尚须测量河段比降。由于一般洪水位比降不易测到，所以可用常水位、低水位或沟底平均纵坡代替。其施测长度：在平原区，一般河沟上游测量200m，下游100m；在山区上游测量100m，下游50m。如有跌水陡坡时，还应将跌水陡坡测出。

5. 涵址平面示意图勾绘

为了便于内业设计时了解涵址附近的地形、地貌现状，当遇地形复杂、河流较弯曲、涵位与路线斜交、上下游河沟需改道等情况时，有必要勾绘出涵址平面示意图。勾绘时一般是先按比例绘好路线和涵洞方向的关系图，再用目测的方法将地形、地貌、地物等勾绘在示意图上。必要时可用平板仪实测地形图。

6. 小桥涵地质调查

小桥涵地质调查的目的在于了解桥涵基底土壤的承载能力、地质构造和地下水情况以及其对构造物的稳定性影响等,为正确选定桥涵及附属工程的基础类型和尺寸、埋置深度等提供有关资料。调查内容有:基底土壤类别与特征,有无不良地质情况,土壤冻结深度及水位地质对桥涵基础与施工有无影响等。调查方法常采用调查与挖探、钻探相结合。

(1) 调查原有构造物基础情况

通过地质部门搜集各种有关的地质资料和附近原有构造物的基础情况,并详细记录河床地表土壤情况。

(2) 挖探法

在沟底中心或两侧涵台附近开挖探坑,开挖深度一般不小于预定基底标高以下 1～2m,开挖的同时应分层选取代表性土样进行试验。

(3) 钻探法

一般用轻型螺旋钻,最大钻进深度为 5m 左右,能取出扰动土样,可以判断土石类别及液性指数等。

12.3.2 涵洞设计

1. 涵洞设计的一般原则

(1) 宜就地取材,尽量节约钢材。

(2) 尽量套用标准设计,加快设计、施工进度。

(3) 在同一段线路范围内尽量减少涵洞类型,以便大量集中制造,简化施工。

(4) 充分考虑日后维修养护的方便。

(5) 同一段线路的涵洞应作合理的布局,使全线桥涵能形成畅通无阻的、良好的排水系统。

(6) 设计中应加强方案比选工作。除技术条件外,应充分考虑经济效益,节省投资。

2. 涵洞类型的选择

涵洞类型的选择应综合考虑以下因素。

(1) 地形、地质、水文和水力条件

涵洞类型选择时应考虑水流情况、设计流量大小、路堤填方高度、涵前允许最大壅水高度、地基承载能力等。一般当设计流量在 $10m^3/s$ 左右时,宜采用圆管涵;设计流量在 $20m^3/s$ 以上时,宜采用盖板涵;设计流量更大时,宜采用拱涵。当然,还应同时综合考虑路堤填方高度是否满足要求。地基情况较差时,可考虑采用箱涵。

(2) 经济造价

因地区不同,涵洞造价往往差异很大。涵洞造价主要取决于材料的料场价格,其次是材料的运输费用和当地的人工、机具费用。

在盛产石料地区,应优先考虑石涵;在缺乏石料地区,可根据流量大小选用钢筋混凝土管涵、盖板涵和拱涵。

(3) 材料选择和施工条件

涵洞材料选择要因地制宜，尽可能就地取材，优先考虑圬工结构，少用钢材，同时应方便施工。一段线路上不宜采用过多类型的涵洞，以便于集中预制，节省模板，保证质量，加快施工进度。

(4) 养护维修

为便于养护，涵洞孔径不宜过小，洞身不宜过长。冰冻地区不宜采用倒虹吸管涵，否则，应在冻期前将管内积水排除，并将两端进口封闭。

3. 涵洞孔径的确定

根据设计流量确定涵洞的净跨径。在确定涵洞净跨径时，应结合涵洞净高综合考虑。根据计算的涵洞净跨径套用标准跨径。

《桥规》规定的涵洞标准跨径有 75cm，100cm，150cm，200cm，250cm，300cm，400cm，500cm 等九种。

4. 涵洞布置

(1) 涵洞的平面布置

涵洞的平面布置主要是解决好涵位及涵轴线与路线交角的问题。涵洞应尽量布置成正交。正交涵洞长度短，工程数量小，施工简便。当天然河道与路线斜交，但地形变化不大，且水流较小时，可经过人工改河，仍设正交涵洞；但经过技术经济比较，不宜改河时，则只能采用斜交涵洞。斜交涵洞的斜交角通常取 5°为一级，以便套用标准图中的标准跨径。

(2) 涵洞的立面布置

1) 涵洞标高确定

涵洞顶面中心标高应服从路线纵断面要求，可从路线设计标高推算出来。涵底中心标高一般与天然沟床标高一致或略低一些。如果是老涵改建，涵底的标高应考虑涵洞进出口沟底标高，以此确定涵底中心标高。

2) 涵底纵坡

涵底纵坡最好选用临界坡度，此时涵洞的排洪能力最大。但实际设计时，涵底纵坡通常根据沟底纵坡确定。最小纵坡不小于 0.4%，以防淤积；也不应大于最大坡度，以防涵底铺砌被冲毁。

3) 涵底基础

设置在天然地基上的涵底基础，除岩石、砾石及粗砂地基外，均应将基底埋入冰冻线以下不小于 0.25m。

当基底下有软土层时，为了将基础置于好土层上或需要人工加固地基时，往往需将基础埋置于较深的土层中。

当沟床坡度大于 5%时，涵底基础宜每隔 3～5m 设置防滑横隔墙或把基础分段做成阶梯形（如山坡涵洞）。

在无冲刷处，除岩石地基外，涵洞基底一般应设在天然地面或河底面以下 1m，如河床上有铺砌层时，一般宜设在铺砌层顶面以下 1m。

5. 涵洞各部尺寸及工程数量

当涵洞选择标准跨径后，其细部尺寸及工程数量均可套用相应的标准图。使

用时应注意:
(1) 计算荷载应与标准图一致,不能大于标准图的规定。
(2) 混凝土强度等级、钢筋等级、石料的标号、地基承载力等不能低于标准图的要求,否则应进行强度验算。
(3) 当设计的涵洞墙身高与标准图不一致时,应选用标准图上大一级墙身所对应的各部分尺寸。
(4) 当有些工程数量无法从标准图上查得时,应通过计算确定。

6. 洞口形式

涵洞的洞口形式应根据涵洞进出口的地形和流量大小确定。选定后,也可套用标准图。无论采用的是何种洞口形式,其进水口均需铺砌。

7. 涵洞长度计算

(1) 正交涵洞长度计算

涵洞上游半部的长度和下游半部的长度并不相同,必须分别进行计算,由图12-27可得:

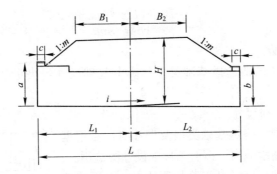

图12-27 正交涵洞长度计算

$$L_1 = B_1 + (H-a-iL_1)m + c$$
$$L_1 = \frac{B_1 + (H-a)m + c}{1+im} \tag{12-1}$$

则同理得:

$$L_2 = \frac{B_2 + (H-b)m + c}{1-im} \tag{12-2}$$

式中 L_1、L_2——涵洞上、下游半部长度;

B_1、B_2——上、下游路基宽度;

a、b——进、出水口帽石顶面至基础顶面的高度;

c——帽石宽度;

H——路基边缘至涵底中心的距离。

(2) 斜交涵洞长度计算

斜交斜做涵洞(洞口与路线平行)长度计算:

由图12-28可得:

$$L_1\cos\alpha = B_1 + (H-a-iL)m + c$$

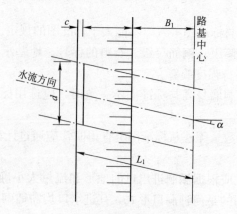

图 12-28　斜交斜做涵洞长度计算

则
$$L_1=\frac{B_1+(H-a)m+c}{\cos\alpha+im} \tag{12-3}$$

同理得：
$$L_2=\frac{B_2+(H-b)m+c}{\cos\alpha-im} \tag{12-4}$$

8. 涵洞基础设计

涵洞基础设计包括选择基础类型，确定基础尺寸，决定基础埋置深度及措施等。

（1）基础类型与尺寸

对于一般涵洞，确定基础类型及尺寸时，可根据地质条件，其土壤承载力，按有关标准设计图选用。

对于整体基础，由涵身传给基顶的力，自涵底按刚性角向下扩散至基底。据此所得压力分布线，须在基底面以上相交，使整个基础底面均匀受力，如图 12-29 所示。据此，得出各种孔径涵洞基础的最小厚度，如表 12-1 所示。

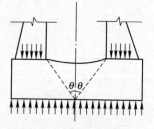

图 12-29　涵洞基底受力情况（θ 为刚性角）

涵洞整体式基础最小厚度的有关规定　　　表 12-1

涵洞类型	孔径(m)	洞身基础厚度(m)	出入口基础厚度(m)
石及混凝土拱涵	0.75	≥0.70	见标准图
	1.00	≥0.80	
钢筋混凝土盖板、箱涵	<1.00	≥0.70	≥1.25
	≤1.00	≥0.80	

注：拱涵其他孔径洞身基础厚度参照标准图。

（2）基础埋置深度

涵洞基础的埋置深度，都从沟底中心算起。出入口端翼墙基础深度，主要考虑冲刷的需要来确定，洞身基础深度按基底应力来确定。应确定持力层承载力是否满足要求，若承载力不够，应进行处理。

在受冻害的土壤中，涵洞出入口及两端自洞口起向内各 2m 范围内，基础埋置深度不得小于冻结深度加 0.25m，其余中间部分可不受冻结深度的限制。建在轻微冻害土壤（即粗砂、中砂、砾砂、卵石等）和岩层上的涵洞，基础的埋置深度不受冻结深度的限制。

9. 涵洞洞口建筑工程数量计算

(1) 八字翼墙的布置形式

1) 涵洞与路线正交时，八字翼墙布置成对称的正翼墙，即沿洞口向外扩散相同的 β 角，此时 β 角等于水流出入洞口的扩散角 θ，如图 12-30 所示。

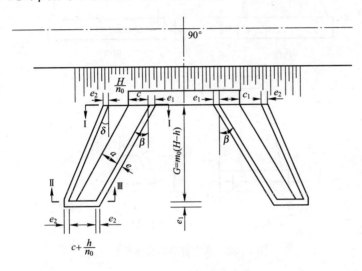

图 12-30　正交涵洞的八字墙

2) 涵底与路线斜交时，八字翼墙一般采用斜布置（也有采用正布置）。斜布置的翼墙角度应根据斜度大小、地形和水文情况确定，如图 12-31 所示。θ 角为水流扩散角，β 为翼墙向外张角，α 为涵底的斜度，则 $\beta_1=\theta+\alpha$，β_1 是正值，翼墙是正翼墙；$\beta_2=\theta-\alpha$，是负值，翼墙是反翼墙；当 $\beta_2=0$ 时，$\theta=\alpha$，这时翼墙为最经济。

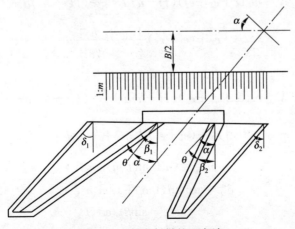

图 12-31　斜交斜做的八字墙

（2）翼墙的体积计算

1）墙身体积

单个翼墙外形如图12-32所示，其体积为：

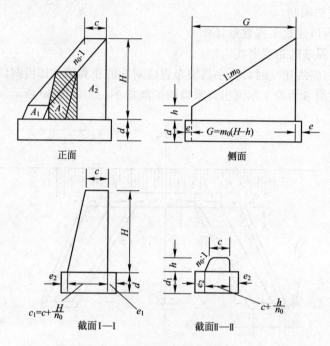

图12-32 八字翼墙墙身体积计算

$$V=\frac{1}{2}m_0(H^2-h^2)c+\frac{m_0}{6n_0}(H^3-h^3) \tag{12-5}$$

2）墙基体积

单个翼墙（正翼墙和反翼墙）基础平面尺寸如图12-33所示，其体积为：

正翼墙：

$$V=m_0(c+e_1+e_2)(H-h)d+\frac{m_0}{2n_o}(H^2-h^2)d+$$
$$\left[e_2+(e_1+e_3)\frac{1}{2}+c+\frac{h}{n_0}\right]ed \tag{12-6}$$

反翼墙

$$V=m_0(c+e_1+e_2)(H-h)d+\frac{m_0}{2n_o}(H^2-h^2)d+$$
$$\left[e_2+(e_1+e_3)\frac{1}{2}+c+\frac{h}{n_0}\right]ed \tag{12-7}$$

$$n_{o\ 反}^{正}=(n\pm\sin\beta/m)\cos\beta$$
$$\delta_{反}^{正}=\arctan(\tan\beta\mp 1/m_0 n_0{}_{反}^{正})$$
$$e_3^{正}=e(1-\sin\beta)/\cos\beta$$
$$e_3^{反}=e(1-\sin\delta_{反})/\cos\delta_{反}$$

3）一个翼墙顶面面积

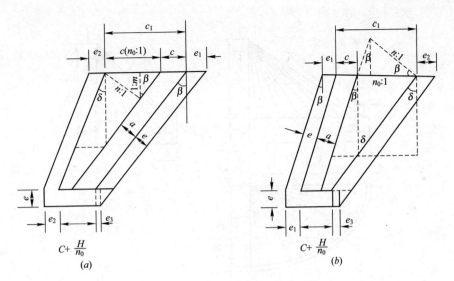

图 12-33　正反八字翼墙基础体积计算

$$A=c\sqrt{1+m_0^2}(H-h) \tag{12-8}$$

(3) 锥形护坡的布置形式

1) 涵洞与路线正交时，其平面布置形式如图 12-34 所示。

2) 涵洞与路线斜交时，锥形护坡一般采用斜布置（也有采用正布置）。斜布置的锥形护坡角度应根据斜度大小确定，其平面布置形式如图 12-35 所示。

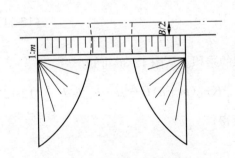

图 12-34　正交涵洞的锥形护坡

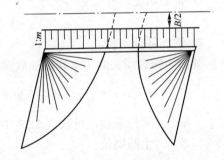

图 12-35　斜交涵洞的锥形护坡

(4) 一个锥形护坡的体积计算

1) 锥形护坡体积

① 片石砌体

单个锥形护坡外形如图 12-36 所示，其体积为：

$$V_1=V_{外}-V_{内}=\frac{1}{12}\pi mn(H^3-H_0^3) \tag{12-9}$$

式中　H_0——内锥平均高度，

$$H_0=H-\sqrt{\alpha_0\beta_0}t$$

　　　　t——片石厚度；

$$\alpha_0=(\sqrt{1+m^2})/m;\quad \beta_0=(\sqrt{1+n^2})/n$$

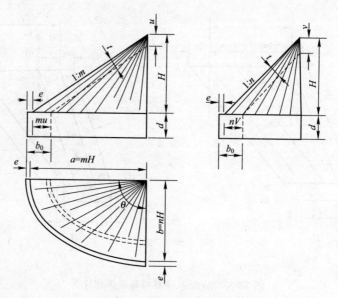

图 12-36 锥形护坡体积计算

② 砂砾垫层

$$V \approx \frac{t_1}{t}V \tag{12-10}$$

式中 t_1——砂砾垫层厚度。

③ 锥心填土

$$V_3 = V_外 - V_1 - V_2 \tag{12-11}$$

2) 锥坡基础体积

其值为椭圆周长的 1/4 和基础截面积的乘积。从图 12-36 可知

$$V = \frac{S}{4}b_0 d = \frac{1}{4}\pi(a+b)Kb_0 d = \frac{1}{4}K\pi[(m+n)H + 2e - b_0]b_0 d \tag{12-12}$$

式中 K——周长系数，可从表 12-2 中查得；
S——土圆周长。

椭圆周长系数表　　　　　　　　表 12-2

$\frac{a-b}{a+b}$	0.1	0.2	0.3	0.4	0.5	0.6	0.7	0.8	0.9	1.0
K	1.0025	1.0100	1.0226	1.0404	1.0635	1.0922	1.1269	1.1679	1.2162	1.2732

12.4 涵洞施工

涵洞施工除应按照第三章进行准备外，还应注意下列事项。

1. 现场核对

涵洞开工前，应根据设计资料，结合现场实际地形、地质情况，对其位置、方向、孔径、长度、出入口高程以及与灌溉系统的连接等进行核对。核对时，还需注意农田排灌的要求,需要增减涵洞数量、变更涵型或孔径时,应向监理工程师反映,按照合同有关规定办理。

2. 施工详图

若原设计文件、图纸不能满足施工需要时,例如地形复杂处的陡峻沟谷涵洞、斜交涵洞、平曲线或大纵坡上的涵洞、地质情况与原实际资料不符处的涵洞等应先绘出施工详细图或变更设计图,然后再依图放样施工。

3. 施工放样

涵洞中线和涵台位置的测定应按本书第四章第三节办理。

12.4.1 管涵

公路工程中的管涵有混凝土管涵和钢筋混凝土管涵,目前我国公路工程中多采用钢筋混凝土管涵。公路管涵的施工多系预制成管节,每节长度多为1m,然后运往现场安装。

1. 涵管的预制和运输

预制混凝土圆管可采用振动制管法、离心法、悬辊法和立式挤压法。鉴于公路工程中涵管一般为外购,故对涵管预制不再进行详细说明,但涵管进场后必须对其质量进行检验。

管节成品的质量检验分为管节尺寸检验和管节强度检验。混凝土管涵质量要求及尺寸允许偏差见表12-3。

混凝土圆管节成品质量要求和尺寸允许偏差　　　　表12-3

项　目		质量要求或允许偏差(mm)	检查方法和数量
管节形状		端面平整并与其轴线垂直,斜交管节端面符合设计要求	目测,用锤心吊线
管节内、外侧表面		平直圆滑,如有蜂窝,每处面积不得大于 3cm×3cm,深度不得超过 1cm,其总面积不得超过全部面积的1%,并不得露筋。应修补完善后方准使用	目测,用钢尺丈量
管节尺寸允许偏差(mm)	管节长度	0～-10	沿周边检查4处
	内(外)直径	±10	两端各检查4处
	管壁厚度	±5	两端各检查4处

涵管强度试验应按规范要求的方法进行,其抽样数量及合格要求为:

(1) 涵管试验数量应为涵管总数的1‰～2‰,但每种孔径的涵管至少要试验1个。

(2) 如首次抽样试验未能达到试验标准时,允许对其余同孔径管节再抽选2个重新试验。只有当2个重复试验的管节达到强度要求时,涵管才可验收。

(3) 在进行大量涵管检验性试验时,是以试验荷载大于或等于裂缝荷载(0.2mm)时还没有出现裂缝者为合格标准。

在北方冬季寒冷冰冻地区,混凝土涵管还应进行吸水率试验,要求钢筋混凝土和无筋混凝土涵管的吸水率不得超过干管质量的6%。

管节运输与装卸过程中，应注意下列问题：

(1) 待运的管节其各项质量应符合前述的质量标准，应特别注意检查待运管节设计涵顶填土高度是否符合设计要求，防止错装、错运。

(2) 运输管节的工具，可根据道路情况和设备条件采用汽车、拖拉机拖车，不通公路地段可采用马车。

(3) 管节的装卸可根据工地条件，使用各种起重设备如龙门吊机、汽车吊和小型起重工具、滑车、链滑车等。

(4) 在装卸和运输过程中，应小心谨慎。运输途中每个管节底面宜铺以稻草，用木块、圆木楔紧，并用绳索捆绑固定，防止管节滚动、相互碰撞破坏。固定方法可参考图 12-37。

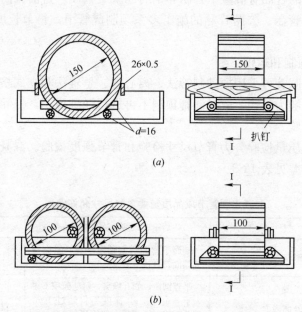

图 12-37　管涵固定在车身内的方法（尺寸单位：cm）
(a)单管断面；(b)双管断面

(5) 从车上卸下管节时，应采用起重设备。严禁由汽车上将管节滚下，造成管节破裂。

2. 管涵施工程序

管涵可分为单孔、双孔的有坞工基础和无坞工基础管涵的施工，重点介绍单孔有坞工基础和单孔无坞工基础管涵施工程序。

(1) 单孔有坞工基础管涵(图 12-38)

1) 挖基并准备修筑管涵基础的材料。

2) 砌筑坞工基础或浇筑混凝土基础。

3) 安装涵洞管节，修筑涵管出入口端墙、翼墙及涵底(端墙外涵底铺装)。

4) 铺设管涵防水层及修整。

5) 铺设管涵顶部防水黏土(设计需要时)，填筑涵洞缺口填土及修建加固工程。

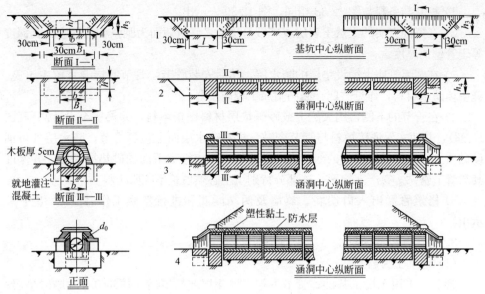

图 12-38 单孔有坞工基础管涵施工程序

(2) 单孔无坞工基础管涵

洞身安装程序如图 12-39 所示。

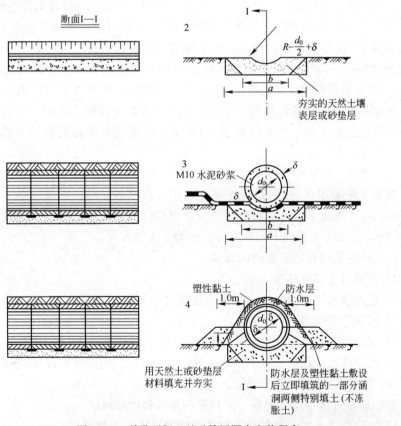

图 12-39 单孔无坞工基础管涵洞身安装程序

注：砂垫层底宽，非严重冰冻地区为 b，严重冰冻地区为 a，上下同宽

1) 挖基与备料与图 12-38 相同，图 12-39 未示出。

2) 在捣固夯实的天然土表层或矿砂垫层上，修筑截面为圆弧状的管座，其深度等于管壁的厚度。

3) 在圆弧管座上铺设垫层的防水层，然后安装管节，管节间接缝宜留 1cm 宽。缝中填防水材料，详见"四、涵洞附属工程施工"。

4) 在管节的下侧再用天然土或砂砾垫层材料做培填料，并捣实至设计高程（图 12-38），并切实保证培填料与管节密贴。再将防水层向上包裹管节，防水层外再铺设黏质土，水平径线以下的部分应立即填筑，以免管节下面的砂垫层松散，并保证其与管节密贴。在严寒地区，这部分特别填土必须填筑不冻胀土料。

5) 修筑管涵出入口端墙、翼墙及两端涵底和进行整修工作（图 12-38 中未示出）。

3. 管涵基础修筑

(1) 地基土为岩石

管节下采用无圬工基础，管节下挖去风化层或软层后，填筑 0.4m 厚砂垫层；出入口两端端墙、翼墙下，在岩石层上用 C15 混凝土做基础，埋置深度至风化层以下 0.15～0.25m 并最小等于管壁厚度加 5cm。风化层过深时，可改用片石圬工，最深不大于 1m。管节下为硬岩时，可用混凝土抹成与管节密贴的垫层。

(2) 地基土为砾石土、卵石土或砂砾、粗砂、中砂、细砂或匀质黏性土

管节下一般采用无圬工基础，对砾、卵石土先用砂填充地基土空隙并夯实，然后填筑 0.4m 厚砂垫层；对粗、中、细砂地基土表层应夯实；对匀质黏性地基土应做砂垫层；出入口两端端墙、翼墙的圬工基础埋置深度，设计无规定时为 1.0m，对于匀质黏性土，负温时的地下水位在冻结深度以上时，出入口两端端墙、翼墙圬工基础埋置深度为 1.0～1.5m；当冻结土深度不深时，基础埋深宜等于冻结深度的 0.7 倍，当此值大于 1.5m 时，可采用砂夹卵石在圬工基础下换填至冻结深度的 0.7 倍。

(3) 地基土为黏性土

管节下应采用 0.5m 厚的圬工基础，出入口两端端墙、翼墙基础埋置深度为 1.0～0.5m；当地下水冻结深度不深时，埋深应等于冻结深度；当冻结深度大于 1.5m 时，可在圬工基础下用砂夹卵石换填至冻结深度。

(4) 必须采用有圬工基础的管涵

1) 管顶填土高度超过 5m。

2) 最大洪水流量时，涵前壅水高度超过 2.5m。

3) 河沟经常流水。

4) 沼泽地区深度在 2.0m 以内。

5) 沼泽地区淤积物、泥炭等厚度超过 2.0m 时，应按特别设计的基础施工。

(5) 严寒地区的管涵基础施工

常年最冷月份平均气温低于－15℃的地区称严寒地区。

1) 匀质黏性土和一般黏性土的基础均须采用圬工基础。

2) 出入口两端端墙、翼墙基础应埋置在冻结线以下 0.25m。

3)一般黏性土地区的地下水位在冻结深度以上时,管节下埋置深度应为 $H/8$ (H 为涵底至路面填土高度),但不小于 0.5m,也不得超过 1.5m。

(6) 基础砂垫层材料

可采用砂、砾石或碎石,但必须注意清除基底耕作层。为避免管节承受冒尖石料的集中应力,当使用碎石、卵石做垫层时,要有一定级配或掺入一定数量的砂,并夯捣密实。

(7) 软土地区管涵地基处理

管涵地基土如遇到软土,应按软土层厚度分别进行处理。当软土层厚度小于 2.0m 时,可采取换填土法处理,即将软土层全部挖除,换填当地碎石、卵石、砂夹石、土夹石、砾砂、粗砂、中砂等材料并碾压密实,压实度要求 94%~97%。如采用灰土(石灰土、粉煤灰土)换填,压实度要求 93%~95%,换填土的干密度宜用重型击实试验法确定。碎石或卵石的干密度可取 $2.2 \sim 2.4 \text{t/m}^3$。换填层上面再砌筑 0.5m 厚的圬工基础。

当软土层超过 2m 时,应按软土层厚度、路堤高度、软土性质作特殊设计处理。

4. 管节安装

管节安装应从下游开始,使接头面向上游;每节涵管应紧贴于垫层或基座上,使涵管受力均匀;所有管节应按正确的轴线和图纸所示坡度敷设。如管壁厚度不同,应使内壁齐平。在敷设过程中,要保持管内清洁无脏物、无多余的砂浆及其他杂物。

管节的安装方法通常有滚动安装法、滚木安装法、压绳下管法、龙门架安装法、吊车安装法等,可根据施工现场实际情况选用。

5. 管涵施工注意事项

(1) 有圬工基础的管座混凝土浇筑时应与管座紧密相贴,浆砌块石基础应加做一层混凝土管座,使圆管受力均匀;无圬工基础的圆管基底应夯填密实,并做好弧形管座。

(2) 无企口的管节接头采用顶头接缝,应尽量顶紧,缝宽不得大于 1cm,严禁因涵身长度不够,而采用将所有接缝宽度加大的方法来凑合涵身长度。管身周围无防水层设计的接缝,需用沥青麻絮或其他具有弹性的不透水材料从内、外侧仔细填塞。设计规定管身外围做防水层的,按前述施工工序施工。

(3) 长度较大的管涵设计有沉降缝的,管身沉降缝应与圬工基础的沉降缝位置一致。缝宽为 2~3cm,应用沥青麻絮或其他具有弹性的不透水材料从内、外侧仔细填塞。

(4) 长度较大、填土较高的管涵应设预拱度。预拱度大小应按设计规定设置。

(5) 各管节设预拱度后,管内底面应成平顺圆滑曲线,不得有逆坡。相邻管节如因管壁厚度不一致(在允许偏差内)产生台阶时,应凿平后用水泥环氧砂浆抹补。

12.4.2 拱涵、盖板涵和箱涵

混凝土和钢筋混凝土拱涵、盖板涵、箱涵的施工分为现场浇筑和在工地预制

安装两大类。

1. 就地浇筑的拱涵和盖板涵

(1) 拱涵基础

1) 整体式基础

两座涵台的下面和孔径中间使用整块的混凝土浇筑的基础称为整体式基础。其地基土的承载力应满足设计文件规定。若设计无规定，则填方高 H 在 $1\sim12\mathrm{m}$ 时，必须大于 0.2MPa；H 大于 12m 时，必须大于 0.3MPa。湿陷性黄土地基，不论其表面承载力多大，均不得使用整体式基础。

2) 非整体式基础

两座涵台的下面为独立的现浇混凝土或浆砌片石基础，两者之间不相连的称为非整体式基础。其地基土要求的容许承载力较上述的基础为高，当设计文件无规定时，一般应大于 0.5MPa。

3) 板凳式基础

两座涵台下面的混凝土基础之间用较薄的混凝土或钢筋混凝土板在顶部连接，一起浇筑成似同板凳一样的基础。其地基土容许承载力的要求处于前两者之间，设计文件无规定时，应为大于 0.4MPa 的砂类土或"中密"以上的碎石土。

上述地基土的承载力大小可用轻型动力触探仪进行测试。

根据当地材料情况，基础可采用 C15 片石混凝土或 M5 水泥砂浆砌片石，石料强度不得低于 25MPa。

(2) 支架和拱架

1) 钢拱架和木拱架

钢拱架是用角钢、钢板和钢轨等材料在工厂(场)制成装配式构件，在工地拼装使用。图 12-40 是用钢轨制成的跨径 $1.5\sim3.0\mathrm{m}$ 拱涵的钢拱架。

木拱架主要是由木材组合而成，拆装比较方便。但这种拱架浪费木材，应尽量不使用。

2) 土牛拱胎(土模)

在水流不大的情况下，小桥涵施工可以用土牛拱胎代替拱架，这种方法既能节省木料，又有经济、安全的特点。

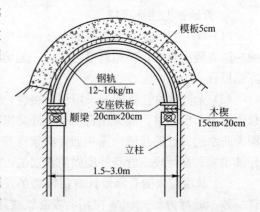

图 12-40　跨径 $1.5\sim3.0\mathrm{m}$ 钢轨拱架

根据河流水流情况，土牛拱胎有全填土拱胎、设有透水盲沟的土拱胎(图 12-41a)、三角木拱胎(图 12-41b)、木排架土拱胎(图 12-42)等形式。

全填土拱胎施工步骤为：拱胎填土应在边墙圬工强度达到设计强度的 70% 后，分层填筑，每层厚度 $0.2\sim0.5\mathrm{m}$。跨度小的应薄一些，但应视土质情况而定。填土在端墙外伸出 $0.5\sim1.0\mathrm{m}$，并保持 $1:1.5$ 的边坡。填土将达拱顶时，

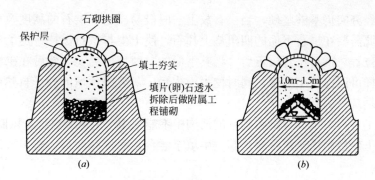

图 12-41　可渗水的土拱胎
(a)有透水盲沟土拱胎；(b)三角木架土拱胎

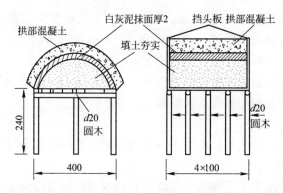

图 12-42　木排架土拱胎(尺寸单位：cm)

分段用样板校正，每隔 30cm 挂线检查。

土胎表面应设保护层，可以铺设一层油毡或抹一层 15mm 厚的水泥砂浆(1∶4～1∶6)作为保护层。较好的保护层常用砖或片石砌筑，厚约 20cm，然后抹厚 2cm 的黏土，再铺油毡。最好的方法是抹 20cm 厚石灰泥筋(石灰∶黏土∶麻筋＝1∶0.35∶0.03，质量比)，抹后 3d 即可浇筑混凝土。

对砌石拱圆圈，土牛拱胎上若不设保护层时，可用下述方法砌筑拱圈：

在涵台砌筑好后，利用暂不使用的石料，把涵孔两端堵住，干砌一道宽 40～50cm 的拱行墙(上抹青草泥)作为拱模，以便砌拱时拉线之用，然后在桥孔中间用土分层填筑密实，如图 12-43 所示。如洞身超过 20m 或拱形复杂时，可用木料做 3 个合乎要求的标准模，两端及中间各置一个，两端的拱模可以支靠在石模上，中间的可按标准高度支于两旁涵台上并埋置于土中。填筑土牛时不必将土牛的规定高度一次填足，可预留 2～3cm 空隙，待砌拱石时，边砌边填筑。

起拱线以上 3～4 层拱石不受拱胎支撑，可直接砌起。再往上砌时，因拱石的部分重力由拱胎支撑着，可用木板顺拱石灰缝按规定拱度放在拱石灰缝处的土牛上，木板下面以土石垫好，随即开始安砌这一层的拱石。砌好后将垫板取出，并将空隙用土填满捣实，再把垫板按规定拱度垫在上一层拱石砌缝处的土牛上，继续砌上一层拱石。如有较充分的木板时，木板可不抽出周转。拱石砌至拱顶附近时，应先将这部分的土模夯打坚实。填到与标准拱模相差 3～5cm 为止。因土牛拱胎虽经夯实仍不够坚硬,当拱石放上去时极易压缩,拱石的高度及位置不易正确,因此需要在拱石下面的四角垫上片石,使土牛与拱石保持一定的空隙以便校正拱石位置。拱石位置校正后,将其下面的空隙填砂捣实,然后在砌缝中灌以砂浆,这样可以保持不漏浆,同时挖去土牛后,灰缝中预填的砂子自然脱落,省去勾缝时剔灰缝的麻烦。

在施工过程中预计有洪水到来的河沟中不能采用土牛拱胎法砌筑拱圈。

若用土牛拱胎浇筑盖板涵,其土牛填至涵台顶面标高即可,施工方法与拱涵相同。

(3) 拱涵与盖板涵基础、涵台、拱圈、盖板的施工

上述构件施工时应按下列要求进行。

1) 涵洞基础

无论是圬工基础或砂垫层基础,施工前必须先对下卧层地基土进行检查验收,地基土承载力或密实度符合设计要求时,才可进行基础施工。对于软土地基应按照设计规定进行加固处理,符合要求后,才可进行基础施工。

对孔径较宽的拱涵、盖板涵兼作行人和车辆通道时,其底面应按照设计用圬工加固,以承受行人和车辆荷载及磨耗。

2) 圬工基础

圬工基础的施工工艺和技术要求可参照本书圬工结构部分有关要求进行。

3) 砂垫层基础

砂垫层基础的施工工艺和技术要求可参照本节管涵基础部分进行。

4) 涵洞台、墩

涵洞台、墩的施工工艺和技术要求可参照本书桥梁墩台部分的有关要求进行。

5) 涵洞拱圈和钢筋混凝土盖板

拱圈和盖板浇筑或砌筑施工应注意:拱圈和端墙的施工,应由两侧拱脚向拱顶同时对称进行;拱圈和盖板混凝土的现场浇筑施工,应连续进行,尽量避免施工缝;当涵身较长时,可沿涵长方向分段进行,每段应连续一次浇筑完成;施工缝应设在涵身沉降缝处。

(4) 拱架和支架的安装和拆卸

1) 安装的一般要求

拱架和支架支立牢固,拆卸方便(可用木楔做支垫),纵向连接应稳定,拱架外弧应平顺。拱架不得超越拱模位置,拱模不得侵入圬工断面。

拱架和支架安装完毕后,应对其位置、顶部标高、节点联系、纵横向稳定性进行检查,不符合要求者,立即进行纠正。

2) 拆卸的一般要求

拱架和支架的拆除及拱顶填土,在具备下列条件之一时方可进行:

① 拱圈圬工强度达到设计值的70%时,即可拆除拱架,但必须达到设计值后方可填土。

② 当拱架未拆除,拱圈强度达到设计值的70%时,可进行拱顶填土,但应

在拱圈达到强度设计值时方可拆除拱架。

③ 拱涵拆除拱架可用木楔,木楔用比较坚硬的木料斜角对剖制成,并将剖面刨光。两块木楔接触面的斜度为1∶6～1∶10。在垫楔时应使上面一块的楔尖各伸出下面一块楔尾以外,这样在拆架时敲击木楔比较方便。木楔垫好后将两端钉牢。

④ 拆卸拱架时应沿桥涵整个宽度上将拱架同时均匀降落,并从跨径中点开始,逐步向两边拆除。

2. 就地浇筑的箱涵

箱涵又称矩形涵,它与盖板涵的区别是:盖板涵的台身与盖板是分开浇筑的,台身还可以采用砌石圬工,成为简支结构;而箱涵的上下顶板、底板与左右墙身是连续浇筑的,成为刚性结构。

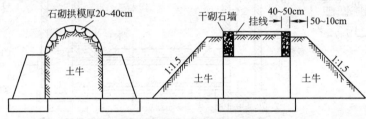

图 12-43 石块干砌配合土牛拱模

(1) 箱涵基础

涵身基础分为有圬工基础和无圬工基础两种。两种基础的构造及尺寸如图 12-44 所示。

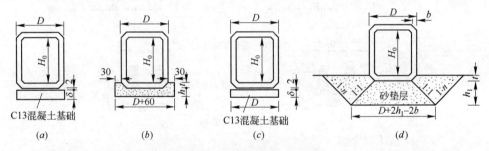

图 12-44 箱形涵洞基础类型(尺寸单位:cm)

(a)出入口涵节基础;(b)洞身涵节无基础;(c)洞身涵节有基础;(d)地基土上换填砂垫层

H_0—涵节净高;t—涵节埋入垫层厚度;δ—C15 混凝土基础厚度,根据地质、地形条件经设计决定;D—涵节外形宽度;h_1—换填砂垫层深度,根据检算或下卧层位置确定;n—挖基边坡,根据基底土质确定;b—涵节角隅倒角宽度

(2) 箱涵身和底板混凝土的浇筑

箱涵身的支架、模板可参照现浇混凝土拱涵和盖板涵的支架、模板制造安装。浇筑混凝土时注意事项与浇筑拱涵与盖板涵时相同。

12.4.3 倒虹吸管

1. 适用范围

当路线穿过沟渠、路堤高度很低或在浅挖方地段通过,填、挖高度不足,难以修建明涵时,或因灌溉需要,必须提高渠底高程,建筑架空渡槽又不能满足路上净空要求时,常修建倒虹吸管。

公路上通常采用的倒虹吸管为竖井出入口式，如图12-45和图12-46所示。两者使用场合为：如路基边沟底部高程低于灌溉渠底部高程，可采用图12-45形式；如路基边沟底部高程高于灌溉渠底部标高，则采用图12-46形式。两者构造的主要区别在于前者的路基边沟设于倒虹吸管两个竖井入口之内，多用于需要跨过浅路堑的灌溉渠；后者的路基边沟（或无边沟）设于倒虹吸管两个竖井之外。

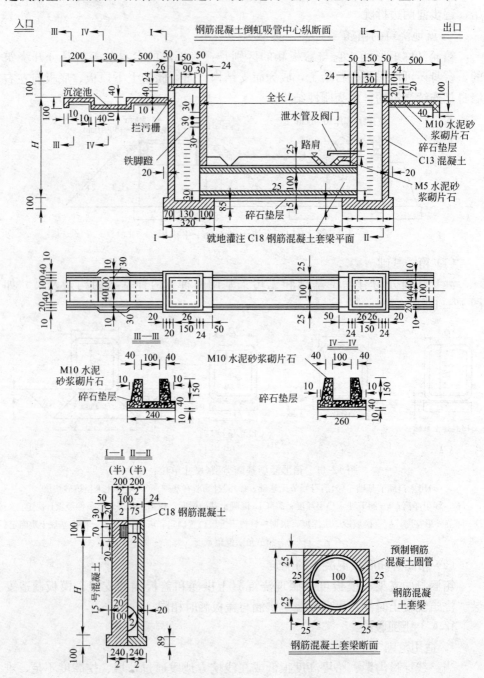

图12-45 竖井式倒虹吸管（一）（尺寸单位：cm）

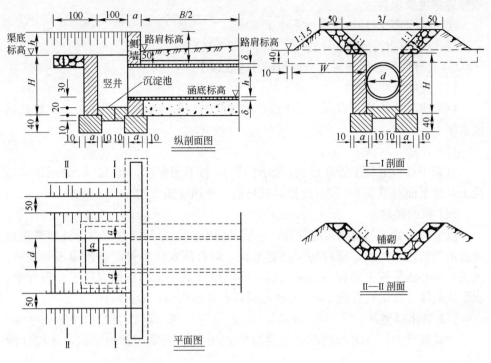

图 12-46　竖井式倒虹吸管(二)(尺寸单位：cm)

2. 施工布置和注意事项

(1) 倒虹吸管总长的确定

其长度取决于进出口竖井的位置。对于图 12-28 的形式，可按式(12-13)计算：

$$L = [B + 2(a+b+c)]/\cos\alpha \qquad (12\text{-}13)$$

式中　L——倒虹吸管总长度，计算至竖井内壁边缘(m)；

　　　B——路基宽度(m)；

　　　a——进出水口竖井壁厚度(m)；

　　　b——路基边沟上口宽度(m)；

　　　c——井壁至边沟上口边缘的安全距离(m)，一般 $c \geq 0.25$m；

　　　α——倒虹吸管轴线与路线中线的垂线的交角。

对于图 12-29 的形式，可按式(9-2)计算：

$$L = [B + 2a]/\cos\alpha \qquad (12\text{-}14)$$

(2) 管节结构

一般采用预制的钢筋混凝土圆管，管径可按有压力式的流量选择，一般为 0.5～1.5m。管节长度一般为 1m，调整管涵长度的管节长 0.5m，并有正交、斜交两种，可根据实际情况选用。

(3) 倒虹吸管埋置深度的确定

埋置深度应适当，过浅则车轮荷载传布影响较大，受力状况不利，管节有可能被压破裂，在严寒地区还受到冻害影响；埋置过深则工程量增加造成浪费。一般埋置深度要求为：
① 管顶面距路基边缘深度不小于 50cm。
② 管顶距边沟底覆土不小于 25cm(图 12-45)。
③ 管节顶部必须埋置在当地最深冰冻线以下。

(4) 倒虹吸管底坡

倒虹吸管内水流系有压力式水流，水流状态与管底纵坡大小无关，一般均做成水平。

(5) 管基

宜采用外包混凝土管基形式，如图 12-45 右下图所示，图 12-46 未示出。混凝土基础下面宜填筑 15~30cm 厚砂砾垫层，并用重锤夯实。

(6) 防漏接缝

过去对圆管涵的防漏接缝处理，一般采用浸过沥青的麻絮填塞，外用满涂热沥青油毛毡包裹两道。这种防漏接缝形式，对有压水流渠道防止渗漏不够安全。比较好的办法是按上述程序处理之后，外包以就地浇筑的钢筋混凝土方形套梁，使形成整体。套梁底设置 15cm 厚砂砾或碎石基础垫层，如上所述。

(7) 进出口竖井

倒虹吸管上、下游两端的连接构造物宜用 C15 混凝土就地浇筑，比砌体圬工好。

(8) 沉淀池

水流落入竖井和进入倒虹吸管前各设沉淀池一个。一般沉淀池深度为 30cm。图 12-46 未示出渠道沉淀池。

12.4.4 涵洞附属工程施工

1. 防水层

涵洞的钢筋混凝土结构设置防水层的作用是防止水分侵入混凝土内，使钢筋锈蚀，缩短结构寿命。北方严寒地区的无筋混凝土结构需要设置防水层，防止侵入混凝土内的水分冻胀造成结构破坏。

防水层的材料多种多样。公路涵洞使用的主要防水材料是沥青，有些部位可使用黏土，以图节省工料费用。

(1) 防水层的设置部位

防水层的设置部位如下：

1) 各式钢筋混凝土涵洞(不包括圆管涵)的洞身及端墙在基础以上被土掩埋的部分，均须涂以热沥青两道，每道厚 1~1.5mm，不另抹砂浆。

2) 混凝土及石砌涵洞的洞身、端墙和翼墙的被土掩埋部分，只需将圬工表面凿平，无凹入存水部分，可不设防水层。但北方严寒地区的混凝土结构仍需设防水层。

3) 钢筋混凝土圆管涵的防水层可按图 12-38 所示敷设。图中管节接头采用平头对接，接缝中用麻絮浸以热沥青塞满，管节上半部从外往内填塞，下半部从管内向外填塞。管外靠接缝处裹以热沥青浸透的防水纸 8 层，宽度 15~20cm。包裹方法为在现场用热沥青逐层粘合在管外壁上接缝处，外面再如图 9-38 所示在全长管外裹以塑性黏土。

在交通量小的县、乡公路上，可用质量好的软塑状黏质土掺以碎麻，沿全管敷设20cm厚，代替沥青防水层（接缝处理仍照前述施工）。

4）钢筋混凝土盖板明涵的盖板部分表面可先涂抹热沥青两次，再于其上设2cm厚的防水水泥砂浆或4～6cm厚的防水混凝土。其上可按照设计铺设路面。涵、台身防水层按照上述方法办理。

5）砖、石、混凝土拱涵的上部结构防水层敷设，可参见拱上附属工程。

（2）沥青的敷设

沥青可用锅、铁桶等容器以火熬制，或使用电热设备。铁桶装的沥青，应打开桶口小盖，将桶横倒搁置在火炉上，以慢火使沥青熔化后，从开口处流入熬制用的铁锅或大口铁桶中。熬制用的铁锅或铁桶必须有盖，以便在沥青飞溅或着火时，用以覆盖。熬制处应设在工地下风方向，与一般工作人员、料堆、房屋等保持一定距离，锅内沥青不得超过锅容积的2/3。熬制中应不断搅拌至沥青全部为液态为止。溶化后的沥青应继续加温至175℃（不得超过190℃）。熬好的沥青盛在小铁桶中送至工点使用。使用时的热沥青温度宜低于150℃。涂敷热沥青的圬工表面应先用刷子扫净，消除粉屑污泥。涂敷工作宜在干燥温暖（温度不低于+5℃）的天气进行。

（3）沥青麻絮、油毡、防水纸的浸制方法和质量要求

沥青麻絮（沥青麻布）可采用工厂浸制的成品或在工地用麻絮以热沥青浸制。浸制后的麻絮，表面应呈淡黑色，无孔眼、无破裂和叠皱，撕裂断面上应呈黑色，不应有显示未浸透的布层。

油毡是用一种特制的纸胎（或其他纤维胎）用软化点低的沥青浸透制成，浸渍石油沥青的称石油毡，浸渍焦油沥青的称焦油沥青油毡。为了防止在储存过程中相互粘着，油毡表面应撒一层云母粉、滑石粉或石棉粉。

防水纸（油纸）是用低软化点的沥青材料浸透原纸做成的，除沥青层较薄，没有撒防粘层外，其他性质与油毡相同。

油毡和防水纸可以从市场上采购，其外观质量应符合如下要求：

1）油毡和防水纸外表不应有孔眼、断裂、叠皱及边缘撕裂等现象，油毡的表面防粘层应均匀地撒布在油毡表面上。

2）毡胎或原纸内应吸足油量，表面油质均匀，撕开的断面应是黑色的，无未浸透的空白纸层或杂质，浸水后不起泡、不翘曲。

3）气温在25℃以下时，把油毡卷在2cm直径的圆棍上弯曲，不应发生裂缝和防粘层剥落等现象。

4）将油毡加热至80℃时，不应有防粘层剥落、膨胀及表面层损坏等现象。夏季在高温下不应粘在一起。

铺设油毡和防水纸所用粘贴沥青应和油毡、防水纸有同样的性能。煤沥青油毡和防水纸必须用煤沥青粘贴。同样，石油沥青油毡及防水纸，也一定要用石油沥青来粘贴，否则，过一段时间油毡和防水纸就会分离。

2. 沉降缝

(1) 沉降缝设置目的

结构物设置沉降缝的目的是避免结构物因荷载或地基承载力不均匀而发生不均匀沉陷，产生不规则的多处裂缝，而使结构物破坏。设置沉降缝后，可限定结构物发生整齐、位置固定的裂缝，并可事先对沉降缝处予以处理；如有不均匀沉降，则将其限制在沉降缝处，有利于结构物的安全、稳定和防渗（防止管内水流渗入涵洞基底或路基内，造成土质浸泡松软）。

(2) 沉降缝设置的位置和方向

涵洞洞身、洞身与端墙、翼墙、进出水口急流槽交接处必须设置沉降缝，但无圬工基础的圆管涵仅于交接处设置沉降缝，洞身范围不设。具体设置位置视结构物和地基土的情况而定。

1) 洞身沉降缝

一般每隔 4~6m 设置 1 处，但无基础涵洞仅在洞身涵节与出入口涵节间设置，缝宽一般 3cm。两端与附属工程连接处也各设置 1 处。

2) 其他沉降缝

凡地基土质发生变化、基础埋置深度不一、基础对地基的荷载发生较大变化处、基础填挖交界处、采用填石垫高基础交界处，均应设置沉降缝。

3) 岩石地基上的涵洞

凡置于岩石地基上的涵洞，不设沉降缝。

4) 斜交涵洞

斜交涵洞洞口正做的，其沉降缝应与涵洞中心线垂直；斜交涵洞洞口斜做的，沉降缝与路基中心线平行；但拱涵与管涵的沉降缝，一律与涵洞轴线垂直。

(3) 沉降缝的施工方法

沉降缝的施工，要求做到使缝两边的构造物能自由沉降，又能严密防止水分渗漏，故沉降缝必须贯穿整个断面（包括基础）。沉降缝具体施工方法如下所述。

1) 基础部分

可将原基础施工时嵌入的沥青木板或沥青砂板留下，作为防水之用。如基础施工时不用木板，也可用黏土填入捣实，并在流水面边缘以 1:3 水泥砂浆填塞，深度约为 15cm。

2) 涵身部分

缝外侧以热沥青浸制的麻筋填塞，深度约为 5cm，内侧以 1:3 水泥砂浆填塞，深度约为 15cm，视沉降缝处圬工的厚薄而定。缝内可以用沥青麻筋与水泥砂浆填满；如太厚，亦可将中间部分先填以黏土。

3) 沉降缝的施工质量要求

沉降缝端面应整齐、方正，基础和涵身上下不得交错，应贯通，嵌塞物应紧密填实。

4) 保护层

各式有圬工基础涵洞的基础襟边以上，均顺沉降缝周围设置黏土保护层，厚约 20cm，顶宽约 20cm。对于无圬工基础涵洞，保护层宜使用沥青混凝土或沥青胶砂，厚度10~20cm。沉降缝构造如图12-47所示。

3. 涵洞进出水口

涵洞进出水口工程是指涵洞端墙、翼墙（包括八字墙、锥坡、平行廊墙）以外的部分，如沟底铺砌和其他进出水口处理工程。

（1）平原区的处理工程

涵洞出入口的沟床应整理顺直，与上、下排水系统（天沟、路基边沟、排水沟、取土坑等）的连接应圆顺、稳固，保证流水顺畅，避免排水损害路堤、村舍、农田、道路等。

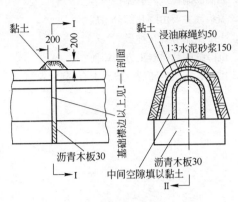

图12-47　涵洞沉降缝（尺寸单位：cm）

（2）山丘区的处理工程

在山丘区的涵洞底纵坡超过5%时，除进行上述整理外，还应对沟床进行干砌或浆砌片石防护。翼墙以外的沟床当坡度较大时，也应铺砌防护。防护长度、砌石宽度、厚度、形状等，应按设计图纸施工。如设计图纸漏列，应按合同规定向业主提出，由业主指定单位作出补充设计。

4. 涵洞缺口填土

（1）建成的涵管、圬工达到设计要求的强度后，应及时回填。回填土要切实注意质量，严格按照有关施工规定和设计要求办理。若系拱涵，回填土时，应按照本章第三节有关规定施工。

（2）填土路堤在涵洞每侧不小于两倍孔径的宽度及高出洞顶1m范围内，应采用非膨胀的土从两侧分层仔细夯实，每层厚度10~20cm。特殊情况亦可用与路堤填料相同的土填筑。管节两侧夯填土的密实度标准，高速公路和一级公路为95%，其他公路为93%。管节顶部其宽度等于管节外径的中间部分填土，其密实度要求与该处路基相同。如为填石路堤，则在管顶以上1.0m的范围内应分三层填筑：下层为20cm厚的黏土，中层为50cm厚的砂卵石，上层为30cm厚的小片石或碎石。在两端的上述范围及两侧每侧宽度不小于孔径的两倍范围内，码填片石。

对于其他各类涵洞的特别填土要求，应分别按照有关的设计要求办理。

（3）用机械填筑涵洞缺口时，须待涵洞圬工达到容许强度后，涵身两侧应用人工或小型机具对称夯填，高出涵顶至少1m，然后再用机械填筑。不得从单侧偏推、偏填，使涵洞承受偏压。

（4）冬期施工时，涵洞缺口路堤、涵身两侧及涵顶1m内，应用未冻结土填筑。

（5）回填缺口时，应将已成路堤土方挖出台阶。

思 考 题 与 习 题

1. 涵洞按不同的分类，分别有哪些类型？

2. 涵洞的施工准备工作有哪些内容？
3. 涵洞的附属工程有哪些内容？
4. 盖板涵主要由哪几部分组成？
5. 土牛拱胎有哪几种形式？
6. 沉降缝的具体施工方法如何？
7. 拱架、支架拆卸的一般要求有哪些？

主要参考文献

[1] 中华人民共和国行业标准. 公路工程技术标准(JTG B01—2003). 北京：人民交通出版社，2004.
[2] 中华人民共和国行业标准. 公路桥涵设计通用规范(JTG D60—2004). 北京：人民交通出版社，2004.
[3] 中华人民共和国行业标准. 公路桥涵施工技术规范(JTJ 041—2000). 北京：人民交通出版社，2000.
[4] 中华人民共和国铁道部标准. 铁路桥涵施工规范(TB 10203—2002). 北京：中国铁道出版社，2002.
[5] 中华人民共和国行业标准. 公路圬工桥涵设计规范(JTG D61—2005). 北京：人民交通出版社，2005.
[6] 中华人民共和国行业标准. 公路工程质量检验评定标准(JTG F80/1—2004). 北京：人民交通出版社，2004.
[7] 中华人民共和国行业标准. 公路钢筋混凝土及预应力混凝土桥涵设计规范(JTG D62—2004). 北京：人民交通出版社，2004.
[8] 交通部第一公路工程总公司主编. 公路施工手册：桥涵(上、下册). 北京：人民交通出版社，2002.
[9] 范立础主编. 桥梁工程(上、下册). 北京：人民交通出版社，1993.
[10] 姚玲森主编. 桥梁工程. 北京：人民交通出版社，2005.
[11] 顾安邦主编. 桥梁工程. 北京：人民交通出版社，2004.
[12] 李亚东主编. 桥梁工程概论. 成都：西南交通大学出版社，2001.
[13] 杨文渊，徐犇主编. 桥梁施工工程师手册. 北京：人民交通出版社，1997.
[14] 周梦波主编. 斜拉桥手册. 北京：人民交通出版社，2004.
[15] 周梦波主编. 悬索桥手册. 北京：人民交通出版社，2003.
[16] 严国敏主编. 现代悬索桥. 北京：人民交通出版社，2002.
[17] 叶国铮，姚玲森等主编. 道路与桥梁工程概论. 北京：人民交通出版社，2005.
[18] 张明君主编. 城市桥梁工程. 北京：中国建筑工业出版社，1998.
[19] 张大权主编. 公路工程施工方法与实例. 北京：人民交通出版社，2005.
[20] 桂业昆，邱式中主编. 桥梁施工专项技术手册. 北京：人民交通出版社，2005.
[21] 许克宾主编. 桥梁施工. 北京：中国建筑工业出版社，2005.
[22] 建筑施工手册编写组. 建筑施工手册. 北京：中国建筑工业出版社，2003.
[23] 国家职业资格培训教材编审委员会. 混凝土工. 北京：机械工业出版社，2005.
[24] 建设部人事教育司组织编写. 钢筋工. 北京：中国建筑工业出版社，2005.
[25] 刘夏平主编. 桥梁工程. 北京：科学出版社，2005.
[26] 强士中主编. 桥梁工程. 北京：高等教育出版社，2004.
[27] 李世华主编. 城市高架桥施工手册. 北京：中国建筑工业出版社，2006.